“‘十三五’江苏省重点学科——中国史”资助出版

信息检索

（第二版）

主　编　高俊宽
副主编　邹桂香
参　编　（按章节顺序排名）
丁家友　明　海
高　峰　费　巍

合肥工业大学出版社

图书在版编目(CIP)数据

信息检索/高俊宽主编．—2 版．—合肥：合肥工业大学出版社，2021.4(2025.7 重印)
ISBN 978-7-5650-4988-0

Ⅰ.①信…　Ⅱ.①高…　Ⅲ.①信息检索—教材　Ⅳ.①G254.9

中国版本图书馆 CIP 数据核字(2021)第 055009 号

信息检索(第二版)

高俊宽　主编

责任编辑	章　建
出版发行	合肥工业大学出版社
地　　址	(230009)合肥市屯溪路 193 号
网　　址	www.hfutpress.com.cn
电　　话	总　编　室：0551-62903038 市场营销中心：0551-62903198
开　　本	787 毫米×1092 毫米　1/16
印　　张	21
字　　数	498 千字
版　　次	2011 年 2 月第 1 版 2021 年 4 月第 2 版
印　　次	2025 年 7 月第 7 次印刷
印　　刷	安徽联众印刷有限公司
书　　号	ISBN 978-7-5650-4988-0
定　　价	68.00 元

前　言

信息时代，信息能力是大学生必备的能力之一。无论是过去、现在还是未来，如何实现信息的有效查询、获取和利用一直是人类思考的问题。进入大学后，随着知识视野的拓宽、专业能力的增强，相应的，大学生的自学能力也要随之提高和加强。他们不仅要掌握本专业知识，还要掌握其他相关的学科知识。“信息检索”课程就是帮助大学生提高自学能力，增强信息素养，实现信息有效查询、获取和利用的一门课程。通过“信息检索”课程的学习，大学生可以对信息的检索有全面的认识和理解，能够系统掌握各种类型信息资源的检索方法和技巧，从而为以后的学术深造和就业奠定良好的基础。

信息技术的发展、信息资源的增加，使信息检索技术和信息资源类型也随之发生变化。为了更好地满足网络时代快速有效地查询、获取和利用信息的需要，多位工作在教学第一线并具有丰富信息检索实践的老师，联合编写了这本《信息检索》教材。本教材内容丰富、系统合理、操作性强、易学易用，不仅适合信息资源管理、图书馆学、档案学等本科专业学生专业课学习的需要，也可满足其他专业本科生或研究生查询、获取信息和从事学术研究的需要。本教材各章具体编写分工如下：

高俊宽（苏州大学社会学院），负责全书大纲章节安排和第三章的编写工作，以及全书的通稿工作。

邹桂香（苏州大学社会学院），负责第四章的编写工作。

丁家友（苏州大学社会学院），负责第一章和第十章的编写工作。

明海（苏州科技大学图书馆），负责第二章和第八章的编写工作。

高峰（河南理工大学图书馆），负责第五章和第六章的编写工作。

费巍（苏州图书馆），负责第七章和第九章的编写工作。

本教材的出版得到“‘十三五’江苏省重点学科——中国史”项目的大力资助。在教材编写过程中，院系领导给予了大力支持和帮助，同时编者也参考了大量与信息检索有关的学术论文和论著。出版社责任编辑亦为本教材的顺利出版做了很多工作。本教材的内容延续了过去编者编写的前版教材的部分内容，对过去参加编写的苏州大学图书馆严大香老师和南京大学信息管理学院的谢欢老师等，在此一并表示感谢。

高俊宽

2020 年 6 月

目　录

第一章　绪　论

当今时代，信息资源日益成为重要的生产要素和社会财富，掌握信息的多寡、掌握信息能力的强弱已成为衡量国家竞争力的重要标志。然而，目前在我国还存在着信息资源开发利用不足与无序滥用等现象，因此我们要加强顶层设计和系统规划，完善制度体系，全面提升信息采集、处理、传输、利用、安全能力，构筑国家信息优势。

第一节　信息及其相关知识

当前人类正在进入信息时代，但人们对信息的认识各持己见，众说纷纭，各自站在不同的角度，强调不同的方面。据统计，目前对信息的定义不少于 100 种，至今没有统一的、规范的、权威的定义。在信息管理领域，除了信息之外，还有与信息密切相关的一些概念，如知识、数据、情报、文献、信息资源等。

一、信息及其相关概念

据考证，“信息”一词在我国最早出现于唐代。唐代诗人李中在《暮春怀故人》诗中有这样的诗句：“梦断美人沉信息，目穿长路倚楼台。”其中的“信息”一词也就是“消息”的意思。在西方，“信息”一词在英文、法文、德文、西班牙文中均是 information，作为科学术语，它最早出现于通信领域。1928 年，哈特莱（R. V. Hartley）在《贝尔系统电话杂志》上发表《信息传输》一文，首次提出消息是信息的载体，信息是包含在各种具体消息（语言、文字、图像、信号等）中的抽象量，说明了消息和信息在概念上的差异，实现了信息概念的突破。

（一）信息

1948 年，信息论奠基人、美国工程师香农（Shannon）在《贝尔系统电话杂志》上发表了《通讯的数学理论》，在文章中他从通信的角度提出“信息是人们对事物了解的不定性的减少或消除，也可以理解为信息就是两次不定性之差”。这一定义是从通信的可靠性和有效性界定的，属于狭义的信息概念。

同年，控制论创始人维纳（Norbert Wiener）出版了专著《控制论——动物和机器中的通信和控制问题》，从控制论的角度认为“信息就是我们在适应外部世界和控制外部世界的过程中，同外部世界进行交换内容的名称”，信息就是认识论，“信息就是信息，不是物质也不是能量”。正如哈佛大学研究者对信息、物质、能量三者之间的论述，“没有物质，什么都不存在；没有能量，什么都不会发生；没有信息，任何事物都没有意义”；亦如《中国大百科全书》语，“信息是与物质、能源并立的现代社会三大支柱之一”。

继香农和维纳之后，很多研究者从各自不同的研究领域提出了对信息的不同认识：哲学家认为信息是人类认识世界的依据；数学家认为信息是一种概率；物理学家认为信息是“熵”；通信学家认为信息是“不定度”的描述；图书情报领域的专家认为信息是可以以各种形式进行传播、记录、出版及发行的观念、事实及论著。我国最大的综合性辞典《辞海》对信息的释义是：“音讯、消息；通信系统传输和处理的对象，泛指消息和信号的具体内容和意义。”美国《韦氏字典》对信息的释义为：“接受由他人传来的知识，这些知识是由他们通过调研和学习获得的；从特定的事件或状况下，如消息、新闻、通知中获得的知识；用来传播的事实和数据。”

无论是从哲学的角度、社会科学的角度，还是从自然科学的角度进行定义，有一点是共同的，就是首先承认信息是事物本身固有的，也就是承认信息的客观存在性，信息的存在是不以人的感知、认识和意志为转移的。我们可以对信息的含义得到以下基本认识：(1) 信息可以改变事物的不确定性；(2) 信息是交流的内容；(3) 信息是事物关系的体现；(4) 信息是与精神和物质并列的；(5) 信息是物质的属性。

信息普遍存在于自然界、人类社会和思维领域。对信息的理解，应当分为两个层次：一个层次是抽象的理论意义上的信息概念；另一个层次是具体的实用意义上的信息概念。抽象的理论意义上的信息含义又分为没有任何约束条件的本体论意义的信息含义，以及受主体约束的认识论意义的信息含义。具体而言，从本体论层次上看，信息是一种客观存在的现象，是事物的运动状态及其变化方式的自我显示；从认识论层次上看，信息是主体所感知或表述的事物运动状态及其变化方式，是反映出来的客观事物的属性。而具体的实用意义上的信息概念，是从不同的利用角度以及不同的学科角度来确定信息特定的内涵和外延。

（二）知识

知识是在实践的基础上产生又经过实践检验的对客观实际的反映。人类在日常生活、社会活动、科学研究中获得了对事物的了解，其中的可靠成分就是知识，即人们对事物由表及里、由现象到本质、由感性到理性的认识深化，便形成了知识。

知识是信息被认识了的部分，可以分为主观知识和客观知识。主观知识借助语言符号，通过各种物质载体记录下来，就变成可以传递的客观知识，即文献。所以知识的产生来源于信息，是通过信息传递并对信息进行加工的结果，即知识是信息的一部分，是信息内容的组成部分。

依照反映对象的深刻性和系统性程度，知识可以分为生活常识和科学知识。生活常识是对某些事实判断的描述；科学知识则是通过一定的科学概念体系来理解和说明事物。

世界经合组织（Organization for Economic Co-operation and Development，OECD）在 1996 年的年度报告《以知识为基础的经济》中将知识分为四大类：(1) 知道是什么的知识（Know-what），主要是叙述事实方面的知识； (2) 知道为什么的知识（Know-why），主要是自然原理和规律方面的知识；(3) 知道怎么做的知识（Know-how），主要是指对某些事物的技能和能力；(4) 知道是谁的知识（Know-who），涉及谁知道和谁知道如何做某些事的知识。

（三）文献

文献一词最早见于《论语·八佾》：“夏礼吾能言之，杞不足徵也；殷礼吾能言之，宋不足徵也。文献不足故也。”朱熹集注：“文，典籍也；献，贤也。”

文献是记录、积累、传播和继承知识最有效的手段，是人类社会活动中获取情报的最基本、最主要的来源，也是交流、传播情报最基本的途径。正因为如此，人们把文献称为情报工作的物质基础，现在通常理解为图书、期刊等各种出版物的总和。在国内外，常常都可以看到有人把“文献”与“信息”、“文献学”与“信息学”等同起来，虽然这种等同未必适宜，但反映了文献在信息活动和科学中极为重要的地位。我国《国家标准文献著录总则》对文献有如下定义：“文献指记录有知识的一切载体。”即用文字、图形、符号、声频、视频等技术手段记录人类知识的一种载体，或理解为固化在一定物质载体上的知识，也可以理解为古今一切社会史料的总称。可见，文献的三个基本要素是：知识、载体和记录。

文献积累着知识，保存着人类文化遗产，它汇集了人类创造的精神财富，是知识的宝库。它教育人们正确认识世界，开阔视野，启迪思路，了解过去，预测未来。它是人们接受终生教育、更新知识、提高创新能力的重要智力资源。文献在时间上的传递，实现世代人之间的科学、文化的继承和发展；文献在空间上的传播，促进同代人之间的信息、文化、技术的交流和沟通，推进知识、信息资源共享，加速知识的创造，推动社会的发展。文献是一种智力资源和创造力。

（四）数据与数据科学

1974 年，著名计算机科学家、图灵奖获得者彼得·诺尔（Peter Naur）首次明确提出数据科学（Data Science，the Science of Dealing with Data）和数据学（Datalogy，the Science of Data and of Data Processes and its Place in Education）概念。大数据时代，数据越来越多地受到企业界和学术界的重视。在美国等发达国家，数据科学已经成为一个重要的学术领域，数据也已经成为影响研究机构和高等教育发展的重要因素。我国自 2016 年开始正式开设“数据科学与大数据技术”本科专业以来，到目前为止，已有 40 余所高校获教育部批准开设该专业。

数据科学与信息科学在理论逻辑与技术方法上一脉相承。数据-信息-知识的概念链条，以及其所构成的 DIKW 层级模型［数据（Data）、信息（Information）、知识（Knowledge）、智慧（Wisdom）的知识金字塔］，对于数据科学仍然具有较强的合理性和解释力：数据是一种基础信息，信息经过处理提炼构成知识，知识的应用彰显智慧。在国内外现行数据科学课程体系中，则充分体现为数据科学基础理论类、领域应用类、数据呈现和沟通类、人文类等核心课程体系，其中 Python 和 R 语言则成为数据科学中最受欢迎的语言工具。

二、信息的类型

按照不同的划分标准，信息可以划分为不同的类型。

（一）按出版形式划分

1. 图书

图书是作者围绕一个中心主题进行研究和探讨，比较成熟的、定型的而不定期出版的出版物。它一般有封面、书名页、目次、正文，并装订成册。联合国教科文组织对图书的定义是：凡由出版社（商）出版的不包括封面和封底在内49页以上的印刷品，具有特定的书名和著者名，编有国际标准书号，有定价并取得版权保护的出版物称为图书。图书一般包括下面几种类型：专著、教科书、丛书、工具书、论文集等。图书往往给人们以系统性、完整性和连续性的知识与信息。

识别图书的主要依据有：书名、著者、出版项（出版地、出版社、出版时间）、总页数、国际标准书号（International Standard Book Number，ISBN）等。

2. 连续出版物

连续出版物是一种具有统一名称、固定版式、统一开本、连续编号，汇集多位著者的多篇著述，定期或不定期编辑发行的出版物。连续出版物具体又分为期刊和报纸。

期刊又称“杂志”，一般指具有固定题名、定期或不定期出版的连续出版物。期刊上刊载的论文大多数是原始信息，包含许多新成果和新动向，常见的出版周期有周刊、半月刊、月刊、双月刊、季刊和年刊等。其特点是出版周期短，报道信息速度快，内容新颖，发行及影响面广。

报纸是以刊载新闻和时事评论为主的、定期连续向公众发行的连续出版物，是重要的舆论工具。报纸内容丰富，类型多样，常见的有综合性和专业性报纸、日报和周报等。

识别期刊的主要依据有：期刊名称，期刊出版的年、卷、期，国际标准刊号（International Standard Serial Number，ISSN）等。

3. 学位论文

学位论文是本科生或研究生为取得学位资格而提交的学术论文。学位论文按学位分为学士论文、硕士论文和博士论文。学位论文探讨的问题往往比较专深，学术性强，一般有较独到的见解。

识别学位论文的主要依据有：学位名称、导师姓名、学位授予机构等。

4. 会议信息

会议信息主要是指在国内外各类会议上宣读或交流的论文、报告或其他有关资料。此类信息代表某学科领域的最新研究成果，反映该学科领域的发展趋势。

识别会议信息的主要依据有：会议名称、会址、会期、主办单位、会议录的出版单位等。

5. 专利信息

专利信息是实行专利制度的国家和地区及国际性专利组织在审批专利过程中产生的官方文件及其出版物的总称，主要有专利申请书、专利说明书和专利公报等。专利信息的种类有：发明专利信息、实用新型专利信息和外观设计专利信息。

6. 科技报告

科技报告是各学术团体、科研机构、大学研究所等单位或个人向上级或委托单位撰写的关于某个科学研究成果的研究报告及其研究过程中的记录。其特点是内容详尽、新颖、专深，专业性强，有具体的篇名、机构名称和统一的连续编号（即报告号），一般单独成册。

识别科技报告的主要依据有：报告名称、报告号、研究机构、完成时间等。国际上著名的科技报告是美国政府的四大报告，即PB（政府部门）、AD（军事系统）、NASA（国家航空航天局）、DOE（能源部）的报告。科技报告还具有一定保密性。

7. 标准信息

标准是为了在一定范围内获得最佳秩序，经协商一致制定并由公认机构批准，共同使用和重复使用的一种规范性文件。标准信息是标准化活动的产物。以文件形式表现的标准化工作成果，就是标准信息。

8. 政府出版物

政府出版物是由国际组织（如联合国、世界贸易组织等）和各国中央政府及地方政府及其所属机构发表、出版的各种文献信息资料。通过这类文献可了解国际社会或一个国家、地区的科学技术、经济政策、法令、规章制度等。

9. 产品样本

产品样本是国内外生产厂商或经销商为推销产品而印发的企业出版物，用来介绍产品的品种、特点、性能、结构、原理、用途和维修方法、价格等。查阅、分析产品样本，有助于了解产品的水平、现状和发展动向，获得有关设计、制造、使用中所需的数据和方法，对于产品的选购、设计、制造、使用等都有较大的参考价值。

10. 档案信息

档案信息是指国家机关、社会组织以及个人在社会活动和技术活动中，直接形成的具有保存价值和利用价值的文字、图片、声像等不同形式的历史记录。

（二）按加工程度划分

1. 零次信息

零次信息指未经出版发行的或未进入社会交流的最原始的信息，如私人笔记、底稿、手稿、个人通信、新闻稿、工程图纸、考察记录、实验记录、调查稿、原始统计数字、技术档案等。其主要特点是：内容新颖但不成熟；不公开交流，难以获得。

2. 一次信息

一次信息指作者以本人的研究成果为基本素材而创作或撰写的信息，不管创作时是否参考或引用了他人的著作，也不管该信息以何种物质形式出现，均属一次信息。大部分期刊上发表的文章和在科技会议上发表的论文均属一次信息，另外还包括公开出版的图书、学位论文、专利说明书、技术标准、科技报告等。其主要特点是：内容先进、成熟；叙述具体、详尽；数量庞大、分散，不便于查找利用。

3. 二次信息

二次信息指对一次信息进行加工、提炼、压缩和整理之后得到的信息，如目录、题录、文摘、索引、名录等检索工具。二次信息的主要功能是检索、通报、控制一次信息，帮助人们在较短的时间内获取较多信息，故又称为“检索性信息”或“通报性信息”。二次信息具有汇集性、工具性、综合性、系统性等特点。

4. 三次信息

在利用二次信息的基础上，选用一次信息的内容，进行分析、概括、评价而产生的再生信息称为三次信息。其主要包括三种类型：一是综述研究类，如专题述评、总结报告、动态综述、进展通讯、信息预测、未来展望等；二是参考工具类，如年鉴、手册、百科全书、词典、大全等；三是文献指南类，如专科文献指南、书目之书目、工具书目录等。

对信息区分级次，并没有增加信息所负载的知识总量，但却揭示了信息资源通过加工整理可以由分散变为集中、由无序变为有序、由个别提升为综合的演进规律。科学合理地利用好二次信息和三次信息，对一次信息的形成和再生产，对提高信息资源的利用效率具有重要意义。

（三）按载体形式划分

1. 印刷型

印刷型也称纸介型，是一种以纸介质为载体，以书写或印刷方式为记录手段而形成的信息类型。这是传统文献信息的基本形式，也是目前文献信息的主要形式。上千年来，它在人类的阅读、信息的流通中功不可没，其优点是读取方便，流传广泛，不受时空限制；缺点是存储信息密度低，占据空间大，笨重。

2. 缩微型

缩微型指以感光材料为载体，以缩微照相为手段来记录知识、信息的文献，也称缩微复制品，包括缩微胶卷、缩微胶片、缩微卡片等。其优点是体积小，便于收藏、保存和传递，信息存储密度高，与印刷型相比可节省 90%以上的存储空间；缺点是阅读必须借助于缩微阅读机或其他辅助设备，不便携带，保存条件要求严格，难以普及。鉴于其优缺点，目前缩微技术多用于档案的保存、古籍的保护等。

3. 声像型

声像型也称视听型，是以磁性材料或感光材料为载体，以磁记录或光学技术为手段直接记录声音、图像、动画、视频而形成的一种文献信息，如唱片、录音录像带、幻灯片、电影等。其优点是声情并茂，形象逼真，直观性强，动静交替，易于接受，在传递信息知识方面有着其他文献不可替代的优势；缺点是必须借助一定的设备才能使用，同时成本较高且不易检索和更新。

4. 机读型

机读型是以数字代码方式把文字、图像、声音、动态视频等多种信息存储在光、磁等非纸质载体中，并通过网络通信、计算机或终端等方式再现出来的文献。其优点是信息存储量大，查找文献信息快速方便，原记录可修改、删除或更新；缺点是设备投资高，价格昂贵。

5. 网络型

网络型是通过网络系统向入网的用户发行的一种信息，常见的信息类型有电子图书、电子杂志、电子报纸、在线电影、在线音乐、终端可下载的各种程序及各种文档等。其优点是信息量大、周期短，用户可以得到几分钟甚至几秒钟以前产生的信息，而且节省纸张和投递费用。

第二节 信息素质

20 世纪 90 年代中期，Information Literacy 被介绍到国内。由于是新出现的概念，国内学术界在对其的理解是“信息素质”还是“信息素养”方面存在分歧。根据部分工具书对“素质”和“素养”的解释，“素质”包括精神与生理，既有先天的成分，也有后天养成的意思；而“素养”主要指修养。两者相比，“素质”的内涵更宽一些、更全面一些，可以包含“素养”的含义；另外，考虑到“信息素质”原本就是素质教育的一个分支，“信息素质”的用法与当前提倡的素质教育一脉相承，因此本书采用“信息素质”这一术语。

一、信息素质概述

信息素质的概念是从图书馆素质（Library Literacy）等概念发展演化而来的，最早由美国信息产业协会主席保罗·泽考斯基（Paul Zurkowski）在1974年提交的一份报告中提出。当时，他将信息素质定义为“经培训后能够在工作中运用信息的人即认为具备了信息素质，他们在掌握了信息工具的使用及熟悉主要信息源的基础上，能够解决实际问题”。1979年，全美信息产业协会更新了该定义，认为具备信息素质的人即是“掌握了信息工具利用的知识与技能，并能够将其应用于解决实际问题的人”。1989年，美国图书馆协会（American Library Association，ALA）又进一步明确指出，“具备信息素质的人，是能够敏锐地洞察信息需求，并能够进行相应的信息检索、评估和有效利用所需信息的人”。发展到今天，对它最广泛的解释是：作为具有信息素质的人，必须具有一种能够充分认识到何时需要信息，并有能力有效地发现、检索、评价和利用所需要的信息来解决当前存在的问题的能力。

二、信息素质的内容

信息素质的内涵包括三个方面：信息意识、信息能力、信息道德。

（一）信息意识

信息意识是信息素质的核心。它是指对有关信息（包括知识、情报）具有高度的敏感性和洞察力，并且及时对其进行分析、联想、综合、推理等，从而判断该信息是否能为自己或某一团体所用，是否能解决现实生活或实践中某一特定问题等一系列思维过程。它包含了对于信息敏锐的感受力、持久的注意力和对信息价值的判断力、洞察力。信息意识主要包括对信息功能的认同意识，对信息来源的选择意识，对信息的检索利用和开发意识等多个方面。由于现代社会日益激烈的竞争，刺激了人们对信息的渴望和对信息的敏感性，从而使得人们的信息意识在不断强化。这种情况在经济、科技等领域表现得更为明显。

首先，信息意识是人对信息及其运动规律的抽象性、概括性、总体性的认识，是从信息科学或类信息科学的角度出发对信息的共同属性和共同规律的认识，即对信息一般的认识。其中，对信息的一般概念及作用的认识，是信息一般认识的基础。信息是独立于认识主体意识存在的或主体感知、表述的事物运动的状态和状态改变的方式，具有普遍性、无限性、可塑性、知识性、寄载性、可传输性、共享性、时效性等特征。其次，信息意识是人对各个（种）具体事物信息的认识，是人从信息的角度对万事万物的认识，即对信息个别的认识。本体论意义中的信息是事物运动的状态和状态改变的方式，具有具体的品格。认识论角度的信息是认识主体所感知或所表述的各个（种）事物运动的状态和状态改变的方式，具有语法信息、语义信息、语用信息三个层次，构成了从认识论层次考察事物的全信息。再次，信息意识是人自觉对信息的需求，是人自觉地掌握信息、利用信息的自我要求。信息是人生存的前提，是人发展的基础，是物质与意识、实践与认识、主体与客体之间的中介。

（二）信息能力

信息社会的到来要求个体具备一定的信息能力。信息能力包括获取信息的能力、加工处理信息的能力、创造新信息和利用信息的能力，以及使用计算机处理信息的能力等。

第一，个体应在心理结构上建立一个开放的、全方位的信息获取与接收机制，对过去、现在、未来的信息，纵向与横向的信息，正向与逆向的信息都要加以接纳和捕捉，以适应社会的发展。

第二，个体应在接收大量信息的基础上，对各种信息进行判断、评价和选择。在信息社会，人们生活在信息的海洋之中，这些信息有真假之分，有有序和无序之分，有正负价值之分，过量的信息辐射会对人的精神产生强烈冲击，因此如果不对外界信息进行选择，而是对多种信息全盘接受，人的心理必然承受不了各种信息的轰击，容易导致产生各种心理疾病。由此可见，个体应具有吸收、判断、选择和处理信息的能力。

第三，个体应具有组织和保持信息的能力。个体应从新的需要的角度对原有的信息、知识进行叠加、重组，或将各部分知识和信息在新角度、新层次上进一步系统化。这种工作有利于打破传统的观念，形成新的思想。

第四，计算机技能是人们学习的重要工具，“在新信息社会，没有计算机技能，就像漫游在国会图书馆那样大的藏书地方而束手无策一样，书都是随意乱放着。”计算机技能是新型劳动者必备的技能，个体应具备利用计算机处理信息的能力。

（三）信息道德

信息道德是人们在开发信息产品、使用信息技术过程中应遵循的行为规范。信息道德包括三个层次的要求。

第一，开发信息产品过程中应遵循的道德要求。信息产品的开发可能促进社会发展，也可能给社会带来危害，例如制造和传播计算机病毒，无疑给社会发展带来了危害。因此任何一个计算机开发人员必须具有高度的社会责任感，关心自己的信息产品对人类是否有利。

第二，利用信息技术过程中应遵循的道德要求。网络社会正常秩序的维持有赖于人们建立和遵循网络道德。人们应利用网络传播优秀的精神文化，尊重他人的劳动成果和个人的隐私权，不应利用网络传播病毒、复制和传播黄色文本、侵犯他人隐私，不应剽窃和仿冒他人的研究成果，不应在社交媒体上散布侮辱他人人格的流言蜚语和有害社会稳定的政治谎言。

第三，信息技术发展带来的另一个道德问题是人类共同利益和国家利益之间的关系问题。一方面，互联网正以极快的速度，把社会各部门、各行业以及各国和各地区连成一个整体，形成“网络社会”或“地球村”。无论是个人还是社会，对互联网的依存度都越来越高，人们的工作、学习乃至日常生活、娱乐都将逐步“上网”。网络秩序遭破坏，社会将出现混乱；网络的瘫痪，将导致整个社会的无序甚至崩溃。网络社会没有特定的地理国界，全球各色人种都生活在网络这个大“家庭”中，网络社会的道德具有全人类性。因此，维护网络社会的安全是人类的共同责任，一切网络行为都必须服从于网络社会的整体利益。但另一方面，人们主要生活在现实社会之中，尽管网络社会影响、制约着现实社会的生产和生活，但不能代替现实社会。现实的世界是由民族国家组成的，各民族国家既利用信息技术争夺利益，又把信息量、信息控制权作为国家利益的新的构成部分，在信息领域展开激烈的斗争。“信息本身成为国家利益的一个组成部分，信息量成为衡量国家间利益均衡的一个重要参数，对信息的开发、控制和利用成为国家间利益争夺的重要内容。总而言之，互联网是继南极洲、外层空间之后，引发又一轮国际竞争的新的战略空间。”所以，当代人既应具有全球意识，又应具有爱国主义精神，把维护全人类的共同利益和维护本民族国家的利益统一起来。

第三节　图书馆与互联网

用户获取信息除了购买外，图书馆和互联网也是获取信息的主要渠道。图书馆是传统的信息获取的渠道，随着信息技术的发展，互联网（Internet）已成为获取信息的主要方式。网络的普及与迅速发展，使“上网”正逐渐成为当代人们生活的重要部分。

一、图书馆

图书馆是保存知识、传播文化的社会机构，在我国过去一般称为藏书楼。近代以来，随着西方图书馆概念的传入，国内逐渐出现了现代意义上的图书馆。今天我们所称的图书馆，不仅是促进和推广社会阅读的社会文化机构，也是国家保障和实现公民阅读权利的一种制度安排。作为国家公共文化服务体系建设的重要组成部分，图书馆在当今社会发挥着越来越重要的作用。

1974年，国际标准化组织颁布的“国际图书馆统计标准”（ISO 2784—1974），将图书馆划分为国家图书馆、高等院校图书馆、其他主要的非专门图书馆、学校图书馆、专门图书馆和公共图书馆6大类。我们常见的是公共图书馆和高校图书馆。公共图书馆是由中央政府或地方政府管理、资助和支持的，免费为社会公众服务的图书馆，如国家图书馆、各省（区、市）图书馆等。它具备收藏、管理、流通等一整套使用空间和技术设备用房，面向社会大众提供服务，其特点是图书收藏学科广泛，读者成分多样。它可以为一般群众服务，也可以为某一特定读者如儿童、工人、农民等服务。根据2019年国家统计局数据，截至2018年底，我国公共图书馆数量：国家级图书馆1个，省级图书馆39个，市级图书馆376个（比上一年增加4个），县级图书馆2760个（增加7个）。全国各级公共图书馆共计3176个，公共图书馆从业人数57602人，图书流通人次达82032万人次。此外，作为高等院校附属机构的大学图书馆，是支撑高等院校教学与研究两项基本活动的重要机构，更是有着“大学之心脏”的地位。

传统的图书馆服务主要包括图书借阅、馆际互借、参考咨询和读者培训等，随着技术的发展，目前很多公共图书馆和高校图书馆都建立了自己的网站，通过图书馆的网页，可以看到图书馆提供的各项服务和图书馆中的信息资源。通过联机公共目录（Online Public Access Catalog，OPAC），图书馆可以提供书目检索、分类浏览、期刊导航、新书通报、信息发布、读者荐购、网上预约与续借等服务。

信息资源建设的目标是实现共享，信息资源的价值在于充分利用。例如，1998年和2004年，由教育部牵头分别建立的、全国各地高校图书馆自愿参加的“中国高等教育文献保障系统（China Academic Library & Information System，CALIS）”和“中国高校人文社会科学文献中心（China Academic Social Sciences and Humanities Library，CASHL）”，是我国高等教育和图书馆领域信息资源共建共享的一项重要工程。又如，在专业和科学图书馆方面，2000年6月，由中国科学院文献情报中心、工程技术图书馆（中国科学技术信息研究所、机械工业信息研究院、冶金工业信息标准研究院、中国化工信息中心）、中国农业科学院图书馆、中国医学科学院图书馆，联合建立了“国家科技图书文献中心（National Science and Technology Library，NSTL）”；在公共图书馆方面，2002年，文化部牵头实施的国内各省、市、县公共图书馆参加的“全国文化信息资源共享工程”，将中华优秀传统文化进行数字化加工整合，通过互联网、卫星、有线（数字）电视、手机等渠道进行传播，实现了先进数字文化在全国范围内的共建共享。

二、互联网

互联网是指将两台或者两台以上的计算机终端、客户端、服务端通过计算机信息技术的手段互相联系起来的结果。互联网始于1969年，最初设计是为了能提供一个给计算机专家、工程师和科学家使用的通信网络。随着技术的进步，现在通过互联网，人们可以与远在千里之外的朋友相互发送邮件、共同完成一项工作、共同娱乐。

互联网在我国发展迅速，根据中国互联网络信息中心（CNNIC）2020年4月28日发布的《第45次中国互联网络发展状况统计报告》（以下简称《报告》）显示，截至2020年3月，我国网民规模达9.04亿，互联网普及率为64.5%；我国手机网民规模达8.97亿，我国网民手机上网使用率为99.3%。截至2019年12月，我国域名总数为5094万个，IPv6地址数量为50877块/32，已跃居全球第一位。

网络的迅速发展很大程度上得益于网络信息的及时性及其娱乐内容生态的逐步构建。《报告》显示，2019年，我国已建成全球最大规模光纤和移动通信网络，行政村通光纤和4G比例均超过98%，固定互联网宽带用户接入超过4.5亿户。截至2020年3月，我国搜索引擎用户规模达7.5亿，占网民整体的83%；手机搜索引擎用户规模达7.45亿，占手机网民的83.1%。2020年初，受新冠肺炎疫情影响，大部分网络应用的用户规模呈现较大幅度增长。其中，在线教育、在线政务、网络支付、网络视频、网络购物、即时通信、网络音乐、搜索引擎等应用的用户规模较2018年底增长迅速，增幅均在10%以上。截至2020年3月，我国在线教育用户规模达4.23亿，网络购物用户规模达7.10亿，在线政务服务用户规模达6.94亿，雄厚的用户数量为互联网的发展奠定了良好的基础。

第二章　信息检索基础

第一节　信息检索概述

一、信息检索原理

“检索”（Retrieval）即“查找、索取”之意。狭义的信息检索一般只涉及“查找、索取”，即主要关注如何从存储的信息集合中快速获取各种需要的信息，相当于人们通常所说的“信息查检”“信息查找”等。广义的信息检索是指将信息按照一定的方式组织和存储起来，形成各种信息集合，并根据用户特定的需要，按照一定的程序，从信息集合中提取相符合的信息，它包括信息存储和信息获取两个过程，因此其全称又叫“信息存储与检索”。由此可见，狭义的信息检索是指广义的信息检索的后一个过程，即信息获取的过程。本书立足于信息检索的广义概念，研究信息存储和信息获取的全过程。

信息的存储过程通常是专业信息人员（标引人员）按照检索语言及其使用原则对原始信息进行处理，形成信息特征标识，为检索提供经过整序的信息集合的过程，一般包括信息选择、信息著录、信息标引、信息整序等环节。信息的获取过程一般是信息用户（检索者）按照同样的检索语言及组配原则分析课题，形成检索提问标识，根据信息存储所提供的检索途径，从信息集合中查获与提问标识相符的信息特征标识的过程。因此，信息检索的基本原理可从信息的替代、整序和标识的匹配三方面来讲述。

（一）信息的替代

对信息进行替代的过程，实际上是对信息的外部特征（包括题名、著者、出处等）和内容特征（包括分类号、主题词等）进行描述的过程，这项工作被称为著录。

（二）信息的整序

信息的整序，就是把众多的替代信息按照代表信息特征的标记进行排列的过程；具体地说，就是对信息进行标引，给出信息标识，并编制各种类型的索引的过程。信息整序可分为形式整序和内容整序两类：形式整序是根据代表信息外在属性的标识（如著者姓名、题名、序号等）排列信息，内容整序是根据代表信息内在属性的标识（如分类号、主题词等）排列信息。如以信息的著者姓名为标识，可以把所有信息按照著者姓名的字顺排列起来，用户只要知道著者姓名，就可以在按著者姓名字顺的信息序列中（著者索引）查到所需信息。

（三）信息特征标识与检索提问标识的匹配

这种匹配，实际上就是将标引人员对信息内容的表达（信息特征标识）与信息用户对信息需要的表达（检索提问标识）进行相符性比较的过程。信息检索就是通过信息特征标识与检索提问标识的匹配来实现的。为了实现这一匹配，标引人员的标引用语和检索者的检索用语必须采用一种共同的语言，这就是检索语言（详见本章第二节）。检索语言沟通了信息的存储和检索两个过程，是标引人员和检索者双方思想的桥梁，是检索工具或检索系统的重要组成部分。

综上所述，所谓信息检索原理，简单地讲，就是检索提问标识与存储在检索工具中的信息特征标识进行比较或匹配，然后提取相符合的信息的检索方法。检索系统所输出的信息可能是用户需要的最终信息，也可能是用户需要的中介信息，用户依此中介信息的指引，可以进一步获得最终所需要的文献和信息。信息检索的原理如图 2－1 所示：

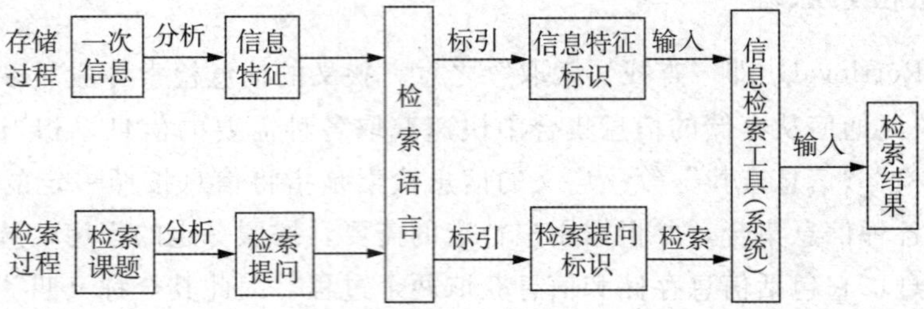

图 2－1　信息检索原理图

二、信息检索的类型

掌握了信息检索原理，就必然要了解信息检索的类型。按照不同的标准，信息检索可以划分成不同的类型，其特点也各有不同。

（一）依据检索的方式和技术划分

1. 手工检索

手工检索（Manual Retrieval）简称“手检”，即通过手工方式对信息进行存储和检索。它使用的检索工具主要是书本型、卡片式的信息系统，如目录、索引、文摘及参考工具书等。这种方式不需要更多的设备，检索者只要有手工检索工具即可，但检索速度慢、效率低，同时检索点有限、查全率很低。

2. 机器检索

机器检索（Mechanical Retrieval）简称“机检”，即人们借助机器查找信息的行为。机器检索包括机械检索和计算机检索。机械检索是利用某种机械装置处理和查找文献，可分为穿孔卡片检索和缩微品检索。计算机检索则是利用计算机来处理检索者的检索提问，将检索者输入检索系统的检索提问（即检索标识）按检索者预先制定的检索策略与系统文档（机读数据库）中的存储标识进行类比、匹配运算，通过“人机对话”检索出所需要的信息。目前，计算机检索主要有联机检索、光盘检索、网络检索等。和手工检索相比，计算机检索的本质并没有发生变化，发生变化的只是存储方式、匹配方式和检索手段。当前，机器检索主要是指计算机检索。由于机检是由机器自动匹配，因此检索速度快、效率高，同时检索点多、查全率高。

（二）依据检索的对象和内容划分

1. 文献检索

文献检索（Document Retrieval）是信息检索的主要形式，以特定的文献（包括全文、文摘、题录等）为检索对象，检索结果只提供相关文献供参考，不直接解答用户提出的具体技术问题，本质上是一种相关性检索。

2. 数据检索

数据检索（Data Retrieval）以特定的数据（包括各种统计数字、工程数据、计算公式、物理常数、化学结构式、各类图表等）为检索对象，检索结果是经过测试、评价过的各种数据，本质上是一种确定性检索（即系统直接给用户提供所需要的确切的数据）。例如，"某品牌某新型的小汽车的载重量是多少，每百千米油耗是多少"就属于数据检索。

3. 事实检索

事实检索（Fact Retrieval）以特定的事实（如某一事件发生的时间、地点、人物和过程等）为检索对象，检索结果是有关某一事物的具体答案，本质上也是一种确定性检索。例如，"世界上最长的斜拉桥是哪座，该桥位于什么地方、何时建成"就属于事实检索。事实检索一般能直接提供用户所需的确定的事实，但有时需要对检索所得到的事实信息进行分析和推理，才能得到最终的答案，因此要求检索系统必须有一定的逻辑推理能力和自然语言理解功能。例如，要想得到"中国发明专利历年的申请案中，国外来华申请历年所占的百分比是多少"这一事实信息，就需要对历年的数据进行统计，然后进行比较分析，才能得出具体答案。

4. 多媒体检索

多媒体检索（Multimedia Retrieval）以特定的多媒体信息（包括文本、图形、图像、音频、视频等）为检索对象，检索结果是符合用户需要的各类媒体资源，本质上也是一种确定性检索。多媒体检索系统并不是简单地对多种媒体进行检索，它必须既能对以文本信息为代表的连续媒体的内容进行检索，也能对以图像、声音为代表的连续媒体的内容进行检索。目前，从涉及的信息角度看，可分为基于文本和基于内容的两种多媒体信息检索方式。相对于传统的文本信息检索，多媒体检索具有多样性、交互性和实时性等特点。

三、信息检索的发展历史与趋势

（一）发展历史

综观整个发展历程，信息检索的发展可以分成以下三个阶段。

1. 手工检索阶段

信息检索直接发源于文献的文摘工作、索引工作和图书馆参考咨询工作。

文摘工作历史悠久，可以追溯到远古时代。文摘历史专家弗朗西斯·威蒂（Francis J. Witty）认为，早在公元前2000年，在美索不达米亚人用楔形文字写成的文献的陶制封套上，就出现了一种用途类似于文摘的工具。在我国，西汉刘向、刘歆整理编撰的《别录》和《七略》是最早带有内容摘要的图书目录。1830 年，柏林科学院出版了著名的文摘刊物《药学总览》(*Pharmaceutisches Central-Blatt*)，标志着专供查询使用的文摘刊物从一般刊物中分离出来，其通常被认为是手工检索工作的开端。

索引工作也有很长的历史。我国是开展索引工作较早的国家之一。我国的索引工作萌芽于先秦两汉时期，三国刘劭编纂的《皇览》是我国古代索引的起源，唐宋时期出现了专供查找古籍中的骈词俪句、诗赋文章、史实等的"类书"，实际上就属于索引。清代学者章学诚的《校雠通义》是我国古代索引理论与方法的集大成者。五四运动前后至 20 世纪 20 年代后期出现的"索引运动"，是我国现代索引工作的自觉期。新中国成立以后，索引工作得到了长足发展。在西方，约在 7～8 世纪出现了第一种专门的索引《圣经语词索引》。

图书馆参考咨询工作起于 19 世纪下半叶，当时的美国公共图书馆和大专院校图书馆开始出现了参考咨询工作，其产生的标志是 1876 年召开的美国图书馆协会第一届大会。1883 年，波士顿公共图书馆首次设置了专职参考馆员和参考阅览室。到了 20 世纪，大多数图书馆都成立了参考咨询部门，其主要职能是利用书目工具为读者查找文献资料，到 20 世纪 40 年代又拓展到编制书目、文摘，提供文献代译等。"信息检索"从此成为一项独立的用户服务工作，并逐渐从单纯的经验工作向专业化方向发展。

手工检索阶段的主要特点是：开展信息检索服务的机构是图书馆参考咨询部门；检索对象和内容以印刷型文献（如图书、期刊、会议信息、专利信息、学位论文等）为主；检索工具主要是各类文摘、题录和目录性工具书。

2. 机械检索阶段

机械检索是利用各种机械装置（如穿孔卡片、各类缩微品等）进行信息检索的方式，它发端于 20 世纪 40～50 年代，持续的时间不长，很快被迅速发展起来的计算机检索所取代，是手工检索向计算机检索的过渡阶段。机械检索主要包括两种基本类型：机电信息检索和光电信息检索。机电信息检索使用打孔机、验孔机、分类机等机电设备记录二次文献，用电刷作为检索元件；光电信息检索是通过缩微照相记录二次文献，以胶卷或胶片边缘部分若干黑白小方块的不同组合做检索标志，利用光电检索元件查找文献。

机械检索虽然利用当时先进的机械装置改变了信息的存储和检索方式，促进了信息检索的自动化，但它并没有发展信息检索语言，只是采用单一的方法对固定的存储形式进行检索，而且过分依赖于设备，检索复杂，成本较高，检索效率和质量都不理想。

3. 计算机检索阶段

计算机检索起源于 20 世纪 50 年代初。1954 年，美国的海军兵器中心图书馆利用 IBM-701 型计算机开发了计算机检索系统，这标志着计算机检索阶段的开始。根据检索方式和手段的不同，计算机检索可以划分成 4 个发展阶段。

第一阶段：脱机检索阶段。20 世纪 50～60 年代是脱机检索的试验和实用化阶段。这个时期信息检索的主要方式是批式检索，代表性的脱机检索系统有美国国家医学图书馆的 MEDLARS、美国化学文摘社发行的《化学题录》机读磁带版等。这个阶段的主要特点是数据存取与数据通信能力都比较差。

第二阶段：联机检索阶段。20 世纪 60～80 年代是联机检索的试验和实用化阶段。60

年代初开始了联机检索试验。1962年，美国麻省理工学院利用IBM－7094型计算机进行了世界上最早的联机检索试验。进入70年代，大批成熟的脱机系统纷纷转变为联机系统。具有代表性的联机检索系统有：美国洛克希德飞机公司的DIALOG系统、欧洲空间组织情报检索中心的ESA－QUEST系统、美国国立图书馆的MEDLINE系统、美国系统发展公司的ORBIT系统、日本科学技术情报中心的JICST系统、欧洲联机情报检索网的EU－RONET系统等。这个阶段的特点是联机数据库集中管理，具有完备的数据库联机检索功能，但其数据通信能力较差。

第三阶段：光盘检索阶段。光盘检索阶段始于20世纪80年代中期。1985年，世界上第一个CD－ROM数据库BIBLIFILE的问世，标志着光盘检索系统实用化的开始。国外主要的光盘检索系统有美国《工程索引》光盘数据库、英国《科学文摘》光盘数据库、美国《化学文摘》光盘数据库等。国内有代表性的光盘检索系统有中国学术期刊光盘数据库（CAJ－CD）、中国期刊库（题录文摘版）等。这个阶段较为特殊，在发达国家，光盘检索仅仅是联机检索的支持和补充，但在通信技术不太发达的国家，它却由于本身的优点而成为用户获取信息的一个十分重要的手段。

第四阶段：网络检索阶段。网络信息检索始于20世纪90年代初，其兴起的背景是信息高速公路计划和互联网的发展与普及。1991年，思维机等公司、明尼苏达大学、欧洲高能粒子协会分别推出了互联网上的检索工具WAIS、Gropher和WWW。目前，WWW已在信息服务中占主导地位，基于Web的搜索引擎也已成为最重要的网络信息检索工具。在这个阶段，信息资源呈现出数字形式表达、多媒体和多载体、内容覆盖广、分布无序、难以规范化和结构化、内容特征抽取复杂、用户界面要求高等特点，导致了信息处理从传统模式向新型模式、信息结构从结构化到非结构化、系统功能从单纯信息检索到综合信息管理和服务等的转变。这些变化促使信息检索技术的不断发展，以满足人们对提高信息利用能力的需要。信息检索发展到今天，已经呈现出联机检索、光盘检索和网络检索三者并存的局面。

（二）发展趋势

现代信息技术的飞速发展，改善了检索技术的软硬件环境，促使检索技术从传统的线性检索向超文本支持的非线性检索发展。当前已经形成了以网络检索为主，联机检索、光盘检索、网络检索等多种检索形式并存的态势。在网络时代，信息检索发展趋势主要表现在以下几方面。

1. 智能化

智能化是信息检索未来的主要发展方向。智能检索本质上是一种自然语言检索，它是机器对用户提供的以自然语言表述的检索要求进行分析，而后形成检索策略进行检索。近年来，智能搜索引擎、智能浏览器、智能代理等人工智能产品不断涌现，它们提高了网络信息检索的智能化程度，促进了智能信息检索的发展。

智能搜索引擎通常具有网络蜘蛛的智能化、为特定用户提供相关信息、搜索引擎人机接口的智能化等特征，它不仅能为用户提供具有独立搜索功能的智能体的幕后支持，还能预期用户的需求，并有效地抑制关键词的多义性。智能浏览器是基于机器学习理论而设计的智能系统，能够帮助用户在网络中查找信息，是某个领域中熟练的搜索专家。网络中的智能代理通常是一个专家系统、一个过程、一个模块或一个求解单元，它可以获得用户的信息需求，自动检索信息和推送检索结果信息；而多智能代理系统还具有信息发现、信息筛选、信息推送和信息导航功能，可满足专业研究人员的特定需求，实现网络信息检索与服务的智能化。

2. 可视化

信息检索的可视化，是将数据库中不可见的语义关系用图形或图像形式予以可视化显示，并表达用户检索过程。它包含检索过程的可视化和检索结果的可视化两个方面，其中检索过程的可视化是指在检索过程中各检索对象之间的关系以可视化的形式展现在用户面前，用户顺着可视化的检索画面一步一步地发现检索结果。

可视化信息检索有许多好处，主要表现在：(1) 对文献或检索式内部语义关系的理解有助于用户判断一个检索中的相关文献；(2) 一个透明的检索过程使检索更容易、更有效；(3) 一个可视化的环境可以为用户展示更丰富、更直观的信息；(4) 相关性在传统的信息检索中只是指检索结果与检索式相关，而在可视化检索中则指检索结果之间的相关度；(5) 用户可以进行交互式输入，并允许在信息空间进行动态移动，可以修改数据的展示方式，从而使他们理解数据的个人偏好可视化；(6) 减少了用户理解检索结果的时间，可以对相关信息进行聚类分析，而聚类分析可帮助人们发现新的学科点，也可作为反馈的工具；(7) 可以操纵检索的内部过程；(8) 提高检索系统与人之间的交互性，检索结果可以模仿网络环境形成拓扑图，在拓扑图中所有相似文献或其他类型资源将被归为同类，以等高线 (Contour Lines) 来表达与其他信息内容在类的概念上的远近。

3. 专业化

专业化的信息检索主要用于搜索某一学科、某一类型或某一主题领域的信息，涉及的信息类型比较单一或主题的学科范围比较狭窄，因此检索结果的精确性和相关性比较高。信息检索之所以出现专业化趋势，主要是由于综合性检索系统（比如综合性搜索引擎）面对日益丰富的网络信息资源，很难在较短时间内查找到符合用户需求的高质量的专业信息。

当前，在很多专业领域出现了用于检索专业信息的专题性搜索引擎，这是信息检索专业化发展的重要体现。例如，PubMed 是美国国家医学图书馆开发的医学专业搜索引擎，Meta-list. net 专门用于查询网上邮件列表，LIBClient-IRISWeb 系统用于查询网上法律信息等。世界范围内学科信息门户的兴起也是信息检索专业化的一种体现。例如，英国资源发现网络（Resource Discovery Network）开发的社会科学信息门户（SOSIG），专为社科领域的研究者提供高质量的专业信息；中国科学院国家科学数字图书馆陆续建成的包括物理和数学在内的 6 大学科信息门户，提供了每一个学科领域内专业化的信息资源。总之，专业化检索系统能更好地为不同领域的用户提供信息服务，在提供专业信息方面有着大型综合性搜索引擎无法比拟的优势，因此是未来信息检索的重要发展方向。

4. 个性化

信息检索的个性化是指检索系统以用户为中心，根据用户的需求、个性、习惯、兴趣以及行为方式等，提供有针对性的个性化服务内容。个性化信息检索的实质是提供真正适合用户需要的产品，目标在于用户在表达查询请求时，不必认知其信息需求的所有内容，检索系统会根据用户模型并按照相关度排序，将最有价值、更具针对性的信息推荐给用户，从而节省了用户阅读大量不相关文献的时间。

当前，一些大型的搜索引擎已注意到了个性化信息服务的提供。例如，Google 提供的“使用偏好”功能允许用户在界面语言、搜索语言、结果显示等方面设置其习惯的模式，而且可以存储“使用偏好”。此外，还出现了一些专门收录某一领域信息的网站，如 StockSite 提供股市分析文章、股票分析工具、公司研究文章及与商业和金融相关的新闻等。

随着检索工具个性化功能的不断强化，用户可以用自己喜欢的方式来检索信息，预先选择自己的信息源，向自己感兴趣的、值得自己信赖的信息源提问，而且能对检索结果进行阶段限定，以提高检索质量。个性化信息检索的水平最终取决于检索的智能化水平。

5. 多样化

信息检索的多样化是指检索的信息源、检索工具、服务方式等朝着多样化发展的趋势。第一，多样化表现在信息源的多样化上，包括两个方面：一是信息源内容的多样化，既包括图书、文献等学习研究方面的信息源，又包括新闻、杂谈等生活方面的信息源；二是信息源表现形式的多样化，既包括文本信息，又包括音频、视频等多媒体信息。第二，多样化表现在检索工具向多国化、多语种化方向发展。一些大型搜索引擎通过多语种检索服务，迅速打开国际网络信息检索市场，如 Google、Yahoo！等都在世界各地设立了分支机构，并以本地语言提供服务。第三，多样化表现为网上检索工具的服务多样化。网上检索工具不仅仅是单纯的检索工具，还向其他服务范畴（如站点评论、天气预报、新闻报道、股票点评等）扩展，以多种形式满足用户不同的需要。第四，多样化还表现在网络信息检索可以间接地服务于其他行业，如数据挖掘技术可用于分析历史数据的变化趋势，预测未来发展方向，发现大量数据中潜在的模式规律，从而可以为投资、科研、项目评估等提供有力的依据。

四、信息检索的意义

随着科学技术日新月异的发展，科技成果倍增，新的学科领域不断产生、拓展和更新，导致信息数量、种类急剧增长；同时，现代通信技术、网络技术的广泛应用，又加速了文献信息的传递与使用，文献信息的传递、使用和交流又促使新的信息不断产生，人类社会已步入了知识、信息爆炸的时代。然而这种浩如烟海而又极其分散的文献信息给人们的学习、工作带来了许多的不便，特别是对于广大科研人员和工程技术人员而言，如何迅速准确地查到自己所需的文献资料，关系到科研项目的成败。这就需要借助于文献查找工具——信息检索。信息检索在人们日常信息交流和科学研究工作中发挥着重大作用，正如德国柏林图书馆大门上醒目地写着这样一句话：“这里是人类知识的宝库，如果你掌握了它的钥匙的话，那么全部知识都是你的。”这里所说的钥匙就是信息检索的方法。所以，学习和掌握信息检索的方法与技能具有重要的意义，主要体现在以下几个方面。

（一）有利于培养人才，提高学生的自学能力和独立科研能力

高等教育不同于基础性教育，在高等教育中，对各类大学生来说，最主要的是培养他们的自学能力和研究能力等。例如，对硕士生来说，在学习阶段，主要是学会如何独立从

事研究工作，即要在查找文献的基础上，善于总结前人经验并有所创新；对于博士生来说，主要是通过文献检索，培养在总结前人经验的基础上选择具有创造性研究方向的能力，能够开辟新的研究领域。

当前，我们正处于一个知识、信息激增的时代，科技文献资料以几何级数增长，旧知识迅速老化，新知识不断涌现，网络资源也在及时更新，这种现状和趋势使得大学生在学习期间所学的知识很快会陈旧失效。如果没有科学的方法，不会独立更新知识结构，大学生将会落后于时代要求。因此，在高校中开设信息检索课程，有目的地培养学生的情报意识和信息检索知识，使其具备获取信息和自我知识更新的能力，其重要性就在于此。

信息检索方法和技能已成为大学生们学习过程中不可缺少的重要组成部分，把信息检索课程列入高等教育计划，培养学生信息检索知识和技能，对于提高教学质量，培养合格人才具有重要意义。不仅如此，掌握信息检索的理论和方法，不但有利于大学生对本专业的学习研究，而且有利于其今后从事其他学科的研究。

（二）帮助科研人员继承和借鉴前人的成果，避免重复研究，减少重复劳动

科学史上大量的事实证明，没有科学上的继承和借鉴，就没有提高；没有科学上的交流和综合，就没有发展。积累、继承和借鉴前人的研究成果，是科学发展的重要前提。正如牛顿所说："假如我比别人看得远一点，那是因为我站在巨人的肩膀上。"因此，在科学研究中，任何一个项目从选题、实验研究或设计，到成果鉴定等，每一步都离不开信息。只有掌握了最充分和最新的信息及相关的文献资料，知道哪些工作前人已经做了，哪些目前还在做、什么人在做、进展情况如何、有何成果经验和教训等，才能避免重复劳动，少走弯路，保证研究工作在尽可能高的层次上起步。相反，如果科研人员掌握信息不充分、不及时，闭门造车，往往容易造成重复研究和巨大浪费。

我国信息工作的开展相对于发达国家还比较落后，重复研究现象一直比较严重，主要表现在一方面是重复研究国外已有技术，另一方面是国内各机构之间相互重复研究的情况也不少。因此，只有加强科研人员信息检索意识和能力的培养，才能改变这种现状。

（三）帮助科研人员迅速、准确地获取所需全部资料，提高科研效率，缩短科研周期

文献资源快速增长和文献量的过分庞大，一方面为科研人员提供了可利用的丰富资料，另一方面却加重了科研人员收集、筛选文献信息的负担。根据国内外相关研究的数据，科研人员花费在查找资料上的时间是相当多的。如美国曾对8000名化学化工科技人员进行调查，统计他们用于文献检索的时间，比例最高的达61%，最少也有15%，平均为33.4%；日本某电气公司科技人员的实验研究时间占全部科研时间的42%，而用于检索、计划研究、资料处理的时间则占58%。如果能有完善的检索设施和周到的检索服务，将这部分时间减少到最低限度，无疑会节省科研人员的大量时间，使他们能把主要精力和时间用于构思与研究上，这样就可以缩短科研周期，进而能达到多出成果、快出成果、提高科研效率的目的。

当然，科研人员要掌握独立吸收和运用文献的技能，必须同时具有三个方面的知识，即外语知识、专业知识和文献检索知识；如果仅仅具备一定的外语知识和专业知识，缺少必要的文献检索知识，就会造成面对汪洋大海般的文献信息而陷入找不到、读不完的困

境，也就不能有效地利用信息检索工具来查询文献信息，进而推动实际问题的解决。

（四）促进信息资源的开发和利用，推动社会进步和经济发展

历代流传下来的和目前正在源源不断涌现出来的文献是一个巨大的知识宝库，是一种如同能源、材料和劳动力一样的重要资源。现代人只有在掌握前人所积累知识的基础上，利用这些理论知识做指导，通过不断的实践创新，才能创造出更多的新知识，促进社会的进步。同时，社会的进步和经济的发展又推动信息的生产、流通和使用。在这一过程中，信息检索是人们开启知识宝库的金钥匙，是开发智力资源的有力工具，它能帮助人们传播知识和利用知识，使知识转化为社会物质财富和精神财富，从而在人类社会的科学技术和生产生活过程中发挥重大作用。

由于信息检索具有上述多方面的作用，与人们的学习、工作和科学研究息息相关，所以许多国家和部门都很重视并且积极支持信息检索服务工作，尽量采用新技术、新设备去武装它，不断开拓新的服务领域，提高服务质量，以支持科学研究工作和其他开发活动。

第二节　信息检索语言

一、信息检索语言概述

（一）检索语言的概念

检索语言有狭义和广义之分。狭义的检索语言是根据信息检索之需创制的人工语言，是应文献信息的加工、存储和检索的共同需要而编制的专门语言，是表达一系列概括文献信息内容和检索课题内容的概念及其相互关系的一种概念标识系统。传统意义上的检索语言指的是人工语言。随着计算机技术的发展和人们认识的深入，检索语言的内涵和外延都发生了变化，人们开始将自然语言用于信息检索，这就形成了广义的检索语言。广义的检索语言不仅包括人工语言，还包括自然语言。所谓自然语言就是人类交流时使用的没有经过加工和规范的、不受任何限制的语言。将自然语言用于检索，不仅符合用户日常表达的习惯，还能显现出检索系统的易用性和亲和力。

（二）检索语言的作用

检索语言的主要作用如下：(1) 标引文献信息内容及其外表特征，保证不同标引人员表征文献的一致性；(2) 对内容相同及相关的文献信息加以集中，或揭示其相关性；(3) 使文献信息的存储集中化、系统化、组织化，便于检索者按照一定的排列次序进行有序化检索；(4) 便于将标引用语和检索用语进行相符性比较，保证不同检索人员表述相同文献内容的一致性，以及检索人员与标引人员对相同文献内容表述的一致性；(5) 保证检索者按不同需要检索文献时，都能获得最高查全率和查准率。

（三）检索语言的类型

随着检索技术的不断发展和检索系统功能的日益完善，陆续出现了不同种类的检索语言。依据不同的划分标准，信息检索语言可以分成不同的类型。

1. 按照结构原理和标识性质划分

（1）分类语言

分类语言是指以数字、字母或字母与数字结合作为基本字符，采用字符直接连接并以圆点（或其他符号）作为分隔符的书写方法，以基本类目作为基本词汇，以类目的从属关系来表达复杂概念的一类检索语言。分类语言又分为体系分类语言（体系分类法）和组配分类语言（组配分类法），二者统称分类法系统。

（2）主题语言

主题语言是指以自然语言的字符为字符，以名词术语为基本词汇，用一组名词术语作为检索标识的一类检索语言。以主题语言来描述和表达信息内容的信息处理方法称为主题法。主题语言又可分为标题词语言（标题词法）、单元词语言（单元词法）、叙词语言（叙词法）和关键词语言（关键词法），它们统称主题法系统。

（3）代码语言

代码语言是指用某种符号代码系统来标引和排列事物的信息特征，从而提供检索的语言。常见的符号代码有专利号、标准号、报告号、合同号、化合物分子式、化合物登记号以及元素符号等。人们用这些符号代码作为检索标识，编制成不同的索引，比如化合物分子式索引、专利号索引、合同号索引、标准号索引等。这些索引附在检索工具之中，就给特定专业的用户提供了一条简捷的检索途径。

（4）引文语言

引文语言是指用文献之间的相互引证关系作为文献内容主题标识，并以此标引和检索文献的语言。引文语言的标引词来自文献的主要著录项目，具有选词方便、词汇丰富等特点。引文语言是检索语言的一种特殊类型，它提供了从被引论文来检索引用它的全部论文的途径。随着网络信息检索技术的发展，引文语言的机制正好契合 Web 信息资源的组织方式——超链结构，因而很快被创造性地应用于搜索引擎检索结果的排序算法之中，这使得搜索引擎技术和网络资源检索效果产生了质的飞跃。

2. 按照表述文献的特征划分

（1）表述文献外部特征的检索语言

文献的外部特征主要指文献的题名、著者、出版者、专利号、合同号、报告号等。将上述文献外部特征作为标引标识和检索依据而形成的检索语言就称作表述文献外部特征的检索语言，如题名索引、著者索引、报告号索引、合同号索引等。表述文献外部特征的检索语言可简要概括如图 2-2 所示。

- 题名——题名索引
- 著者——著者索引、团体著者索引
- 文献编号
  - 报告号索引
  - 合同号索引
  - 存取号索引
- 其他——人名索引、引用文献目录等

图 2-2　表述文献外部特征的检索语言图

（2）表述文献内容特征的检索语言

文献的内容特征主要指文献所论述的主题、观点、见解和结论等。将上述文献内容特征作为标引标识和检索依据而形成的检索语言称作表述文献内容特征的检索语言，这是检索语言研究的核心部分，包括分类语言、主题语言、代码语言等。表述文献内容特征的检索语言可简要概括如图 2-3 所示。

体系分类语言——分类索引
标题词语言——著者索引、团体著者索引
叙词语言
　　　　　　主题索引
关键词语言
其他——分子式、结构式索引，专利号索引等

图 2-3　表述文献内容特征的检索语言图

3. 按照组配方式划分

（1）先组式语言

先组式语言指标引人员在标引信息或用户在检索信息之前，表达信息主题概念的标识已经事先用固定关系组配好了的检索语言。典型的先组式语言有体系分类语言和标题词语言。

（2）后组式语言

后组式语言指表达信息主题概念的标识，在编制检索语言词表和标引信息时，都不曾预先规定组配关系，而是在进行标引和检索时，按照组配规则临时组配起来的检索语言。代表性的后组式语言有叙词语言和单元词语言。

（3）散组式语言

散组式语言指对于复杂的主题标识，在词表中不组配，而是在标引阶段将表达信息主题概念的若干标识，根据一定的规则组配在一起的检索语言。《冒号分类法》就属于典型的散组式语言。

4. 按照规范化程度划分

（1）人工语言

人工语言又称规范化语言或受控语言，是指人为地对标引词和检索词的词义进行控制和管理的语言；或者说，人工语言是一种有主题词表或者分类表控制的检索语言。人工语言包括主题语言（标题词、单元词、叙词）、分类语言（体系分类语言、组配分类语言）和代码语言等。

（2）自然语言

自然语言是直接取自于文献信息本身或从用户检索需求中抽取出来的未经规范化处理，用以揭示信息主题概念的词语或句子。它除一般的事物名称、科学术语外，还包括俗名、商品型号和缩写等，具有不用编制词表、能及时跟上事物发展的步伐、准确表达事物新概念、选词灵活方便、专指性强、标引和检索速度快等优点，便于计算机检索。

二、分类检索语言

分类语言是用分类号和类名来描述信息的主题概念，并按照学科范畴和知识体系来划

分事物的语言体系。它也叫分类法，主要包括体系分类语言（体系分类法）和组配分类语言（组配分类法）。

（一）体系分类法

1. 概述

体系分类法是以学科分类为基础，运用概念划分与概括的方法，把概括文献内容与事物的各种类目组成一个层层隶属、详细列举的等级结构体系的一种文献分类法。体系分类法又称等级列举式分类法、枚举式分类法、等级分类法、展开式分类法等。

所谓“类”是指具有许多共同属性事物的集合，凡用来表达同一事物的概念称为“类目”。每类事物，除了有共同的属性外，还有其个性，也就是说还可以用个性相近事物为标准再进行划分。例如，通信类，可以划分为通信系统、有线通信、电话、电报、传真等子类目。“通信”属于被划分的类，一般称其为“母类”或“上位类”（即属概念），经过一次划分所形成的一系列概念，如通信系统、有线通信、电话、电报、传真等称为“子”概念或“下位类”（种概念），子类与子类之间称“同位类”（并列概念）。子类中的某一概念还可再进行划分，如通信系统，又可分成数字通信系统、扩展频谱通信系统、多址通信系统等，依此层层细分下去。

在实际工作中，体系分类法主要用于组织分类排架、统计藏书和建立分类检索系统，其优点包括：(1) 能够满足用户从学科、专业角度检索课题的需求，达到较高的查全率；(2) 等级列举式的概念标识系统便于用户在一定类目下通过浏览掌握某一专业的相关信息；(3) 分类标识系统不受语种限制。体系分类法的缺点有：(1) 不能及时增加因新兴学科、边缘学科或交叉学科而产生的类目，同时有些主题狭窄的文献，很难在分类表中找到对应的类目；(2) 检索途径单一，检索效率较低；(3) 使用分类语言，要求了解学科分类体系，否则很难找到准确的类目；(4) 等级列举式的分类体系，很难反映客观实际中多维的知识空间结构。

目前，国内常见的体系分类法有《中国人民大学图书馆图书分类法》（简称《人大法》，初版于 1953 年）、《中国科学院图书馆图书分类法》（简称《科图法》，初版于 1958 年）、《中国图书馆分类法》（简称《中图法》，初版于 1975 年）、《中国档案分类法》（初版于 1987 年）。国外有代表性的体系分类法有《杜威十进分类法》（简称 DC 或 DDC，初版于 1876 年）、《国际十进制分类法》（简称 UDC，初版于 1905 年）、《美国国会图书馆分类法》（简称 LC，初版于 1961 年）等。

2.《中国图书馆分类法》

《中国图书馆分类法》（原称《中国图书馆图书分类法》）是中华人民共和国成立后编制出版的一部具有代表性的大型综合性分类法，是当今我国图书馆和情报单位使用最广泛的分类法体系，简称《中图法》。到目前为止，《中图法》先后出了 5 版，即 1975 年的第 1 版，1980 年的第 2 版，1990 年的第 3 版，1999 年的第 4 版，2010 年的第 5 版。修订后的《中图法》第 5 版通过新增类目、调整完善类目体系、修改类名、扩大类目外延、增加使用注释等修订方法，补充了新主题、新概念，增强了类目主题的容纳性，明确了类目含义和使用方法。总计第 5 版新增类目 1631 个，停用与删除类目 2500 多个，修改类目 5200 多个。第 5 版还增加了复分、仿分等使用标记，完善了类目相互参见注释，同时继承第 4 版对增删改类目加沿革注释等办法，使类表的实用性有了很大的提高。另外，第 5 版对与人类生活息息相关的经济、生产和生活服务业（包括金融、房地产、公共设施、社会福利、娱乐业等），以及发展迅速的通信业、交通运输业、计算机技术等方面的大类进行了重点修订，使其更符合社会发展趋势。

为了快速检索类目，便利使用《中图法》，2001 年 6 月出版了《中图法》第 4 版电子版，目前已经研发完成《中图法》第 5 版集成电子版并通过编委会审核。为适应不同图书信息机构及不同类型文献分类的需要，《中图法》还有几个配套版本：《中国图书资料分类法》《中国图书馆分类法简本》和《中国图书馆分类法期刊分类表》等。

《中图法》是典型的体系分类法，其采用的标记制度是拉丁字母和阿拉伯数字相结合的混合号码制，即用一个字母代表一个大类，以字母的顺序反映大类的序列，在字母后用数字表示大类下的类目划分，数字的设置尽可能代表类的级位，并基本上遵循层累制的原则。《中图法》将学科分成 5 个基本部类，22 个基本大类，具体见表 2－1 所示。

表 2－1 《中图法》基本部类和基本大类表

基本部类	基本大类
马克思主义、列宁主义、毛泽东思想、邓小平理论	A 马克思主义、列宁主义、毛泽东思想、邓小平理论
哲学	B 哲学、宗教
社会科学	C 社会科学总论 D 政治、法律 E 军事 F 经济 G 文化、科学、教育、体育 H 语言、文字 I 文学 J 艺术 K 历史、地理
自然科学	N 自然科学总论 O 数理科学和化学 P 天文学、地球科学 Q 生物科学 R 医药、卫生 S 农业科学 T 工业技术 U 交通运输 V 航空、航天 X 环境科学、安全科学
综合性图书	Z 综合性图书

（二）组配分类法

组配分类法是根据概念的分析和综合原理编制的文献分类法，又称分面组配式分类法、分面分类法、分析-综合分类法等。它将信息的主题概念分解为简单概念（或概念因素），按照它们所属的方面或范畴，分别编列成表。标引时用两个或多个简单概念的分类号的组合来表达一个复杂的主题概念。组配分类法可分为全分面分类法和半分面分类法两种。全分面分类法是纯粹的组配分类法，一般仅在较小的学科或专业范围内使用。半分面分类法是一种列举式分类法与分面分类法相结合的混合式分类法，《冒号分类法》《布利斯书目分类法》等属于这一类型。

组配分类法至今已历时百余年。1896 年，比利时的特莱提出“概念分析”的原则，并在《国际十进分类法》中大量使用组配符号和组配方法。1906 年，英国的 J. D. 布朗在《主题分类法》中采用了主题分析法和组合原则，这是分面分类法的萌芽。1933 年，印度的阮冈纳赞编制了世界上第一部组配式分类法——《冒号分类法》，并系统地提出了分面分类理论。1976 年，米尔斯陆续出版了《布利斯书目分类法》，使它由等级列举式分类法发展成为一部大型的分面组配式分类法。

组配分类法具有极大的灵活性，其优点包括：（1）组配分类法虽然类目较少，但能通过类目的组配表示众多的主题概念，标引文献的能力强于等级列举式分类法；（2）可以较自由地扩大或缩小检索范围，能从多途径检索文献，还可进行比较精确的组配检索，在检索性能和检索效率方面都优于等级列举式分类法；（3）可以较及时地增补新的主题概念，类表修订灵活、方便；（4）可用于组织分类目录以及建立分类检索系统等，其中半分面分类法还可用于文献的分类排架和分类统计等。

组配法的缺点有：（1）组配法的后组式使用不适合浏览性检索，“鸟瞰全貌，触类旁通”的功能在有些场合不如体系分类法和标题法；（2）组配标引句的含义不如先组、定组式标识一目了然；（3）组配标引有一个分析与综合过程，有时较难，易出错；（4）读者不习惯组配检索等。所以，它还须扬长避短、取长补短、继续改进。

三、主题检索语言

主题检索语言又称主题法，是将文献中的主题词作为标引对象，按主题词的字顺序列组织文献，并用参照系统显示概念之间相互关系的信息处理方法和信息检索方法。

（一）主题法概述

主题法是一种以字顺序列组织与揭示信息的方法，其真正发展历史已有 100 多年。1895 年，美国图书馆协会根据克特的思想，编制、出版的《字典式目录使用的标题表》，即《美国图协标题表》是世界上第一部大型的标题表，也可视为世界上第一部真正意义上的主题法。进入 20 世纪 50～60 年代，在标题法的基础上又陆续发展出元词法、关键词法和叙词法。这种完全建立在自然语言基础上的主题法，由于能直接以事物为中心集中文献信息，以直观的语词表达信息检索要求，采用字顺方式组织信息，符合用户在获取信息时的方便性和易用性要求，很好地满足了用户特性检索的需要，因而一度成为信息组织的主流方法，同分类法一起构成了信息组织与检索的两种主要方式。

主题法基本的、共同的特点可以概括为：(1) 按文献主题集中文献；(2) 以规范化的词语作为文献主题概念的标识；(3) 主要用参照系统显示主题概念之间关系；(4) 按主题词的字顺序列排列。主题法的显著特点在于直接性、专指性和集中性。

主题法是以揭示文献的内容主题为手段的，它用概括文献内容的主题词为标目，按字顺组织排列，无论文献内容的属性如何，都可用简明扼要的词语将文献所包含的各个主题直接反映出来，并且将从不同学科角度来研究同一主题的文献集中在一起，提供按事物名称检索文献的途径，以满足特性检索需求。特别是对于反映新学科、新事物、新技术的文献，主题法可随时采用新的学科事物名称为主题，直接反映给读者。例如，有关“鲁迅”的文献资料，分类法将其分散在文学、艺术、文化、历史、哲学等各个门类中，查找起来颇为费时，然而主题法却在“鲁迅”这个标题下，直接反映出全部有关“鲁迅”的文献资料。

目前，国内外著名的主题语言有《美国国会图书馆标题表》《医学标题表》《汉语主题词表》《中国分类主题词表》《化工汉语主题词表》《机械工程主题词表》《国防科学技术叙词表》《工程索引叙词表》《中国档案主题词表》等。

（二）主题法的类型

主题法的依据是主题词表，它是一些规范化的主题词及使用规则的集合体，是进行主题标引和主题检索的工具。按照标识的特点和原理，主题法又分为标题词法、元词法、叙词法和关键词法等，它们一起构成主题法系统。

1. 标题词法

标题词是指从自然语言中选取并经过规范化处理的，表示事物概念的词、词组或短语。标题词是主题法系统中最早出现，并得到广泛使用的一种类型。它通过主标题词和副标题词固定组配来构成检索标识，但只能选用“定型”标题词进行标引和检索，因此反映文献主题概念必然受到限制，已不适应当前时代发展的需要。例如，如果一篇文章用“微型计算机”这个术语来叙述它的研究对象，另一篇文章用“微型电脑”这个术语来叙述它的研究对象，第三篇文章用“微机”这个术语来叙述，虽然都表示同一概念，这时就不能直接用“微型电脑”或“微机”来做标题词，这 3 篇文章都必须用“微型计算机”作标题词（根据词表决定）。因为这 3 个术语是等同概念，如果同时用 3 个术语来标引，便会导致文献被分散。当然，读者若从“微型电脑”或“微机”入手检索时，都可以在标题词表中看到“见：微型计算机”的参照指示。

2. 元词法

元词语言，又称单元词语言、元词法，是指以单元词作为词语标识对文献信息进行标引和检索的主题语言。所谓元词，是指从文献中抽选出来的、字面上不可再分割的、表达最基本的概念单元的词汇。例如，“化学”和“贸易”就属于元词，而“知识管理”和“信息检索”不属于元词，它们可进一步分解为“知识”“管理”和“信息”“检索”等元词。元词法是通过若干单元词的组配来表达复杂的主题概念的方法，但由于元词语言是字面组配，尚不够严谨，因此常会出现组配错误的情况，该法现已被淘汰。不过元词语言的出现为其他主题语言的发展奠定了基础，这在检索语言的发展史上具有里程碑意义。

3. 叙词法

叙词语言又称主题词语言。叙词是指一些以概念为基础的、经过规范化的具有组配功能并可以显示词间关系和动态性的词或词组。叙词法就是以叙词作为文献检索标识和查找依据的一种检索方法。叙词法是多种信息检索语言的原理和方法的综合，体现了信息检索语言的发展趋势，具有多种优越性，适用于计算机和手工检索系统，是目前应用较广的一种检索方法。CA、EI 等著名检索工具都采用了叙词法进行编排。概念组配是叙词法的基本原理。

概念组配与字面组配在形式上有时相同，有时不同；而从性质上来看，两者区别是很大的。字面组配是词的分析与组合（拆词）；概念组配是概念的分析与综合（拆义）。例如：

字面组配	概念组配
模拟＋控制——→模拟控制	模拟＋控制——→模拟控制
河北＋梆子——→河北梆子	河北地方剧＋梆子——→河北梆子
香蕉＋苹果——→香蕉苹果	香蕉味食品＋苹果——→香蕉苹果

在上述第一例中，无论是字面组配还是概念组配，其结果都是“模拟控制”。第二例“河北”和“梆子”，如果用“河北”检索则范围太广泛，用“河北地方剧”则更符合检索要求。第三例中，根据字面组配原理，“香蕉”和“苹果”组配是“香蕉苹果”，而概念组配的结果应是指“一种香蕉和苹果杂交的品种”，这样的品种目前是不存在的；所谓“香蕉苹果”只能是一种有香蕉味的苹果，因此根据概念组配原理，这个概念应当用“香蕉味食品”和“苹果”两个词组配，才符合概念逻辑。

4. 关键词法

关键词是指出现在文献标题（篇名、章节名）、文摘、正文中，对表征文献主题内容具有实质意义的语词，亦即对揭示和描述文献主题内容是重要的、关键性的那些语词。关键词法与标题词法、叙词法同属主题法系统，但标题词法、叙词法使用的都是经规范化的自然语言，而关键词法基本上不做规范化处理。例如，“国际联机检索概论”中的“国际联机”“联机”“检索”都是能描述这篇文献主题的，可以作为检索词。概括地说，关键词法就是将文献原来所用的、能描述其主题概念的那些具有关键性的词抽出，不加规范或只做极少量的规范化处理，按字顺排列，以提供检索途径的方法。关键词法主要用于计算机信息加工抽词编制索引，因而称这种索引为关键词索引。

四、自然语言

（一）自然语言概述

自然语言通常是指人们日常说话以及书写文章所用的各种语言。在信息检索领域，自然语言则是指作者所使用的书面用语，一般包括关键词、自由词以及出现在文献题名、摘要、正文或参考文献中的具有一定实质意义的词语。

自然语言的优点在于：（1）符合用户信息检索的习惯，只要不脱离文献中的自然语词，不需培训，用户即可任意检索；（2）便于对文献进行专指标引，省略了编制词表和词汇的智力负担，标引速度快；（3）可以使用文摘、索引或正文中的任意一个有实际意义的词进行检索，具有较高的检准率；（4）自然语言检索有利于弥补由于检索入口少而造成的遗漏；（5）自然语言在较小范围内采用现有词汇，即便多人标引文献，差异也不会过大，因而统一性较好，不像人工语言容易造成归类和选词的不同；（6）自然语言符合客观需求，可随时输入新词语，因而能够顺应时代发展的需要。

自然语言的缺点：（1）影响查全率。自然语言既不能反映概念词之间一一对应的关系，也不能反映概念关系的隐含性，因而无法排除同义词、近义词等语词间的含糊现象，从而影响查全率。（2）影响查准率。自然语言检索的选词没有严格限制，词汇量过多、过杂，使得主题分散，从而影响查准率。（3）由于一个概念可以用几个不同的词汇来表达，使得相关文献不能相对集中，检索时容易造成漏检。

（二）自然语言在信息检索中的应用

在手工检索条件下，信息检索中应用自然语言是很困难的，因而信息检索语言正是为了克服这个困难而创制的。如今，在信息检索中应用自然语言已成为一个重要的研究方向和发展趋势，这是由于信息检索计算机化的发展使自然语言的应用成为可能。在信息检索中应用自然语言，其实质就是使用文献作者原来所用的语词，或文摘编写者原来所用的语词，或标引人员自拟的而不是取自词表的语词来作为文献检索标识。信息检索中应用自然语言的优点在于可以取消费时、费力的标引工作，可以降低标引工作的难度和成本，可以避免由于文献分析标引的误差和信息检索语言的粗化造成的表达文献主题标识的失真。

自然语言在信息检索中应用的方式是多种多样的，主要包括以下几种。

1. 关键词法

这是国外自然语言应用于信息检索的最为成熟、最为普遍的一种方式。关键词法可以用于编制印刷本的关键词索引，其形式很多，有题内关键词索引、题外关键词索引、双重关键词索引、单纯关键词索引、词对式关键词索引、简单关键词索引、关键词与著者索引等，都是用计算机自动抽词编制的。关键词法也可以编成数据库的倒排档，用于联机检索，这是目前关键词法的主要用途。

2. 文本检索法

该方式不对文献进行标引，而是以自然语言表达检索课题，借助于计算机的自动匹配功能，直接在篇名、文摘、正文中查找。如果是在正文中查找，也称全文检索。文本检索法也可以与信息检索语言结合使用，即先用信息检索语言进行粗略检索，以缩小检索范围，再在检出的文献中用文本检索法进行精细检索。

3. 单汉字检索法

单汉字检索实质也是文本检索，其不同点在于，它将文本中全部汉字（也可排除无用字）由计算机自动做成单汉字倒排档，检索时用单汉字组配法查找，从而加快查检速度。

4. 用信息检索语言与自由词进行双重标引

该方式即以自然语言作为自由词进行补充标引，与信息检索语言结合使用。自由词主要是一些专有名词和新出现的词，也称特征词。信息检索语言起族性检索的作用，自由词则起特性检索的作用。

5. 入口词法

该方式以自然语言作为入口词，利用计算机的换词功能来辅助信息检索。而收有大量入口词的词表，即使在手工检索条件下，也可大大方便标引和检索，减轻标引和检索人员的负担，提高标引一致性和检索效率。

6. 自动赋检索词和自动赋分类号

该方式即计算机自动从文献题名、文摘中抽取关键词，通过自然语言与词表或分类表的对应表，利用计算机的自动换词功能，赋予文献以检索词或分类号。利用此方式也可进行信息检索语言和自然语言的双重标引。

7. 自动分类法（自动聚类法）

自动分类中所谓的类，实质是语义上属于表达、描述同一类事物的一组词的语词类集。通过计算机对文献原文中的关键词进行词频统计分析，判别出若干最能表达文献内容的词，然后用语词共现频率统计方法将其与语词类集进行相似性比较，确定一篇文献属于代表某个语词类集的类，从而使相关文献聚集在一起成为一类。但此法还处于试验阶段，尚不成熟。

8. 自由标引法

这是不依据词表的一种人工主题标引法，标引人员在对信息内容进行主题分析之后，按一定规则自拟标引用词来表达文献主题。就其实质而言，这也是在信息检索中应用自然语言的一种方法。这种方法具有标引速度快、标识专指度高等优点，特别是当标引人员水平较高时，其准确性还可能高于计算机自动抽词。

五、信息检索语言发展趋势

（一）分类主题一体化

分类法和主题法是两种不同类型的检索语言，各有所长和不足，并且不可互相替代。但从情报语言学的角度看，它们的基本原理又是一致的，只是由于它们在表达信息主题概念及其相互关系时所采用的方法不同，因而形成了在结构和性能上的差别。性能上的差别又让它们之间形成了一种互补关系。为了充分发挥二者各自的优势，实现二者的有机结合和兼容，信息检索语言的研究者一直在研究和探索二者一体化的最佳方案。1969 年，英国学者艾奇逊和戈默索尔等成功地将《英国电气分面分类法》改编为《分面叙词表：工程及相关学科的叙词表及分面分类法》，标志着分类主题一体化的诞生。1983 年，熊兴成编制的《常规武器工业分面叙词表》，是我国第一部分类主题一体化词表。1994 年，《中国分类主题词表》正式出版，它是在《中图法》和《汉语主题词表》的基础上编制的我国第一部分类语言和检索语言相互兼容对照、索引式的一体化词表。

分类主题一体化的优点主要有：(1) 分类标引和主题标引可以同时完成，不仅节省人力，还能降低标引错误率；(2) 用户可以在一个检索系统中同时进行分类检索和主题检索，能较大程度地提高查全率和查准率，获得更好的检索效果；(3) 可由同一编制者负责分类表和主题词表的编制及管理工作；(4) 分类主题一体化检索工具的兼容性较好。

（二）自动化

自动化是信息检索语言重要的发展趋势之一。信息检索语言的自动化主要表现在：

(1) 载体从印刷型向机读型、电子化发展；(2) 标引方式从手工标引向自动标引、计算机辅助标引和联机标引发展；(3) 编制及管理工作从手工操作向计算机操作发展。

自动化在某种意义上也是信息检索语言的电子化和计算机化。信息检索语言的自动化，是检索语言现代化的重要标志，将会进一步促进检索语言的研究与实践；信息检索语言的自动化，为实现计算机辅助标引、联机标引和自动标引创造了必备的条件；信息检索语言的自动化，也会促使人们在对检索语言的评价标准上发生变化，即一个检索语言是否先进，不仅要看它的编制结构、质量水平，还要看其是否同时编制有机读版或电子版。

（三）自然语言化

自然语言化也是信息检索语言重要的发展趋势之一，但这并不意味着自然语言将取代信息检索语言，而是指自然语言检索研究的发展和自然语言在信息检索中应用的发展。正像情报检索语言在信息检索中有自然语言无法取代的优越性一样，自然语言在计算机检索系统中也有信息检索语言所不及的重要优点（如成本低、处理时长短、检准率一般较高等）。所以，加强自然语言检索的研究已成为一种热潮。如果说目前已进入自然语言时代的说法并不确切，那么说先进国家已进入自然语言的研究时代，则是较准确的。我国对自然语言检索的研究也必然会提速。但自然语言研究者最好与人工语言研究者结合起来，自然语言最好与信息检索语言结合使用，即信息检索语言中增加自然语言成分，或自然语言中增加信息检索语言成分。

（四）分面组配化

阮冈纳赞的分面组配理论已获得世界各国情报检索语言研究者的公认，认为它应成为一切检索方法的基础。无论是分类法还是主题法，在引进分面组配原理以后，就会具有许多优异的性能。我国也已出现多种完全分面组配化的词表，如《教育分面叙词表》《社会科学检索词表》《服装叙词表》等。现有的词表做分面化改造也是不难的，目前已出现的一些实例可能会促进词表分面化改造的过程，所以信息检索语言向分面组配化方向发展将成为一种趋势。

（五）专业化

随着专业数据库的日益增多，专业情报检索网络的不断发展，专业性检索语言工具也不断涌现。我国自 20 世纪 80 年代以来出现了很多专业性检索语言，既有专业分类法，也有专业主题词表，如《教育主题词表》《测绘学专业分类法》《地震科学文献分类法》《公安科学文献分类法》《中国档案分类法》《中国档案主题词表》《农业科学叙词表》等。专业化也将成为信息检索语言发展的一个趋势，在编制专业性检索语言工具时，应当充分考虑它和综合性检索语言的兼容与协调问题。

（六）标准化

信息检索语言的标准化有利于资源共享和文献开发，有利于书目数据的规范控制和在版编目的有效实施。就我国目前的发展状况来说，分类法的标准化日趋向《中图法》发展，而主题法的标准化将向建立国家主题词库的方向发展。当然，标准化是一种带全局性的措施，虽然实现标准化的难度较大，但我国必然还要继续实施下去。

（七）系列化

系列化是某种具体的信息检索语言在同一体系结构、同一标记制度和同一编制原则的基础上所编制的一系列检索语言。比如，《中图法》的系列化版本有《简本》《资料法》《期刊分类表》《中国分类主题词表》等。信息检索语言的系列化可能是我国特有的一种发展趋势。除了《中图法》以外，《中国档案分类法》《中国档案主题词表》《军用主题词表》等都在搞系列化，而且目前只是开始，必然还要继续下去。

（八）兼容化

信息检索语言的兼容化是一种极重要的而且比之标准化较易实行的措施。我国现在使用的分类法虽然种数不多，但加上专利分类法、标准资料所用的分类法（UDC）等也有多种，而实际使用的叙词法则至少有上百种，在互联网络不断扩展的条件下，采取兼容措施是一个迫切的问题。

第三节　信息检索技术

一、布尔逻辑检索

布尔逻辑检索是采用布尔代数中的逻辑“与（And）”“或（Or）”和“非（Not）”等算符来规定检索词之间的逻辑关系，并将检索提问转换成逻辑表达式的一种检索技术。布尔逻辑检索是现代信息检索系统中最常见的一种方法，大多数检索工具包括大型网络搜索引擎（如Google、百度、AltaVista、Yahoo！等）都使用了这种检索功能，其差别无非是有的允许进行逻辑“与”、逻辑“或”、逻辑“非”三种逻辑运算，有的只能进行两种或一种逻辑运算。

（一）逻辑“与”

逻辑“与”也叫合取连结词，用符号“And”或“＊”表示，用来组配不同检索概念，其含义是检出的记录必须同时含有所有的检索词。And算符的基本作用是增加检索的专指性，缩小检索范围，减少文献输出量，提高检索结果的查准率。在实际检索中，不同概念组面之间以及同一组面内的不同含义的词之间通常使用And算符。例如，“A And B”或“A ＊ B”，其含义是检出的记录中必须同时含有“A”和“B”两个检索项（如图2-4中阴影部分所示）。

（二）逻辑“或”

逻辑“或”也叫析取连结词，用符号“Or”或“＋”表示，是用来组配具有同义或同族概念的词，如同义词、相关词等，其含义是检出的记录至少含有两个检索词中的一个。Or算符的基本作用是放宽提问范围，起扩检的作用，以增加检索结果、提高查全率。此外，Or算符还有一个去重的功能。在实际检索中，同一组面中含义相同的词，相互之间都使用Or算符。另外，在使用截词方法检索具有相同词干的检索词时，这些词之间也自动地隐含了逻辑“或”的关系。例如，检索提问式“A Or B”或“A ＋ B”，其含义是数据库记录中任何一条记录，只要含有“A”或“B”中任何一个检索词即为命中文献（如图 2-5 中阴影部分）。

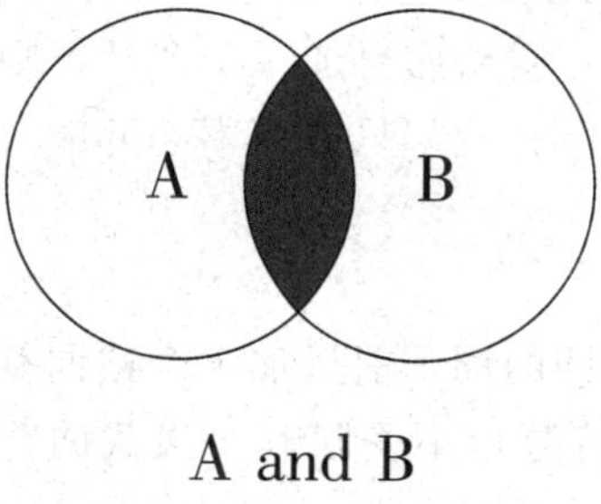

图 2-4　逻辑“与”运算

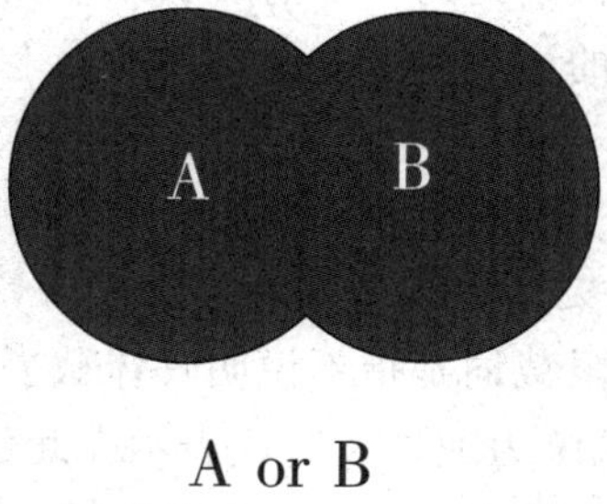

图 2-5　逻辑“或”运算

（三）逻辑“非”

逻辑“非”也叫否定连结词，用符号“Not”或“—”表示，用来排除影响检索结果的概念（建议在检索时使用符号“Not”，以避免与词间的分隔符“—”混淆）。逻辑“非”的含义是指检出的记录中只能含有 Not 算符前的检索词，但不能同时含有其后的词。Not 算符的基本作用是缩小检索范围，提高检索结果的查准率，但并不一定能提高文献命中的准确性，一般只起到减少文献输出量的作用。逻辑“非”的提问表达式为“A Not B”或“A — B”，即检出的记录中只能含有 Not 算符前的检索词 A，但不能同时含有 Not 算符后的检索词 B（如图 2-6 中阴影部分）。

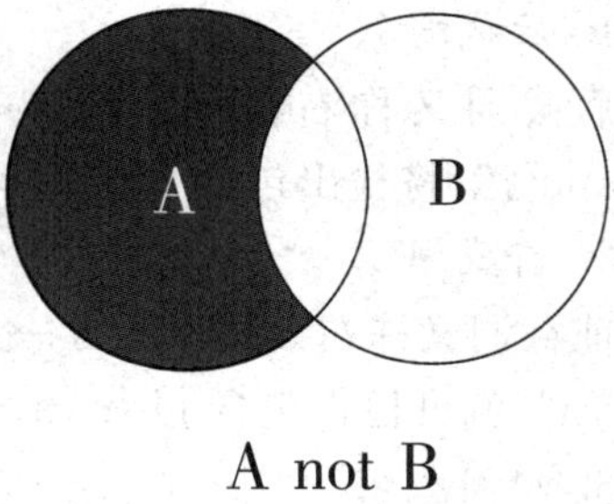

图 2-6　逻辑“非”运算

对于一个复杂的逻辑检索式，检索系统的处理是从左向右进行的，在有括号的情况下，先执行括号内的运算；有多层括号时，先执行最内层括号中的运算，逐层向外进行。在没有括号的情况下，And、Or、Not 的运算次序，在不同的系统中有不同的规定。

二、截词检索

截词检索是指在检索式中用专门符号（截词符号）表示检索词的某一部分，允许这一部分有一定的词形变化，结果中只要包含其中任意一个就满足检索要求。截词符号在各个信息检索系统中表示不一，但功能相同，通常用“?”（表示有限截断）或“□”（表示无限截断）表示。截词检索的基本作用是扩大检索范围，提高查全率，减少检索词（关键词、主题词）的输入量，节省检索时间。尤其在英文检索系统中进行检索时，若遇到名词的单复数形式、词的不同拼写法、词的后缀变化等情况时，均可采用此方法。截词的方式有多种，按照不同的标准有不同的划分。

（一）按截断字符数量划分

可分为有限截词和无限截词。

1. 有限截词

有限截词是指说明具体截去字符数的数量，主要用于词的单复数、动词的词尾变化等。在检索词的词干前后加几个截词符号“?”，表示在此位置上最多允许出现的字符数。检索词的词干后加 1 个或 1 个以上（最多 4 个）的“?”，空格后再加一个“?”，则空格前的“?”个数表示词干后允许有的最多字符数，如“apple? ?”只能代替 apple、apples、applet，而不能代替 applejack。

2. 无限截词

无限截词是指不说明具体截去多少个字符。在检索词的词干前后加 1 个截词符号“?”（有的系统为加“*”），表示在此位置上可能出现的字符数量不受限制。当截词符在词干后方时，称为前方一致或右截断，如“apple?”可代替 apple、apples、applepie、applesauce 等；当截词符在词干前方时，称为后方一致或左截断，如“? economics”可代替 economics、micro economics、macro economics 等。同时采用以上两种方式为复合截断，如“? count?”可代替 count、account、counter、accounting 等；也可截去中间部分，使词的两边一致，称为两边一致，如“wom? n”可代替 woman、women 等。

（二）按截词位置划分

可分为后截词、前截词、中截词、前后截词 4 种类型。

1. 后截词

后截词又称右截词、前方一致，允许检索词尾部有若干变化形式。例如，检索“Comput?”将检出包含 Computer、Computing、Computerization 等词汇的结果。

2. 前截词

前截词又称左截词、后方一致，允许检索词的前端有若干变化形式。例如，检索“* physics”就可检得包含 physics、astrophysics、biophysics 等词汇的结果。

3. 中间截词

中间截词又称前后一致，允许检索词中间有若干变化形式。一般来说，中间截词仅允许有限截词，主要用于英、美拼写不同的词和单复数拼写不同的词。例如，“wom * n”就可同时检索到含有 woman 和 women 的结果。

4. 前后截词

前后截词又称中间一致，允许检索词的前后都有若干变化形式。例如，“? Nation?”可以检出 international、national、anti-national、nationalize 等。

截词检索应该注意所选词干不能太短，否则将造成大量误检。截词检索的作用在于避免漏检，提高检全率。任何一种截词检索，都隐含着布尔逻辑检索的“或”运算。采用截词检索时，既要灵活，又要谨慎，截词的部位要适当，如果截得太短（输入的字符不得少于 3 个），将影响查准率。另外，不同的检索系统使用的截词符不同，各数据库所支持的截断类型也不同。

三、位置检索

位置检索也叫邻近检索，即用特定的算符（位置算符）来表达检索词与检索词之间的逻辑关系，对检索词之间的相对位置进行限制，并且可以不依赖主题词表而直接利用自由词进行检索的技术方法。位置算符适用于两个检索词以指定间隔距离或者指定的顺序出现的场合。例如，以词组形式表达的概念，彼此相邻的两个或两个以上的词，被禁用词或特殊符号分隔的词等。

位置算符是调整检索策略的一种重要手段，按照两个检索词出现的顺序和距离，可以有多种位置算符，而且对同一种位置算符，检索系统不同，规定的位置算符也不同。具体的位置算符主要有以下几种。

（一）(W) －With

（W）表示该算符两侧的检索词相邻，且两者之间只允许有一个空格或标点符号，不允许有任何字母或词，顺序不能颠倒。（W）也可以简写为（ ）。例如，Aircraft（W）design 可检索出含有 Aircraft design 的文献记录；Computer（ ）aided（ ）design 可检索出含有 Computer aided design 的文献记录。

（二）(nW) －nWords

（nW）表示在此算符两侧的检索词之间最多允许间隔 n 个词（实词或虚词），且两者的相对位置不能颠倒。例如，laser（1W）printer 可检出含有 laser printer 和 laser color printer 的文献记录。

（三）(N) －Near

（N）表示该算符两侧的检索词相邻，但两者的相对位置可以颠倒。例如，computer（N）network 可检出含有 computer network、network computer 形式的文献记录。

（四）(nN) －nNear

（nN）表示此算符两侧的检索词之间允许间隔最多 n 个词，且两者的顺序可以颠倒。例如，computer（2N）system 可检出含有 computer system、computer code system、computer aided design system、system using modern computer 等形式的文献记录，computer 和 system 两个之间最多可间隔 2 个词。

（五）(S) －Subfield

（S）表示其两侧的检索词必须是在文献记录的同一子字段中，而不限定它们在该子字段中的相对次序和相对位置的距离。在文摘字段中，一个句子就是一个子字段。例如，computer（ ）control（S）system 可检出文摘中含有“This paper is concerned with an application of the computer control technique in a intelligent system for testing inner walls of pipes.”这样一句话的文献记录。

（六）(F) －Field

（F）表示其两侧的检索词必须是在文献记录的同一字段中，而它们在该字段中的相对次序和相对位置的距离不限。例如，water（ ）pollution（F）control 表示在同一个字段中（如篇名、文摘、叙词等）同时含有 water pollution 和 control 的文献记录均可检索出来。

四、字段检索

字段检索也叫限制检索，是指限定检索词在数据库记录中出现的字段范围的一种检索技术。字段检索是提高检索效率的措施之一。组成数据库的最小单位是记录，一条完整记录中的每一个著录事项为字段。文献书目型数据库的记录基本包括下列字段：存取号字段（Access Number，AN）、篇（题）名字段（Title，TI）、文摘字段（Abstract，AB）、叙词字段（Descriptor，DE）、自由词字段（Identified，ID）、著者字段（Author，AU）、著者机构字段（Corporate Source，CS）、刊名字段（Journal，JN）、出版年字段（Publication Year，PY）、文献类型字段（Document Type，DT）、语种字段（Language，LA）、分类号字段（Classification，CC）等。

基本索引字段有篇名字段、文摘字段、叙词字段、自由词字段等；辅助索引字段有著者字段、著者机构字段、文献类型字段、语种字段等。

在许多联机检索系统中，为了提高查全率或查准率，需要将检索过程限制在特定的字段中，即字段限制检索。DIALOG 系统基本索引字段的限定由“/”与一个基本索引字段符组成，又称为后缀限定，辅助索引字段由字段符“=”组成。大多数网络检索工具都具有类似于字段限制检索的功能，依据此功能，可将查找范围限制在特定的范围中，如标题（Title）、图像（Image）、文本（Text）、主机名（Host）、域名（Domain）、链接（Link）、统一资源地址（URL）、新闻组（Newsgroup）、电子邮件（E-mail）等。

在进行字段检索时需注意：（1）检索词若为单词，且未指定检索字段时，计算机系统将在基本索引的一切字段中进行检索；（2）检索词若为词组，且未限定字段时，计算机系统将自动在叙词和自由标引词字段中查找，因为基本索引只有这两个字段保留了词组；（3）字段检索对检出文献信息的数量和相关程度有极大影响。

五、加权检索

加权检索是一种定量检索技术，不同于布尔逻辑检索、截词检索、字段检索等以定性的方式来表达检索词之间的组配关系，它是用一定的数值表达不同检索词的重要性差异。加权检索的重点不在于判定检索词是否在文献中出现以及与其他检索词的关系，而在于判定检索词在满足检索逻辑后对文献命中与否的影响程度。

加权检索的基本方法是在检索时赋予每个检索词一个表示其重要程度的数值，即“权”。在检索过程中，首先对检索词在数据库记录中是否存在做出判断，然后对存在的检索词进行加权计算，权值总和达到或超过规定的数值（称为阈值）才会作为检索结果输出。输出时按权值大小排列，权值大小反映出被检出文献的切题程度。

加权检索可以缩小检索范围、提高查准率，但并非所有的系统都提供加权检索，而能够提供加权检索的系统，对权的定义、加权方式、权值计算和检索结果的判定都有不同的技术规范。目前存在两种基本的加权检索方法，即词加权检索和词频加权检索。

（一）词加权检索

词加权检索是指在检索提问式的构造过程中，检索者根据对检索需求的理解，为选定的每一个检索词（概念）给定一个数值（权重），表示其在本次检索中的重要程度。具体检索时须先判断检索词在数据库记录中是否存在，若存在则计算其所包含检索词的权值总和，通过与预先给定的阈值比较，权值总和达到或超过阈值的记录被作为检索结果输出，并按权值总和从大到小排列。检索词的权值是根据提问者的需要给定的。

以检索“阅读推广的理论与实践”方面的文献为例，给检索词“阅读推广”“理论”“实践”分别赋予权值4、3、3，设定阈值为7。检出的文献分为三种情况：(1) 同时包含3个检索词，其权值之和为10，大于阈值7；(2) 含有“阅读推广”和“理论”，权值之和为7，等于阈值7；(3) 含有“阅读推广”和“实践”，权值之和为7，等于阈值7。此三种情况下检出的都是相关文献，其中第一种切题程度最高。其他情况下（单个检索词或同时包含“理论”与“实践”这两个检索词的）检出的文献权值之和均小于阈值7，因此都不作为检索结果输出。

（二）词频加权检索

词频加权检索是根据检索词在数据库记录中出现的频次来决定该检索词的权值，依据命中记录的权值总和从大到小排列，而不是由检索者指定检索词的权值。该法消除了人工主观干预因素，但它必须建立在全文或文摘型数据库基础之上，否则词频加权将没有意义。词频加权检索中确定检索词权值有多种方法，包括词频确定权值、词频与平均词频相结合确定权值、逆文献频率确定权值等，实际检索过程中到底采用哪种加权方法，需根据用户的检索要求以及检索系统所能提供的检索功能而定。

六、其他信息检索技术

（一）超文本检索技术

这是以超文本网络为基础的信息检索技术。在超文本检索系统中正文信息是以节点而不是以字符串为信息单元，节点间的各种链接关系可以动态地选择激发，通过链从一个节点跳到另一个节点，从而实现联想式检索。1945年，美国计算机科学家范尼瓦·布什首先提出了超文本思想。1965年，美国的泰得·纳尔逊提出了超文本（Hypertext）概念。1967年，美国布朗大学成功研制出世界上第一个超文本系统——超文本编辑系统（Hypertext Editing System）。当前，互联网上的搜索引擎代表了超文本检索技术的发展水平，有的还有自动分类、自动文摘、自动索引等功能。著名的超文本检索系统有Yahoo!、WebCrawler等。

（二）聚类检索技术

它是在对文献进行自动标引的基础上，构造文献的形式化表示——文献向量，使用一定的相似性（或相异性）度量指标和聚类方法，计算出文献与文献之间的相似度，并把相似度较高的文献集中在一起，形成一个个的文档类目，进而生成文献的聚类文档的检索技术。根据不同的聚类水平的要求，可以形成不同聚类层次的类目体系。在这样的类目体系中，主题相近、内容相关的文献便聚在一起，而相异的则被区分开，用户在检索时就不必在整个数据库中逐篇进行一一比较，而只需在已经确定的、与提问向量相关的文档类目内部进行访问、匹配就可以了。

聚类检索的出现，为文献检索尤其是计算机信息检索开辟了一个新的天地：一方面，聚类检索是建立在对文献进行主题内容自动标引基础之上的；另一方面，它又按分类的思想来组织文献，有机融合了文献的主题属性和分类属性。文献自动聚类检索系统能够兼有主题检索系统和分类检索系统的优点，同时具备族性检索和特性检索的功能。因此，这种检索方式将有可能在未来的信息检索中大有用武之地。

（三）概念检索技术

它又被称为基于知识信息检索，是基于自然语言处理中对知识在语义层次上的析取，并由此形成知识库，然后根据对用户提问的理解来检索其中的相关信息。它与传统信息检索的不同之处在于，后者是基于关键词（主题词）为核心的标引与检索，而关键词在很多情况下并不适合用于确切表达文献信息的概念和内容，因此误检与漏检在所难免。而概念信息检索的倡导者认为，它可以对输入的原文内容中的概念而不是关键词进行组织和安排，并在对其进行语义层次上的自然语言处理，来获取相关的概念和范畴知识，然后通过记忆机制将它们存储到知识库中以备检索。概念信息检索的理论框架最早由美国人工智能专家 Schank、Kolodner 和 Dejong 在 1981 年发表的《概念信息检索》一文中建立。自 1981 年以来，一些概念信息检索系统相继推出，它们具备了一些智能检索的特性，有较强的分析和理解能力，Web 上的 Excite 搜索引擎即是采用概念检索技术的数据库。

（四）知识发现技术

它是从大量的数据中发现有用知识的高级处理过程，是数据库技术和机器学习的交叉学科。数据挖掘（Data Mining）技术是知识发现的核心技术。数据挖掘的定义是：按照某种既定目标，对大量数据进行分析和探索，从中识别出有效的、新颖的、潜在的、有用的知识，以最终可理解的模式显示的一系列处理过程。数据挖掘是一种分析工具，它涉及机器学习、模式识别、统计学、数据库、联机分析、模糊逻辑、人工神经网络、不确定推理等多种学科知识。

（五）网格技术

网格技术就是第三代互联网，目前还处于起步阶段。第一代互联网是传统互联网，第二代是 WWW。传统互联网实现了计算机硬件的连通，Web 实现了网页的连通，而网格试图把互联网整合为一台巨大的超级计算机，实现互联网上所有资源的全面连通，包括计算资源、存储资源、通信资源、软件资源、信息资源、知识资源等；也可以构造地区性网格，如企业内部网格、家庭网格等。网格的根本特征是资源共享。将来的第三代互联网的名称可能将由 WWW 变为 GGG（Great Global Grid）。网格分为计算网格、信息网格和知识网格、商业网格、P2P 等，其中信息网格和知识网格是智能信息处理，包括信息检索，它的目标是消除信息和知识孤岛，实现信息资源的智能共享。网格技术采用的标准有性能优于 HTML 的、内容与形式相分离的可扩展置标语言（Extensible Markup Language，XML）、元数据（Meta Data）、资源描述框架（Resource Description Framework，RDF）等。

（六）信息推拉技术

它也是一种信息检索技术，分为信息推送和拉取两种模式。如何提高信息推送和拉取的智能检索水平等是该项技术研究的内容。信息推送技术也称为“网播”，方法是通过互联网向用户主动地发布、推送各种信息，同时允许个性化定制的信息推送。它的信息推送方式有分频道式、邮件式、网页式和专用式。信息拉取（Information Pull）即搜索引擎的功能，用户可以通过搜索引擎拉取信息。

第四节 信息检索方法与步骤

一、信息检索方法

信息检索方法的选用直接影响到信息检索的效率和效果，在实际检索工作中究竟选用哪种检索方法，通常要根据检索课题的性质和研究目的而定。信息检索方法多种多样，归纳起来，常见的有以下几种。

(一) 直接查找法

直接查找法也叫直接浏览法，即不使用检索工具，而是直接从本专业情报信息源（如图书、期刊、会议文献等）中获取原始文献的方法。这是一种最常见的信息获取方式。其优点是通过直接查找，能够及时获取本专业最新信息，但由于不依靠检索工具而是直接浏览原始文献，检索偶然性大，很容易导致检索范围太窄、检索结果不全面等，因此局限性较大，不能作为信息检索的主要方法。

(二) 工具查找法

工具查找法也叫常用法、常规法，即使用各种检索工具查找信息的方法。这是一种最常用的信息查找方式。根据查找方式，该方法又分为顺查法、倒查法和抽查法。

1. *顺查法*

顺查法即利用检索工具，根据课题研究的起始年份由远及近顺时间查找信息的方法。使用顺查法的前提是需要了解检索课题的背景和发生简况，从而选择适当的检索工具，从问题产生的时间开始查起，按照从旧到新、由远及近的顺序逐年查找。顺查法的优点是查全率和查准率都比较高，能全面了解检索课题的过去和现状，其缺点是费时、费力、检索工作量大。顺查法通常适用于围绕某一主题普查一定时期内的全部文献信息，也适用于主题较复杂、研究范围较广、研究时间较长的科研课题。例如，要检索某项发明的产生时间，并要了解其发展的全过程，就可以采用顺查法。

2. *倒查法*

倒查法和顺查法相反，是利用检索工具由新到旧、由近及远、逐年逐卷逆时间查找信息的方法。倒查法的重点是检索近期的信息资源，以满足用户的基本信息需求为原则。倒查法从新到旧地查找信息，因此可以较快地获取新资料，具有省时省力、检索效率高等优点。其不足之处在于检索不够系统、全面，漏检的可能性较大，因此对研究课题的发展脉络不易把握。倒查法适用于围绕某一主题查找最新或者最近一段时间内的研究进展状况，也适用于新课题立项前的调研。

3. *抽查法*

抽查法即利用检索工具，抽取课题研究的某个时间段查找信息的方法。这个时间段一般是指课题研究的高峰期，即学科文献发表数量较多的一段时间。使用抽查法的前提是必须事先了解课题研究的历史背景。使用抽查法可以获取相对集中、具有代表性且能反映课题研究发展水平的文献信息，具有较高的检索效率和较好的检索效果。但这种方法必须抽取适当的时间段来完成检索过程，一旦时间段抽取不当，就很容易造成漏检，达不到好的检索效果。

（三）回溯查找法

回溯查找法也叫追溯法、引文法，即利用文献后面所附的参考文献为线索，逐一回溯查找相关文献的方法。根据回溯方式，该方法又分为传统回溯法和引文回溯法。

1. 传统回溯法

传统回溯法即利用一次文献所附的参考文献为线索，进行回溯查找的方法。这种方法不需要利用检索工具，而是通过专著或述评的参考文献回溯查找出一批一次文献，然后再利用这些一次文献的参考文献回溯查找出另外一批一次文献，如此类推，步步回溯，直到满足检索要求为止。传统回溯法的优点是查找简便，能追溯到研究课题的代表性文献。不足之处在于检索效率低，费时费力，而且容易漏检。

2. 引文回溯法

引文回溯法即查找与研究课题有关的某篇文献被哪些文献引用，并通过这些文献来获取课题研究的进展和轨迹。这是一种由远及近的查找方法，即找到一篇有价值的文献以后，进一步查找该篇文献的引用文献，以便了解该领域的研究状况、实践结果以及前沿动态等。引文回溯法主要依靠一些专门的引文索引工具，如《科学引文索引》（SCI）、《社会科学引文索引》（SSCI）、《中国科学引文索引》（CSCI）、《中国社会科学引文索引》（CSSCI）、《艺术和人文科学索引》（AHCI）等。

（四）分段查找法

分段查找法也叫综合法、交替法或循环法，即分段或交替使用工具法、回溯法来查找信息的综合性检索方法。检索时，先按照特定的检索途径，利用检索工具查找出一批某个时期内的文献，然后根据这些文献后附的参考文献，再利用回溯法查找出前一时期的文献，如此分期分段地交替进行，循环往复，直至满足检索要求为止。这种方法兼有工具查找法和回溯查找法的优点，有较高的查全率和查准率，检索效果较好，适用于检索那些过去文献量较少的文献。

二、信息检索一般步骤

无论是手工检索还是计算机检索，虽然它们在检索规模、功能和效果方面存在差异，但检索的程序和步骤都是一致的，都是经过认真分析并通过检索实践逐步完善的过程。通常情况下，信息检索按照如下步骤进行。

（一）分析检索课题

分析检索课题是影响检索效果和效率的关键因素，是检索过程中的首要环节，也是最重要的一步。课题分析是一项专深的逻辑推理过程，不仅需要掌握一定的检索技能，还需要有与课题相关的专业知识和相当的分析能力。分析检索课题就是要明确检索目的，从而确定检索要求，既包括课题分析的基本要求，也包括对检索结果的要求。

1. 基本要求

课题分析的基本要求是分析课题的主题内容、时间范围、文献类型等。(1) 课题的主题内容就是课题研究的中心问题，不仅要明确课题的学科性质和学科范围，还要深入分析课题研究的目的和关键问题，从而选择恰当的主题词或关键词。这是成功检索的首要步骤。(2) 通过分析课题的历史背景和检索要求来确定检索的时间范围，可以节省时间和精力。例如，用户如果要了解某一主题领域的最新研究进展，只需检索近几年的文献即可。(3) 分析文献类型的目的在于确定检索工具。选择恰当的检索工具和检索手段，能够在一定程度上提高检索的专指性、效率和效果。

2. 结果要求

课题分析的检索结果要求主要是从查准率、查全率和检索深度等方面来考虑。(1) 查准率是衡量信息检索工具检出文献准确度的尺度，查全率是衡量信息检索工具检出相关文献能力的尺度。一般来说，要了解某一理论、方法、设备、过程等具体的片段信息，以解决课题研究中的具体问题，则要求提高查准率。对于具有普查追溯特点的课题类型，比如申请发明、申报成果奖励、鉴定科研成果、立项查新等，通常需要提高查全率，全面地收集某一主题范围的文献信息。(2) 分析检索深度的目的在于明确检索结果的表现形式，即为题录、文摘，还是全文等。

(二) 选择检索工具

选择恰当检索工具的前提是对检索工具有一个较全面、清晰的了解和把握，具体地说，就是要了解和把握检索工具的类型、学科范围、内容范围、时间范围、编制体系等，这也是我们选择检索工具的依据。

1. 根据课题的学科范围选择检索工具

对于主题复杂、涉及学科多的课题，应选择综合性和专业性检索工具相结合使用的方法；对于主题简单、涉及学科单一的课题，检索时应以专业性检索工具为主、综合性检索工具为辅；对于涉及特定文献类型的课题，应选用收录特定文献类型的检索工具。

2. 根据收录范围和编制体系选择检索工具

首先选出一些符合要求的检索工具，然后再根据检索工具的收录范围、编制体系，以及其本身的质量、性能、使用的便利度等，选用一个或几个恰当的检索工具。

(三) 选择检索途径

检索途径是信息检索的入口。根据文献的外部特征和内容特征，可以将检索途径分为基于文献外部特征的途径和基于文献内容特征的途径。

1. 外部特征途径

常用的外部特征途径主要有题名途径、著者途径和序号途径。(1) 题名途径是根据已知的书名、刊名或篇名查找文献的途径，具体地说，就是以书名、刊名、篇名为检索点，利用书名目录、篇名索引、刊名索引等检索工具进行检索，查出所有特定名称的文献。题名途径多用于查找图书、期刊和单篇文献。(2) 著者途径是根据已知著者（包括个人和团体著者）的姓名字顺查找文献的途径，具体地说，就是以著者的姓名为检索点，利用著者索引、著者目录、专利人索引等检索工具进行检索，查出特定著者的文献。通过著者途径，可以检出某些领域知名专家的最新论著，从而了解他们的研究进展。著者途径的优点是检索快速方便，不足之处是检索结果不够系统完整。（3）序号途径是根据已知信息的专用序号查找文献的途径，具体地说，就是以已知信息的专用序号（主要包括国际标准书号ISBN、国际标准刊号ISSN、专利号、报告号、合同号、标准号、文摘号等）为检索点，利用专门的序号索引进行检索，从而查出特定的文献。序号途径具有特性检索的功能，一般作为一种辅助性的检索途径。

2. 内容特征途径

常用的内容特征途径主要有分类途径、主题途径和分类主题途径等。（1）分类途径是根据学科分类体系查找文献的途径，具体地说，就是以反映学科属性和分类等级的分类号为检索点，利用分类目录和分类索引等检索工具进行检索，查出相应的学科专业文献。分类途径便于从学科体系的角度获取较系统的文献线索，具有族性检索功能，通常适用于那些要求泛指性强、所需文献范围广的课题检索。（2）主题途径是根据课题的主题内容查找文献的途径，具体地说，就是以代表文献内容的标引词作为检索点，利用主题目录和主题索引等检索工具进行检索，从而查出相应的文献。主题途径能将分散在各个学科中的有关同一课题的文献集中于同一主题，具有直观、专指、方便等优点，通常适用于那些专指性强、所需文献较为专深的课题检索。（3）分类主题途径是指综合使用分类途径和主题途径来查找文献，兼具了二者的优势，又避免了二者的不足。一般来说，它比分类途径更具体一些，没有明显的学术层次划分；同时又比主题途径概括一些，却保留了主题体系按字顺排序的特点。

（四）确定检索方法

在实际检索过程中，信息检索方法（见本节前述内容）的确定应根据课题的性质，以及检索的目的、条件、要求、背景等多个因素综合考虑。

（五）制定与调整检索式

制定检索式是计算机检索的一个非常重要的步骤，即指用布尔逻辑算符、截词算符、位置算符、限制算符等（见本章第三节）与检索关键词进行组配，形成表达一定意义的短语或者句子的过程。

制定检索式需要注意几个问题：（1）根据检索课题提炼的检索词尽可能使用词或词组，并将其和运算符号进行组配，切忌将整个题名输入检索框中。（2）要提炼课题中关键的、核心的词作为检索词。不仅要去掉意义太泛的词，如“研究”“意义”等，还要避免使用“的、地、得、着、了、过”等无意义的虚词。（3）提炼检索词时，如果忽略了同义词，或同一个词的多种表达，就有可能造成漏检。避免漏检的方法主要是将同义词等列出来，并与布尔逻辑运算符Or组配，或者直接使用规范词。（4）提炼检索词时，如果忽略了一词多义或虚假匹配时，就有可能造成误检。避免误检的方法是将这些词和其他词用布尔逻辑运算符And进行组配。

检索式的制定依据个人的检索目的、检索经验和检索习惯，没有固定模式，在构造时应灵活掌握，在实际检索过程中还要不断予以调整，以满足检索的需求为基本原则。

（六）获取文献全文

获取文献全文是信息检索的最终目标，也是信息检索过程的终结。检索的结果有两种可能，一种是文献全文，另外一种是仅仅获取文献线索。如果是全文，可以直接下载、打印、阅读等。如果是文献线索，就需要根据相关度对其进行整理分析，依照线索通过其他方式获取全文，例如到文献收藏机构查阅、通过全文数据库获取、借助馆际互借系统获取、直接向著者索取等。

第五节 信息检索评价

信息检索效率是研究信息检索原理的核心，是评价一个检索系统（或工具）性能优劣的质量标准，它始终贯穿信息存储和检索的全过程。检索效果，就是利用检索系统（或工具）开展检索服务时产生的有效结果，它直接反映检索系统的性能。评价检索系统的检索效果就是为了准确掌握系统的各种性能水平，找出影响检索效果的各种因素，以便对症下药，改进系统的性能，提高系统的服务质量及其在用户中的声誉，保持并加强系统在信息市场上的竞争力。信息检索评价需要有评价指标。所谓指标，就是具有原则性、概括性和抽象性特征的评估目标，将其按级分解，使之最终成为具体的、行为化的和可测定的诸分目标，这些经分解后可测定的分目标，便被称为指标。一系列经系统化了的指标集合，被称为指标体系。

对传统的信息检索系统进行评价时，通常以查全率和查准率这两个指标来衡量系统的性能。所谓查全率（Recall，简写为 R），是系统在进行某一检索时，检出的相关文献量与系统文献库中相关文献总量的比率。所谓查准率（Precision，简写为 P），是指系统所检出的相关文献量占所有应检出文献量的比率。查全率和查准率之间存在着相互制约的现象，即提高查全率会使查准率下降，提高查准率会使查全率下降。因此，在实际检索过程中，必须同时兼顾查全和查准，不可片面追求某一方面。然而，在现实的网络检索过程中，真实的查全率和查准率即使是在对搜索引擎的评价中也是很难实现的，因为没有任何一种搜索引擎可以包罗所有的网上信息资源。虽然目前数据库中网页数量最多的 Google 声称有超过 30 亿个网页，但是可以想见的是，这个数字远远少于整个网络上的网页数量。因此，对于互联网信息检索来说，真实的查全率和查准率是很难计算的，甚至估算都很困难。

在网络环境下，信息检索的评价指标体系主要包括信息检索数据库的评价指标、信息检索结果的评价指标、信息检索功能的评价指标和用户负担的评价指标。

一、信息检索数据库的评价指标

信息检索数据库的评价指标主要包括对数据库收录范围、更新频率、权威性的评价，具体来说：

首先，数据库的收录范围是评价一个检索工具的最基本的指标，在传统的计算机情报检索系统中，数据库的覆盖率是影响其检索性能的重要指标，它直接影响系统的查全率。

尽管由于网上信息分散、无序，更新和消亡无法预测，覆盖率对系统查全率的影响可能不是那么明显，但是在用户选择搜索引擎的过程中数据库的大小仍有一定的借鉴作用，毕竟从统计学的角度看，收集的网页越多，查到更多的结果的可能性也就越大。

其次，数据更新频率是网络信息检索性能评价的另一个重要指标。在不考虑成本的情况下，检索工具数据更新频率当然是越快越好。如果更新频率太慢，跟不上网上信息的更新速度，就会出现死链。更新周期，指搜索引擎信息源的更新频度、时效性。互联网上的信息始终处于不断变化发展之中，一个好的搜索引擎，除了内容丰富、查找迅速外，还应该对数据库中已有内容进行审核、更新，及时删除死链、坏链。

再次，数据库的权威性主要体现在3个方面：出版者、审查制度和收录文献。其主要是指数据库中包含的出版物的学术情况，用于评估数据库的学术性、科学性和可靠性。但数据库内容的权威性，是一个有争议的指标。

二、信息检索结果的评价指标

信息检索结果的评价指标主要包括查全率、查准率、响应时间、链接的可靠性评价等。

查全率和查准率前文已叙述。响应时间指从用户发出检索指令到检索结果返回需要的时间。在网络信息检索中，响应时间在相当大的程度上取决于用户使用的通信设备和网络的拥挤程度等外部因素。具体地说，网络信息检索的响应时间由4个部分组成：(1) 从用户请求到服务器的传送时间；(2) 服务器传来答复的时间；(3) 从服务器的答复到用户端的传送时间；(4) 用户端计算机处理服务器传来答复的时间。其中第2部分和第4部分的时间主要取决于服务器和客户计算机的硬件配置、用户的请求类型和服务器的负载情况等；第1部分和第3部分的时间主要是信息在网络上通过所造成的延迟。

链接的可靠性是网络信息检索性能评价特有的评价指标。这个指标和数据更新频率有关。显而易见，如果链接的可靠性很差，断链、死链太多，就会出现找不到原始文献的情况，那么命中记录再多也没有用。死链指搜索结果中指向已不存在（或无法访问）的互联网资源的链接。感知的死链率是指用户感觉无法正常访问的网页占结果网页总数的比例。死链同重复界面一样属于干扰用户利用的无用信息。但是，死链只有在用户试验之后才能知道，这就更加浪费用户的时间和精力，所以它更是一种影响用户利用效果的因素。从用户利用的角度来说，不仅仅是死链和断链，甚至还包括一些由于技术原因不容易被用户获得的资源的链接，都是影响检索效果和利用效果的因素。

三、信息检索功能的评价指标

检索功能一般包括基本检索和高级检索。基本检索功能包含布尔逻辑检索、截词检索、邻近检索和字段检索等。高级检索由加权检索、模糊检索、相关信息反馈检索、概念检索、自然语言检索等组成。目前经常采用的一些检索功能主要有以下12种：

(1) 布尔逻辑检索。有的用And、Or、Not，有的以符号（+、-）代替，还有的直接把布尔逻辑算符隐含在菜单中。

(2) 短语检索。又称“精确检索”，检索出与“ ”内形式完全相同的短语。

(3) 截词检索。允许在检索标识中保留相同的部分，用相应的截词符代替可变化部分，以扩大检索范围。

（4）词根检索。可将搜索关键字进行延伸，查找词根相同的记录。

（5）邻近检索。又称位置检索，用一些特定的位置算符表达检索词与检索词之间的位置关系。

（6）区分大小写检索。

（7）全文检索。对网页全文中的每个词进行检索。

（8）模糊检索。又称概念检索，检索系统不仅反馈包含了关键词的信息，同时也反馈与关键词意义相近的内容。

（9）自然语言检索。又称智能检索，直接采用自然语言中的字、词、句做提问式检索。

（10）多语种检索。提供多种语言的检索环境供用户选择，系统按用户选定的语种进行检索并反馈结果。

（11）按范例查询。指示信息检索系统对与某个具体文档相类似的文档进行搜索，也称为“相近搜索结果”。

（12）限制检索。使用户在某一范围中进行检索，包括类别范围、地域范围、时间范围、语言范围、网站类型、文件类型、域名、位置等。限制实现的方法各不相同，有些是通过在关键词后加特殊的字符（如 title、link、url、.com、image），有些是通过下拉菜单。

以上检索功能并不是要求每个检索系统都必须同时具备，但至少应该支持布尔逻辑检索等基本检索功能，而大型的网络信息检索系统，功能应该更多些。

四、用户负担的评价指标

用户负担的评价指标主要包括以下几种。

（一）输出格式的灵活性

输出格式的灵活性是网络信息检索性能评价的一个重要指标。检索工具应该能够灵活地定义检索结果输出格式，应该能够输出尽量多的有关信息，如标题、说明语、URL、文件尺寸、语种等。除此之外，网络信息环境的特点使网络检索工具可以用超链接来实现检索结果的输出。不同的用户有不同的需求，检索工具还应能提供多种检索结果的输出格式供用户选择。

（二）显示的内容

显示的结果内容越详细，就越有利于用户不看文献全文即可决定对所检信息的取舍。

（三）显示的数量

每页显示的记录数应可以由用户选择或设定。

（四）检索结果的排序

检索结果的排序依据有多种，如命中相关度排序，日期最新的排在前面；或者依概念、网址、域名、声望和链接等标准排序。

（五）对检索结果的处理

是否具有对检索结果的去重功能是重要的评价指标。对网络检索工具而言，去重的功能必不可少。

（六）检索结果输出

检索结果是以何种形式输出也是重要的评价指标，一般应包括相关性排序、显示内容、输出数量选择、显示格式选择等。

（七）用户界面友好程度

用户界面友好程度是所有检索系统是否易于使用的衡量标准。一个友好的人机界面应该至少具备以下特征：(1) 操作简单，易学，易掌握；(2) 界面美观，操作舒适；(3) 用语通俗，语义一致。检索系统工作的目的就是尽可能完美地服务于信息检索用户，简单、易用应该是检索系统永恒的特点。用户界面的易用性情况，包括是否有帮助文件、是否有查询举例、是否有检索功能说明等。

可用性是评估用户界面容易使用程度的一种属性，友好的用户界面将大大提高系统的利用频率和使用效率。目前，业界公认且普遍采用的可用性评价指标是由著名可用性工程学家 Jakob Nielsen 所提出的可用性定义的 5 要素，包括：

(1) 易学性。初次接触这项设计时，用户完成基本任务的难易程度，包括界面设计是否符合用户习惯、系统操作帮助和提示功能设计是否完善等。

(2) 交互效率。用户完成操作任务的速度，包括界面导航的设置，用户完成操作任务的成功率、所需时间和点击量等。

(3) 可记忆性。在一段时间没有使用之后再次使用该设计，用户重新熟练操作的难易程度。

(4) 出错频率。指用户操作错误的数量，错误的严重性，错误的易恢复性。

(5) 用户主观满意度。用户对设计是否满意。

第三章　中文图书信息检索

作为保存文化和传播知识的载体，图书在我国有着悠久的发展历史：从最初的简牍、缣帛、纸张到现在的电子图书，装帧形式从简册装、卷轴装、经折装、蝴蝶装、包背装、线装到现代图书的精、平装。可以说，从竹木简牍到今天的各类图书，不管其形式和内容如何变化，只要认真加以考察和分析，就可以看出它们都具有下面这样几个要素：(1) 要有被传播的知识信息；(2) 要有记录知识的文字、图像信号；(3) 要有记载文字、图像信号的物质载体；(4) 图书的生产技术和工艺也是产生图书的基本条件。

第一节　图书基本知识

"图书"一词最早出现于《史记·萧相国世家》，刘邦攻入咸阳时，"(萧) 何独先入收秦丞相御史律令图书藏之。沛公为汉王，以何为丞相。……汉王所以具知天下厄塞，户口多少，强弱之处，民所疾苦者，以何具得秦图书也"。这里的"图书"指的是地图和文书档案，它和我们今天所说的图书是有区别的。进一步探求"图书"一词的渊源，可追溯到《周易·系辞上》记载的"河出图，洛出书"这个典故上，它反映了图画和文字的密切关系。虽然是神话传说，但却说明了这样一个事实：文字起源于图画，图画和文字确实是紧密相连的。

一、图书概述

(一) 图书的含义

图书的本质属性是记录并传播知识内容，图书的定义包括知识内容和形式两个要素，对图书定义的认识也是随着历史的发展逐步提高的。在我国古代，人们曾对图书下过不同的定义。从图书的内容方面下的定义，如《尚书·序疏》认为"百氏六经，总曰书也"；从图书的形式下的定义，如《说文解字·序》认为"著于竹帛谓之书"。

联合国教科文组织对图书的定义是：凡由出版社（商）出版的不包括封面和封底在内49页以上的印刷品，具有特定的书名和著者名，编有国际标准书号，有定价并取得版权保护的出版物称为图书。

(二) 图书的形成方式

图书的著作类型即图书的形成方式。古今中外，图书内容各异，种类繁多，但著作类型较为固定。就现在所见的图书而言，图书的形成方式主要有著述、编撰、翻译、注释

4 种。

著述，是作者围绕某一主题全面系统地发表见解、陈述观点、明确概念、自成体系的作品。作为著述的图书，应该有它的新内容和新特点，或者有较高的科学价值，或者有创新之处。

编撰，也称编纂、编写、编辑，即对材料或现成的作品加以整理加工，编成文章或书，主要有古书编撰和现代编撰。古书编撰著名的是类书，现代编撰类型主要有汇编本、工具书、会议录等。

翻译，是将一种语言文字的意义用另一种语言文字的意义表达出来。翻译是介绍外来文化的重要方法和手段。从历史发展来看，在我国比较重要的有佛典翻译、科学著作翻译等。现当代著名的翻译著作有商务印书馆的《汉译世界学术名著丛书》等。

注释，也叫注解，即用文字来解释字句，对文章中的词汇、内容加以说明。在我国最有影响的就是古籍注释。古籍注释种类很多，就其内容主要有解释字词和解释内容两种。

（三）图书的载体材料

所谓载体，科学技术上是指某些能传递能量或运载其他物质的物质。图书之所以能成为人类知识存在的主要形式，就是依赖于载体。除去大脑载体外，人类组成图书载体的材料可以分为天然实物材料、人造纤维材料和光电磁化材料三种。

从图书的载体历史发展来看，天然实物材料有甲骨、青铜器、石头、竹木、缣帛。人造纤维材料主要是纸张，纸张按印刷时代可划分为手工纸和现代纸两类。在我国，著名的手工纸主要有麻纸、藤纸、宣纸、绵纸、竹纸、草纸等，现代纸按其特点和性能主要有印刷用纸和书写用纸。新型的图书载体材料主要有缩微型胶卷、磁带、软磁盘、光盘、电子阅读器等。

（四）图书的结构设计

图书的结构是指一部书的有机组成部分，包括版面构成、辅文与正文的结构安排等内容。我国过去的线装书通常由序，跋，凡例，目录，正文，卷首、卷末及附录，牌记等七部分组成。现代书的结构主要由图书的正文和辅文两部分组成。辅文主要包括：识别性辅文，如作者、书名、出版者等；说明和参考性辅文，如凡例、序言、后记等；检索性辅文，如目录、索引、书眉等。

图书的设计，即指图书的装帧设计，是图书成型的前提。装帧设计的内容包括图书的造型（开本）、封面、环衬、扉页、版面式样、字体、字号、插图、页码、纸张材料和印装方法等。图书的形式要鲜明地表明图书内容，达到形式和内容的统一，要易为读者接受。

国际标准书号（ISBN）是国际通用的图书或独立的出版物代码。从 2007 年 1 月 1 日起，国际标准书号由 13 位数字组成，分为 5 部分。第一部分是前缀号，它是国际物品编码协会（EAN）提供的 3 位数字；EAN 已经提供的前缀号为 978 和 979。第二部分是地区号，又叫组号，最短的是 1 位数字，最长的达 5 位数字；我国的组号为 7。第三部分是出版社号，由其隶属的国家或地区 ISBN 中心分配，允许取值范围为 2～5 位数字。第四部分是书序号，由出版社自己给出，最短的1位，最长的6位；出版社的规模越大，出书越多，序号越长。第五部分是计算机校验码，只有1位，从0～9。校验码得出的计算方法如表3-1所示。

表3-1　ISBN号码的计算方法表

		EAN·UCC前缀			组区号	出版社号				书序号				校验码
1	取ISBN前12位数字	9	7	8	7	5	0	6	4	2	5	9	5	?
2	取各位数字所对应的加权值	1	3	1	3	1	3	1	3	1	3	1	3	
3	将各位数字与其相对应的加权值依次相乘	9	21	8	21	5	0	6	12	2	15	9	15	
4	将乘积相加，得出和数	123												
5	用和数除以模数10，得出余数	123÷10＝12……3												
6	模数10减余数，所得差即为校验码	10－3＝7												
7	将所得校验码放在构成国际标准书号基本数字的末端	978-7-5064-2595-7												

（五）图书的出版发行

从图书的出现至今，图书数量不断增长。学术界一般估计，流传至今的古代典籍的总数量约10万种左右，这是一个通行的说法。1946年，杨家骆教授根据历代各种目录，整理出从西汉及以前到清代的我国古代出版的书籍数量，共计有181553册。民国时期国内出版的各类图书大约有15万种。新中国成立以后，根据有关部门统计，1949—2008年共出版图书3871535种。2019年8月，国家新闻出版署公布的《2018年全国新闻出版业基本情况》显示，2018年全国共出版新版图书247108种，重印图书272142种。其中全国共出版少年儿童读物新版22791种，重印21405种。

二、近代以来图书的形态变革与内容变化

（一）形态变革

唐宋以来，雕版印刷是我国图书印制的主要方法，而图书的装帧形式历经旋风装、经折装、蝴蝶装、包背装，至明代中期以后，沿用线装。因此，以纸作为造书材料、以雕版的方法印制、以线装的形式装帧，这是我们今天见到的中国古代图书最普遍的物质形态。

近代以来，伴随着西方资本主义思想、学术、文化和科学技术涌入中国，我国传统的图书物质形态受到了强烈冲击，中国图书发展史上最为剧烈的图书形态变革在这种背景下发生了。变革带来的最直观的表现，就是图书的物质形态由传统的线装演变为西式装

订——“平装”，早期亦称“洋装”“西装”。

导致图书物质形态发生变革的主要原因，是以铅字印刷为代表的西方印刷技术和以外国“新闻纸”为代表的造书材料的大规模传入。15 世纪中期，德国人古腾堡发明了铅活字印刷技术。到 16 世纪末，我国曾出现过铅活字印刷的拉丁文图书，但此后的 200 年间，铅印技术一直未被应用于中文图书的印制。19 世纪初，外国传教士再次将西方的铅印技术带入中国。19 世纪中期，英国人在上海开办的墨海书馆以及美国人先在宁波开办、后迁上海的美华书馆，对铅字印刷技术在中国的传播起了重要推动作用。墨海书馆是最早拥有汉文铅活字的印刷机构，美华书馆则发明了电镀制模技术，设计了元宝排字架（又称八字式排字架），进一步改进了汉文活字的规格，制定了七级标准，区分了汉字的繁用、常用和备用，比较成功地解决了铅字印刷应用于汉文的一些技术性问题。至此，铅字印刷技术在我国开始流行。

铅字印刷技术的采用，客观上已经提出了改变造书材料的要求。在雕版印刷的线装书时期，造书用纸讲究“质地如玉”“墨香纸润”“软而轻”，目的是追求书卷的舒展卷曲自如，体现一种整体的和谐与典雅。采用铅字印刷技术后，线装书的双页单面印刷变为单页双面印刷，“质地如玉”“软而轻”的纸张无法解决透字问题，显然已经不切实用。因此，为适应印刷技术的变化，西方的“新闻纸”开始大量进入中国，成为主要的造书材料。

印刷技术和造书材料的变化，客观上又要求图书装帧形式的变化。铅字的单页双面印刷，使传统的版式结构（如边栏、界行、中缝、页次标注方法等）已不切实用，有的则根本无法实现；新闻纸在光合作用下易泛黄变脆，也不适合像软棉纸那样折为双页，因此，改变图书的装帧形式、变革书本的物质形态，已经是势所必然。

至 20 世纪初，铅字印刷、西式装订的图书在我国逐渐占据了主导地位，我国图书的物质形态实现了自雕版印刷出现以后 1000 多年来最为显著的变革。

（二）内容变化

近代以来大规模的西学东渐，强烈冲击了中国传统典籍经史子集的内容格局，一些在内容上超越中国传统文化范畴、体现近代工业文明的图书开始较多地出现。其中，最具时代特点并且对中国近代以来的学术文化乃至社会发展产生深远影响的，是以下三类图书。

1. 译书

译书并不是近代特有的现象。汉唐以来，我国就有过大规模的佛典翻译活动；明末清初，又有过西方天主教耶稣会传教士的教义与科学著作翻译活动。但中国历史上最大规模的“西书中译”活动，却是伴随着“西学东渐”自鸦片战争前后开始的。

这一时期的译书，从翻译主体上看，教会出版机构、官方出版机构和民间商办出版机构是三股主要的力量。鸦片战争前后的译书，大都出自教会出版机构；19 世纪 60 年代以后，官方出版机构逐渐占据主导地位；19 世纪末以后，民间商办出版机构异军突起，它们出版的大量的私人译书，拓展了译书的范围，丰富了译书的品种，促进了译书的繁荣。

从译书的数量上看，虽然目前还没有比较精确的统计，但据估计，自鸦片战争至清末，我国出版的反映近代科学（不包括宗教、文学、艺术）的译书总数在 2000 种以上，民国年间则迅速上升到 1 万种以上，大约占到了民国年间出版图书总数的十分之一。

从内容上看，近代以来的译书大体经历了两个发展阶段。以 1895 年中日甲午战争为界，此前的译书主要集中在与制船、造炮等近代工业有关的声光电化等自然科学方面，最为著名的翻译机构是曾国藩奏请于 1868 年开馆的上海江南制造局翻译馆和洋务派于 1862 年创办的京师同文馆。中国翻译史上著名的《几何原本》《谈天》《国际公法》等书，就是这一时期的代表性译作。

甲午战争以后，以“变法图强”为内容的维新运动兴起，译书的内容也发生了变化，重点转向了社会科学，特别是西方的政治制度、社会学说、经济法律等方面。梁启超在《大同译书局叙例》中说的一段话很能代表这一阶段译书的特点：“首译各国变法之书及将变未变之际一切情形之书，以备今日取法；译学堂各种功课，以备诵读；译宪法书，以明立国之本；译章程书，以资办事之用；译商务书，以兴中国商学，挽回利权。”

世称“严林”的严复和林纾是这时最有代表性的译者。严复针对当时中国的时弊翻译了《天演论》，以“物竞天择，适者生存”的进化论观点呼吁国人救亡图存；他翻译的《原富》《群学肄言》《名学》《法意》等名著，比较系统地介绍了西方的政治、经济和社会学说；他提出的翻译工作“信、达、雅”的标准，直到今天仍然指导着我国的翻译实践。林纾是第一位用古文翻译西方文学作品的人，一生共翻译作品 180 多部，代表作《巴黎茶花女遗事》曾有过“风行大江南北”的轰动效应。

十月革命的胜利揭开了马列著作在中国传播的序幕。由李大钊领导、以北京大学学生为主体的“马克思学说研究会”和由陈独秀领导的“马克思主义研究会”，是我国最早从事马列著作研究、翻译、出版的组织。由陈望道翻译、1920 年 4 月出版的《共产党宣言》，是我国最早的马列著作中文全译本。马列著作在中国的传播，为中国共产党人提供了革命实践的理论武器。

译书的大量出现，开拓了人们的视野，启迪了人们的思想，促进了中国近代自然科学、社会科学的建立，促进了中国社会结构的变化，对近代以来的中国产生了深远影响。

2. 近代工具书

中国有悠久的编纂工具性图书的历史。近代以来，伴随着西学东渐，出现了两个方面的明显变化：一是中国固有的工具书类型开始借鉴西方的编制方法而走向现代化，典型的如字典、词典；二是一些产生于西方的工具书类型被引进，如百科全书、年鉴、索引等。变化的结果，是中国的工具书编纂在整体上由古代阶段演进到现代阶段，较为完整的现代工具书体系逐渐形成。

《中华大字典》《辞源》《辞海》的编纂出版，是借鉴西方词典编纂方法改造中国传统字书的成功范例。1915 年，中华书局和商务印书馆分别出版了《中华大字典》和《辞源》，从内容上看，它们都是以旧有的字书、韵书、类书为基础而编纂的，但在编排方法上，采用了“以字带词、分条释义”的体例，标志着中国历史悠久的字书迈进了现代字典、词典的阶段。在西学东渐的热潮中，起源于西方的百科全书、年鉴、索引等类型的工具书被引进中国。20 世纪初，百科全书、年鉴的中文编译本开始出现。20 世纪 20 年代，在“整理国故”的背景下，学术界兴起了“索引运动”，现代索引的编制、出版和理论研究取得了一大批重要成果。

工具书具有学术文化阶段性总结的功能，是读书入门的向导、治学研究的工具。工具书的大量出现以及工具书体系的形成，对于开启民智、普及科学文化知识，对于建立和传播科学研究方法、提高研究效率，具有重要意义。

3. 近代教科书

在传统书籍的经史子集格局中，虽不乏幼学启蒙读物，但与近代教育制度下的学校教科书相去甚远。四部分类体系中“小学类”所容纳的图书，从起源上说，不过是一些教授学童识字的字书，但最终却演变为服务于研经读史的文字、音韵、训诂类专书，真正具有幼学启蒙意义的读物，则“以论幼学者别入儒家，以论书法者别入杂艺，以《蒙求》之属隶故事，以便记诵者别入类书”。这种现象说明，在中国古代，“教科书”并没有形成一类独立的、有广泛社会影响的图书类型。

近代教科书是近代教育制度的产物。1902 年，清政府颁布学堂章程，通令全国遍设学堂，新式学校在中国迅速发展。在这种背景下，以传播近代自然科学、社会科学为主要内容的新式教科书及学堂辅助读物开始大量出现。中国出版界最负盛名的两家出版机构——商务印书馆和中华书局，在近代教科书的编辑出版上做出了杰出贡献。

商务印书馆在创办伊始，就邀请留学生翻译东西各国教科书。清政府颁布学堂章程的当年，商务印书馆推出了《最新国文教科书》。此后，每当制度变化或学制变迁，商务印书馆都对教科书进行及时修订或重编。

中华书局与中华民国同时诞生，它从一开始就把“开启民智”作为宗旨，以编辑出版教科书、传播科学文化知识为主要业务。创办者陆费逵曾经发表过大量宣传“教育救国”“教育革新”思想的论文，他信奉的“教育得道，则民智开，民德进，民体强，而国势盛”的观念，成为中华书局创办的原始动因。《中华书局宣言》说道：“国之根本，在于教育；教育根本，实在教科书。教育不革命，教育目的终不能达到也。”在创办的当年，中华书局就推出了著名的“中华教科书系列”，包括初等小学、高等小学、中学师范教科书共计近 200 册，这是清王朝覆灭后第一套适合共和体制的新式教科书。1913—1937 年，中华书局版教科书不断修订重编。1932 年开始，中华书局陆续编辑出版了 4 套专供东南亚国家华侨学校使用的教科书；从 1914 年开始，又陆续创办了《中华童子界》《中华儿童画报》《小朋友》《小朋友画报》《中华学生界》《少年周报》等中小学生课外读物。

在中国近代出版事业中，适应新式教育制度的教科书始终是出版机构的主要业务之一，成为出版机构生存与发展的重要支撑，由此使近代教科书成为近代出版事业的亮点和特点之一。同时，新式教科书的大量出现，又在开启民智、促进近代教育制度普及等方面发挥了重要作用；而民智的开启和近代教育制度的普及，对近代以来中国社会的发展亦产生了深远的影响。

三、电子图书

电子图书（e-book），即人们所阅读的数字化出版物，是多媒体技术和超文本文件技术发展的产物。区别于以纸张为载体的传统出版物，电子图书是利用计算机技术将一定的文字、图片、声音、影像等信息，通过数码方式记录在以光、电、磁为介质的设备中，并借助于特定的设备来读取、复制、传输。在日常生活中，人们还经常提到“电子书”，其一般包含两种含义：一是指“主要是以特殊的格式制作而成，可在有线或无线网络上传播的图书”；二是“指专门阅读电子书的掌上阅读器”。“电子书”通俗来讲就是“电子图书”，而“电纸书”则指电子阅读器。

电子图书包括两种类型：一种是将各种印刷型的书籍，通过扫描仪等计算机处理技术将它们转换为数字格式的、用电子方式发行的、用计算机阅读和存储的电子读物，经过数字处理后的电子读物保留了原印刷型读物的所有插图、图表和照片等，并可以实现全文检索；另一类是原生的数字出版物，即一开始就有电子文本的图书，其阅读和存储方法与第一类相同。目前很多网络书店同时销售纸本书和电子图书。

第二节 古籍图书信息的检索

古籍是指书写或印刷于1912年以前具有中国古典装帧形式的书籍。历代产生的典籍难以计数，据不完全统计，留存至今的尚有10万余种之多。我国是历史悠久的文明古国，古籍是中华民族的宝贵精神财富，是中华民族在数千年历史发展过程中创造的重要文明成果，蕴含着中华民族特有的精神价值、思维方式和想象力、创造力，是中华文明绵延数千年、一脉相承的历史见证，也是人类文明的瑰宝。2008年，国务院发布了第一批全国古籍重点保护单位名单，共有国家图书馆、上海图书馆、南京图书馆、苏州图书馆、常熟图书馆、北京大学图书馆、复旦大学图书馆、南京大学图书馆、苏州大学图书馆、中山大学图书馆等51家。

古籍中有一重要的概念“善本”，善就是好的意思，是指具有比较重要的历史、学术和艺术价值的书本，大致包括写印年代较早的、传世较少的，以及精校、精抄、精刻、精印的书本等。最早出现善本概念是在宋代，是指版刻书籍中的精品。

古籍的分类整理在我国很早就开始了，第一次大规模的古籍整理，始于公元前26年西汉成帝时，由刘向、刘歆父子先后主持，最终编成了中国最早的国家图书馆目录《七略》。《七略》将当时搜辑整理的典籍分为六艺、诸子、兵书、数术、方技、诗赋等六大类，加上概论性质的辑略，总题《七略》。

汉代以后，各种官修、私撰的古籍分类目录不断涌现，分类方法也不断有所改进。西晋荀勖的《晋中经簿》将六略改为四部，即甲部录经书（相当于六艺），乙部录子书（包括诸子、兵书、数术、方技），丙部录史书，丁部为诗赋等，这就奠定了四部分类的基础。

东晋李充所编《晋元帝书目》，根据当时古籍的实际情况，将史书改入乙部，子书改入丙部，这样，经、史、子、集四部分类已略具雏形。四部体制的最终确立，体现在《隋书·经籍志》中，这部实际上由唐初名臣魏徵主编的目录，正式标注经、史、子、集四部的名称，并进一步细分为40个类目。从此，四部分类法为大多数史志、书目所沿用。

清乾隆时，四库馆臣编辑了大型丛书《四库全书》，即以经、史、子、集四部记录所收图书，其目录《四库全书总目提要》，成为我国历史上体制庞大、总括群书的大型目录著作，四分法的体制至此完备。四部分类法是古籍常用的分类法，但20世纪八九十年代，上海古籍出版社在其陆续出版的《中国古籍善本书目》中，除四部外又分了丛部，主要包括汇编、辑佚、地方、家集、自著等五类。

四部分类法的具体古籍分类见表3-2所示。

表 3-2　四部分类法具体古籍分类表

经部（11类）	史部（14类）	子部（15类）	集部（12类）
总类	纪传：汇编、通代、断代	总类	楚辞
易	编年：通代、断代	儒家	汉魏六朝别集
书	纪事本末：通代、断代	兵家	唐五代别集
诗	杂史	法家	宋别集
礼：周礼、仪礼、礼记、三礼总义、通礼、杂礼书	诏令奏议：诏令、奏议	农家（附兽医）	金别集
乐	传记：总传、别传、年谱、日记、家传、宗谱、杂录、贡举、职官录	医家：丛编、医经、本草、诊法、方论、针灸、养生、史传	元别集
春秋：汇编、左传、公羊传、谷梁传、春秋总义	史抄	天文算法：天文、历法、算书	明别集
孝经	时令	术数：数学、占候、相宅相墓、占卜、命书相书、阴阳五行、杂术	清别集
四书：论语、孟子、大学、中庸、四书总义	地理：杂志、山水、专志、游记、外记	艺术：书画、画谱、篆刻、乐谱、棋谱、杂记	总集：丛编、通代、断代、地方艺文、家集
群经总义	职官：官制、官箴、政纪	谱录：丛编、器物、食谱、花草树木、鸟兽虫鱼	诗文评
小学：汇编、训诂、字书、韵书	政书：通制、典礼、邦计、军政、法令、邦交、考工、科举、公牍、档册、杂录	杂家：杂学、杂说、杂考、杂记、杂品、杂纂	词：丛编、别集、总集、词话、词谱、词韵
	目录：汇编、公藏、家藏、知见、地方艺文、杂录	小说：笔记、短篇、长篇	曲：诸宫调、杂剧、传奇、散曲、俗曲、弹词、宝卷、曲选、曲谱、曲律、曲韵、曲评、曲话、曲目
	金石：总、金、石、玉、陶、钱币、玺印	类书	
	史评	释家：大藏、译经、撰疏	
		道家	

对一般的利用者来说，在现存的古籍资源中，最基本、较常用的大约是如下一些：(1)“十三经”，中国古代集中代表儒家思想的13部经典著作；(2)“二十六史”，中国古代最为著名的纪传体史书，古代历史著作的典型代表；(3)《诸子集成》，汇集诸子著作的大型丛书；(4) 诗文总集、别集；(5) 古籍丛书、类书、政书、方志。上述基本古籍资源，相当数量都有经过今人整理的印刷版本。20世纪90年代中期以后，一批最重要的大规模的古籍资源还实现了数字化，研发出了较为完善的计算机全文检索系统。下面重点阐述经史图书、类书、政书和方志的检索、查考与利用问题。

一、经史图书信息的检索

经、史、子、集四部分类法，是中国传统文化的产物，适用于传统文化典籍。今天，它仍是我们熟悉古籍、进而了解传统文化的一把钥匙。

经部图书，是指儒家经典和阐释儒家经典的著作。

史部图书，是指历史著作，主要是各种体式的史书，如纪传体、编年体、纪事本末体、别史、杂史等。

子部是指传统学术中的“杂学”，收集先秦以来诸子百家及释道宗教的著作，比较复杂，既有哲学书，也有算术、天文、生物、医学、农学、军事、艺术、宗教的著作。

集部是指文学及文学评论作品，收历代诗文集、文学评论及词曲方面的著作。一人著作的集子称别集，多人著作合编一起的集子称为总集，别集如李白的《李太白全集》、白居易的《白氏长庆集》、韩愈的《韩昌黎集》等，总集如《昭明文选》《全唐诗》等，还有文学评论如《文心雕龙》《沧浪诗话》。集部以文学书为主，但又不限于文学书。

五四以来，我国借鉴西方的图书分类法，按现代学科体系进行图书分类。目前，我国各类图书馆普遍采用的是最新修订的《中国图书馆分类法》(第5版)，但是，由于不少古籍很难纳入《中图法》的分类体系，因此一般古籍图书馆（库）的收藏或检索，仍袭用传统的四部分类法。

(一)“十三经”及其检索

“十三经”是中国封建社会儒家13部经典著作的统称。这13部著作是：《周易》《诗经》《尚书》，以上简称“易、诗、书”；《周礼》《仪礼》《礼记》，以上简称“三礼”；《春秋左传》《春秋公羊传》《春秋谷梁传》，以上简称“三传”；《论语》《孟子》《尔雅》《孝经》，以上简称“论、孟、尔、孝”。“十三经”的形成是一个过程：汉代时把《诗》《书》《易》《礼》《春秋》称为“五经”；唐代把《诗》《书》《易》再加上“三礼”“三传”称为“九经”，唐文宗时又将《孝经》《论语》《尔雅》列为经；至宋代又列《孟子》为经，“十三经”遂最终定型。

在中国封建社会，自从西汉“罢黜百家，独尊儒术”以来，儒家思想成为社会的统治思想。儒家经典是负载儒家思想的载体，千百年来被尊奉到了至高无上的地位。从形制上说，早在简册时代，就出现了“六经之册长二尺四寸；《孝经》谦，半之；《论语》八寸”的现象，显示了当时“经”的与众不同。就内容而论，《文心雕龙·宗经篇》说：“经也者，恒久之至道，不刊之鸿教也。”《隋书·经籍志》说：“夫经籍也者，机神之妙旨，圣哲之能事，所以经天地，纬阴阳，正纲纪，弘道德，显仁足以利物，藏用足以独善，学之者将殖焉，不学者将落焉。”儒家经典是封建社会“修身、齐家、治国、平天下”的原典，而“十三经”则是儒家经典的核心部分，它集中表现了民族思想与传统文化的要义，是学习研究中国传统文化、探讨领略中华文明的不可或缺的基本典籍。

由于“十三经”的重要性，历代对其注解阐释者不乏其人。南宋时，出现了将“十三经”本文和注疏合并刊行的“合刻本”。清代嘉庆年间，阮元又主持校刊《十三经注疏》，对传世的《十三经注疏》做了一次较为全面的正本清源工作，世称“善本”。1935 年，世界书局缩印阮元刻本。1980 年，中华书局又影印出版世界书局本。2000 年，北京大学出版社据阮元刻本出版了《十三经注疏》的“繁体整理本”和“全新整理本”。“繁体整理本”采用繁体字竖排，并对全文进行了规范标点，还广泛吸收了前人的校勘成果；“全新整理本”采用简体字横排，加注现代标点。中华书局本和北京大学出版社本是今天通行的印刷版“十三经”文本。

由于“十三经”规模庞大，为方便查检，1934 年，开明书店出版了由叶绍钧所编的《十三经索引》。1983 年，中华书局重新排印了该索引，并加注了在中华书局影印本中的页数和栏次，成为与中华书局影印本配套的索引。北京大学出版社在出版整理《十三经注疏》时也编制了繁、简两种版本的索引，并附列了中华书局影印本的页码，是适用于两种版本的索引。现有的这些与印刷版“十三经”配套的索引，都是文句索引。文句索引是一种逐一标引所有句子的索引。具体地说，它以“十三经”中的自然句为标引单位，以文句的首字为标目，一句话标引一次。文句索引为查考“十三经”的内容提供了一定的方便，但这类索引的局限性也是明显的，最主要的是检索入口的限制性大，只能从文句的首字入手查考。而对于古籍来说，由于理解或诵读习惯的不同，文句单位的确定往往会出现歧异，因此会给查考带来困难。

我国台湾地区“中央研究院”开发的“汉籍电子文献瀚典全文检索系统”加载的“十三经”，是有代表性的网络版“十三经”全文检索系统之一（图 3－1），目前免费开放使用（http：//www. sinica. edu. tw）。该系统的“十三经”原文，包括了阮元刻本《十三经注疏》和经过断句的“十三经”经文，可以根据需要做不同的选择。

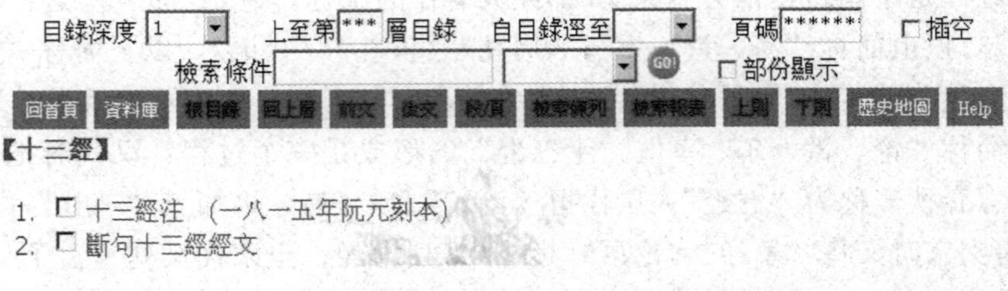

图 3－1　汉籍电子文献瀚典全文检索系统检索界面图

利用该系统进行全文检索时，输入的检索条件可以是一个或多个检索词。多个，最多可以到数百个。检索词之间的逻辑关系包括逻辑“或”（以符号“|”表达）、逻辑“与”（以符号“&”表达）、逻辑“非”（以符号“!”表达）。例如，要查考《论语》中有关“天地、君臣、鬼神”的论述，如图 3－2 所示。

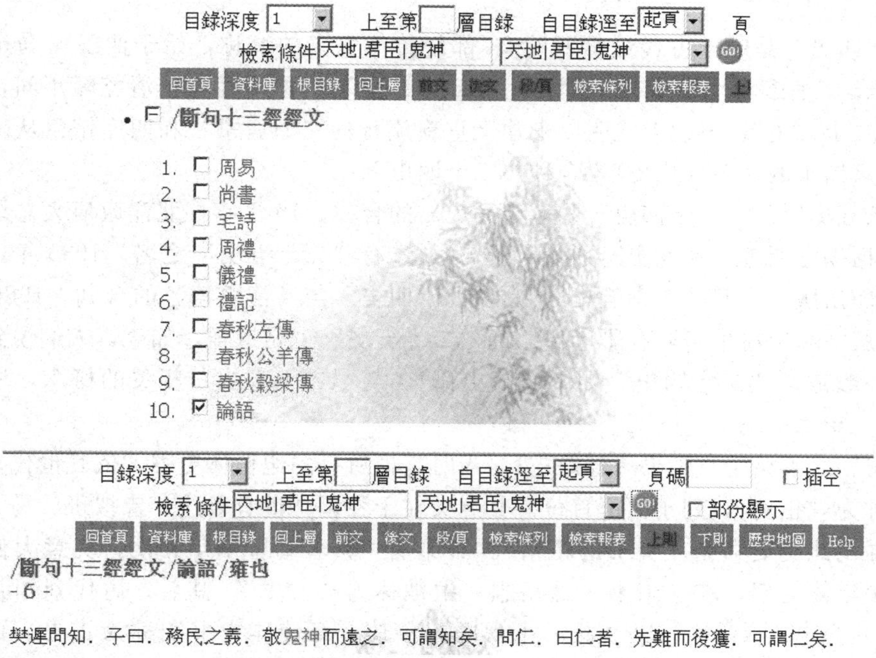

图 3-2　汉籍电子文献瀚典全文检索系统检索结果图

“检索条列”和“检索报表”是两种不同的检索结果显示方式。前者是检索结果的目录列表显示，如图 3-3；后者是检索结果的全文列表显示，如图 3-4。

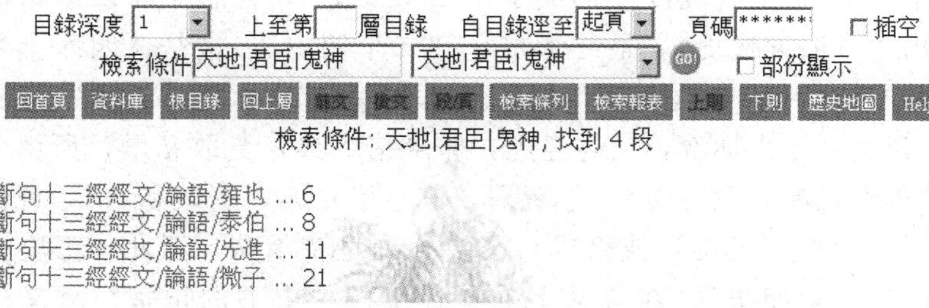

图 3-3　汉籍电子文献瀚典全文检索系统“检索条列”的目录列表图

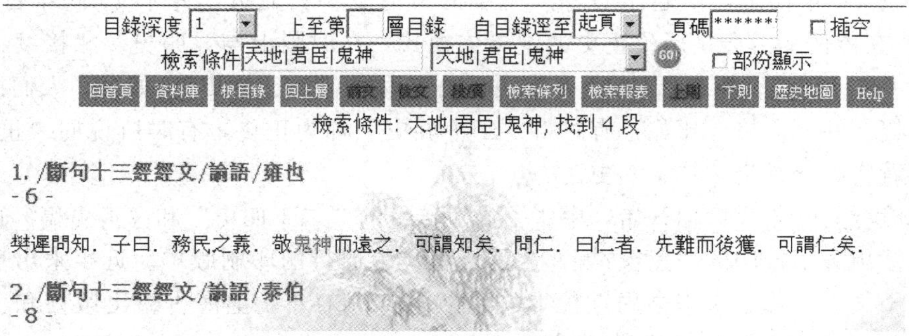

图 3-4　汉籍电子文献瀚典全文检索系统“检索报表”的全文列表图

（二）“二十六史”及其检索

“二十四史”是中国古代最重要的24部纪传体史书的统称，始于西汉司马迁的《史记》，终于清代张廷玉等纂修的《明史》。“二十四史”的称谓确立于清乾隆年间，当时以既有的“二十二史”，再加上晚明以来才又重新流传的《旧唐书》和四库馆臣从《永乐大典》中辑录出来的《旧五代史》，合称“二十四史”。

“二十五史”是“二十四史”和《新元史》的合称。1921年，北洋政府大总统徐世昌下令，将柯劭忞所著《新元史》列为“正史”，遂有“二十五史”之名。1935年，上海开明书店影印出版了一套“二十五史”，是“二十四史”与《清史稿》的合刊。1986年，上海古籍出版社和上海书店联合影印出版的“二十五史”也是这样。如今，人们说到“二十五史”，一般是指“二十四史”加上《清史稿》。与“二十五史”相关的概念，还有“正史”和“二十六史”。

“正史”之说始于《隋书·经籍志》。当时是把所有的纪传体史书“依其世代，聚而编之”，统称为“正史”，列于史部首位。其意义在于强调“世有著述，皆拟班、马，以为正史”，即强调此类史书是“史书的正宗”。而那些“其著书皆编年相次，文意大似《春秋经》”的编年体史书，在《隋书·经籍志》中被称为“古史”。其后，唐代刘知几在《史通》中将《尚书》《春秋》以及此后出现的编年体、纪传体史书统称为正史。自《旧唐书·经籍志》始，《隋书·经籍志》中的“古史”被改称为“编年”，史部图书以“正史”为首、“编年”居次的格局由此稳定了下来。

清代乾隆年间编修《四库全书总目》时沿袭了这种分类方法，但对“正史”的含义做了新的解释。首先是对正史的范围做了严格的限定。从宋代形成的“十七史”算起，明代有“二十一史”，清乾隆以前形成了“二十三史”，乾隆年间四库馆臣从《永乐大典》中辑录出了《旧五代史》，最终形成了“二十四史”，这是《四库全书总目》所说的“正史”范围，“凡未经宸断者，则悉不滥登”。其次，把“正史”解释为史部典籍的“大纲”，认为“正史体尊，义与经配，非悬诸令典，莫敢私增，所由与稗官野记异也”。所谓“未经宸断，悉不滥登”，所谓“非悬诸令典，莫敢私增”，说的都是这类史书的编纂需要经过皇帝批准，或修成后需要得到皇帝承认。至此，正史在范围上变为仅指纪传体的“二十四史”，在含义上除了传统的“史书的正宗”意义外，又附加了“正统的史书”之意味。

20世纪20年代末，由赵尔巽等人主编的《清史稿》完成，并于1928年首次刊印。《清史稿》在体例上沿袭了历代正史的纪传体模式，在时限上与《明史》相接续，因此人们把它和“二十四史”“二十五史”相提并论，统称为“二十六史”。如今，人们使用“正史”这个概念并不严格。比如，有时将“二十五史”称为正史，有时所说的“正史”，从现实语境看实际上是指“二十六史”。

从20世纪50年代后期开始，中华书局对传世的“二十四史”和《清史稿》进行全面整理，陆续出齐了排印的“点校本”，这是目前最为通行的印刷版本。近年来出现的几乎所有的电子文本，都是中华书局点校本的数字化。1986年，上海古籍出版社和上海书店联合影印的“二十五史”，习惯上称为“上海版二十五史”。

“二十六史”是最具代表性的中国古代历史著作。它的编修延续了2000多年，规模达到了4015卷，是一个负载着丰富内涵的文献信息源，完整系统地记录了中华民族5000年的文明史，全方位地展现了古代中国的精神世界和物质成就，对学习研究中国传统文化、继承民族优秀遗产具有多方面的应用价值。比如，“二十六史”是纪传体史书，纪传体史书是以人物活动为中心的史书体裁，一部“二十六史”，记录了5万多位在中国各个历史时期最为重要的人物的活动情况。又如，纪传体史书一般由纪、传、表、志等部分组成，其中的“志”是记载各方面典章制度演变沿革和现实史实的专门篇章，“二十六史”中有10多种类型的“志”，堪称分门别类的中国古代专门史。

但是，“二十六史”巨大的规模，也给人们的查考利用带来了困难。“一部二十四史，不知从何说起”的慨叹，就是这种困难的真实写照。鉴于此，专门用来揭示“二十六史”中资料出处的工具书便应运而生。到目前为止，与“二十六史”配套的印刷版检索工具主要是以下几类：

（1）人名索引。在印刷版的“二十六史”检索工具中，人名索引是最完备的一类。人名索引目前有两大系列：一是“群史人名索引”，以《二十四史纪传人名索引》（中华书局1979年出版）和《二十五史纪传人名索引》（上海古籍出版社、上海书店1990年出版）为代表。这类索引集群史于一书，使用起来较为方便，但它揭示的只是相应史书中三类人物的传记资料出处：有专传的、有附传的、附见人物的。二是“专史人名索引”，以中华书局出版的与点校本单种史书配套的人名索引为代表，如《史记人名索引》《汉书人名索引》等。这类索引一书针对一史，综合性与方便程度当然不及“群史人名索引”，但它揭示了每一部史书中所有人物的所有传记资料出处。所谓“所有人物”，超越了“群史人名索引”中的三类人物的范围；所谓“所有传记资料”，是说不仅揭示一人的传记资料，而且揭示散见于其他传记中有关此人的传记资料。

（2）地名索引。地名索引的揭示对象主要是“二十六史”中的“地理志”。目前数量不多，主要是与中华书局点校本配套的，如《史记地名索引》《汉书地名索引》等。

（3）书志索引。书志索引主要是哈佛燕京学社引得编纂处编纂的两种索引：一是1933年印行的《艺文志二十种综合引得》；二是1938年印行的《食货志十五种综合引得》。“艺文志”是正史中记载国家图书典藏制度和现实藏书或著述的专门篇章，“食货志”是正史中记载国家经济、财政制度的专门篇章；前一部索引的揭示对象包括了7部正史中原有的艺文志、8种由后人续补的艺文志、4种禁毁书目、1种征访书目，计20种，后一种索引揭示了15部正史食货志的内容出处。

（4）综合索引。综合索引以李晓光等主编、中国广播电视出版社1989年出版的《史记索引》为代表。该索引是利用计算机编纂、以印刷版形式出版的索引。由于该索引编纂采用了计算机技术，所以使揭示的对象大大超越了人工阶段只能局限于某一专门方面的限制，走向了对内容的全方位、综合性揭示，如该索引包括单字、人名、地名、援引著作、专有名词、补遗、衍文等7部分。但是，由于该索引仍然采用印刷版形式出版，导致了索引的书本规模庞大，这就决定了在印刷版阶段，此类索引的覆盖范围难以由专史走向群史。

20世纪90年代中期以后，依托计算机和网络环境的“二十五史”全文检索系统开始出现。它一经出现，立即以其海量的存储、全面的揭示、快捷的检索、方便的输出等优势迅速取代了印刷版索引，并且终结了印刷版索引的编纂思路和编纂方法。目前，国内已经有了若干种电子版的“二十五史”检索系统，较有代表性的一种是南开大学组合数学研究中心和天津永川软件技术有限公司开发的“二十五史全文阅读检索系统”，很多图书馆都有此检索平台。

该系统所说的“二十五史”，是指“二十四史”加《清史稿》，主要功能有两大项：一是全文阅读；二是全文检索。全文阅读通过点击树形目录选择阅读篇目。全文检索的检索范围，可以在“多部书同时查询”和“单种书内部查询”之间切换。检索方法分“单项查询”和“组合查询”，查询结果的显示方式分“句子显示”和“段落显示”两种。单项查询比较简单，只要将查询的内容概括成一个检索词输入即可。组合查询是该系统的高级查询，可以实现的功能有：（1）不多于 3 个检索词的逻辑组配，包括逻辑“与”和逻辑“或”；（2）在检索词中使用通配符“?”，实现模糊检索；（3）具有位置检索功能，可以限定多个检索词在“同句同现”或“同段同现”。例如，若要从“二十五史”中查考中国历代农民的税赋情况，检索词选择“田租”、“口赋”（古代的人口税）、“刍稾”（喂牲畜的干草），检索过程及结果如图 3 - 5 所示。

我国台湾地区“中央研究院”开发的“汉籍电子文献瀚典全文检索系统”中也加载了“二十五史”，该系统的结构与使用方法与前述该处开发的“十三经”全文检索系统一样。系统原文底本是根据百衲本、武英殿本、汲古阁本等，并参照中华书局点校本比勘形成的“新校本”。

二、类书信息的检索

（一）类书概述

类书是采辑古籍中的片段或整篇资料，按类别或韵目加以编排，以供寻检、征引古代文献之用的工具书。简单地说，类书是中国古代形成的具有资料类编性质的参考工具书，是具有世界影响的中国传统文献资源之一。

类书之名，最早出现在宋代。此前，这类书称为“类事”。类书的内容，是直接抄录各类典籍中的原始资料而加以陈列。就抄录资料的方式说，一般是片段摘抄，也有的是整段、整篇，甚至整部书抄录。资料的原始出处，一般都加以注明。就抄录资料的性质而言，在中国类书发展史上，经历了由专门采辑“事迹”类资料到“事文并重”的转变。这一转变发生在唐代，标志是《艺文类聚》所开创的“事文合编”体制。“事文合编”体制的确立，打破了此前长期存在的“事自为类书，文自为总集”的界限，拓展了类书采辑资料的范围。类书的名称由“类事”变为“类书”，反映的就是这种变化。自此以后，经史子集各类典籍都是类书的资料源泉，记录自然界和人类社会一切已有知识的资料都是类书的陈列对象，由此造成了“类事之书，兼收四部，而非经非史非子非集。四部之内，乃无类可归”的现象。从这个意义上说，类书的内容具有“百科性”，以至于有人认为类书就是中国古代的“百科全书”。

类书的内容是“抄录资料”，整合内容的形式是“分门别类”，“分类”和“陈列”是中国古代类书的核心要义。中国古代类书采用的分类体系，从总体上说，是一个将自然界和人类社会的万事万物区分为“天、地、人、事、物”的模式。这一分类体系，

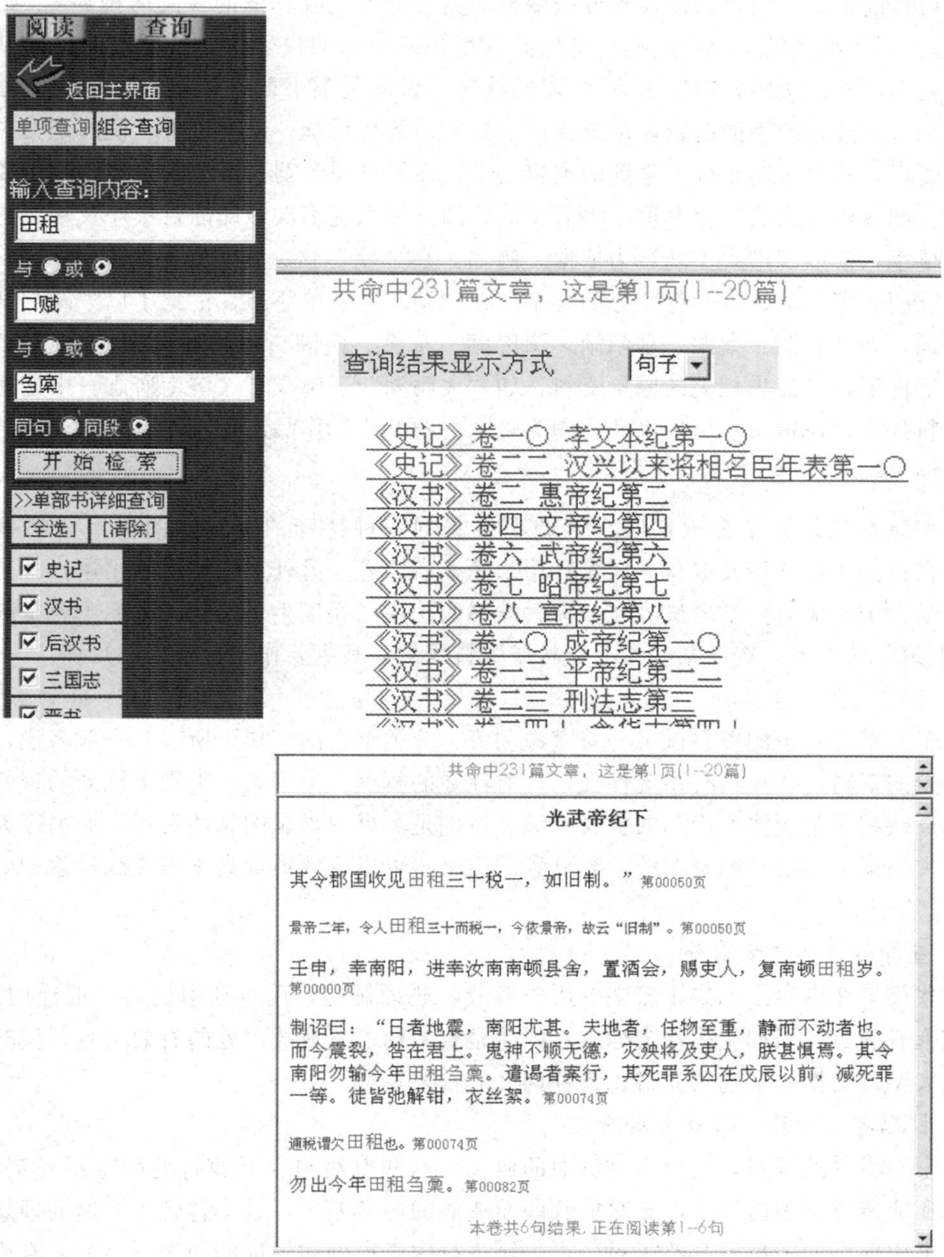

图 3-5　“二十五史全文阅读检索系统”检索过程及结果图

典型地体现了中国古代儒家文化中“天人合一”“天人感应”的哲学观念：类书陈列的内容是“靡所不载”，在中国传统文化的土壤上，“靡所不载”的哲学理解就是“天、地、人、事、物”。类书在分类体系中陈列的资料，一般按“事居于前，文列于后”的原则排比，性质相同的资料，大体依时代先后为序，所抄录资料注明出处，这是古代类书的基本原则。

按类别汇集资料，这是中国古代类书最基本的编排形式。此外，也有少数类书采用了按韵目编排的形式。最早采用这种方法编纂的类书是唐代颜真卿的《韵海镜源》（此书现已亡佚）。明代编成的《永乐大典》是按韵目编排的类书的代表作。所谓按韵目编排，简单地说就是"以韵统字，以字隶事"。以韵统字，说的是类书的整体架构不是一个分类系统，而是一个按古韵目的既定成规统摄同韵单字的韵目系统；以字隶事，说的是类书汇聚的具体资料，不是隶属于分类系统的类目之下，而是隶属于韵目系统中由韵脚字构成的语词之下。如《永乐大典》全书按《洪武正韵》的韵目系统编次，即韵目次序及每一韵目下统摄的单字，都以《洪武正韵》为依据。例如，在"模"这一韵目下，统摄了"模、租、都、图、胡、湖、吴、苏、符"等韵脚字；在"湖"这一单字下，汇集了以"湖"字为韵尾的语词，如"五湖、太湖、鄱阳湖、洞庭湖、东湖、西湖、南湖、天湖、大明湖"等；在每一语词下，又汇集相关的原始资料，如"大明湖"下辑录了《济南府志》中记述大明湖的资料片段，还辑录了历代以大明湖为吟咏主题的诗词作品。

（二）类书的功用

类书原本就是为了供人们临事查检而编纂的一种特殊的资料型图书。"临事"之"事"，在过去主要是诗文取材、居家日用、幼童启蒙等，另外一个重要的用途，就是直接服务于学人士子应付科举考试。在今天，类书的功用已经发生了变化，人们主要是利用它"资料汇编"的性质，查考某些参考资料或资料线索，其主要作用包括以下几种。

1. 系统收集参考资料

由于类书对辑录的资料做了一番穷源溯流、分类整合的工作，所以，一般来说，从类书中获得的资料，往往具有系统性强、针对性强的特点。类书某一类别下陈列的资料，往往就是反映相关主题演变沿革的资料长编。特别是类书中辑录的某些资料，原书今天已经亡佚，类书就成了唯一的资料源。充分利用类书，可以有效地提高参考文献检索的效率和准确性。

2. 查考语词和典故出处

古代类书在内容上汇集了较多的历史典故、骈词俪句，而且征引资料一般注明出处，在形式上有类目或语词主题作为标志，因此是查考词语或典故出处的有效工具。同时，类书也是大型历史性辞书选词立目、解释词义的重要参考。

3. 校勘考证古籍，辑录古籍佚文

类书中辑录的资料，出自当时流通的典籍。这些典籍与今天通行的版本不一定相同，而古籍在流传过程中由于多次传写或刊印而造成的内容差异，是一种较为普遍的现象。因此，类书中保存的资料就具有了对传世古籍进行内容校勘和考证的功用。另外，有许多作为类书资料源的古籍，在此后的流传过程中亡佚了。对这样的古籍来说，类书中保存的资料往往成为唯一的资料片段，所以，类书就成了辑录古籍佚文的重要源泉。

（三）代表性类书

中国古代最早的类书出现在三国时期——三国时魏国人王象编纂的《皇览》，成书于魏黄初（220—226年）中期。该书的内容，是将抄录的经传资料、诸家之说"随类相从"，以供皇帝省览。隋末唐初，全书亡佚。《皇览》在形式和内容上奠定了中国类书的基本格局。在中国类书发展史上，20世纪初在敦煌石窟中发现的类书残卷（一说为北魏北齐时的《修文殿御览》残卷，一说为南朝梁时的《华林遍略》残卷）共259行，是现存最早的类书残本；唐代欧阳询等人所编的《艺文类聚》是现存最早的完整类书；唐代颜真卿所编的《韵海镜源》首创了“分韵隶事”的类书编排体例；明代解缙等人编纂的《永乐大典》是中国古代编成规模最大的类书；清代陈梦雷等人编纂的《古今图书集成》是现存的规模最大的类书。在现存的古代类书中，在中国类书发展史上具有代表性而且实用价值较大的主要是如下几种。

1.《艺文类聚》

《艺文类聚》，唐欧阳询等编。全书100卷，分为46部、727子目，成书于唐高祖武德七年（624年），是现存最早的完整类书。

《艺文类聚》不论在形式上还是内容上都很有特色。在编排形式上，它首创了“事文合编”的体例，“事居于前，文列于后”，奠定了此后类书采辑资料的基本格局，《四库全书总目》对它的评价是“于诸类书中，体例最善”。在内容上，《艺文类聚》保存了丰富的唐以前的文献资料，特别是由于它采辑资料“事文并重”，所以保存了大量的诗文歌赋等文学作品。据统计，《艺文类聚》共引用了1400多种古籍中的资料，这些古籍90%以上均已亡佚。唐以前的许多文学作品，只是靠《艺文类聚》才得以保存下来。

《艺文类聚》被收入《四库全书》，所以，今天通过文渊阁《四库全书》电子版可以对其进行全文检索。通行的印刷版《艺文类聚》是中华书局1965年初版、上海古籍出版社1982年新版排印本。印刷版附编了《人名索引》和《书名篇名索引》。人名，是指《艺文类聚》所引用的典籍与诗文的作者姓名、字号、封爵、谥号等名号；书名篇名，是指《艺文类聚》所征引典籍的书名和篇名。

2.《太平御览》

《太平御览》，宋李昉等编。全书共1000卷，分为55部、4558子目，成书于宋太宗太平兴国八年（983年）。该书初名《太平编类》，据记载，“书成之后，（宋）太宗日览三卷，一岁而读周，故赐是名也”。

《太平御览》的最大特点是征引的古籍数量多，辑录的资料丰富。该书卷首有一个类似于现在“引用书目”性质的《经史图书纲目》，开列出来的征引古籍有1690种；后人将未列入此数的古诗赋、杂书累计计算，实际征引的古籍多达2500多种。这些被征引的古籍，“以今考之，不传者十之七八”。因此，《太平御览》被认为是保存五代以前文献资料最丰富的类书。另外，《太平御览》编纂于宋代初年，“去古未远”，因而它所辑录的资料被认为是“皆具有源流”，故较好地保留了古籍的原始面貌。《四库全书总目》曾列举了7种保存古代典籍佚文最为丰富的著作，其中就包括《太平御览》。例如，我国古代科学家张衡创制浑天仪和地动仪，其原著早已亡佚，但在《太平御览》中保存了一些有关的记载，有些是连《后汉书·张衡传》中都没有的珍贵资料。

《太平御览》在内容上也存在一些问题，主要包括：有些资料转抄自前代类书，因袭了一些旧有的错误；分类体系有重复之处，导致了某些资料归属上的混乱；所标注的书名往往有前后不一的现象，给资料出处的辨识带来了一定困难。

《太平御览》亦被收入《四库全书》，所以，通过文渊阁《四库全书》电子版可以对其进行全文检索。1935年，哈佛燕京学社引得编纂处编纂的《太平御览引得》是代表性的印刷版检索工具，该索引包括“篇目引得”和“引书引得”两部分。“篇目引得”是对《太平御览》部类名称与子目名称的索引，便于从子目主题入手查考资料；“引书引得”是对《太平御览》所征引的典籍题名的索引，便于集中查考某一具体图书的被引情况。

3.《永乐大典》

明代类书编纂事业上的最大成就，是出现了我国历史上规模最大的一部类书——《永乐大典》。该书是根据明成祖朱棣的提议于永乐元年（1403 年）开始修纂，主持其事者有解缙、胡广、胡俨、杨士奇等人。明成祖为此书订立了编纂宗旨：“朕欲悉采各书所载事物聚之，而统之以韵，庶几考索之便，如探囊取物尔。……尔等其如朕意：凡书契以来经史子集百家之书，至于天文地志阴阳医卜僧道技艺之言，修辑一书，毋厌浩繁。”

《永乐大典》全书 22877 卷，另有凡例、目录 60 卷，分装成 11095 册，字数达 3.7 亿。全书的编排体例以《洪武正韵》为纲，按韵目顺序分列单字。每一单字下，先详注该单字的音韵、训释，次移录该单字篆、隶、楷、草各种形体，因此具有字书的功能；然后在具有“关键词”性质的同韵语词下汇集与该语词有关的天文、地理、人事、名物，以至奇闻异见、诗文词曲等各方面的资料。

《永乐大典》所汇集的资料，全都照录原文，注明出处，有许多资料往往是整篇、整卷乃至于整部书加以辑录。据统计，《永乐大典》所征引的各类典籍，总数量有七八千种，达到了其他类书无法比拟的地步，真所谓“包括宇宙之广大，统会古今之异同”，为世界文化史上的空前巨著。

在体例上，《永乐大典》存在的主要问题，是所谓具有“关键词”性质的同韵词语的分析概括“参差无绪”。《四库全书总目》曾经指出：“或以一字一句分韵，或析取一篇，以篇名分韵，或全录一书，以书名分韵，与卷首凡例多不相应，殊乖编纂之体。”但从总体上看，它仍然是古代按韵目编排的类书的代表作。

《永乐大典》散佚严重，根据已知情况统计，目前存留在世的共有 400 册左右、800 多卷，分散在世界上 10 多个国家的 30 多个公私收藏者手中。《永乐大典》中辑存的资料，在保留宋元以前佚文秘典方面发挥过重要作用。现存的《永乐大典》残本，数量虽然不多，但其中亦有一些不见于他书的珍贵资料，在学术研究中具有重要的价值。

4.《古今图书集成》

清代是我国古代类书编纂高度成熟的时期，最具代表性的成果是大型综合性类书《古今图书集成》的问世。该书于康熙四十年（1701 年）在陈梦雷主持下开始编纂，初名《汇编》，5 年后初稿基本完成。这时，由于清廷内部发生政治斗争，陈梦雷受牵连被流放东北。雍正皇帝继位后，又命蒋廷锡等人对该书“重加编校”。蒋廷锡等人基本承袭了陈梦雷的原稿，于雍正四年至六年（1726—1728 年）用铜活字排印刊出，仅印 64 部。1934 年，中华书局影印铜活字本，凡 800 册。1985 年起，中华书局、巴蜀书社联合出版 16 开精装影印本，凡 80 册，附索引 1 册。这是目前易见易得的版本。

《古今图书集成》全书 1 万卷，目录 40 卷，计 1.6 亿多字。由于《永乐大典》的残缺，它便成了现存中国古代类书中规模最大、汇集资料最丰富的一部。《古今图书集成》最突出的特点是：在内容上，“凡在六合之内，巨细毕举”，汇集资料浩瀚而系统；在编排上，彻底贯彻了“以类聚事”的原则，体现了高度的抽象、概括与区分水平。全书的整体结构，是一个由“汇编”→“典”→“部”三级类目构成的分类系统。“6 汇编”与“32 典”的统摄隶属关系如表 3 - 3 所示。

表 3 - 3　《古今图书集成》中“汇编”与“典”隶属关系表

历象汇编	乾象典、岁功典、历法典、庶征典
方舆汇编	坤舆典、职方典、山川典、边裔典
明伦汇编	皇极典、宫闱典、官常典、家范典、交谊典、氏族典、人事典、闺媛典
博物汇编	艺术典、神异典、禽虫典、草木典
理学汇编	经籍典、学行典、文学典、字学典
经济汇编	选举典、铨衡典、食货典、礼仪典、乐律典、戎政典、祥刑典、考工典

“6 汇编”的区分，决定了该书分类体系抽象概括事物的基本思路与走向，而这种区分的理论思维基础，就是“天地人事物”的认识模式——“法象莫大乎天地，故汇编首历象而继方舆；乾坤定而成位其间者人也，故明伦次之；三才既立，庶类繁生，故次博物；裁成参赞，则圣功王道以出，次理学、经济，而是书备焉。”与以前的类书相比，《古今图书集成》结构更为严谨、条理更为清晰、区分更为深入，显示出在基于“天地人事物”的认识模式上构造类书的分类体系，到这时已经发展到了成熟的阶段。

在现有的类书索引中，《古今图书集成索引》规模最大，质量较高。它针对原书的特点，设计了一系列互为补充、相辅相成的索引，对原书内容做了全方位的揭示，并对类书中类目概念的古今对应、类目含义的古今转换做了有益的探索。索引的出处项标注新、旧两种版本，扩大了适用范围。有了这部索引，《古今图书集成》的资料价值和利用价值大为提高。

三、政书信息的检索

（一）政书概述

政书是收集历代或某一朝代的政治、经济、文化、制度方面的史料，分门别类地加以编排和叙述的一类工具书，最早为唐代刘秩所创，其著有《政典》一书，后杜佑据此书扩编为《通典》。唐代杜佑的《通典》和宋代郑樵的《通志》、元代马端临的《文献通考》，合称“三通”。

政书以时限为标准，可分成两大类：一是通史，为记述历代典章制度的政书，以“十通”为代表，分别是《通典》《通志》《文献通考》《续通典》《续通志》《续文献通考》《清朝通典》《清朝通志》《清朝文献通考》《清朝续文献通考》；二是断代史，是专详记述一朝典章制度的政书，包括“会要”和“会典”。一般来说，私人纂修者多称“会要”，如《唐会要》《五代会要》；官方所修者多称“会典”，如《明会典》《清会典》。

（二）代表性政书

1.《通典》

《通典》是唐代杜佑编著的一部通史性政书，作于安史之乱以后，共200卷，分食货、选举、职官、礼、乐、兵、刑、州郡、边防9门，每门又各分子目，并以年份为序，系统地记述了自上古黄帝至唐天宝末年的历代经济、政治制度的沿革变迁（其中一部分记述到唐代宗、德宗时）。唐以前史料主要取自群经诸史及魏晋文集等；唐代的材料取自实录国史、政府档案、诸臣奏议等，篇幅约占全书四分之一以上，是其精华所在。全书叙事详而不烦，简而有要，每门类后都有作者的评论，不乏针砭时弊的精辟见解。

2.《通志》

《通志》是南宋郑樵编著的一部纪传体通史性政书。记述自三皇至隋代的典章制度（部分述至唐或北宋），共200卷，分为本纪18卷、世家3卷、列传108卷、载记8卷、四夷传7卷、年谱4卷、略52卷。“纪、传”皆取材于诸史旧文，有增删。“年谱”即各史之表。“略”相当于纪传体史书中的“志”，作者对此用力最勤。书中的二十略为：氏族、六书、七音、天文、地理、都邑、礼、谥、器服、乐、职官、选举、刑法、食货、艺文、校雠、图谱、金石、实祥、昆虫草木等，涉及政治、经济、学术、文化等各方面，内容较《通典》更为广泛，其中氏族、六书、七音、都邑、昆虫草木等五略，更为前史所无。

3.《文献通考》

《文献通考》由元代马端临编著，共348卷，分24考，叙载自上古至南宋宁宗嘉定末年的历代典制，其中田赋、钱币、户口、职役、征榷、市籴、土贡、国用、选举、学校、职官、郊社、宗庙、王礼、乐、兵、刑、舆地、四裔等19考多为沿用《通典》现成资料而成，只增补了唐天宝以前、续补了天宝以后的史实。经籍、帝系、封建、象纬、物异等5考为新设门类。《文献通考》是研究宋史的重要文献。

《通典》《通志》《文献通考》合称“三通”或“前三通”。

4.“续三通”和“清三通”

清乾隆十二年（1747年），武英殿刊印“三通”，并设立“续文献通考馆”（后改名“三通馆”），命张廷玉等为总裁，齐召南等为纂修，陆续编成《续文献通考》250卷、《续通典》150卷、《续通志》640卷、《清朝通典》100卷、《清朝通志》126卷、《清朝文献通考》300卷。以上6部书皆仿效“三通”体例而成，分别称作“续三通”和“清三通”，与“前三通”合称“九通”。“续三通”上接“前三通”，叙事至明末，材料多取自宋、元、明史。“清三通”上接“续三通”，叙事止于乾隆五十年（1785年），材料多来源于当时文献，颇有价值。1921年，近人刘锦藻又编成《清朝续文献通考》400卷，上接《清朝文献通考》，叙事止于清宣统三年（1911年），分30门、136类，记述清后期126年间各种典章制度的递嬗剧变，材料之丰富，价值之高，仅次于“前三通”。其中新增外交（分交际、界务、传教、条约诸类）、邮传（分总类、船政、路政、电政、邮政诸类）、实业（分总务、农务、工务、商务诸类）、宪政4考，反映了中国近代政治、经济体制变革的情况。该书与“九通”合称“十通”，记载了从上古至清末的典章制度。1935—1937年，商务印书馆把清光绪中浙江书局刊本《九通》与《清朝续文献通考》合编成《十通》，影印出版，并附《十通索引》。

四、方志信息的检索

方志是记述地方情况的史志，故又称地方志。方志所记载的内容极其丰富，有记载地理（包括地图）、气候、天文、地震、灾异、山川、河流等自然情况的，有记载物产、矿产资源、户口、农田、水利、手工业、盐政、交通、贸易、税收、赋役等经济情况的，有述政治制度、机构设置、官职、科举、兵制等政治法规的，有录风俗、方言、民情、氏族、生计、佛道等社会风貌的，以及有记载科学、文化、教育、人物、文艺、名胜古迹、方技等方面情况的，可以说无所不载。因此，方志被誉为“一方之全史”“地方百科全书”等。我国的方志起源很早，先秦时期已经萌芽，如晋国的《乘》、楚国的《梼杌》、郑国的《志》等。

（一）中国数字方志库

中国数字方志库是一套大规模数字化的综合地志类文献数据库，收录了以下内容：(1) 地理学通论、总志（如一统志等）；(2) 方志类（如通志，府、厅、州志，县志，乡土志，乡镇志，以及艺文志、调查录、统计表等）；(3) 专类地志（如山川、河渠水利、名胜古迹、祠庙、苑囿、边塞、边区民族等志）；(4) 游记类；(5) 外国地理类；(6) 外国游记类等。先期收录了 1949 年以前不同时期编撰的不同版本的旧志书 1 万余种，近 10 万册、1000 万页，总容量达 2TB，是目前收志数量最多的方志库。

中国数字方志库具有以下特点：(1) 版本全，稿抄本、刻本、石印本、铅印本、活字本等均有收录；(2) 品质优，书籍品相好，选本时尽量避免虫蛀、漫漶情况；(3) 原书原貌，以高分辨率整版扫描方式，保持真实原貌；(4) 数据库提供书名、著者、出版年、出版项、版本、类别、目录及省份、专类等多种检索方式，便于检索，并可实现即翻即看，无须等待翻页。数据库检索界面如图 3-6 所示。

图 3-6　中国数字方志库检索界面图

（二）苏州方志数据库

苏州最早的方志是三国时期吴国吴人顾徽所撰《吴县志》、其同时代的吴人顾启期所撰《娄地记》，以及晋代吴人张勃所撰《吴录》《吴录地理志》等、顾夷所撰《吴郡记》。以上方志今皆不存。苏州现存最早的方志为唐代陆广微所撰的《吴地记》。据《江苏旧方志提要》统计，苏州有各类方志309种，为全国方志之冠。苏州方志数据库是一套以苏州图书馆古籍馆藏为基础，全面搜集苏州地方典籍资料，以古籍文献为主要内容的全文检索数据库系统，具有极高的学术价值，对了解与研究苏州几千年的历史文化提供了基础。苏州方志数据库总括了苏州、常熟、昆山、吴江、太仓的府县志，可以实现对数据库内容的查看、检索、简繁转换、导出、打印等功能，内容相当精确。使用之前读者须先下载并安装客户端软件。苏州方志数据库书目清单具体如表3-4所示。

表3-4 苏州方志数据库书目清单表

序号	名 称	卷 数	页数
府县志			
苏州市区			
1	（唐朝）吴地记	一卷	42
2	（元丰）吴郡图经续记	三卷	131
3	（绍定）吴郡志	五十卷	1427
4	（明朝）续吴郡志	二卷	247
5	（正德）姑苏志	六十卷	3730
6	（嘉靖）吴邑志	十六卷	476
7	（崇祯）吴县志	五十四卷	4167
8	（康熙）吴县志	六十卷 首一卷	3271
9	（乾隆）苏州府志	八十卷 首一卷	5946
10	（乾隆）吴县志	一百十二卷 首一卷	4209
11	（乾隆）长洲县志	三十四卷 首一卷	1988
12	（乾隆）元和县志	三十二卷 首一卷	1689
13	（嘉庆）吴门补乘	十卷 首一卷	1129
14	（道光）吴门表隐	二十四卷	862
15	（道光）苏州府志	一百五十卷	10476
16	（同治）苏州府志	一百五十卷 首三卷	13853
17	（民国）吴县志	八十卷	6777
18	（民国）宋平江城坊考	五卷 首一卷 附录一卷	379
19	（民国）吴郡地理志要	不分卷	26
20	（民国）吴疆域图说	三卷	278
21	（民国）苏州府纂修识略	六卷	189

（续表）

序号	名　称	卷　数	页数
常熟			
22	（宝祐）重修琴川志	十五卷 图一卷	396
23	（至正）琴川志	十五卷	668
24	（嘉靖）常熟县志	十三卷	1395
25	（万历）常熟县私志	二十八卷	3270
26	（万历）皇明常熟文献志	十八卷	1188
27	（崇祯）常熟县志	十五卷	1877
28	（明朝）海虞别乘	十卷	786
29	（康熙）重修常熟县志	二十六卷 末一卷	2638
30	（康熙）新刊常熟县志	八卷	1505
31	（雍正）昭文县志	十卷 首一卷	624
32	（乾隆）常昭合志	十二卷 首一卷	2668
33	（道光）琴川三志补记	十卷 续八卷	439
34	（清朝）琴川志注草	十二卷 补录一卷 续志草十卷	590
35	（道光）虞乡志略	十二卷	907
36	（光绪）常昭合志稿	四十八卷 首一卷 末一卷	3364
昆山			
37	（淳祐）玉峰志	三卷 续志一卷	229
38	（至正）昆山郡志	六卷	139
39	（嘉靖）昆山县志	十六卷	903
40	（康熙）昆山县志	二十五卷	1727
41	（光绪）昆新两县续修合志	五十二卷 首一卷 末一卷	3774
42	（民国）昆新两县续补合志	二十四卷 首一卷	1265
太仓			
43	（弘治）太仓州志	十卷	362
44	（乾隆）太仓卫志	五卷	127
45	（嘉庆）直隶太仓州志	六十五卷	3886
46	（咸丰）壬癸志稿	二十八卷	881
47	（宣统）太仓州志	二十八卷 首一卷 末一卷	2146
48	（民国）镇洋县志	十一卷 末一卷 附录一卷	697
49	（民国）乙亥志稿	四卷	124

（续表）

序号	名 称	卷 数	页数
		吴 江	
50	（弘治）吴江志	二十二卷	955
51	（嘉靖）吴江县志	二十八卷 首一卷	1341
52	（康熙）吴江县志	四十六卷 首一卷	1328
53	（康熙）吴江县志续编	十卷	441
54	（乾隆）吴江县志	五十八卷 首一卷	1682
55	（乾隆）震泽县志	三十八卷 首一卷	1384
56	（光绪）吴江县续志	四十卷 首一卷	1035
57	（光绪）吴江县续志抄本	二卷	305
58	（民国）吴江县乡土志	一卷	31
59	（民国）震泽县志续	不分卷	126
60	（民国）垂虹识小录	六卷 附三卷	560
		乡镇志	
		苏州市区	
61	（明朝）横溪录	八卷 附一卷	497
62	（乾隆）吴郡甫里志	二十四卷 首一卷	728
63	（光绪）甫里志	不分卷	307
64	（道光）浒墅关志	十八卷	748
65	（民国）齐溪小志	不分卷	71
66	（民国）乡志类稿	不分卷	185
67	（民国）相城小志	六卷	349
68	（民国）香山小志	不分卷	169
69	（民国）光福志	十二卷 首一卷	367
70	（民国）横金志	二十卷	597
71	（民国）黄埭志	四卷	323
72	（民国）木渎小志	六卷 首一卷 附一卷	333
		常 熟	
73	（乾隆）支溪小志	六卷	512
74	（道光）里睦小志	二卷	337
75	（民国）里睦小志艺文志补	一卷	122
76	（道光）唐市志	三卷	267

（续表）

序号	名 称	卷 数	页数
77	（光绪）唐市补志	三卷	71
78	（清朝）唐市志补遗	不分卷	32
79	（清朝）钓渚小志	不分卷	50
80	（清朝）梅李文献小志	不分卷	147
81	（清朝）梅李文献小志稿	不分卷	99
82	（清朝）梅李文献三志稿	不分卷	32
83	（清朝）四镇略迹	不分卷	19
84	（民国）双浜小志	三卷	741
昆 山			
85	（雍正）陈墓镇志	十六卷 首一卷	461
86	（嘉庆）贞丰拟乘	二卷	262
87	（光绪）周庄镇志	六卷 首一卷	612
88	（光绪）信义志	六卷	301
89	（宣统）信义志稿	二十一卷 首一卷 末一卷	549
90	（清朝）菉溪志	四卷	54
91	（民国）巴溪志	十一卷	116
太 仓			
92	（乾隆）沙头里志	十卷	344
93	（道光）直塘里志	六卷	164
94	（同治）茜泾记略	一卷	165
95	（道光）璜泾志稿	八卷	340
96	（民国）璜泾志略	不分卷	298
97	（民国）鹤市志略	四卷	82
吴 江			
98	（顺治）庉村志	一卷	36
99	（嘉庆）黎里志	十六卷 首一卷	750
100	（光绪）黎里续志	十六卷 首一卷	888
101	（乾隆）盛湖志二卷	二卷	275
102	（乾隆）盛湖志十四卷	十四卷 首一卷	739
103	（光绪）盛湖志补	四卷	238
104	（道光）黄溪志	十二卷	312

（续表）

序号	名　称	卷　数	页数
105	（道光）震泽镇志	十四卷 首一卷 末一卷	691
106	（崇祯）湖隐外史	不分卷	144
107	（道光）分湖小识	六卷	312
108	（道光）平望志	十八卷 首一卷	849
109	（光绪）平望续志	十二卷 首一卷	346
110	（嘉庆）同里志	二十四卷 首一卷	364
111	（民国）同里乡土志	不分卷	12
112	（民国）儒林六都志	二卷	298
		张家港	
113	（光绪）杨舍堡城志稿	十四卷 首一卷	296
114	（民国）金村小志	三卷	94
115	（民国）新庄乡小志	六卷	27
		人物志	
116	苏州长元吴三邑科第谱	四卷	434
117	姑苏名贤小记	二卷	118
118	姑苏名贤续记（一）	一卷	28
119	姑苏名贤续记（二）	一卷	150
120	姑苏名贤后记	一卷	54
121	东吴名贤记	二卷	146
122	吴郡二科志	一卷	33
123	吴中人物志	十三卷	568
124	续吴先贤赞	十五卷	443
125	吴郡甫里人物考	十一卷	562
126	太仓州儒学志	四卷	278
127	昆山人物志	十卷	209
128	皇明昆山人物传	十一卷	810
		园林名胜志	
129	苏州名胜图咏	四卷	583
130	苏亭小志	四卷	117
131	沧浪小志	二卷	116
132	沧浪亭志	七卷	289

（续表）

序号	名　称	卷　数	页数
133	沧浪亭新志	八卷	130
134	狮子林纪胜集	四卷	129
135	狮子林纪胜续集	三卷 首一卷	125
136	拙政园志	不分卷	201
137	桃坞百绝	一卷	47
138	五亩园小志	不分卷	225
139	竹坨小志	五卷	222
140	文星阁小志	二卷	65
141	元妙观志	十二卷 首一卷	230
142	寒山寺志	三卷	215
143	寒山寺汉铜佛像题咏汇编	四卷	126
144	寒山子诗集	不分卷	101
145	邓尉山圣恩禅寺志	十八卷 首一卷	421
146	苏州府报恩塔寺志	不分卷	157
147	虞山三峰清凉禅寺志	二卷	134
148	常熟县破山兴福寺志	四卷	102
149	凤凰山永庆寺志	二卷	76
150	虎丘山志	十卷 首一卷	305
151	虎阜志	十卷 首一卷	1348
152	虎丘缀英志略	二卷 首一卷	220
153	穹窿山志	六卷	547
154	吴郡西山访古记	五卷 附一卷	194
155	玉山名胜集	九卷	661
156	穿山小识	二卷附一卷	126
157	震泽编	八卷	376
158	具区志	十六卷	806
159	太湖备考	十六卷 首一卷 末一卷	1065
160	太湖备考续编	四卷	516
其他			
161	中吴纪闻	六卷	216
162	吴门百艳图	五卷	156

（续表）

序号	名　称	卷　数	页数
163	吴门消夏记	三卷	127
164	吴门画舫续录	六卷 首一卷	102
165	吴门园墅文献	四卷	685
166	吴门坊巷待輶吟	五卷	626
167	吴中水利全书	二十八卷	4320
168	吴中水利通志	十七卷	481
169	东吴水利考	十卷	1158
170	吴江水考	五卷 首一卷	595
171	常熟水论	一卷	48
172	三吴水利条议	不分卷	45
173	白茆河水利考略	不分卷	51
174	新刘河志	正集一卷 附集一卷 治水要法一卷 娄江志二卷	766
175	百城烟水	九卷	810
176	采风类记	十卷	1848
177	吴风录	不分卷	12
178	吴社编	不分卷	24
179	苏谈	不分卷	13
180	松窗快笔	不分卷	136
181	红阑逸乘	四卷	64
182	烬余录	二卷	129
183	姑苏杨柳枝词	二卷	112
184	姑苏杂咏合刻	四卷	293
185	姑苏竹枝词	不分卷	92
186	斜塘竹枝词	不分卷	48
187	昆山杂咏	二十八卷	599
188	海虞文征	三十卷	3135
189	松陵文献	十五卷	564
190	娄东诗派	二十八卷	1936
191	虞书	不分卷	78
192	后虞书	不分卷	24
193	虞乡杂记	不分卷	92

（续表）

序号	名　称	卷　数	页数
194	七十二峰足征集	八十八卷	4105
195	七十二峰足征文集	十五卷	683
196	苏省舆地图说	不分卷	160
197	苏州府学明伦堂匾额志	不分卷	272
198	苏州织造局志	十二卷	220
199	吴郡岁华纪丽	十二卷 首一卷 末一卷	897
200	清嘉录	十二卷	477
201	桐桥倚棹录	十二卷	363
202	适园丛稿	九卷	472
203	林屋民风	十二卷	753
204	长元节孝祠志	九卷 首一卷	648
205	涧上草堂纪略	不分卷	80
206	希冯公坟图	不分卷	34
207	乐圃图考	不分卷	77
208	常熟书院志	十五卷	1656
209	吴都法乘	三十卷	3765

五、检索古籍图书信息的其他主要工具

（一）中国基本古籍库

中国基本古籍库分为 4 个子库、20 个大类和 100 个细目，共收录上自先秦下迄民国的历代名著和各学科基本文献 1 万种，每种均提供 1 个通行版本的数码全文和 1～2 个珍贵版本的原版影像。古籍库总计收书约 17 万卷，版本 12500 多个，全文 17 亿字，影像 1200 万页。读者使用时须先下载客户端进行安装。

（二）高校古文献资源库

高校古文献资源库是一个汇集高校古文献资源的数字图书馆，为中国高等教育文献保障系统（CALIS）三期建设的子项目之一。该资源库由北京大学牵头，联合国内 23 家高等院校图书馆合力建设。资源库中的古文献类型目前为各馆所藏古籍和舆图，今后还要增加金石拓片等古文献类型。资源库内容不仅包括各参建馆所藏古文献资源的书目记录，而且还配有相应的书影或图像式电子图书。资源库还试验进行个别参建馆的文献传递服务，并由 CALIS 向用户提供费用补贴。

“学苑汲古”是该资源库的发布和服务平台，检索界面如图 3－7 所示。该系统平台具有对古文献的简单检索、高级检索、二次检索、索引、浏览等功能。此外，主页上方还设

置了用户反馈、成员概览、建库实录、学海导航等栏目，用户可根据各自的需要浏览使用。

图 3-7　高校古文献资源库检索界面图

1. 检索

各馆各类型文献的简单检索界面被默认为主页。检索栏首行默认“古籍”“舆图”两种文献类型，如果只检索一种文献类型，可以只勾选所需文献类型。如要进行高级检索，点选“高级检索”，即转换为各馆的高级检索界面。该系统规定使用繁体字或汉语拼音进行检索，汉语拼音检索仅限于题名、责任者、主题词三种检索途径。

2. 简单检索

简单检索有一个选择检索点的下拉菜单和一个选择检索形式的下拉菜单，其右方是一个文本输入框，用户将检索词输入到文本框中，点击右方的“检索”按钮即可进行相关的检索。古籍库的简单检索设置了题名、责任者、主题词、典藏号、出版地、出版者、全面检索等7个检索途径。用户可以选择检索点下拉菜单中所列的某一检索点如“责任者”“主题词”等进行检索，也可选择“全面检索”，对资源库所有古文献书目记录全文进行检索，系统默认“题名”检索。用户可以选择检索形式下拉菜单中所列的某一检索形式如“包含”“前方一致”“精确匹配”进行检索，系统默认“包含”检索形式。

3. 高级检索

高级检索有多个选择检索点的下拉菜单和检索词输入框，可输入多个检索词，实现多个检索字段的组配检索，也可只输入一个检索词进行检索。多个检索词默认的逻辑关系为And，表示检索必须同时满足多个检索条件。点击相应下拉菜单，可以根据需要改变为Or，表示检索只要满足其中一个检索条件即可。古籍库的高级检索，其检索途径为题名、责任者、主题词、典藏号、出版地、出版者、出版年份、版本类别、装订方式、语种、责任者时代、责任者国别。使用下拉菜单的限定条件检索，如用户想自由输入检索词，可选择下拉菜单中的“其他”，则其右方会弹出一个输入框，用户在其中输入检索词进行检索即可。限定条件也可单独进行检索。

4. 检索结果显示

在主页或高级检索页面进行检索，首先显示古文献检索的简要结果。古籍简要结果显示页面分页显示所有检中记录的信息，每条记录包括题名、主要责任者、出版信息、版本类别、数量、典藏号、书影或电子图书图标等。点击题名，可查看该记录的详细信息。

5. 检索结果收藏及下载

如果是CALIS成员馆用户，选择检中记录前面的多选框，然后点击“收藏”按钮，系统自动将选中的记录放到“我的收藏”中；如果想要收藏当前页全部检中记录，则点击页面下方的“全选”，然后点击“收藏”按钮，系统则自动将当前页全部检中记录放到“我的收藏”中。打开“我的收藏”，选择文献类型，可浏览已收藏的全部书目记录。先选择下载文件的格式及记录的详简，然后点击“下载”，可下载保存被选中的记录。

6. 二次检索

执行一次检索之后，在简要结果显示界面下方有一个检索条件输入框，允许在检中的结果中进行二次检索。各类型文献的二次检索，其检索点与该文献类型的高级检索相同。

7. 索引

点击页面上方功能栏中的“索引”，即进入各类型文献的索引界面。索引提供题名和责任者两个途径，系统默认题名索引。在索引界面的文本框中输入检索词，点击“索引”，即可在其下方显示索引结果。如果有相关的内容，即显示在索引结果的左上角第一条。索引结果为超链接。点击索引结果，即可显示所有相关书目记录的简单结果。

8. 浏览

点击页面上方功能栏中的“浏览”，即进入浏览界面。古籍浏览目前设有三种：版本类别、出版年份、出版地点。点击浏览节点前的“+”号，其下位类目展开；直接点击浏览类目，可以浏览该类目项所有相关书目数据的简要显示结果，并可进一步查看详细显示结果。

9. 文献传递

CALIS成员馆用户如想获得古文献图像或全文，请先点击相关记录的详细显示界面下方的“文献传递相关说明及规定”按钮，仔细阅读有关规定；然后点击其左边的“文献传递请求”按钮，即会转到CALIS文献传递系统；选择用户所在院校，进行统一认证登录（即用本校身份的用户和密码登录），填写订单并提交，即完成一次文献传递请求。

（三）中国文化中心数字图书馆图书经典文库

中国自20世纪80年代开始在海外设立文化中心，进入21世纪后，特别是近10多年来发展较快，截至2018年，已在非洲、欧洲、亚洲、北美洲和大洋洲建成坦桑尼亚、毛里求斯、贝宁、开罗、巴黎、马耳他、首尔、柏林、东京、乌兰巴托、曼谷、莫斯科、马德里、墨西哥、尼日利亚、哥本哈根、斯里兰卡、老挝、悉尼、新加坡、巴基斯坦、尼泊尔、土耳其、布鲁塞尔、新西兰、斐济、斯德哥尔摩、金边、雅典、海牙、明斯克、特拉维夫、索非亚、仰光、河内等共35个中国文化中心。文化中心内设图书馆（http://library.cccweb.org/），向驻在国公众介绍中国的历史、文化、发展和当代社会生活。其中的图书经典文库（图3-8），包括“文学”（图3-9）、“群经”（图3-10）、“诸子”（图3-11）、“历史”（图3-12）等类目图书，免费提供全球读者阅读。

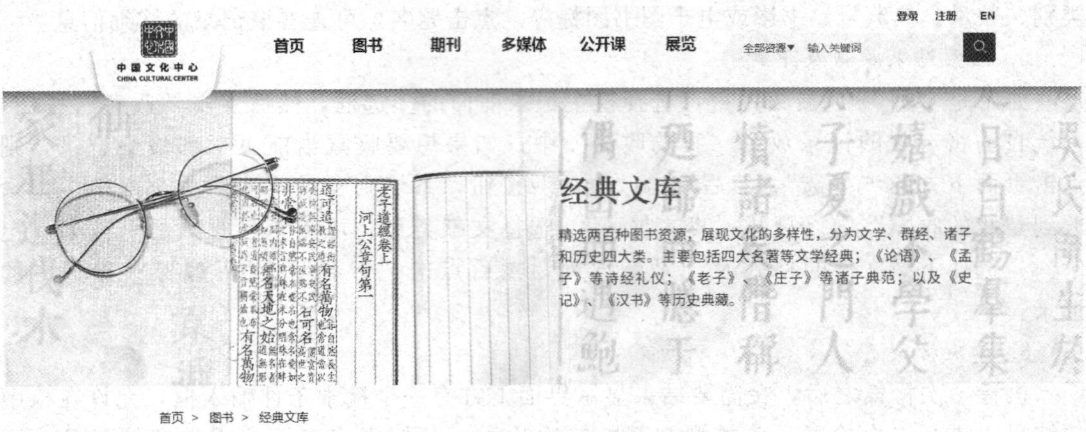

图 3－8　中国文化中心数字图书馆图书经典文库

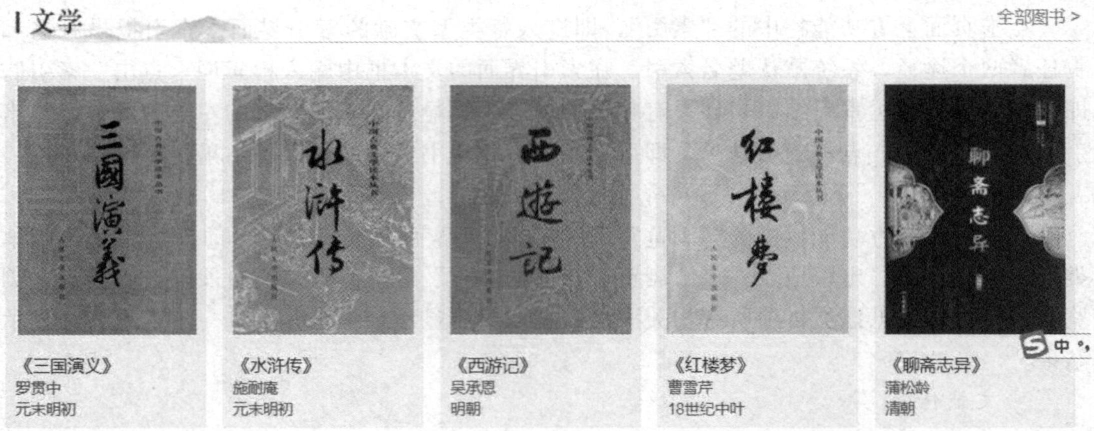

图 3－9　中国文化中心数字图书馆图书经典文库的“文学”

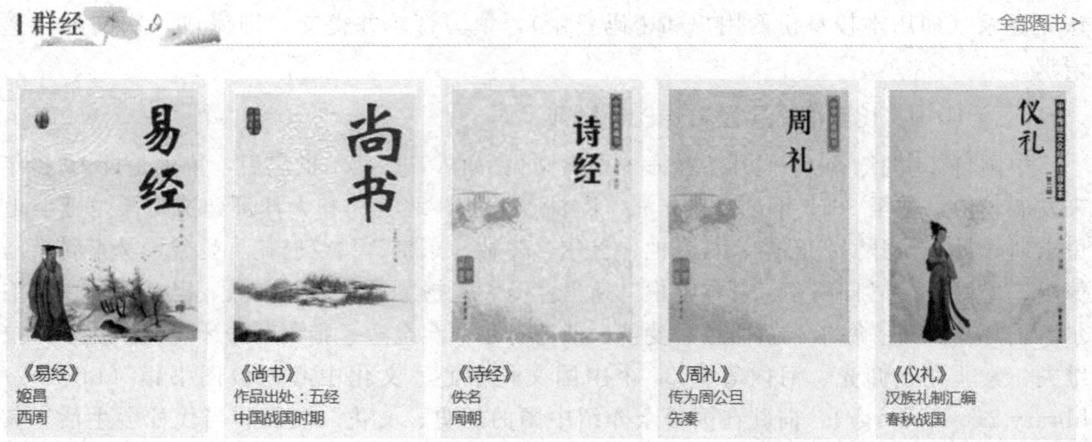

图 3－10　中国文化中心数字图书馆图书经典文库的“群经”

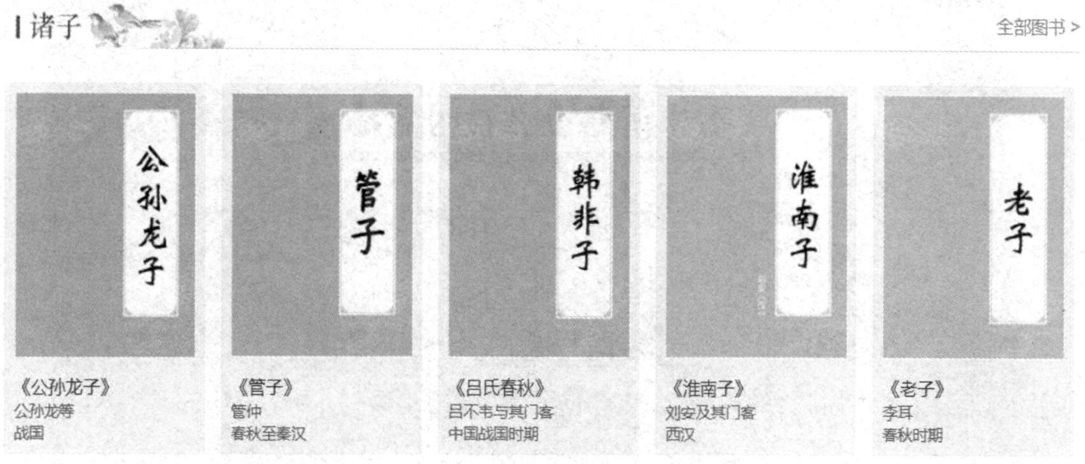

图 3-11　中国文化中心数字图书馆图书经典文库的“诸子”

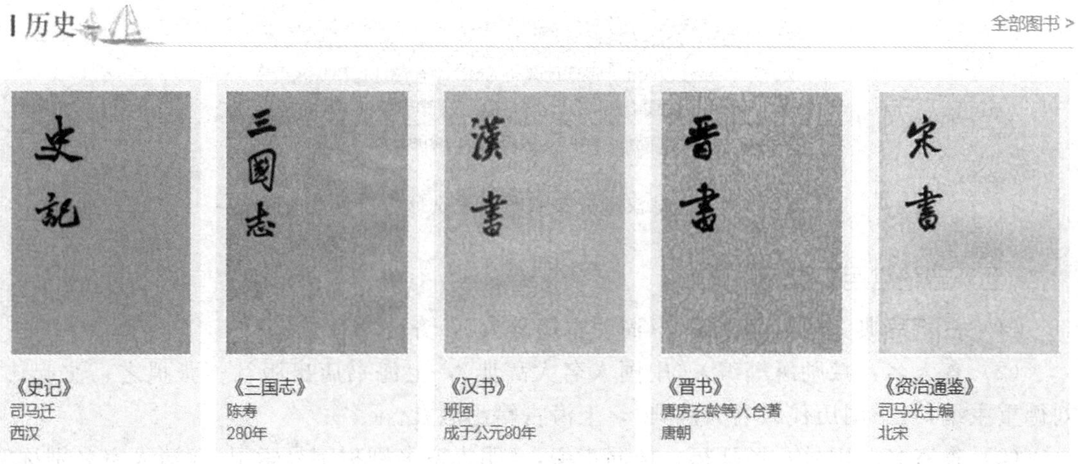

图 3-12　中国文化中心数字图书馆图书经典文库的“历史”

（四）全球汉籍分布 GIS 系统

全球汉籍分布 GIS 系统（https：//www. kuizhangge. cn/gis/）是“中国古典文献资源导航系统”的子系统，由安徽大学文学院唐宸开发。系统的主要功能有：全球汉籍馆藏分布 GIS 可视化呈现；馆藏地点的 GPS 定位（精确至建筑物，地图可缩放）；馆藏单位官方网站、古籍检索、数据库等资源的链接（目前已收录全球 500 余家馆藏单位）。全球汉籍分布 GIS 系统首页如图 3-13 所示，其中的全球古籍收藏地区页面如图 3-14 所示。因中国大陆的古籍馆藏单位较多，故暂时仅著录 180 家“全国重点古籍保护单位”。读者使用该系统永久免费。

图 3-13　全球汉籍分布 GIS 系统首页图

图 3-14　全球汉籍分布 GIS 系统全球古籍收藏地区

（五）古籍常用工具书

（1）古籍辞典：胡道静主编，《简明古籍辞典》，齐鲁书社。

（2）查人名：臧励龢等编，《中国人名大辞典》，上海书店出版社；张撝之、沈起炜、刘德重主编，《中国历代人名大辞典》，上海古籍出版社。

（3）查室名、别号：杨廷福、杨同甫编，《明人室名别称字号索引》《清人室名别称字号索引（增补本）》，上海古籍出版社；陈玉堂编著，《中国近现代人物名号大辞典》，浙江古籍出版社。

（4）查职官：张政烺主编，《中国古代职官大辞典》，河南人民出版社；张政烺、吕宗力编，《中国历代官制大辞典》，商务印书馆；龚延明，《中国历代职官别名大辞典》，上海辞书出版社。

（5）查地名：臧励龢等编，《中国古今地名大辞典》，上海书店出版社；史为乐、邓自欣、朱玲玲主编，《中国历史地名大词典》，中国社会科学出版社。

（6）查年代：万国鼎编，《中国历史纪年表》，中华书局；方诗铭、方小芬编著，《中国史历日和中西历日对照表》，上海辞书出版社；陈垣著，《中西回史历日》，中华书局。

（7）查藏书印：林申清编著，《中国藏书家印鉴》《明清藏书家印鉴》，上海书店出版社。

第三节 近代以来图书信息的检索

近代以来的图书，无论是形式还是内容都发生了很大变化，相应地，图书信息的查找也发生了变化，一般可以通过书目（检索系统）、数字图书馆和网络平台等途径进行检索。

一、利用书目（检索系统）检索图书信息

书目又称目录，是对图书、期刊或其他单独出版物特征的揭示和报道。它是历史上出现最早的一种检索工具类型。书目以单位出版物为著录对象，一般只记录外部特征，如题名、著者、出版事项、载体形态等。书目主要用于检索出版物的名称、著者及其出版、收藏单位。因此，书目的主要作用有：（1）提供涉及某一主题的相关文献，有足够的信息和完整的检索途径；（2）提供有关文献客观情况的核实鉴别，如著者姓名、作品全名、出版地点、出版者、版本、页数和价格等项内容。

（一）传统的书目检索工具

书目按所录的文献类型、学科范围、时间范围、区域及服务对象的不同而划分为不同的种类。例如，按文献类型可分为图书目录、报刊目录、书目之书目，还有丛书目录和其他出版物目录；按文献所涉及的学科范围可分为综合性书目、专科书目和专题书目；按文献的时间范围可分为回溯性书目、在版书目、出版记录和新书预报；按收录的区域可分为国家书目、联合目录和地方文献书目。

著名的目录型检索工具有检索图书的《全国新书目》《全国总书目》《中国国家书目》等；检索期刊的有《全国报刊简明目录》《中国报刊大全》《中文科技期刊简介》《中国科技期刊联合目录》和《全国西文期刊联合目录》等；检索标准的有《国家标准目录》《中华人民共和国国家标准》《ISO 标准目录》等。

1.《民国时期总书目》

《民国时期总书目》为回溯性国家书目，北京图书馆编，书目文献出版社 1986—1997 年陆续出版。它以北京图书馆、上海图书馆、重庆图书馆的馆藏为基础编撰而成，收录了 1911 年至 1949 年 9 月我国出版的中文图书 12.4 万余种，基本反映了民国时期出版的图书全貌。全书按《中文普通图书统一著录条例》著录，按《中国图书馆分类法》分类编排，同类图书多数按出版年月排列，多卷本或同一著者著作尽量排在一起，少数以著者或书名拼音字顺排列。所收图书大部分都撰写有内容提要。所有图书都注有收藏馆代号。各分册附书名音序索引和笔画检索表。

《民国时期总书目》按学科分成 20 卷出版。各卷所收图书总数是：《哲学 心理学》，收书 3450 种；《宗教》，收书 4617 种；《社会科学总类》，收书 3526 种；《政治》，收书 14697 种；《法律》，收书 4368 种；《军事》，收书 5563 种；《经济》，收书 16034 种；《文化科学》，收书 1585 种；《艺术》，收书 2825 种；《教育 体育》，收书 10269 种；《中小学教材》，收书 4055 种；《语言文字》，收书 3861 种；《中国文学》，收书 16619 种；《世界文学》，收书 4404 种；《历史地理》，收书 11029 种；《自然科学》，收书 3865 种；《医药卫

生》，收书 3863 种；《农业科学》，收书 2455 种；《工业技术 交通运输》，收书 3480 种；《综合性图书》，收书 3479 种。

2.《新华书目报》

《新华书目报》创办于 1963 年，系国家新闻出版署主管、新华书店总店主办的中央级专业图书出版信息类报纸，含《社科新书目》《科技新书目》《读者新书目》三大子报，报道中央一级和各地出版社的各类图书、多媒体制品等最新出版信息。收录图书品种丰富，介绍详细，以新书为主，每月预告初重版图书信息逾 5000 种，年近 5 万种，是信息量大、价格低廉且为全国各新华书店、图书馆、出版社、机关团体资料室及社会各界读者广泛使用并富有市场成效的报纸。该报同时也为广大的海外中文书店、图书馆中文部及其他中文读者使用。

《新华书目报·社科新书目》，4 开 48 版，旬报，每月 8 日、18 日、28 日出版，通过邮局公开发行，主要以社科、文学、财经、少儿、文教、综合类图书为报道对象。《新华书目报·科技新书目》，4 开 32 版，旬报，每月 5 日、15 日、25 日出版，通过邮局公开发行，主要以自然科学、基础科学、工程技术、医药、各级标准、生活科学等类图书为报道对象。《新华书目报·读者新书目》，周报，是面向海内外社会个人读者的图书信息服务类报纸，分设新华、社科、文学、科技、财经、医药卫生、教育、少儿和读者俱乐部专版。2000 年以来，《新华书目报》在原有工具报的基础上，结合细分市场，逐步衍生出《图书馆专刊》《新华书店协会专刊》《教材导刊》三份特色专版报道。自 2010 年 1 月 1 日起改为周报。

3.《全国新书目》

《全国新书目》是由国家新闻出版署信息中心主办的一份书目检索类期刊，该刊创刊于 1951 年 8 月，每月出版一期，全面介绍当月的新书出版信息，设有“书业观察”“特别推荐”“新书评介”“书评文摘”“畅销书摘”“精品书廊”和“新书书目”等栏目。其中“新书书目”使用了国际标准图书分类法，读者可以简便、快捷地检索到所需内容。全刊信息多而重点突出，内容杂却条理清晰。

《全国新书目》是在国内出版物呈缴本的基础上编制的定期书目刊物，主要收录我国各出版单位正式出版发行的各类图书，旨在及时报道我国出版事业发展的现状和动态，提供最新的图书出版信息，是了解新中国成立以来我国出版物唯一详尽、可靠的资料性杂志，《全国总书目》为它的年编本。

4.《全国总书目》

《全国总书目》由出版界老前辈胡愈之先生亲自倡议编纂，根据全国所有出版单位向中国版本图书馆缴送的、公开发行的出版物样本编辑，集全国出版物之大成，是图书馆、出版发行、科研等部门及广大图书爱好者必备的资料工具书。从新中国成立以来，依据图书的出版时间分年度编纂，每年一本，由中华书局出版。

《全国总书目》由分类目录、专门目录和附录三部分组成。其中专门目录，包括“少数民族文字图书目录”“盲文书籍目录”“外国文字图书目录”“翻译出版外国图书目录”；附录部分包括每一年度的报纸杂志目录、出版者一览表和书名索引。

中华人民共和国成立初期，《全国总书目》由新华书店总店编刊室负责编纂，主要收录新华书店发行和经销的图书，同时选录部分私营书店图书，出版了1949—1954年和1955年两部。从1956年起，《全国总书目》的编辑工作由中国版本图书馆承担。“文革”期间，《全国总书目》出版一度中断，后来将1966—1969年合编为一本，加之1971年本，分别于1987、1988年出版。

《全国总书目》原来为大32开本，内部发行；1977年起改为公开发行；1982年起改为16开本，并增写了图书内容提要；1985年起改为编辑部自办发行。我国出版的内部发行图书一律由《全国总书目》编辑部另行编录。1988年出版了《1949—1986全国内部发行图书总目》，此书也应算《全国总书目》系列。20世纪80年代以后，《全国总书目》的编辑更加趋于科学化、标准化、规范化，严格按照《中国图书馆分类法》的分类体系进行分类和编排，依据国家标准进行著录，并建立了《全国总书目》资料数据库，为广大读者提供更加便利的查找条件。20世纪90年代起，由于出版物增多，《全国总书目》篇幅加大，每年以上下两册形式出版。

5.《中国国家书目》

《中国国家书目》是全面、系统地揭示与报道中国出版物的大型书目，由北京图书馆《中国国家书目》编委会主编、《中国国家书目》编辑组编辑。1985年起，先以手工方式编印年累积本。自1990年9月开始，以计算机为手段编制每月两期的速报本，可向国内外提供卡片、书本、磁盘、磁带、光盘等多种形式的书目工具。

该书目收录范围按照“领土-语言”原则，收录普通图书（包括重印古籍）、连续出版物、地图、乐谱、博士论文、技术标准、非书资料、书目索引、少数民族文字图书、盲文读物，以及中国出版的外国语文文献，年报道量3万多种。款目依据中国文献著录国家标准、《中国图书馆分类法》和《汉语主题词表》进行著录和标引。著录项目包括文献题名、著者名称、版本项、发行项、载体形态项、丛书项、附注项、内容提要、国际标准书号、分类号、主题词等全部详细项目，款目按《中国图书馆分类法》分类顺序排列。该书目还有题名、著者、主题等三种索引，均依汉语拼音顺序排列。

《中国国家书目》收录较全、著录标准、检索途径完备，为国内外文献资源共享创造了有利条件，对推动中国书目事业的发展起到了积极作用。

（二）利用OPAC检索图书信息

OPAC，全称Online Public Access Catalogue，称作“联机公共目录查询系统”。20世纪90年代中期以来，依托于计算机和网络环境的图书馆书目检索系统在我国发展迅速。到目前为止，国内有一定规模的各种类型的图书馆大都开辟了独立的站点，其馆藏文献信息资源线索通过联机书目检索系统可以在线获得，联机书目检索系统的检索功能大大优于图书馆传统的卡片目录。一般来说，多字段或多条件组配检索、模糊检索、检索范围或条件的限定、再次检索等功能，在联机书目检索系统中都可以实现。

利用OPAC可以进行单个图书馆的图书信息检索，也可以进行多个馆的检索。单个馆的图书信息检索可以直接登录该馆的OPAC进行，如苏州大学图书馆书目检索系统（图3-15），主要为了便于读者检索本馆收藏的图书目录，可进行中文图书、西文图书或所有期刊的检索；检索字段，读者可以选择题名、责任者、主题词等进行检索（图3-16）。

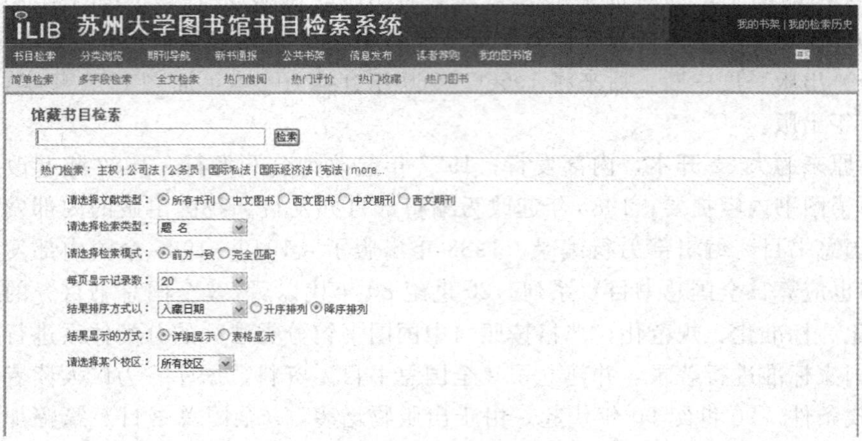

图 3-15　OPAC 检索界面图

图 3-16　OPAC 检索字段

多个馆的图书信息检索系统主要有以下几个：

1. 中国高等教育文献保障系统

中国高等教育文献保障系统（China Academic Library & Information System, CALIS)，是经国务院批准的我国高等教育“211 工程”建设“九五”“十五”总体规划中三个公共服务体系之一。CALIS 的宗旨是在教育部的领导下，把国家的投资、现代图书馆理念、先进的技术手段、高校丰富的文献资源和人力资源整合起来，建设以中国高等教育数字图书馆为核心的教育文献联合保障体系，实现信息资源共建、共知、共享，以发挥最大的社会效益和经济效益，为中国的高等教育服务。

CALIS 管理中心设在北京大学，下设了文理、工程、农学、医学 4 个全国文献信息服务中心，华东北、华东南、华中、华南、西北、西南、东北 7 个地区文献信息服务中心和 1 个东北地区国防文献信息服务中心。其中文理、工程 2 个全国中心分别设在北京大学和清华大学，农学和医学 2 个全国中心分别设在中国农业大学和北京大学医学部。在南京大学、上海交通大学、武汉大学、中山大学、西安交通大学、四川大学、吉林大学建设了 7 个地区文献信息中心，在哈尔滨工业大学建设了东北地区国防文献信息中心。另外，CALIS 在未设全国中心和地区中心的省市建立了 15 个省级文献信息中心，把地方建设纳入 CALIS 体系，通过少量投资，大大加强了 CALIS 服务的整体性和面向全国的辐射作用。迄今为止，参加 CALIS 项目建设和获取 CALIS 服务的成员馆已超过 500 家。

读者可以通过 CALIS 联合目录公共检索系统进入 CALIS 检索界面（图 3-17)。CALIS 联合目录公共检索系统的默认检索为简单检索，检索数据范围包括中、西、日文所有数据，提供题名、责任者、主题、分类号、所有标准号码、ISBN 和 ISSN 检索等。读者也可以通过高级检索界面（图 3-18）进行逻辑组配检索，同时可对内容特征、出版时间、图书类型（中文、西文、俄文、日文）等进行限定。

例如，检索题名中含有“鲁迅”，内容特征为“字典词典”，检索结果如图 3-19 所示；单击每一条记录可以看到该书目的具体信息，如图 3-20 所示。检索结果显示有文本

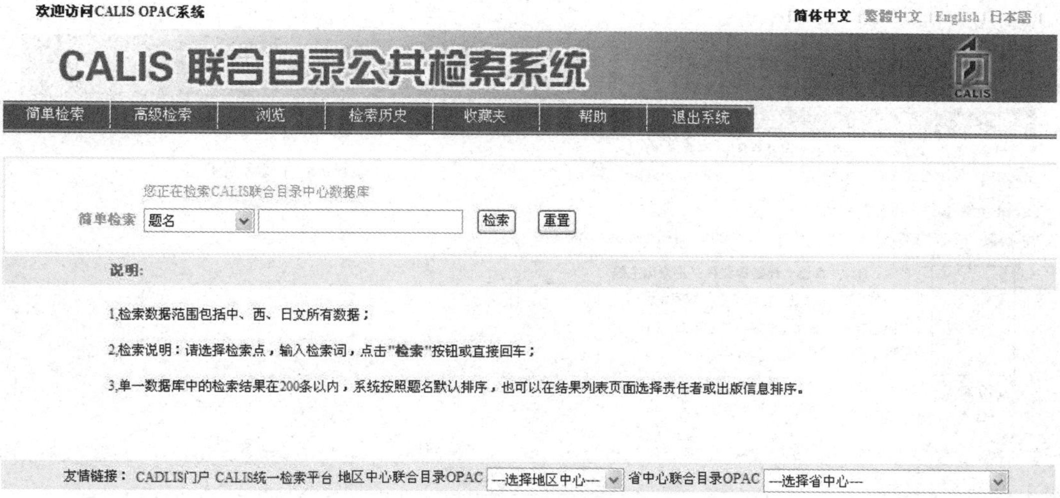

图 3－17　CALIS 检索界面图

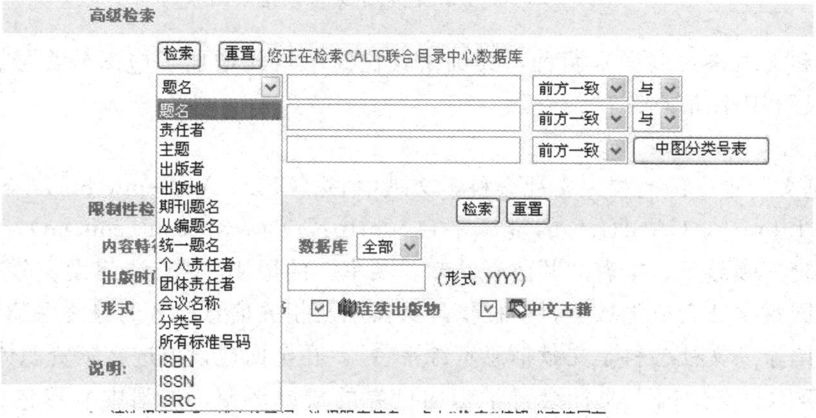

图 3－18　CALIS 高级检索界面图

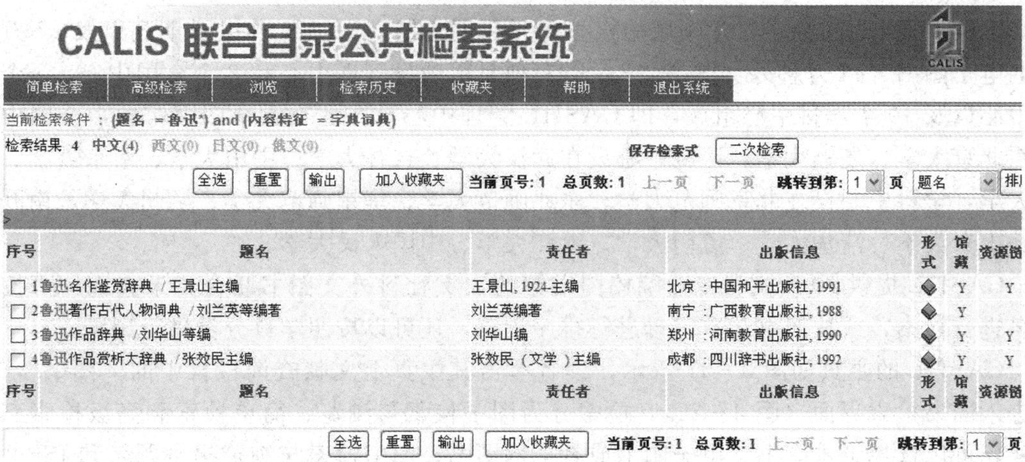

图 3－19　CALIS 检索结果图

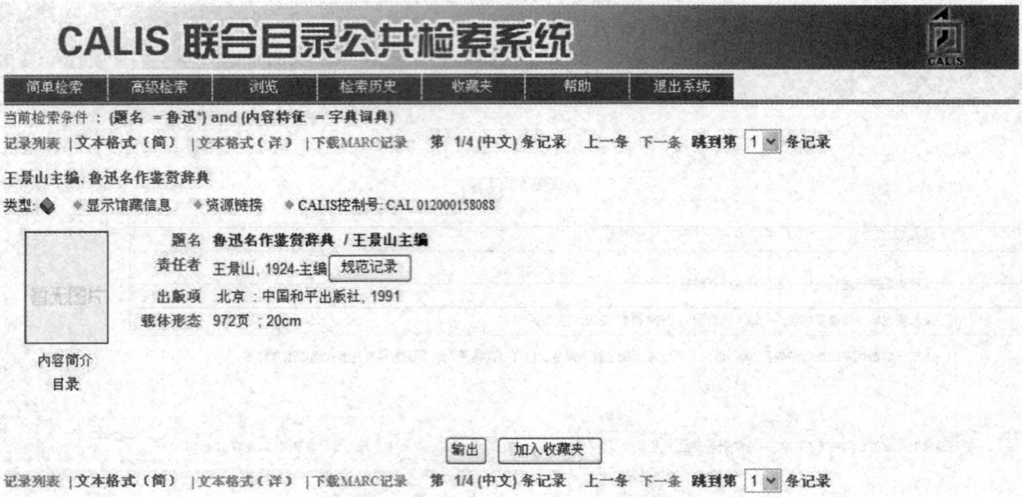

图 3－20　CALIS 检索结果单条记录图

格式（简）和文本格式（详）两种，详细格式比简单格式增加了中图分类号、科图分类号、主题信息和附注信息等。

2. 开世览文

“开世览文”是中国高校人文社会科学文献中心（China Academic Social Sciences and Humanities Library，CASHL）的资源平台（http：//www. cashl. edu. cn）。CASHL 是在教育部的统一领导下，本着“共建、共知、共享”的原则、“整体建设、分布服务”的方针，为我国哲学社会科学教学科研提供外文文献及相关信息服务的最终保障平台，其建设目标是“国家人文社会科学文献信息资源平台”。在全面建设引进文献资源体系的同时，CASHL 还努力打造中国人文社会科学走向世界的成果平台，加强中文特色文献资源建设，积极参与中国特色哲学社会科学话语体系的建设。

CASHL 于 2004 年 3 月 15 日正式启动并开始提供服务，截至 2017 年，已收藏有 11100 多种国外人文社会科学领域的核心期刊和重要期刊、1370 种电子期刊以及 27 万种早期电子图书、44 万种外文图书。CASHL 项目由项目管理中心和 2 个全国中心、5 个区域中心以及 10 个学科中心组成，即 CASHL 管理中心设在北京大学图书馆内，全国中心设在北京大学、复旦大学，区域中心设在武汉大学、吉林大学、中山大学、南京大学、四川大学，学科中心设在北京师范大学、东北师范大学、华东师范大学、兰州大学、南开大学、山东大学、清华大学、厦门大学、浙江大学、中国人民大学。

CASHL 提供 70 所文科专业院校图书馆的人文社科外文图书联合目录查询，可按照书名进行检索，或按照书名首字母进行排序浏览，还可以按照学科分类进行浏览。

CASHL 的主页如图 3－21 所示，读者单击其主页上文献查询栏目中的“图书”，即可进入图书检索界面（图 3－22），检索分为图书检索与浏览、简单检索和高级检索三种方式，可以选择纸本图书、电子图书或者全部图书。图书检索与浏览提供题名和 ISBN 两种检索策略，简单检索和高级检索提供题名、著者、主题、ISBN 和出版机构检索。

图 3-21　开世览文首页图

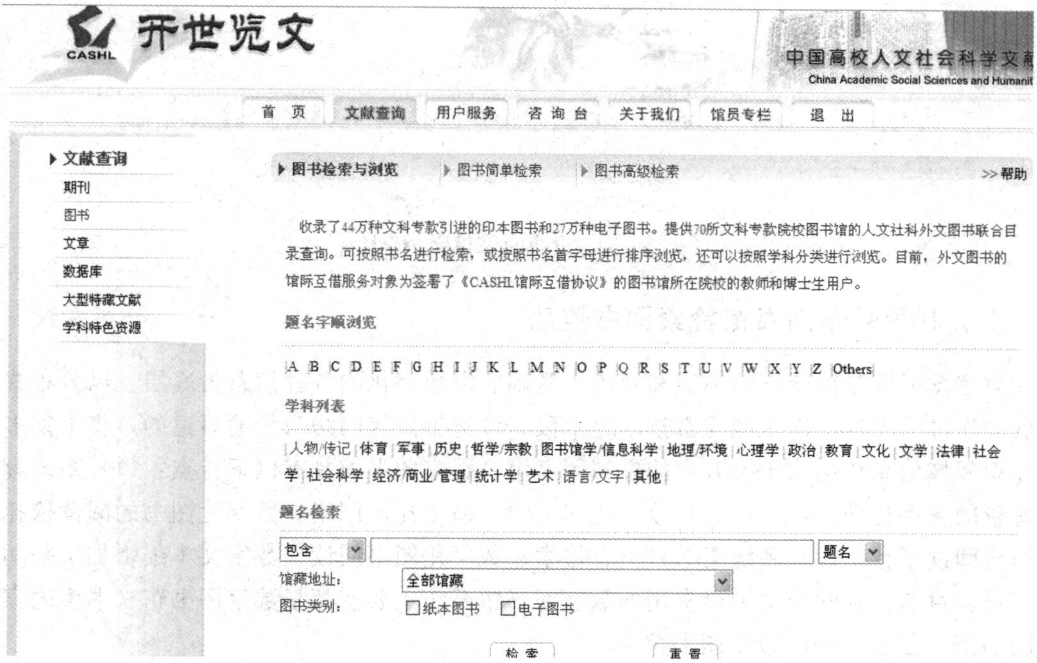

图 3-22　开世览文图书检索界面图

高级检索中的检索匹配中的“前方一致”，是指所检索的关键词在检索字段的开头出现，如图3-23。

单击检索结果中检索到的图书，可以进入该图书的详细信息，如图 3-24，除对该图书进行说明外，读者还可以看到该书的收藏馆，部分章节也可以浏览。

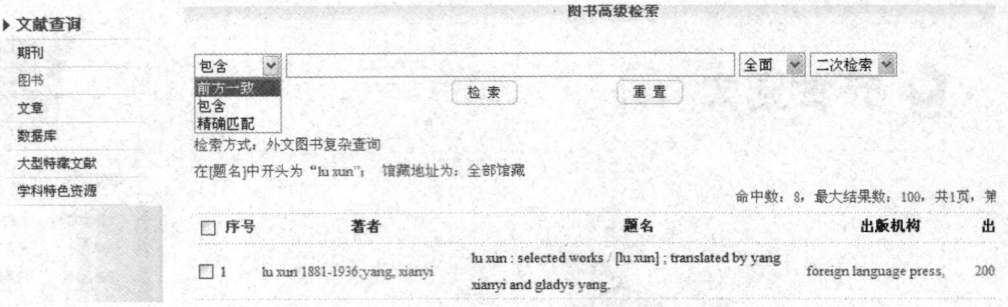

图 3－23　开世览文检索方式图

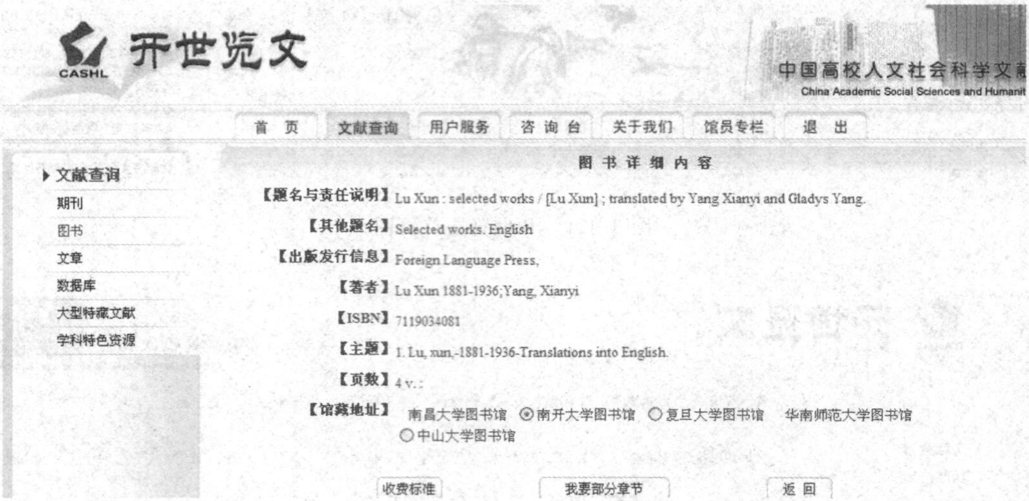

图 3－24　开世览文检索结果图

二、利用数字图书馆检索图书信息

数字图书馆是以统一的标准和规范为基础、以数字化的各种信息为底层、以分布式海量资源库群为支撑、以职能检索技术为手段、以宽带高速网络为传输渠道的，将丰富多彩的知识领域信息传递到千家万户的虚拟图书馆。数字图书馆具有以下特点：(1) 系统容纳了海量的数字化图书产品；(2) 数字化图书的传播依托于网络，数字化图书的阅读依托于计算机阅读平台；(3) 系统集书目信息检索、数字化图书阅读、数字文本编辑加工等功能于一身。目前，检索中文图书常用的数字图书馆系统主要有超星数字图书馆、书生之家数字图书馆、方正 Apabi 数字图书馆等。

（一）超星数字图书馆

超星数字图书馆（http：//book. chaoxing. com/）开通于 1999 年，是目前世界上最大的中文在线数字图书馆，可以向互联网用户提供数十万种中文电子图书免费和收费的阅读、下载、打印等服务，其收录年限自 1977 年开始，并且每天仍在不断地增加与更新。读者可以通过登录超星读书主页，也可以通过登录所在学校的镜像站进入超星数字图书馆；使用前需下载超星阅览器 SSreader（如图 3－25），安装完成后再下载超星注册插件

（支持会员登录、注册、充值），按照提示完成注册，即可点击图书的分类超链接进入电子图书的浏览页面。

图 3－25 超星阅读器 PC 版图

超星读书主页上方的标签栏有每日新书、客户端下载、充值星币等栏目。检索字段可采用全部字段、书名和作者。例如，以“鲁迅”为关键词，在超星数字图书馆中按作者名检索，检索结果如图 3－26 所示。

图 3－26 超星数字图书馆检索结果图

（二）书生之家数字图书馆

书生之家数字图书馆由北京书生数字技术有限公司于 2000 年创办，所收图书以 1999 年以后出版的为主，图书内容涉及社会科学、人文科学、自然科学和工程技术等所有类别，较侧重教材教参与考试类、文学艺术类、经济金融与工商管理类图书。其电子图书提供书（篇）目、提要、全文 3 个层次的资源内容，设有书内 4 级目录导航（篇、章、节、小节），具备全文检索功能。

书生之家数字图书馆的使用步骤：第一，读者必须先下载并安装书生阅读器；第二，在主页左栏的图书分类中打开所需的子类，在图书列表中进行检索并单击“全文”，即可显示所需要的图书；第三，阅读（或借阅）图书。

具体到检索功能，读者应在“图书检索”项输入相应检索条件，即可进行查询。书生之家数字图书馆系统提供图书名称、出版机构、关键词、作者、ISBN号、全文检索等多种检索方式。例如，以“鲁迅”为关键词在“书名”字段中检索，检索结果如图3-27所示。高级检索分为一站式检索和全文检索，检索到的图书数量比较：全文检索＞分类检索＞一站式检索。

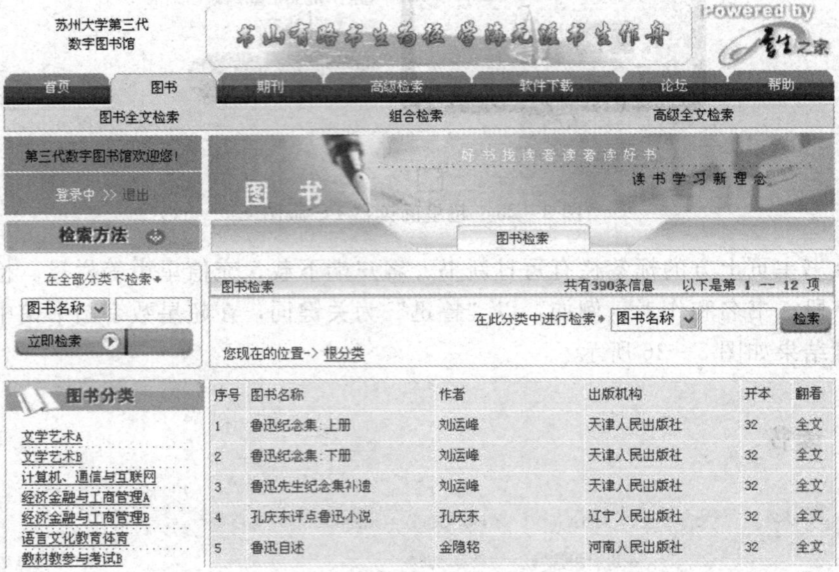

图3-27　书生之家检索结果图

点击选中的图书可进入该图书页面，如图3-28。点击全文可浏览部分章节内容。

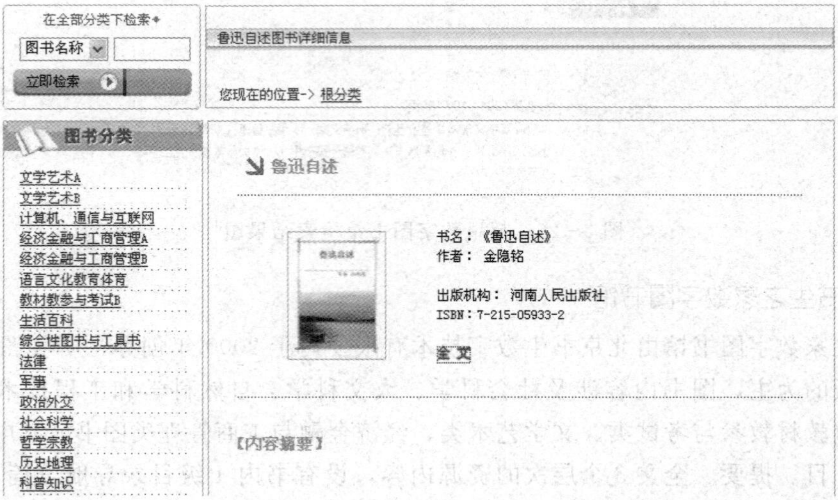

图3-28　书生之家检索出的单本图书信息页面图

此外，书生公司还面向公众推出了电子图书门户网站——书生读吧。读者可以直接单击所在图书馆主页上的“书生之家电子图书”按钮链接到书生之家电子图书馆，或登录http：//www.du8.com或http：//www.shusheng.cn进入书生之家读吧。

（三）方正 Apabi 电子图书

方正 Apabi 电子图书资源库是方正 Apabi 数字内容资源的核心部分，其中 2006 年后出版的新书占到 70%，涵盖了社科、人文、经管、文学、科技等分类，已经形成最大的文本电子图书资源库。方正 Apabi 高校教参全文数据库是方正于 2003 年 5 月与 CALIS 管理中心开始全面合作，针对高校数字内容需求，整理、搜集和解决数字版权的专业的经典教材、高校指定教参的专业数据库，教参数据库覆盖“文、理、工、医、农、林、管”等重点学科，着重发展计算机、经济管理、财政金融、外语、通信、能源、生物等热门、新兴前沿学科。

订阅了 Apabi 资源的大学图书馆可以直接单击图书馆主页相关按钮登陆，如图 3-29 所示。

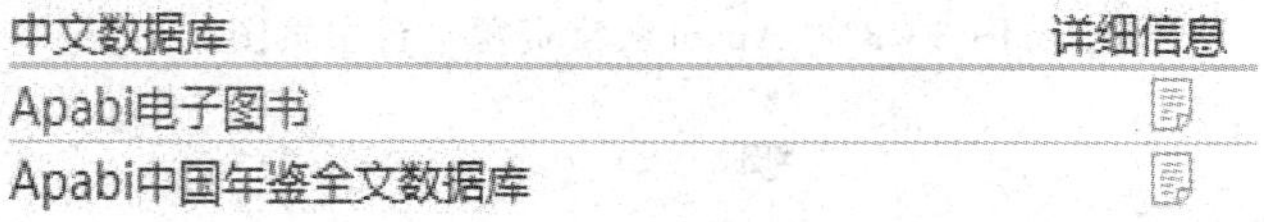

图 3-29　Apabi 电子图书入口图

使用 Apabi 数字资源平台必须先下载和安装 Apabi Reader 浏览器。Apabi 电子图书的借阅过程如图 3-30 所示。

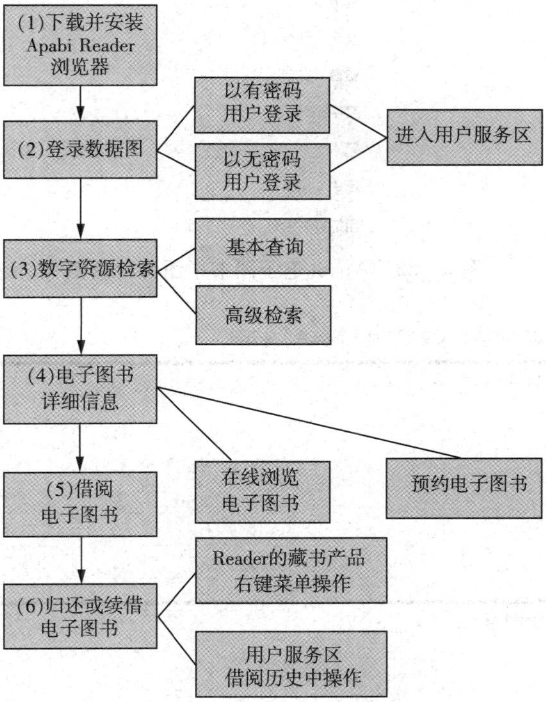

图 3-30　Apabi 电子图书借阅过程图

Apabi 数字资源平台主页如图 3-31。可以按中图法检索，如图 3-32；也可以进行快速查询和高级检索，高级检索如图 3-33。

图 3-31　Apabi 数字资源平台主页图

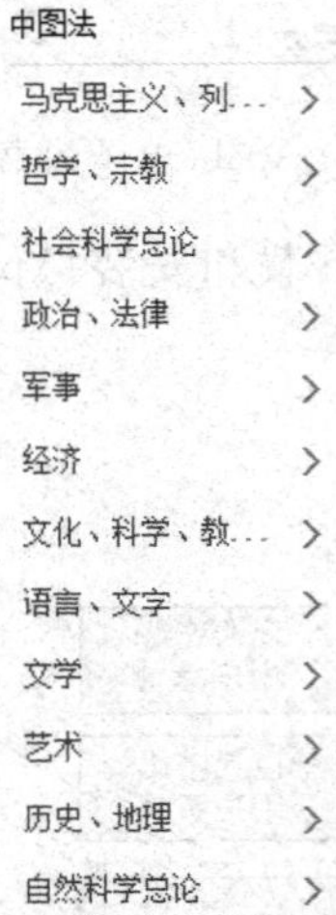

图 3-32　Apabi 电子图书中图法检索图

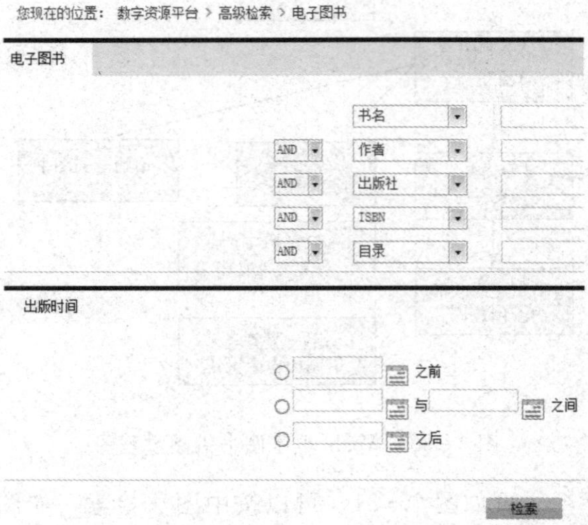

图 3-33　Apabi 电子图书高级检索图

三、利用网络平台检索图书信息

（一）利用搜索引擎检索图书信息

大多数读者都会经常利用搜索引擎来检索图书信息，下面以 Google 图书搜索为例进行说明。2004 年 7 月，Google 公司启动了 Google Print 项目，2005 年正式更名为 Google Book Search（Google 图书搜索）。Google 图书搜索并不是简单的图书检索，它通过对自己的产品进行整合或者跟其他网站合作，不仅可以对图书进行全文搜索，以摘要模式、部分预览模式和全文预览模式展示给读者，还可以查看出版商信息及所在图书馆，可以在网上书店在线购买图书，甚至还可以在地图上查找附近的实体书店。为确保对图书整个内容不产生版权威胁，读者不可以打印、保存和复制。

Google 图书搜索项目扫描的书籍主要有两个来源：一是“图书合作商计划”，即与出版社、作家合作，将得到授权的图书和公共领域的图书的全部或者部分进行扫描，目前，全球已有上万家出版社加入这一合作项目；二是“图书馆计划”，作为此计划的一部分，Google 图书搜索收集了若干图书馆的藏书，并且按照与卡片目录类似的方式，向用户显示图书的相关信息，在某些情况下还可以显示几段摘录。如果图书已不受版权保护，Google 将显示整本图书。

Google 的用户可以访问三种类型的图书：版权期内仍在出版的图书，如清华大学出版社、中国少年儿童出版社、高等教育出版社和中信出版社等合作商的书籍，Google 会提供这类图书的预览与购买链接；版权期内不再版的图书，这类图书只能在图书馆和旧书店找到，出版商和作者可以选择为这些书提供预览与购买链接；过了版权保护、属于公共领域的书，根据我国《著作权法》的规定，作者死亡 50 年后，其作品即可归到公有领域，如 Google 会提供国学网络古籍电子数据的全文阅览。

Google 图书搜索主页如图 3－34 所示。

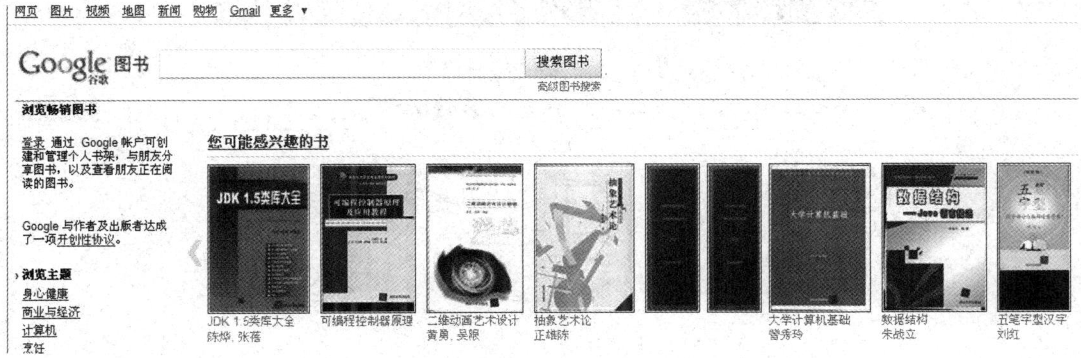

图 3－34　Google 图书搜索主页图

Google 图书搜索提供基本检索和高级检索两种方式，图 3－35 为高级检索界面。

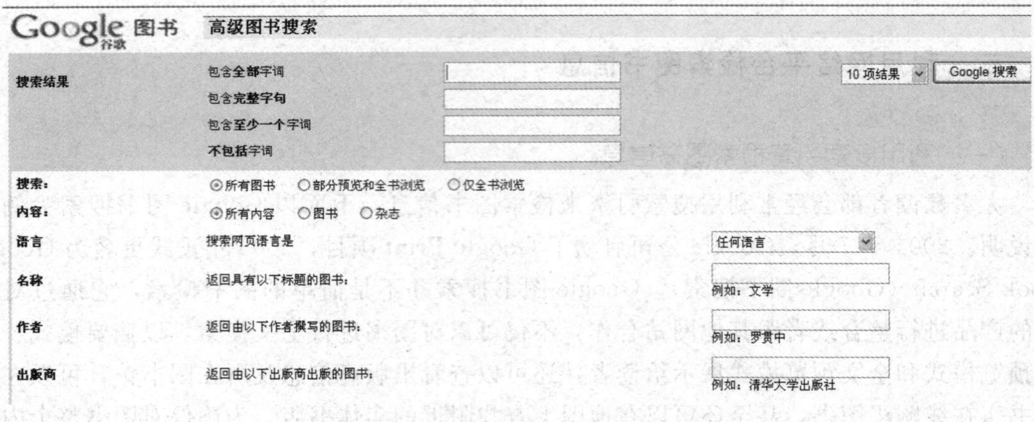

图 3－35　Google 高级图书检索界面图

（二）利用网上书店搜索图书信息

网上书店是检索图书信息的重要来源，在国内比较著名的网上书店有当当网和京东商城。

1. 当当网网上书店

当当网于 1999 年 11 月开通，是目前全球最大的中文网上图书音像商城，图书品种涵盖中国在销图书的 90%。当当网首页如图 3－36 所示。当当网图书搜索提供快速和高级检索两种搜索，可以直接在检索框中输入检索词进行快速检索，高级检索则可以通过书名、著译者、出版社、ISBN 等组配检索，如图 3－37 所示。

图 3－36　当当网首页图

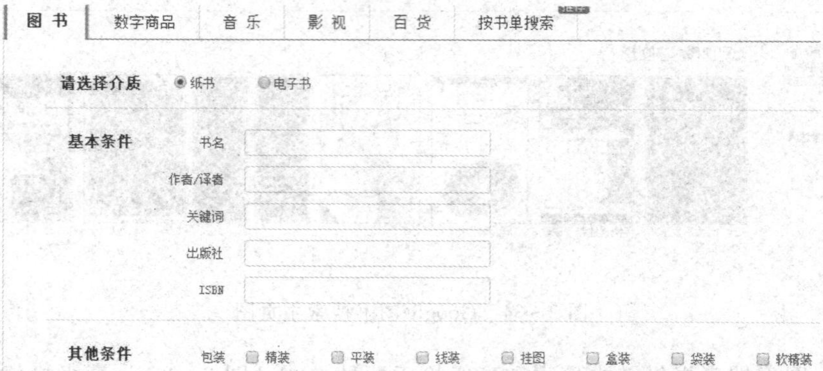

图 3－37　当当网高级检索图

2. 京东商城网上书店

京东商城网上书店首页如图 3－38 所示。京东商城网上书店图书检索包括快速检索（系统默认）和高级检索，高级检索如图 3－39 所示。

图 3－38　京东商城网上书店首页图

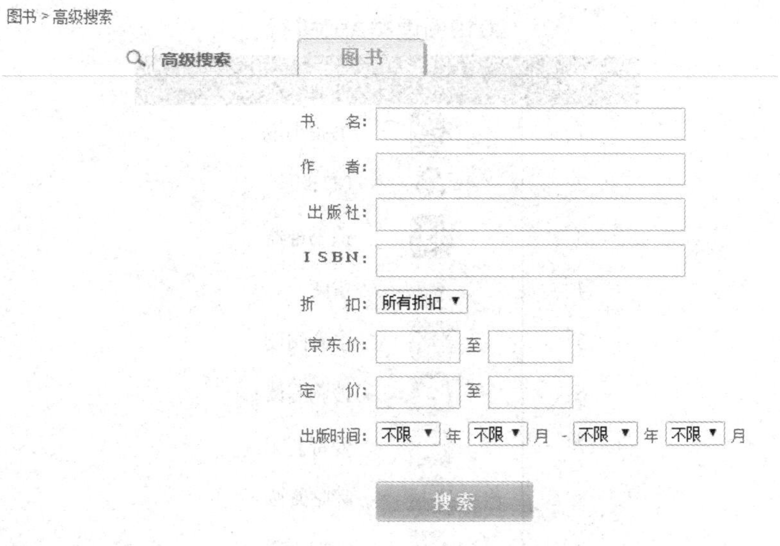

图 3－39　京东商城网上书店高级检索图

（三）利用图书网络分享网站检索图书信息

豆瓣网是一家 Web 2.0 网站，内容包括豆瓣社区、豆瓣读书、豆瓣电影、豆瓣音乐和豆瓣电台等栏目，查询图书信息，读者可以直接访问豆瓣读书（http：//book.douban.com）进行检索（图 3－40）。检索字段可以限定在书名、作者和 ISBN，也可以按标签分类进行检索，图书信息中有网友评价、内容简介和作者简介等。豆瓣网图书信息更新及时，是查找最新图书信息很好的网站。

图 3-40　豆瓣读书首页图

(四) 利用移动客户端（App）检索图书信息

随着移动互联网和移动客户端的迅速发展，读者更倾向于利用智能终端设备阅读图书。根据《互联网周刊》最新的调查统计，2019 年度阅读类 App 排行如图 3-41 所示。

2019阅读类App排行

排名	名称
1	书旗小说
2	QQ 阅读
3	追书神器
4	掌阅
5	多看阅读
6	搜狗阅读
7	爱奇艺阅读
8	咪咕阅读
9	宜搜小说
10	微信读书

2019《互联网周刊》& eNet研究院选择排行

图 3-41　2019 年度阅读类 App 排行图

第四章　中文期刊论文信息检索

期刊自诞生以来发展迅速，已成为人们日常生活中获取信息的重要工具。期刊与其他信息检索工具相比，具有连续、及时、新颖、广泛的特点。记载、传播和积累专业信息是专业期刊的基本职能，随着信息技术的迅猛发展，数据库逐渐成为期刊论文信息的重要组织形式，本章主要就目前广泛利用的学术期刊论文全文数据库进行介绍。

第一节　期刊基础知识

一、期刊概述

（一）期刊的含义

期刊又称杂志，是指有固定名称，用卷、期或者年、季、月顺序编号，按照一定周期出版的成册连续出版物。

“期刊”主要是从英文 Magazine、Periodical、Journal 三个词翻译过来的，它们都属于广义的连续出版物（Serials）。其中 Periodical 的含义比较广，通常包括报纸（Newspaper）与杂志；Magazine 一词来源于阿拉伯文 Makhazin，原义为仓库。而“杂志”一词是从日文引进的外来语，在我国比“期刊”一词出现的要早些。

期刊发行分公开发行和内部发行，它的内容一般是围绕某一主题、某一学科或某一研究对象，由多位作者的多篇文章编辑而成。

（二）期刊的类型

期刊种类繁多，据国家新闻出版署 2019 年 8 月发布的《2018 年全国新闻出版业基本情况》显示，2018 年全国共出版期刊 10139 种，其中哲学、社会科学类期刊 2678 种，文化、教育类期刊 1399 种，文学、艺术类期刊 663 种，自然科学、技术类期刊 5037 种，综合类期刊 362 种。2018 年共出版少年儿童期刊 207 种，画刊（不含面向少年儿童的画刊）55 种，动漫期刊 34 种。依不同的区分方法，期刊可以区分成多种类型。

按内容分，可将期刊分为综合性期刊与专业性期刊两大类。

按学科分，可将期刊分为社科期刊、科技期刊、普及期刊三大类。而社科期刊中，又可分为新闻类、文艺类、理论类、评论类等；科技期刊可分为理科类、工科类、天地生化类等；普及期刊可分为知识类、娱乐类、科普类等。对于新闻类、理科类等期刊，又可一步步地分下去。

按时间分，可将期刊分为周刊、半月刊、月刊、双月刊、季刊、半年刊、年刊等。

按读者对象分，可将期刊分为儿童期刊、青年期刊、少年期刊、妇女期刊、老人期刊、工人期刊、农民期刊、干部期刊、知识分子期刊、军人期刊等。

按文种分，可将期刊分为中文期刊、英文期刊、日文期刊、俄文期刊等，以及蒙古、藏、维吾尔、哈萨克、朝鲜等我国少数民族文字期刊。

按发行范围分，可分为内部发行、国内公开发行、国内外公开发行期刊等。

按发行方式分，可分为邮发期刊和非邮发期刊。

按期刊的性质分，则可分为学术性期刊、技术性期刊、普及性期刊、教育性期刊、情报性期刊、启蒙性期刊、娱乐性期刊，等等。

（三）期刊的构成

期刊主要由外表结构和内容结构构成。期刊的外表结构，是指期刊编排的版式构造，一般包括封面页、封二、题名页、目次页、正文、年度累计索引、封三、封底、版权页、刊背等。期刊的内容结构，是指版式结构以外的各个组成部分，主要包括题名、责任者、版本、刊期、出版序列、刊号等。下面主要对刊号进行介绍。

刊号是指期刊的代号，主要包括国际标准刊号和中国标准刊号两种。国际标准刊号是国际标准连续出版物编号（International Standard Serial Number，ISSN）的简称，是根据国际标准 ISO 3297 制定的连续出版物国际标准编码，其目的是使世界上每一种不同题名、不同版本的连续出版物都有一个国际性的唯一代码标识。国际标准期刊代码是一种类似于国际标准书号的期刊出版物代码。由于期刊出版物名称和内容的不定性，所以相对国际标准书号来说，国际标准连续出版物号只是一串单一的数字集，没有像国际标准书号包含了出版社和出版地等一系列信息。该编号是以 ISSN 为前缀，由 8 位数字组成。8 位数字分为前后两段各 4 位，中间用连接号相连，格式如下：ISSN ××××－××××，前 7 位数字为顺序号，最后一位是校验位。ISSN 由设在法国巴黎的国际连续出版物数据系统（ISDS）国际中心管理。我国于 1985 年建立了 ISSN 中国分中心（设在国家图书馆），负责中国期刊 ISSN 号的分配与管理，目前已有近 5000 种中文期刊分配了 ISSN 号并进入了国际 ISSN 数据系统。ISSN 号通常都印在期刊的封面或版权页上。

中国标准刊号由国家技术监督局批准，自 1987 年 7 月 1 日起在全国实施，它包括国际标准刊号 ISSN 和国内统一刊号 CN 两部分。CN 号由期刊登记号和分类号组成。期刊登记号是国内统一刊号的主体，它以定长的 6 位数字，即由地区代号（2 位数字）和序号（4 位数字）组成。分类号依中图法确定，其与登记号中间用“/”隔开，用以说明期刊的专业学科范畴。登记号中的地区代号是依据我国行政区划编码表（GB 2260—84）取其代码；序号定长 4 位，各地区报刊的编号范围一律是 0001～9999，共计 1 万个，其中期刊的编号范围是 1000～9999，计 9000 个。以 CN 32－1450/G4 为例：CN 为中国国别代码；32 为地区代码，如江苏为 32、北京为 11（与身份证号码的前两位一致）；1450 为序号；G4 为分类号，与中图分类号一致，如 F 是经济类、TH 是机械类、TU 是建筑类、N 是科技信息类、G 是教育类等。

二、核心期刊

“核心期刊”（Core Journals）概念产生于 20 世纪 30 年代，由英国的布拉德福提出，20 世纪 80 年代从西方传入我国。它的初始含义侧重期刊载文量，随着理论研究的深入，现在核心期刊的概念已经涵盖信息量、学术质量及期刊利用等诸多方面。

核心期刊的原义为“如果将科学杂志按其刊载某个学科主题的论文数量，以递减顺序排列起来，就可以在所有这些杂志中区分出载文率最高的‘核心’部分和包含着与核心部分同等数量论文的随后几区，这时核心区和后继各区中所含的杂志数量成 1∶a∶a2∶a3……的关系”。a 为“布拉德福常数”，a>1，a≈5，可通过具体的学科期刊统计出。例如，将某学科期刊分成三区，期刊数为 10、50（即 10＊5）、250（即 10＊25），则刚好符合这一定律。当然，现实情况不会完全符合，只能是基本符合。这就是情报学中著名的布拉德福定律，虽然带有经验性的色彩，难以准确反映不同时期文献的特点，但它仍然是我们今天研究与筛选核心期刊最重要的依据之一。

关于核心期刊的概念，有 4 种代表性的观点：(1) 某刊是否是某学科或者专业核心期刊，主要在于它是否集中刊登了该学科的文献，而成为该学科的主要文献信息源；(2) 核心期刊说到底是高质量、高水平的期刊；(3) 核心期刊指的是刊载与某一学科（或专业）有关的信息较多，且水平较高，能够反映该学科最新成果和前沿动态，受到该专业读者特别关注的那些期刊；(4) 核心期刊是指发文质量高，信息含量大，被摘率、被引率和借阅率都较高，被公认为代表着学科（或专业）当代水平和发展方向的期刊。

综上所述，核心期刊是指那些信息密度大，内容质量高，论文寿命、被引率、被索率、被摘率、借阅率也较高，能代表某学科或专业最新发展水平和趋势的期刊。这一概念比较全面地反映了核心期刊的各方面因素，但在实际判断时，很少有期刊能同时满足各方面条件，一般只能有所侧重并综合各种数据加以统计分析。

另外，实践中还常将“核心期刊”称为“来源期刊”，但严格说来，“来源期刊”与“核心期刊”是有区别的。来源期刊是编者根据所编数据库的目的、要求，从期刊学术性、编辑标准等方面衡量选出的作为统计源的期刊，与核心期刊有所不同，而且不同的来源期刊之间，其质量也有明显差别。但两者的筛选结果相近，基本上或大部分重合，特别是对刊物学术水平要求高、数量严格控制的来源期刊，基本上等同于核心期刊。因此，在理论上和实践中经常将来源期刊视同核心期刊。

总之，核心期刊作为一种源于文献工作的理论概念，影响领域非常广泛，随着科学研究的发展和期刊评价理论体系的日趋成熟，其应用范围已远远超越文献工作的范畴，近年来广泛应用于学术成果申报与鉴定、职称评审和职务晋升，以及科研部门、人事部门科研成果统计等工作中。因此，它是期刊理论研究中必不可少且影响较大的组成部分之一。

第二节　综合性期刊论文数据库的检索

一、中国学术期刊（网络版）

（一）概述

“中国学术期刊（网络版）”（国内统一连续出版物号 CN11－6037/Z）是世界上最大

的连续动态更新的中国学术期刊全文数据库，是“十一五”国家重大网络出版工程的子项目，是《国家“十一五”时期文化发展规划纲要》“知识资源数据库”出版工程的重要组成部分。数据库内容以学术、技术、政策指导、高等科普及教育类期刊为主，内容覆盖自然科学、工程技术、农业、哲学、医学、人文社会科学等各个领域。数据库产品分为10大专辑：基础科学、工程科技Ⅰ、工程科技Ⅱ、农业科技、医药卫生科技、哲学与人文科学、社会科学Ⅰ、社会科学Ⅱ、信息科技、经济与管理科学。10大专辑下分为168个专题，收录自1915年至今出版的期刊，部分期刊回溯至创刊。产品形式有WEB版（网上包库）、镜像站版、光盘版、流量计费等。出版时间包括日出版和月出版，日出版是每个工作日出版（法定节假日除外），月出版是每月10日出版。阅读和浏览该库全文需要首先下载安装CAJ全文浏览器和Adobe Reader阅读器。

（二）中国学术期刊（网络版）的检索

检索中国学术期刊（网络版）中的学术论文，用户可以通过登录CNKI主页（www. cnki. net），如图4－1所示，免费访问CNKI系列数据库的题录和文摘，但下载或查阅全文需付费。图书馆用户可通过图书馆数据库资源直接免费检索下载使用。

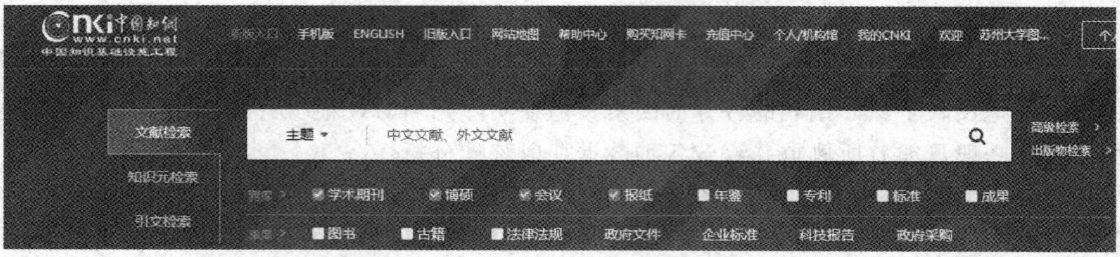

图4－1　中国学术期刊（网络版）首页图

中国学术期刊（网络版）的可检索字段主要有主题、题名（篇名）、关键词、摘要、作者、第一责任人（第一作者）、机构（单位）、中文刊名＆英文刊名（刊名）、引文（参考文献）、全文、年、期、基金、分类号（中图分类号）、ISSN、CN（统一刊号）等。检索方式主要包括期刊导航、初级检索、高级检索和专业检索几种方式。

1. 期刊导航

读者可直接浏览期刊基本信息，按期查找期刊文章。具体导航见图4－2所示。

检索步骤具体如下：

（1）登录中国期刊全文数据库检索系统时选择“期刊导航”，或进入初级检索界面（图4－3）后切换到“期刊导航”。

（2）可以选择学科导航、数据库刊源导航、主办单位导航、出版周期导航、出版地导航、发行系统导航、核心期刊导航等。

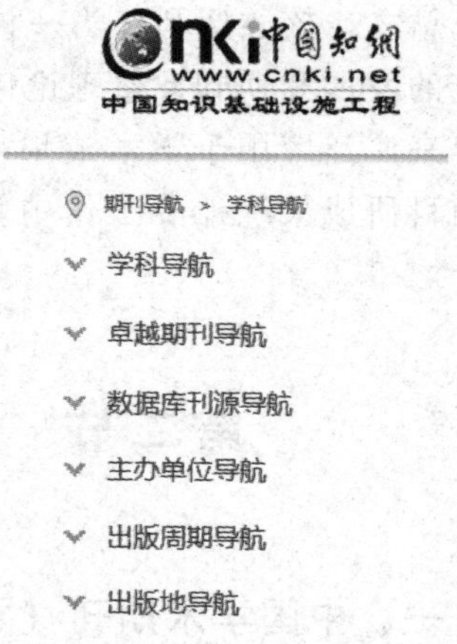

图4－2　中国学术期刊（网络版）期刊导航图

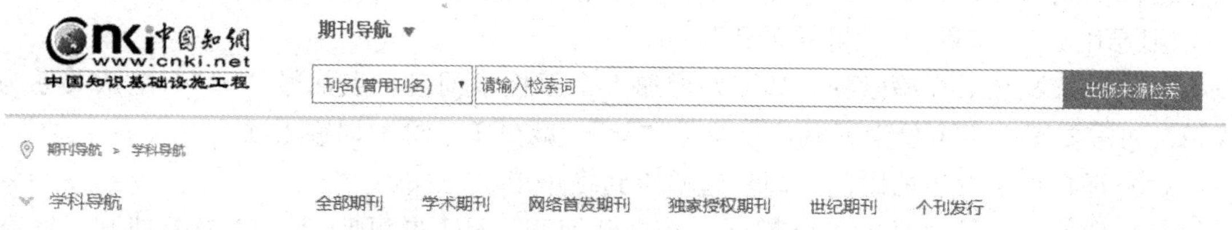

图 4-3　中国学术期刊（网络版）初级检索图

（3）在各类导航中可以针对检索项中所包括的刊名（含曾用刊名）、ISSN、CN 等进行检索。

（4）输入检索词。

（5）点击“检索”。

（6）检索出结果，可以按照以下方式显示：

① 图形方式：显示期刊书皮、刊名。

② 列表方式：显示刊名。

③ 详细方式：显示期刊书皮、中文名称、英文名称、曾用刊名。

（7）阅读期刊，直接点击刊名，新窗口中出现此刊的详细信息，收录期刊全文按照年、月进行查看，或进行简单检索。

2. 高级检索

（1）登录中国学术期刊（网络版）检索系统，系统默认为高级检索（图 4-4）。

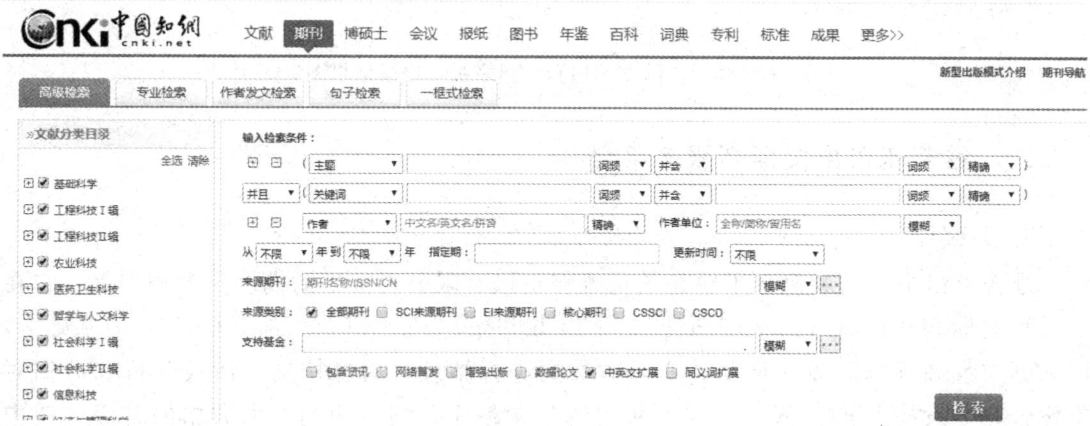

图 4-4　中国学术期刊（网络版）高级检索图

（2）选取检索项。在检索项的下拉框里选取要进行检索的字段，包括主题（默认）、篇名、关键词、作者、单位、刊名、ISSN、CN、期、基金、摘要、全文、参考文献、中图分类号、DOI（Digital Object Identifier，数字对象唯一标识）、栏目信息等。

（3）输入检索词并设定检索词之间的关系。在文本框里输入检索词。检索词为文章检索项中出现的重要词，当按相关度排列时，其出现的词频越高，数据越靠前排列。各个检索词之间的逻辑关系有 And、Or、Not。如果一个复杂的查询中既包含了 And 也包含了 Or，则要比较 And 和 Or 运算符的优先级。

系统一般默认 3 个检索词，如需要增加 1 个新检索词时，点加号“+”，默认关系为 And；如需要减少 1 个检索词时，点减号“－”，减少 1 个检索词输入项。

（4）选择论文发表的时间，即从起始年到终止年。

（5）选择论文被收录的来源期刊，有全部期刊、SCI 来源期刊、EI 来源期刊、核心期刊、CSSCI、CSCD。

（三）中国学术期刊（网络版）检索结果的处理

检索结果显示命中期刊论文的条数、序号、篇名、作者、刊名、年/期、被引、下载、阅读、收藏等，检索者可以根据显示的结果进行分组浏览和排序。检索结果如图 4－5 所示。单击论文的篇名或下载，可以打开或下载全文浏览，期刊论文有 CAJ 和 PDF 两种格式提供下载。

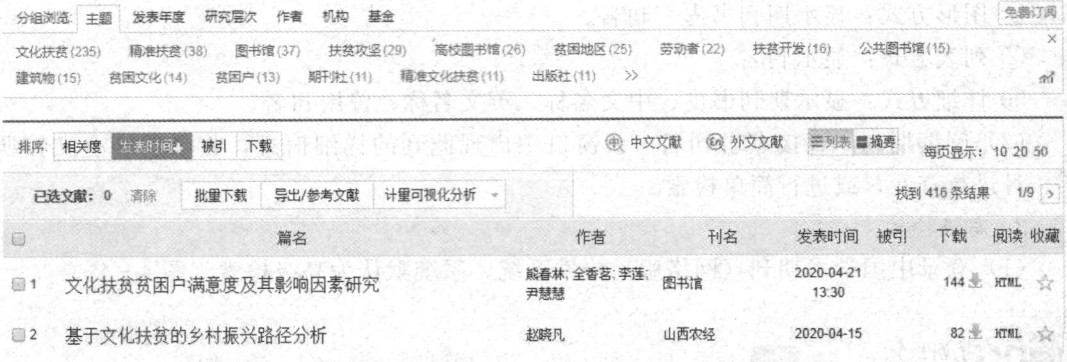

图 4－5　中国学术期刊（网络版）检索结果图

二、维普资讯中文期刊服务平台

（一）概述

维普资讯中文期刊服务平台是重庆维普资讯有限公司推出的期刊资源型产品。它在中文科技期刊数据库（Chian Science and Technology Journal Database，CSTJ）的基础上，以数据质量和资源保障为产品核心，对数据进行整理、信息挖掘、情报分析和数据对象化，充分发挥数据价值，完成了从“期刊文献库”到“期刊”大数据的升级，使中文期刊平台兼具资源保障价值和知识情报价值。

中文科技期刊数据库（CSTJ）是重庆维普资讯有限公司开发的数字期刊论文数据库，收录的期刊以 1989 年以来的为主，部分可追溯到 1955 年，中心网站每日更新。收录学科范围包括社会科学、自然科学、工程技术、农业科学、医药卫生、经济管理、教育科学和图书情报 8 个专辑（表 4－1）和 28 个专题（表 4－2），目前提供的是 PDF 文件格式的期刊论文。著录标准按照《中国图书馆分类法》、《检索期刊条目著录规则》（GB 3793—83）、《文献主题标引规则》（GB 3860—83）进行著录。

表 4-1　维普资讯“中文科技期刊数据库”专辑内容表

社会科学	马克思主义，列宁主义，毛泽东思想，邓小平理论，哲学，宗教，社会科学总论，政治，法律，军事，语言，文字，文学，艺术，历史，地理
自然科学	自然科学总论，数理科学和化学，天文学，地球科学，生物科学
工程技术	一般工业技术，矿业工程，石油，天然气工业，冶金工业，金属学与金属工艺，机械，仪表工业，武器工业，能源与动力工程，原子能技术，电工技术，无线电电子学，电信技术，自动化技术，计算机技术，化学工业，轻工业，手工业，建筑科学，水利工程，交通运输，航空，航天，环境科学，安全科学
农业科学	农业基础科学，农业工程，农学（农艺学），植物保护，农作物，园艺，林业，畜牧，动物医学，狩猎，蚕，蜂，水产，渔业
医药卫生	预防医学，卫生学，中国医学，基础医学，临床医学，内科学，外科学，妇产科学，儿科学，肿瘤学，神经病学与精神病学，皮肤病学与性病学，耳鼻咽喉科学，眼科学，口腔科学，外国民族医学，特种医学，药学
经济管理	经济学，世界各国经济概况，经济史，经济地理，经济计划与管理，农业经济，工业经济，信息产业经济，交通运输经济，旅游经济，邮电经济，贸易经济，财政，金融
教育科学	教育，体育
图书情报	文化理论，世界各国文化与文化事业，信息与知识传播，科学，科学研究

表 4-2　维普资讯“中文科技期刊数据库”专题内容表

社会科学	数理科学	化学	天文和地球科学
生物科学	一般工业技术	矿业工程	石油和天然气工业
冶金工业	金属学与金属工艺	机械和仪表工业	能源与动力工程
原子能技术	电器和电工技术	电子学和电信技术	自动化和计算机
化学工业	轻工业和手工业	建筑科学与工程	水利工程
交通运输	航空航天	环境和安全科学	农业科学
医药卫生	经济管理	教育科学	图书情报

（二）维普资讯中文期刊服务平台的检索

目前，维普资讯提供了包括期刊导航、期刊评价报告、期刊开放获取、基本检索、高级检索等浏览和检索期刊论文的方式，具体见图 4-6。

1. 期刊导航

如果初次查找专业学科学术期刊，可以用“期刊导航”浏览查找。点击维普资讯首页的“期刊导航”，显示界面如图 4-7。通过浏览，可以看到各个学科期刊的数量和具体的期刊有哪些。如果知道期刊名称，也可以直接检索，检索字段包括刊名、任意字段、ISSN、CN、主办单位、主编等。

图 4-6　维普资讯中文期刊服务平台首页图

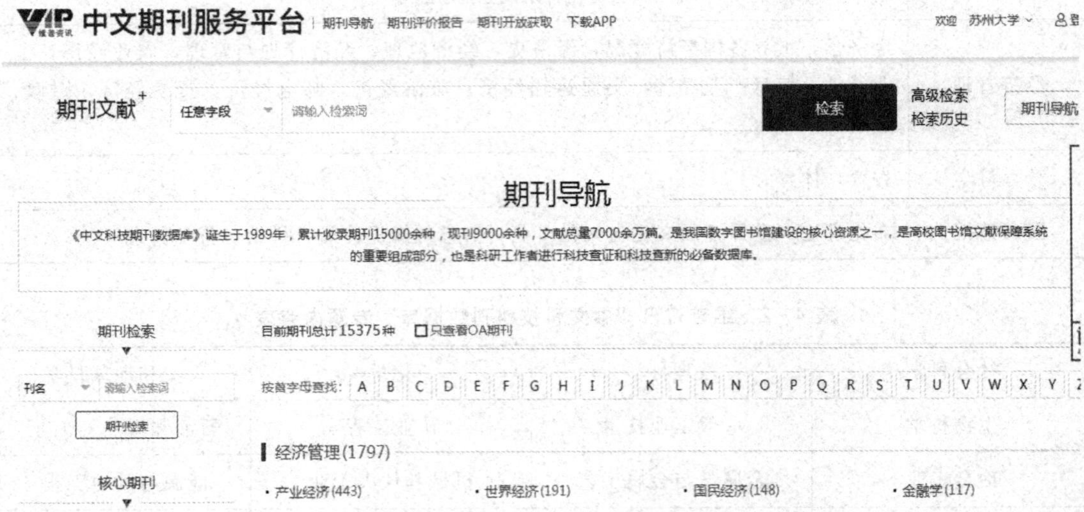

图 4-7　维普资讯中文期刊服务平台期刊导航界面图

2. 期刊评价报告

通过维普资讯的“中文科技期刊评价报告”，可以按学科查找、按地区查找、直接查找等三种方式检索中文科技期刊 2008—2018 年的评价报告，具体内容包括期刊名、ISSN、被引次数、影响因子、立即引用指数、发文量、被引半衰期、引用半衰期、期刊他引率、平均引文率等。例如，按学科查找点击“科教文化”，显示的结果如图 4-8；按地区查找点击“江苏省”，可以查到的信息如图 4-9。

3. 期刊开放获取

随着开放获取（OA）理念的普及以及实践发展，国内很多中文期刊开始提供网络全文免费获取及下载。维普资讯提供了中文期刊的开放获取检索，检索界面如图 4-10。另外，在检索界面提供了国内外很多期刊开放获取平台，如图 4-11。

图 4－8　维普资讯中文科技期刊评价报告按学科查找结果图

图 4－9　维普资讯中文科技期刊评价报告按地区查找结果图

图 4－10　维普资讯中文期刊服务平台开放获取期刊检索首页图

图 4－11　维普资讯中文期刊服务平台期刊开放获取平台图

4. 高级检索

登录维普资讯首页，在数据库检索区，通过点击“高级检索”，即可进入高级检索页面（图 4－12）。高级检索为读者提供分栏式检索词输入方法，可选择逻辑运算、时间限定、期刊范围、学科限定等，以最大限度地提高检准率。

图 4－12　维普资讯中文期刊服务平台高级检索页面图

三、万方数据知识服务平台学术期刊

万方数据知识服务平台学术期刊（以下简称“万方学术期刊”），由万方数据股份有限公司具体操作运行。作为国家“九五”重点科技攻关项目，数据库收录自 1998 年以来国内出版的各类期刊 6000 余种，每周更新两次，且期刊论文是全文资源。

万方学术期刊提供了多种访问期刊全文的途径，主要包括期刊论文检索、刊名检索、高级检索、学科分类、地区分类、期刊首字母等检索和浏览期刊论文的方式。

（一）期刊论文检索

在首页跨库检索下面，选择“学术期刊”，显示界面如图 4-13。如果要检索“全民阅读”，显示结果如图 4-14。

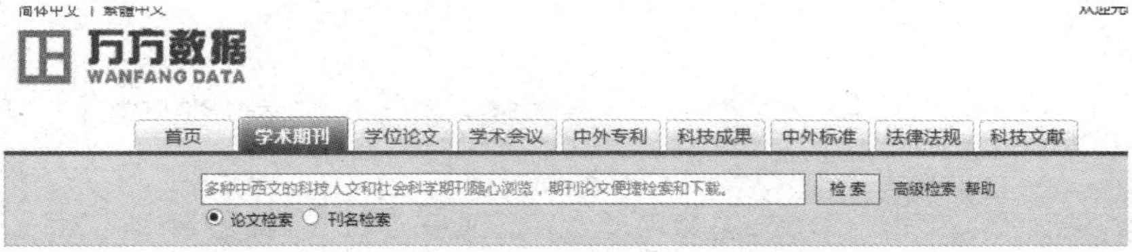

图 4-13　万方学术期刊论文检索界面图

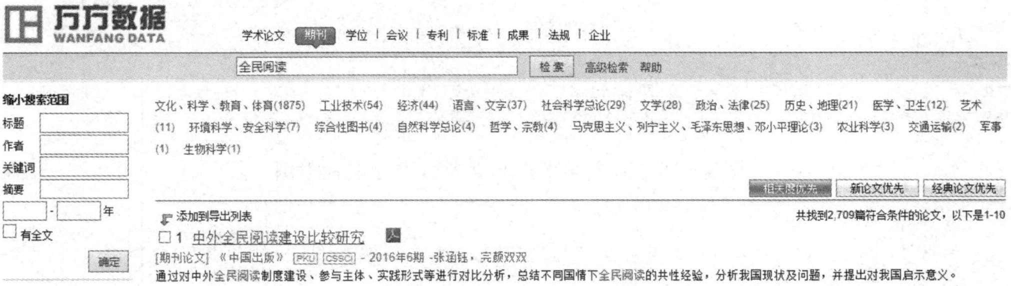

图 4-14　万方学术期刊论文检索结果图

检索结果左侧（见图 4-14）有进一步“缩小检索范围”的二次检索，并提供所检索到文献的期刊分布统计情况。如果检索结果中有“ ”图标，意味着可以直接在本页点击下载全文。检索结果浏览的方式，用户可以选择查看全部文献，也可以只浏览可以下载的论文；文献的排列方式，可以按相关度优先、新论文优先或经典论文优先排列。

（二）期刊高级检索

点击万方学术期刊首页的“高级检索”，显示界面如图 4-15。通过对各个检索字段的限制，可以提高检索结果的查准率。

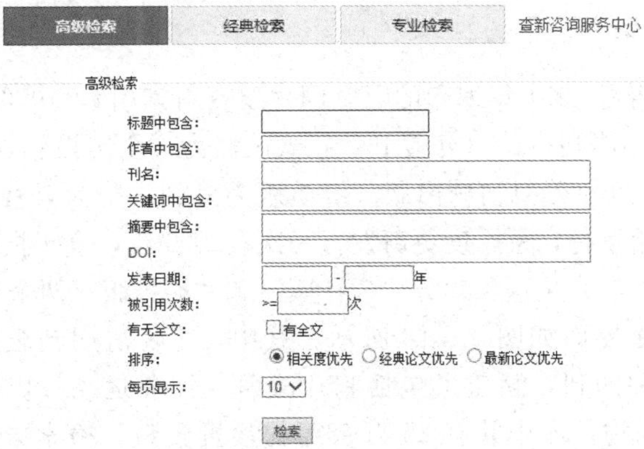

图 4-15　万方学术期刊高级检索界面图

(三）期刊浏览检索

万方学术期刊的浏览检索提供学科分类、地区分类和首字母三种导航方式，可以实现期刊的快捷浏览和查找。单击检索首页的学术期刊可直接进入学科分类导航检索（图 4 - 16)。单击分类中的子分类，如“哲学”，即可进入该子分类相关期刊的检索（图 4 - 17)。

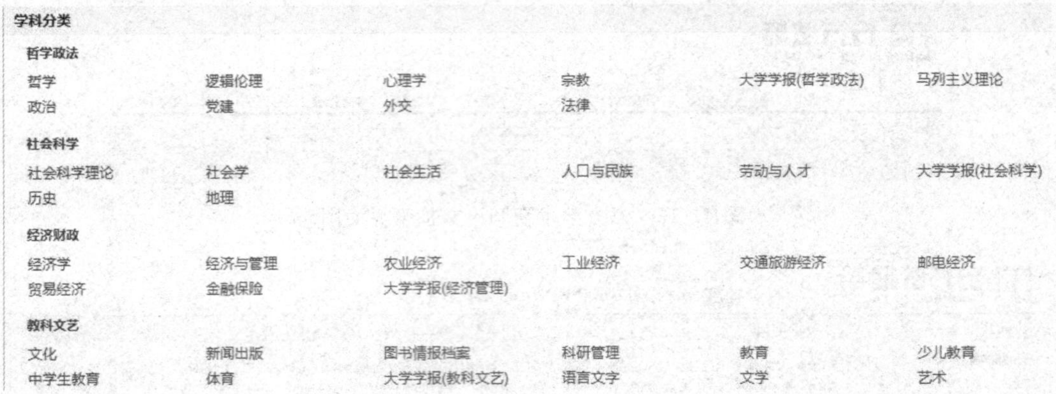

图 4 - 16　万方学术期刊学科分类导航检索图

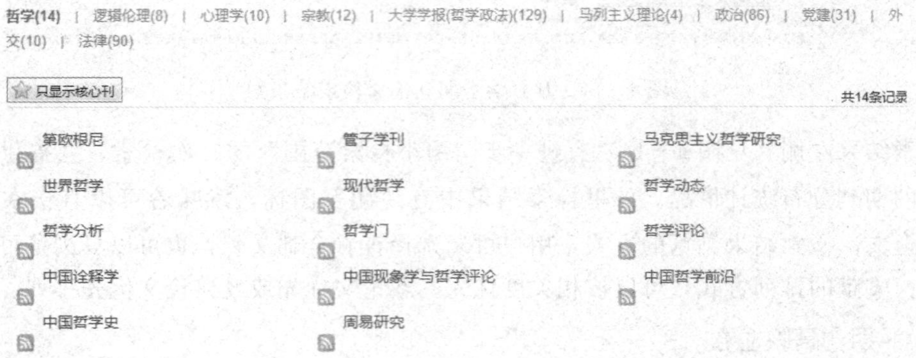

图 4 - 17　万方学术期刊学科子分类期刊检索结果图

四、《全国报刊索引》

《全国报刊索引》前身是 1951 年编印的《全国主要资料索引》，1956 年更名为《全国主要报刊资料索引》，1966 年停刊；1973 年复刊，正式改名为《全国报刊索引》；从 1993 年开始，分为纸质版和电子版两种类型刊物出版。纸质版为月刊，分为哲社版和自然科学技术版。电子版从 1993 年开始发行，每季度更新发行一次；2000 年，全年报道文献篇名近 50 万条，收录各类报刊 8731 种，并从这年起分“哲社版”和“科技版”两个单列库发行。

全国报刊索引数据库界面如图 4 - 18 所示。其中，“晚清期刊全文数据库”收录了 1833—1910 年的 300 多种期刊，涵盖了包括鸦片战争、洋务运动、戊戌变法和辛亥革命等重要时期出版的所有刊物；库中共有 25 万余篇的珍贵史料，检索方式便捷，用户可通过题名、著者、刊名、年份、期号等各种方式迅速检索、定位、浏览和全文下载。“民国

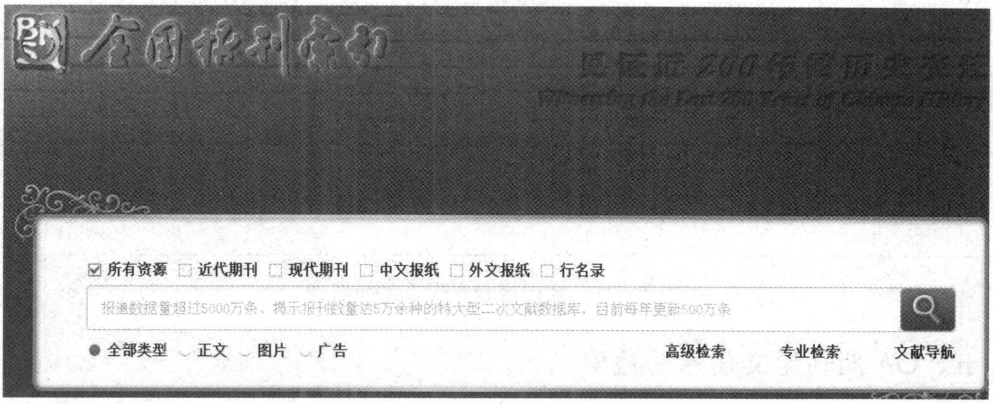

图 4－18　全国报刊索引检索首页图

时期期刊全文数据库”作为“晚清期刊全文数据库”的后续产品，与前者在收录年段上衔接，共收录民国时期（1911—1949 年）出版的 2 万余种期刊、1500 余万篇文献，内容集中反映这一时期政治、军事、外交、经济、教育、思想文化、宗教等方面的历史风貌。该数据库提供网络远程服务和镜像站服务两种服务模式，采用便捷的检索服务平台，用户可从标题、作者、刊名、分类号、年份及期号等途径对文献进行检索、浏览并下载全文；同时还可以通过期刊导航功能，直接浏览和下载期刊原文。

通过“晚清期刊全文数据库”和“民国时期期刊全文数据库”，可以检索晚清时期和民国时期的期刊论文全文，检索方式包括高级检索（图 4－19）、专业检索（图 4－20）、文献导航（图 4－21）。

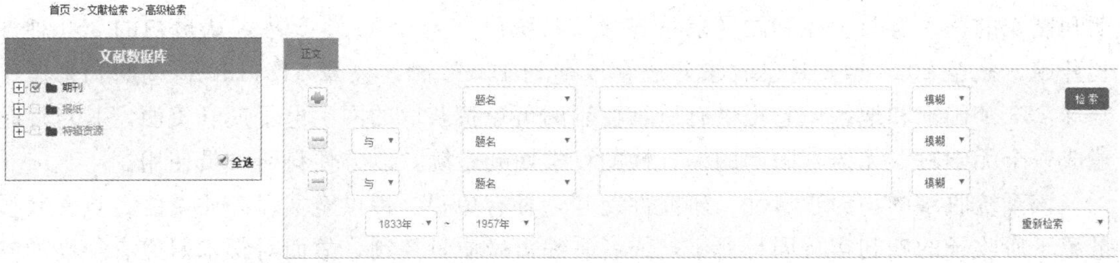

图 4－19　全国报刊索引高级检索图

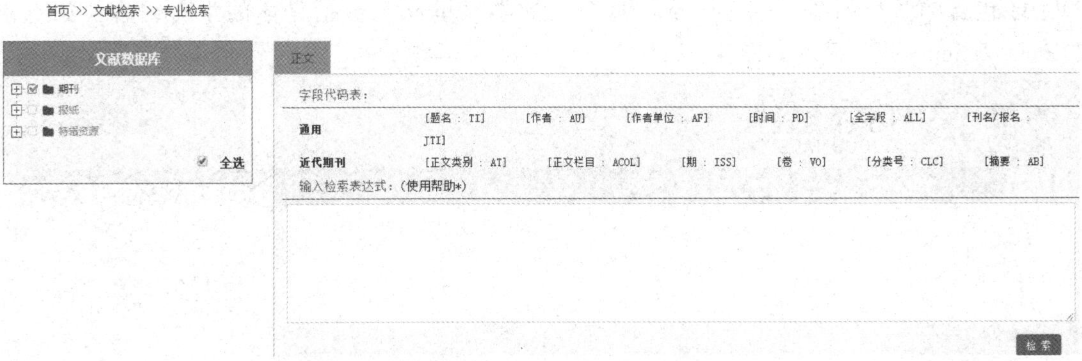

图 4－20　全国报刊索引专业检索图

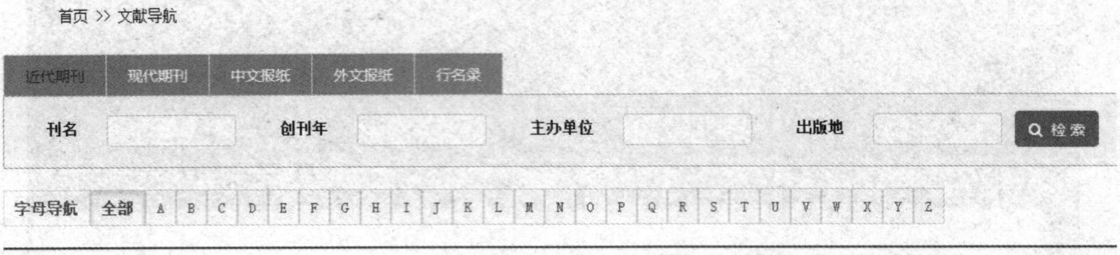

图 4－21　全国报刊索引文献导航图

五、OA 期刊论文信息的检索

OA 即 Open Access 的简称，意为“开放获取”或“开放存取”，是国际学术界、出版界、图书情报界为了推动科研成果利用互联网自由传播而采取的行动。其目的是促进科学及人文信息的广泛交流，促进利用互联网进行科学交流与出版，提升科学研究的公共利用程度，保障科学信息的保存，提高科学研究的效率。

OA 期刊是一种免费的网络期刊，旨在使所有用户都可以通过互联网无限制地访问期刊论文全文。此种期刊一般采用作者付费出版、读者免费获得、无限制使用的运作模式，论文版权由作者保留。在论文质量控制方面，OA 期刊与传统期刊类似，采用严格的同行评审制度。OA 期刊不再利用版权限制获取和使用所发布的文献，而是利用版权和其他工具来确保文献可永久公开获取。检索 OA 期刊论文的平台主要有以下几个。

（一）DOAJ 开放存取期刊目录

DOAJ（Directory of Open Access Journals）是由瑞典的隆德大学图书馆为开放存取期刊制作的一个有质量控制的目录系统。该系统设立于 2003 年 5 月，从最初的 350 种期刊开始，截至 2020 年 8 月已收录开放存取期刊 15042 种、文章 5181186 篇，期刊来源于全球 133 个国家和地区。它提供有质量控制的可免费获取的网上电子期刊资源，其目标是建成一个无学科、无语言限制的综合性的科学期刊系统，以方便科研人员使用。

该系统收录的均为学术性、研究性期刊，具有免费、提供全文、高质量的特点。其质量源于所收录的期刊实行同行评审，或者有编辑做质量控制，故而对学术研究有很高的参考价值。DOAJ 首页如图 4－22 所示，提供期刊和期刊论文的检索，也支持高级检索。DOAJ 包含的学科如图 4－23 所示，每个大的学科里面又包括具体的学科内容，如点击“Social Sciences”，显示如图 4－24。

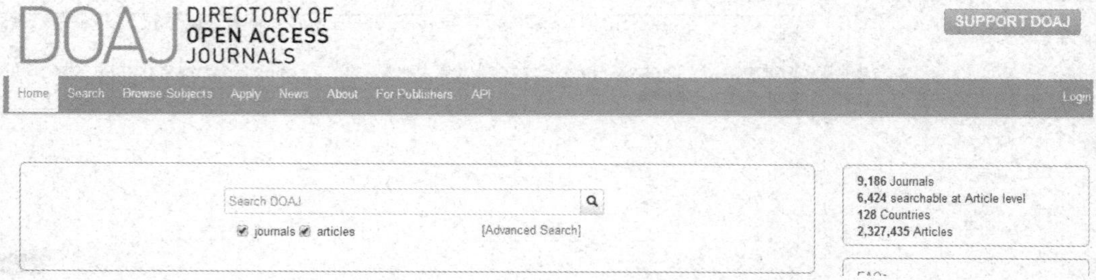

图 4－22　DOAJ 首页图

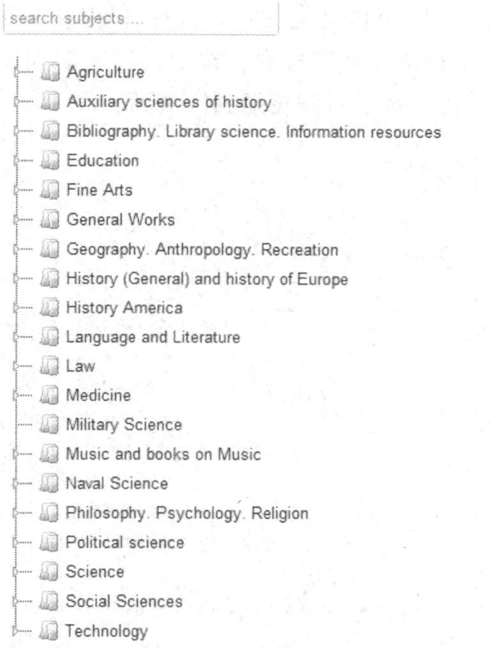

图 4－23　DOAJ 收录的期刊论文学科图

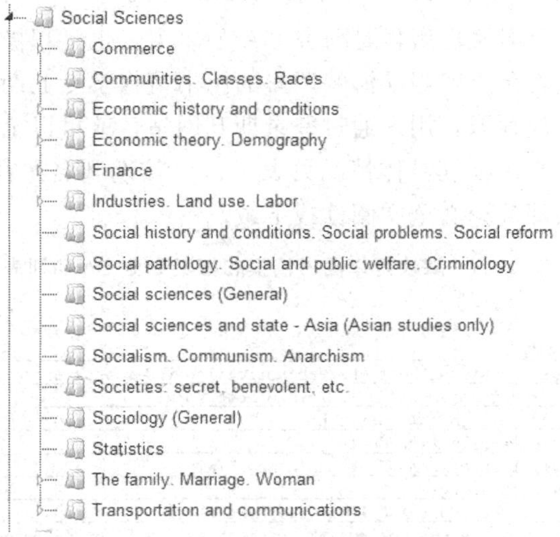

图 4－24　DOAJ 收录的期刊论文学科具体内容图

（二）Socolar 开放存取一站式检索服务平台

Socolar 开放存取一站式检索服务平台是全球最大的 OA 学术资源专业服务平台，是由中国教育图书进出口公司管理的学术资源一站式检索平台。通过 Socolar 平台，用户可以检索到来自世界各地、各种语种的重要 OA 资源，并可获得 OA 资源的全文链接。同时，用户也可以通过 Socolar 享受 OA 资源的定制服务，并推荐自己认为应该被 Socolar 收录但尚未被收录的 OA 资源，或发表对某种 OA 期刊的评价。另外，Socolar 还是 OA 知识的宣传和交流平台、OA 期刊发表和仓储服务平台。截至 2016 年 11 月，它收录了

11739 种开放存取期刊，计 13503317 篇文章，且每日更新。

Socolar 平台提供基本检索、高级检索、按学科浏览期刊、按字母浏览期刊等检索和浏览方式，图 4－25 所示为“按学科浏览期刊”页面。

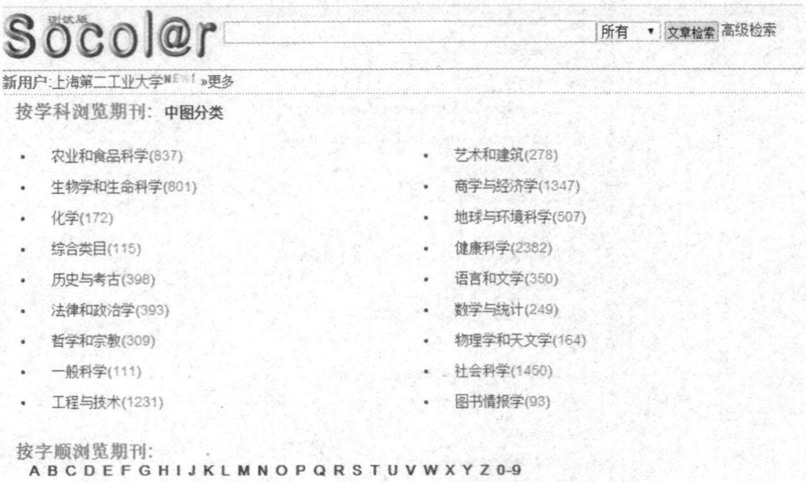

图 4－25　Socolar 平台“按学科浏览期刊”页面图

（三）海峡两岸图书资讯学专业 OA 期刊的检索

目前，国内图书情报界和出版界是研究 OA 的主力，也是积极推动 OA 实践落地的执行者和落实者。根据笔者调查，当前海峡两岸的图书情报学专业期刊绝大部分已经可以开放存取，而且是同步开放存取，用户通过登录期刊网站，就可以全文浏览或下载。海峡两岸图书情报和档案专业 OA 期刊具体情况见表 4－3（按期刊名称音序排序），很多期刊还有微信公众号，并提供部分论文全文阅读或下载。

表 4－3　海峡两岸图书情报和档案专业 OA 期刊表

A	B	C	D
序号	名称	网址	微信公众号
1	大学图书馆学报	dxts. cbpt. cnki. net/wke/WebPublication/index. aspx?mid=dxts	
2	档案学研究	daxyj. idangan. cn/CN/1002-1620/home. shtml	
3	国家图书馆学刊	gtxk. nlc. cn/ch/index. aspx	
4	教育资料与图书馆学	joemls. dils. tku. edu. tw/	
5	情报理论与实践	www. itapress. cn/CN/volumn/home. shtml	qbllysj
6	情报杂志	www. qbzz. org/	gh_a41bd02b1a24
7	情报资料工作	qbzl. ruc. edu. cn/CN/1002-0314/home. shtml	
8	数据分析与知识发现	manu44. magtech. com. cn/Jwk_infotech_wk3/CN/2096-3467/home. shtml	DAKD_CAS
9	数字图书馆论坛	www. dlf. net. cn/dlf/ch/index. aspx	gh_53766fd2de0a
10	图书馆工作与研究	bjb. tjl. tj. cn/CN/volumn/current. shtml	gh_5315ffa4a32c
11	图书馆论坛	tsglt. zslib. com. cn/CN/volumn/home. shtml	
12	图书馆学与资讯科学	jlis. glis. ntnu. edu. tw/ojs/index. php/jlis/index	
13	图书馆研究与工作	bjb. zjlib. cn/CN/volumn/current. shtml	
14	图书馆杂志	www. libraryjournal. com. cn/CN/1000-4254/home. shtml	tsgzzsh
15	图书情报工作	www. lis. ac. cn/CN/model/index. shtml	lis1956
16	图书情报知识	dik. whu. edu. cn/jwk3/tsqbzs/CN/1003-2797/home. shtml	tsqbzs
17	图书与情报	www. tsyqb. com/CN/volumn/home. shtml	
18	图书资讯学刊	jlis. lis. ntu. edu. tw/	
19	图书资讯学研究	lac3. glis. ntnu. edu. tw/about. php	
20	图资与档案学刊	www. lib. nccu. edu. tw/blis/	
21	现代情报	221. 8. 56. 50:90/Jwk_xdqb/CN/volumn/home. shtml	xdqbzzs
22	信息资源管理学报	jirm. whu. edu. cn/jwk3/xxzyglxb/CN/2095-2171/home. shtml	xxzyglxb
23	中国图书馆学报	www. jlis. cn/jtlsc/ch/index. aspx	

第三节　专业性期刊论文数据库的检索

一、人大复印报刊资料全文数据库

（一）简介

人大复印报刊资料全文数据库（以下简称“人大复印资料库”），选辑了1995年至今3000多种核心期刊、专业期刊和报纸上公开发表的人文科学与社会科学中各学科、专业的重要论文和重要动态资料的全部原文，涵盖面广，信息量大，分类科学，筛选严谨，结构合理完备，成为国内最有权威的具有大型、集中、系统、连续和灵活5大特点的社会科学和人文科学专题文献资料宝库。

1995年开始，数据库推出光盘版，每年100多个专题，分马列、哲学、社科总论、政治、法律1张盘，经济1张盘，文化、教育、体育1张盘，语言、文学、艺术、历史、地理及其他1张盘。从1997年开始，每季度100多个专题全文汇于1张盘，一年共4张盘。从1998年起，全文检索软件升级网络版。网络版的内容与光盘版一致，分为马列、文史、教育、经济4个子库，分别对应光盘版的4个专辑，每个子库下又按年份排列。用户使用时可按专辑和年份检索某个子库、多个子库或全部子库等。

（二）人大复印资料库的检索

打开浏览器，输入镜像网站的网址，就可以看到如下页面（图4－26）。进入检索页面，用户需注册账户，登录后使用。

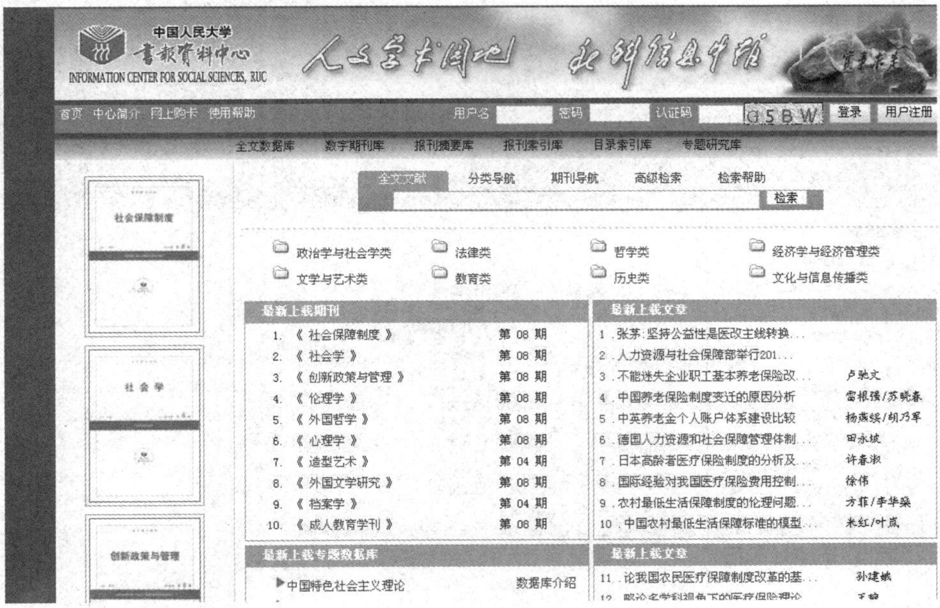

图4－26　人大复印资料库首页图

系统默认检索为全文检索。除全文检索外，还提供分类导航、期刊导航和高级检索。

1. 任意词检索

任意词检索即简单检索，是为跨库检索而设置的，用户可以选择一个或多个数据库进行检索，默认的搜索字段包括标题、著者、出处等。选中数据库后，在“任意词”后的检索框内输入检索词，允许输入字、词及使用截词符，点击“检索”即完成检索（图 4-27）。

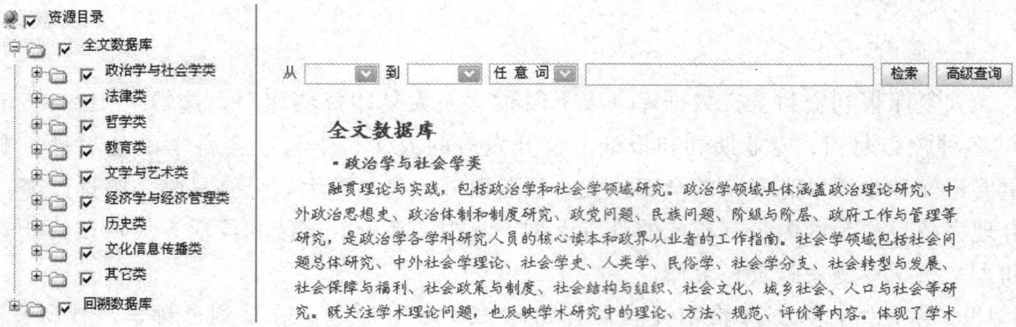

图 4-27　人大复印资料库任意词检索图

2. 高级检索

用户点击“高级检索”后，系统会自动弹出高级查询的检索界面（图 4-28），界面左侧可以根据分类选择检索的期刊类别。在主检索界面中，检索字段可以限定为任意词、关键词、标题字段、副标题、作者、作者简介、正文字段、分类号、摘要、参考文献、原文出处等，同时可以在检索字段前限定时间段，以缩小检索范围。另外还可以在检索框内进行组配检索，检索词允许使用截词符和逻辑算符、优先算符等，各检索字段之间默认的逻辑关系是 And。

图 4-28　人大复印资料库高级检索图

（三）检索结果的处理

检索结果以列表形式显示，用户可以直接看到全文。全文可以打印，也可以保存。

1. 检索结果列表

检索完成后，系统默认显示的检索结果是标题列表（图 4－29）。在浏览检索结果的标题时，用户在光标所指的标题行上单击鼠标左键，系统就可以显示该篇文献的全部记录内容（图 4－30）。

首页 上页 下页 尾页 转到 [ ] 页　共有7篇　第1/1页　在结果中检索 [ ] 检索

序号	标题	作者
1	网络阅读弊大于利吗	
2	小学语文网络阅读课《桥之思》教学案例	徐瑞斌
3	如何指导学生学会网络阅读	沈健龙
4	语文网络阅读教学的问题检讨	郑桂华
5	网络阅读的特征及其对阅读教学的启示	顾健
6	大学生网络阅读与传统阅读调查及辨析	俞锦莉
7	网络阅读的效率及网络导读	邹静静/黄孝章

图 4－29　人大复印资料库检索结果列表图

网络阅读的效率及网络导读

邹静静/黄孝章

【专题名称】新闻与传播
【专 题 号】G6
【复印期号】2008年05期
【原文出处】《北京印刷学院学报》2008年1期第27～29页
【英文标题】Efficiency and the Reading Guide Online
ZOU Jing-jing, HUANG Xiao-zhang
【作者简介】邹静静，黄孝章，北京印刷学院出版传播与管理学院。（北京 102600）
【内容提要】传统导读由来已久，为读者选择阅读提供了方便。随着网络阅读的日益兴起，读者面对网上海量的信息和良莠不齐的内容显得茫然失措。基于上述背景，我们有必要了解互联网时代的阅读环境及其特点，找到网络阅读的有效方式。而通过网络导读可以使研究人员、学者、普通网民等在浩如烟海的信息里，用较短的时间找到健康有用的信息，使网络阅读效率大大提高。
【关 键 词】导读/网络阅读/效率

中图分类号：G20　文献标识码：A　文章编号：1004-8626(2008)01-0027-03

随着互联网的兴起，网络阅读随之成为很多人的选择。据中国出版科学研究所于2006年组织的“全国国民阅读调查”结果显示：我国国民网上阅读率从1999年的3.7%增加到2005年的27.8%，7年间增长了7.5倍，平均每年增长率达107%[1]。网络阅读在中国已形成一定规模。由

图 4－30　人大复印资料库检索文献全部记录内容显示图

2. 保存与打印

系统设有把检索结果复制到剪贴板中、把检索结果保存到文件中、打印检索结果、把定义的块（部分内容）复制到剪贴板中、把定义的块（部分内容）保存到文件中、打印所定义的块（部分内容）、打印图像、复制图像等功能。

二、中文社会科学引文索引（CSSCI）

引文索引是反映文献之间引用和被引用关系及规律的一种新型的索引工具，诞生于20世纪60年代。1963年，美国情报学家尤金·加菲尔德创立的《科学引文索引》（SCI）是引文索引诞生的标志。SCI以期刊及少量的非期刊出版物为文献源，将其刊发的论文及所附的参考文献一一摘录下来，以被引论文（参考文献）的作者姓名为序，列出引用该文的全部作者姓名及刊物名称。它以一篇已知的发表较早的论文为起点，通过引文链接查找所有引用过该论文的文献，开创了一条全新的检索途径。

引文索引在中国起步较晚，1996年5月，中国科学院文献情报中心编辑出版《中国科学引文索引》印刷本（CSCI），标志着我国引文索引的诞生。1997年，南京大学在全国率先提出了“中文社会科学引文索引”（Chinese Social Science Citation Index，CSSCI）的研制计划。2000年，该计划完成了CSSCI引文数据库的构建工作，并相继研制成功了数据库的网络版和光盘版。2003年，经教育部批准，CSSCI被列为教育部重大研究课题攻关项目。2004年，国家社会科学规划办将CSSCI列为国家重大研究课题。目前，教育部已将CSSCI数据作为全国高校机构与基地评估、成果评奖、项目立项、人才培养等方面的重要考核指标。

（一）引文索引概述

一篇文章的参考文献称为引文，该篇文章称为来源文献，刊载来源文献的期刊或专著、丛书等称为来源出版物。引文索引是从文献之间相互引证的关系上，揭示了学科文献之间的内在联系。通过引文索引数据库的检索与查询，可以揭示已知理论和知识的应用、提高、发展和修正的过程，从一个重要侧面揭示了学科研究与发展的基本走向；通过引文索引数据库的统计与分析，可以从定量的视角评价地区、机构、学科以及学者的科学研究水平，为科学事业发展与研究提供了第一手资料。

引文索引不同于传统的主题、分类、标题索引，它从文献的相互引证关系角度提供了一种全新的检索方法，特别是它的科研绩效评价功能对科学管理工作产生了深远的影响。引文以作者姓名（被引作者或引文作者，即参考文献的作者）为检索起点，查找该作者历年发表的论文曾被哪些人（施引作者或引用作者，即来源文献的作者）、哪些文章（来源文献）引用过，并查出这些来源文献的题录和施引作者所在的单位。因此，引文索引可以帮助确定知识或科学的结构，反映学科的渗透情况，可以从一个重要侧面评价被引用论文、刊载被引论文的期刊以及学者、学者群体的影响程度和水平。

引文索引的主要作用是：（1）通过文献间的引用和被引用关系，可以了解某一学术问题或观点的起源、发展、修正及最新的研究进展。（2）是科学评价文献、学术期刊和专著学术水平的参考工具，一般来说，高质量学术期刊的被引频次较高。根据引文索引提供的引证数据有助于评价科技期刊的质量，确定某个学科的核心期刊。（3）作为科研机构和科研人员绩效评价的参考工具，引文索引有助于评价科学著作的价值和生命力、科学工作者的能力及其研究工作所产生的社会效果。（4）作为文献检索的一种工具，引文索引提供了一种全新的文献检索手段，即从已知的某一作者的一篇论文开始，查到所有引用过这一论文的其他论文；再以这些引用论文的作者为新的检索起点，检索到更多的被引论文；经过多轮循环，可以检索到大量相关的文献。

（二）CSSCI 简介

CSSCI 是国家及教育部重点课题攻关项目。作为我国中文社会科学主要文献信息查询与评价的重要工具，CSSCI 提供来源文献、被引文献、优化检索等多种信息的检索。

CSSCI 的选刊原则是：（1）入选的刊物应能反映当前我国社会科学界各个学科中最新研究成果，且是学术水平较高、影响较大、编辑出版较为规范的学术刊物；（2）入选的刊物必须是正式公开出版发行的刊物，具有 ISSN 或 CN 号；（3）入选的刊物其所刊载的学术文章应多数列有参考文献；（4）凡属索引、文摘等二次文献类的刊物不予收入；（5）译丛和以发表译文为主的刊物，暂不收入；（6）文艺刊物中以发表文艺作品为主的刊物暂不收入。CSSCI 的来源期刊控制在我国正式刊行的社科期刊总数的 8%～15%。

CSSCI 遵循文献计量学规律，采取定量与定性评价相结合的方法从全国 2700 余种中文社会科学学术期刊中精选出学术性强、编辑规范的期刊作为来源期刊。现已开发的 CSSCI（1998—2007 年）10 年数据，包括来源文献近 80 万篇、引文文献 500 余万篇，填补了我国社会科学引文索引的空白，达到了国内领先水平。目前，CSSCI 数据库已向社会开展网上包库服务。

对于社会科学研究者而言，CSSCI 从来源文献和被引文献两个方面提供了相关研究领域的前沿信息和各学科学术研究发展的脉络，而通过不同学科、领域的相关逻辑组配检索，可以挖掘学科新的生长点，以实现知识创新。对于社会科学管理者而言，CSSCI 提供了地区、机构、学科、学者等多种类型的统计分析数据，从而为制定科学研究发展规划、科研政策提供了科学合理的决策参考。对于期刊研究与管理者而言，CSSCI 提供了多种定量数据：被引频次、影响因子、即年指标、期刊影响广度、地域分布、半衰期等，通过对多种定量指标的分析统计，可为期刊评价、栏目设置、组稿选题等提供科学依据。CSSCI 也可为出版社与各学科著作的学术评价提供定量依据。

（三）CSSCI 的检索

作为我国人文社会科学文献信息查询与评价的重要工具，CSSCI 提供多种信息检索途径：（1）来源文献检索途径，包括篇名、作者、作者所在地区机构、刊名、关键词、文献分类号、学科类别、学位类别、基金类别及项目、期刊年份卷期等；（2）被引文献的检索途径，包括被引文献作者、篇名、刊名、出版年份等；（3）优化检索途径，包括精确检索、模糊检索、逻辑检索、二次检索等。大多数检索项本身可以实现逻辑式检索，各检索项之间也提供 And、Or 关系的组配检索。检索结果按不同检索途径进行发文信息或被引信息的分析统计，并支持文本信息下载。

用户可通过所在图书馆数据库资源登录进入 CSSCI 检索页面（图 4－31）。完成登录后，用户需先选择数据库，并可选择来源文献检索和被引文献检索。

通过来源文献的作者字段进行检索，可以检索到某个科研人员历年来发表文献的基本信息（图 4－32）。

通过被引文献检索的作者字段进行检索，可以查询到某个科研人员文献的被引情况（图 4－33）。

图 4－31 CSSCI 检索页面图

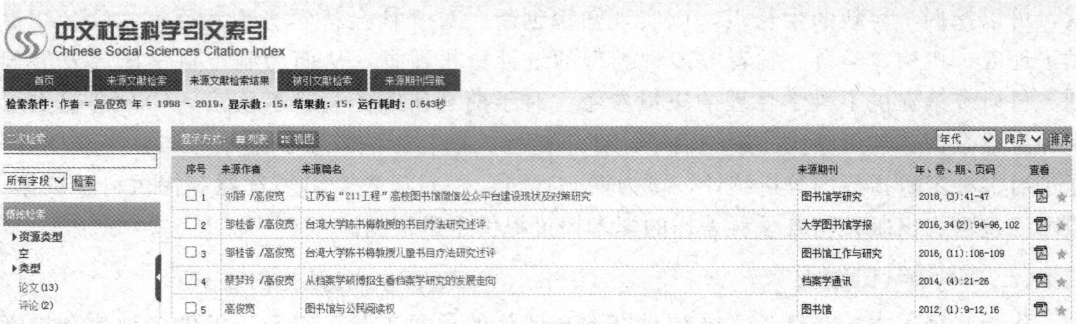

图 4－32 CSSCI 来源文献检索结果图

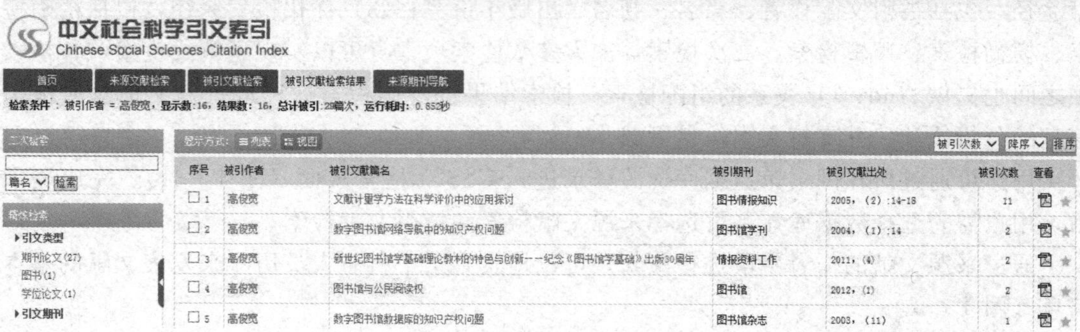

图 4－33 CSSCI 被引文献检索结果图

三、国家哲学社会科学学术期刊数据库

国家哲学社会科学学术期刊数据库（National Social Sciences Database，NSSD），简称“国家期刊库”，是由全国哲学社会科学规划领导小组批准建设，中国社会科学院承建的国家级、开放型、公益性哲学社会科学信息平台，具体责任单位为中国社会科学院图书馆（调查与数据信息中心）。作为国家社会科学基金特别委托项目，国家期刊库建设于2012 年 3 月正式启动，系统平台于 2013 年 7 月上线开通。国家期刊库旨在建设成为我国国内最大的公益性社会科学精品期刊数据库、最大的社会科学开放获取平台，以实现学术资源的开放共享，为学术研究提供有力的基础条件，促进学术成果的社会传播，推动我国哲学社会科学繁荣发展、走向世界。

国家期刊库收录精品学术期刊 2000 多种，其中国家社科基金重点资助期刊 187 种，中国社会科学院主管主办期刊 80 多种，三大评价体系（中国社会科学院、北京大学、南京大学）收录的 600 多种核心期刊，回溯到创刊号的期刊有 700 多种，最早回溯到 1920 年；收录论文超过 1000 万篇，还收录了超过 100 万的学者、2.1 万家研究机构的相关信息。国家期刊库检索界面如图 4－34。

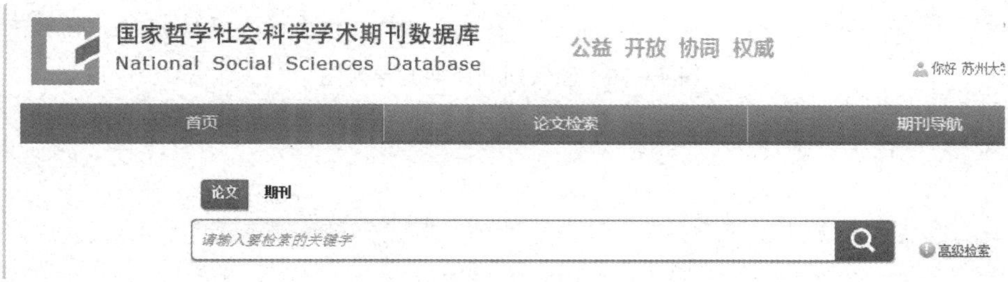

图 4－34　国家期刊库检索界面图

国家期刊库提供免费在线阅读和全文下载，有多种论文检索和期刊导航方式。其论文检索字段包括题名、关键词、机构、作者、摘要、刊名、年份、分类号、ISSN、基金资助、全文检索等，检索界面如图 4－35，可以实现期刊论文的全文免费下载和阅读。期刊

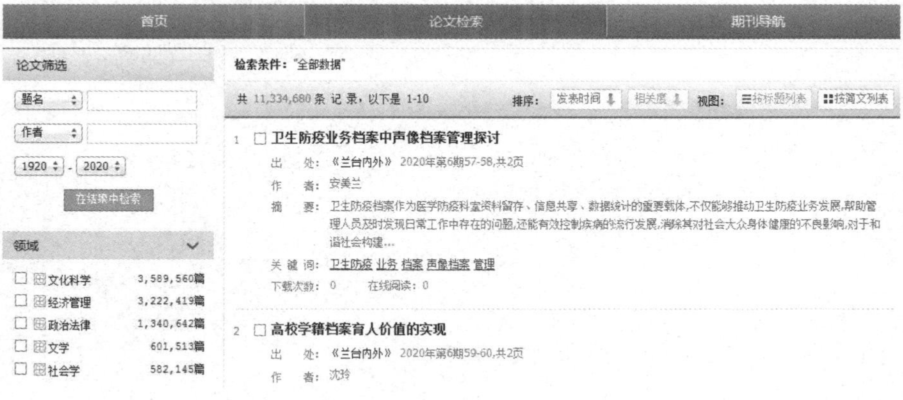

图 4－35　国家期刊库论文检索图

导航（图 4 - 36）途径包括：学科分类导航、核心期刊导航、社科基金资助期刊导航、中国社科院期刊导航、地区导航等。

图 4 - 36　国家期刊库期刊导航图

第五章　学位论文和会议文献信息检索

第一节　学位论文信息检索

一、学位论文概述

（一）学位论文的概念

学位论文是高等院校和科研单位的毕业生在获取博士、硕士及学士学位时向有关方面呈交的体现其学术研究水平并供审查答辩用的学术性研究论文，它是随着学位制度的实施而产生的。根据学位制度，学位级别一般分三级，即学士、硕士和博士。一般而言，硕士和博士学位论文的研究水平比较高，相应的参考利用价值也较高。在通常情况下，所谓学位论文习惯上只限于硕士学位论文和博士学位论文。

学位论文在英国称 Thesis，美国则称之为 Dissertation。学位论文中有研究经过的详细介绍，实验的详细记录，并附有详细的参考文献；论文中探讨的问题比较专一，对问题的阐述比较详细和系统。通常学位论文还具有一定的独创见解，有较高的学术研究价值和实用价值，是人们借以了解当代最新学术动态、掌握科技信息、研究学科前沿问题的有效途径之一，尤其对科研人员的选题、知识创新起着很好的参考作用。可以说，学位论文是一种重要的信息资源，越来越受到教学科研工作人员和文献收藏机构的重视。

（二）学位论文的特点

1. 不公开出版

学位论文的出版形式比较特殊，其目的只是供审查答辩之用，一般不通过出版社正式出版；学位论文仅是向校方提供的，不像其他公开出版物那样广泛流传，往往以打印本的形式存放在规定的收藏地点，且每篇论文的打印数量均不多。只有少部分论文日后能在期刊上发表或以专著的形式出版。所以学位论文不易获取，从而使其利用率受到影响。国内硕士以上学位论文可在国家图书馆查找原文，也可向颁发学位的院校或研究机构的研究生管理部门或图书馆索取。

2. 内容具有独创性

学位论文一般具有研究方向明确、稳定的特点，且课题新颖，有较强的科研继承性和持续性，并且是在专家学者指导下开展研究的。所以学位论文专业性强，阐述问题较为系统、详细，是具有一定独创性的参考资料。

3. 包含信息量大

学位论文包罗社会各个领域的新经验、新成果等大量已知的信息，又包括超前的或发展中的大量未知的、未确定的信息，文献涉及的内容丰富、文题广泛，数据、图表以及参考文献都有一定的深度和广度，又始终处在补充、考证、完善和发展中，因而具有较完整的原始性。

4. 质量参差不齐

学位论文也像其他文献一样，具有千差万别的特点。由于每一个人的水平、学识不同，因此学位论文的水平也有档次高低的差异。

（三）学位论文的类型

根据论文的内容可分为两种：一种是作者参考大量资料，进行了科学的分析和概括，提出本人的见解，即综论；另一种是作者依据前人的论点或结论，经实验和研究，提出进一步的新论点，即理论研究或探讨性论文。

根据学位名称划分，一般有学士论文、硕士论文和博士论文。

二、国内学位论文信息检索

随着计算机技术、存储技术和网络技术的发展与应用，学术信息交流方式产生了巨大变革，传统的用于检索学位论文的印刷本检索工具，逐渐被光盘版和网络版的学位论文检索工具所取代，从而极大地方便了学位论文的获取，不仅为用户查询提供了便利，而且可以直接浏览和下载全文。

目前国内重要的学位论文数据库有万方数据知识服务平台的“中国学位论文全文数据库”、中国知网（CNKI）的“中国博士学位论文全文数据库”与“中国优秀硕士学位论文全文数据库”、中国高等教育文献保障系统（CALIS）的“CALIS 高校学位论文库”、国家图书馆博士论文库、国家科技图书文献中心学位论文数据库等。

（一）中国学位论文全文数据库

中国学位论文全文数据库是万方数据知识服务平台的一部分，由国家法定学位论文收藏机构中国科技信息研究所提供，并委托万方数据公司加工建库，收录了自 1977 年以来我国各学科领域的博士、硕士研究生论文。至 2020 年 4 月，收录论文 636 万余篇，每年稳定新增 30 余万篇，并逐年回溯，是我国收录数量最多的学位论文全文库。该数据库涵盖自然科学、医药卫生、工业技术、航空、环境、社会科学、人文地理等各学科领域，用户进入万方数据知识服务平台（http：//www. wanfangdata. com. cn/），即可进行数据检索。

1. 检索方式

（1）简单检索。在检索框内输入检索词，直接进行检索（图 5-1）。

（2）分类浏览。点击检索框下方的“学科/专业目录”里的“一级学科/专业目录”，得到其包含的“二级学科/专业目录”，再继续点击，即可得到相应的检索结果。下面以查找与“比较教育学”有关论文为例：

第一步，在学科/专业目录中选择“教育学”学科（图 5-2）。

图 5-1　中国学位论文全文数据库简单检索页面图

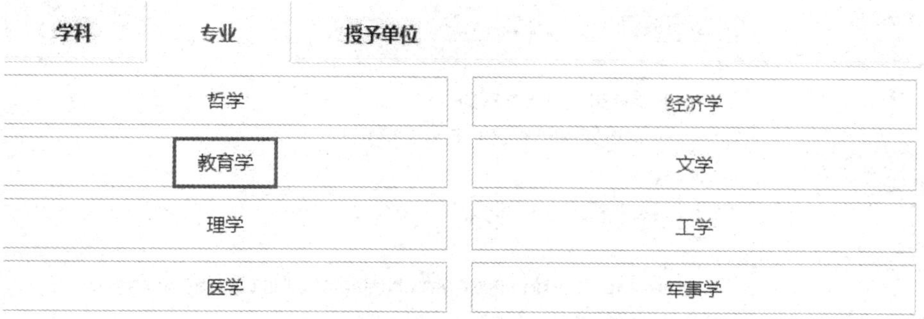

图 5-2　中国学位论文全文数据库分类浏览专业图

第二步，选择“教育学”后得到如下页面，可以继续选择“比较教育学”学科（图 5-3）。

图 5-3　中国学位论文全文数据库分类浏览专业具体学科图

第三步，在“比较教育学”学科下可以找到 2755 篇相关论文（图 5-4）。

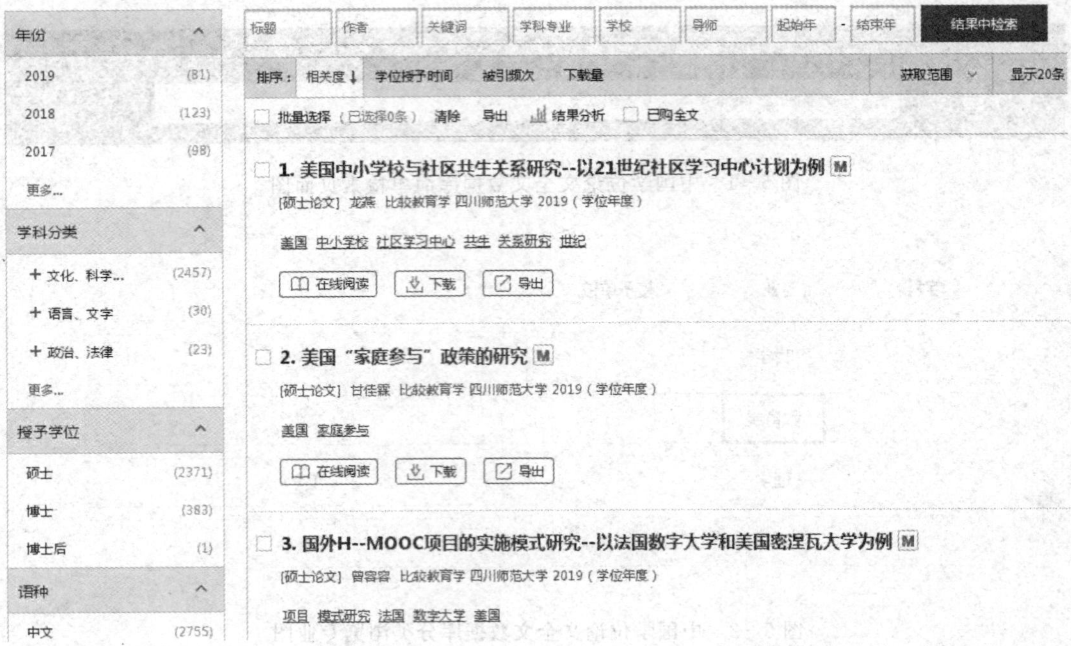

图 5-4　中国学位论文全文数据库分类浏览专业具体学科论文检索图

同时，也可以在这个学科/专业基础上通过二次检索、分类查询继续缩小范围，找到相关论文。

另外，中国学位论文全文数据库还根据学位授予单位的地理位置，设置了地区分类导航（图 5-5），浏览方法同上。

图 5-5　中国学位论文全文数据库地区分类导航图

（3）高级检索。在首页面点击“高级检索”按钮，即出现高级检索页面（图 5-6）。

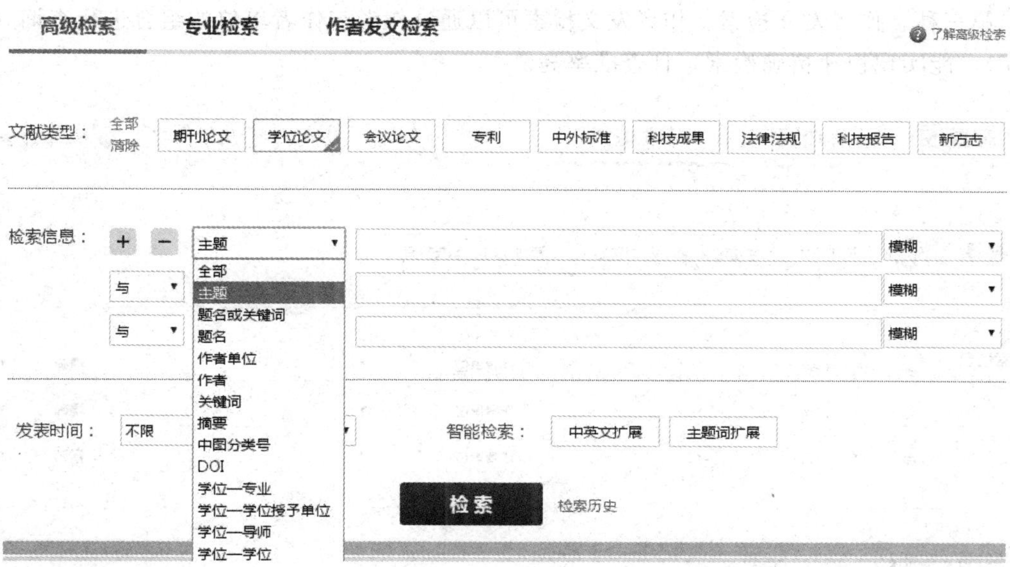

图 5-6　中国学位论文全文数据库高级检索页面图

高级检索分为三种方法：

第一种，高级检索。在高级检索框内提供了若干限制字段，如主题、题名、关键词、摘要、作者、导师、学位授予单位、DOI、专业、学位等，在需要的检索框内分别输入相应内容，组配检索即可得到相关检索结果。

第二种，专业检索，又称"命令检索"（图 5-7），能进行快速而更有效的组合查询。检索式使用 CQL 语言，简单直观、易读易写，具有较高的查全率和查准率。在命令框内按要求输入检索式，即可完成高级检索。

图 5-7　中国学位论文全文数据库专业检索页面图

第三种，作者发文检索。作者发文检索可以通过作者与作者单位的组合进行查询（图 5-8），能实现快速精确检索，且查准率高。

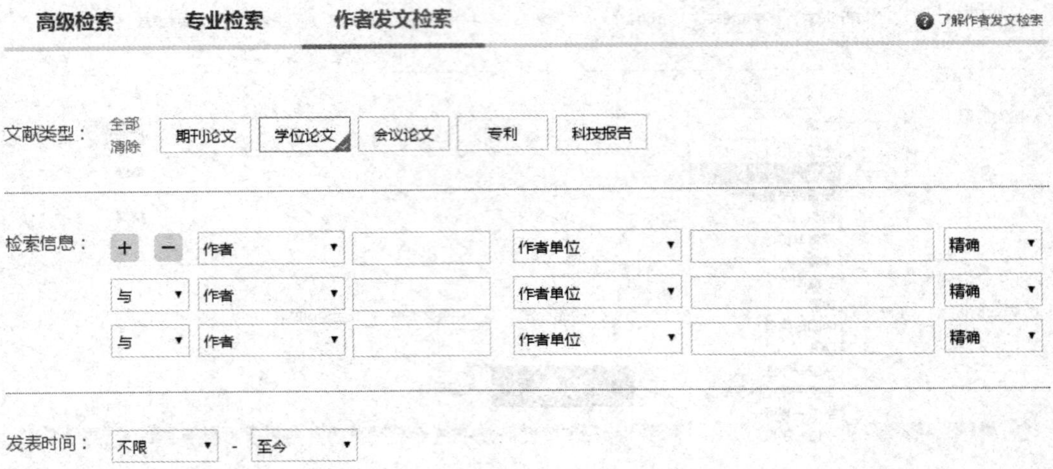

图 5-8 中国学位论文全文数据库作者发文检索页面图

（4）二次检索。二次检索是在已有检索结果范围内再一次检索，以便进一步缩小检索范围。在系统的检索结果页面提供了缩小检索范围、学科分类等提示，用户可以根据论文类型、发表年份等信息分类的功能再次进行检索。

① 检索框返回上次检索使用的检索词，清空后重新填入新的检索词以及检索字段。

② 系统提供了二次检索功能，可以通过标题、作者、关键词、学科专业、导师、发表年份、有无全文等条件再次检索。

③ 系统提供了上次检索结果的不同分类，例如学科分类、论文类型分类、发表时间分类、期刊分类、语种、授予单位等。点击相应类目，即相当于按此条件进行二次检索。

2. 检索结果

（1）排序。执行检索命令后，得到相应的检索结果（图 5-9）。系统默认按“相关度”对检索结果进行排序，也可以按“学位授予时间”“被引频次”“下载量”等对检索结果进行排序。

（2）查看、下载与导出。系统提供了“在线阅读”“下载”“导出”三种方法对检索出的文章进行处理，分别点击“在线阅读”“下载”即可实现对文章进行查看或者下载；点击“导出”可把该文章导出到文献管理软件（如 EndNote 等）上，以方便阅读和管理。但用户需安装 PDF 浏览器来阅读全文。

（二）中国博士学位论文全文数据库和中国优秀硕士学位论文全文数据库

中国博士学位论文全文数据库（China Doctoral Dissertations Full-text Database，CDFD）由清华大学研发，属中国知网（CNKI）中国知识基础建设的一个组成部分；至 2020 年 4 月，累积收录来自 486 家培养单位的博士学位论文全文文献 42 万余篇，是目前国内相关资源比较完备、质量较高、连续动态更新的中国博士学位论文全文数据库。其收录年限为 1984 年至今，资源特色为收录全国“985”“211”高校，以及中国科学院、中国

图 5－9　中国学位论文全文数据库二次检索结果排序图

社会科学院等研究院所的博士学位论文。

中国优秀硕士学位论文全文数据库（China Master's Theses Full-text Database，CMFD）同属中国知网（CNKI）中国知识基础建设的一个组成部分，至 2020 年 4 月，累积收录全国 767 家硕士培养单位的优秀硕士学位论文全文文献 410 多万篇。其收录年限为 1984 年至今，资源特色为重点收录“985”“211”高校，以及中国科学院、中国社会科学院等科研单位的优秀硕士论文，包括通信、军事学、中医药等重要特色学科专业的优秀硕士论文。

上述 2 个数据库，均分为 10 大专辑：基础科学、工程科技Ⅰ、工程科技Ⅱ、农业科技、医药卫生科技、哲学与人文科学、社会科学Ⅰ、社会科学Ⅱ、信息科技、经济与管理科学。10 个专辑下分为 168 个专题和近 3600 个子栏目。

CNKI 中心网站及数据库交换服务中心每日更新，各镜像站点通过互联网或卫星传送数据，可实现每日更新，专辑光盘每月更新。

上述 2 个数据库的检索方法完全相同，下面以“中国博士学位论文全文数据库”（CDFD）为例介绍，其首页如图 5－10 所示。

1. *检索方式*

（1）高级检索。在高级检索框内提供了若干限制字段（图 5－11），如主题、关键词、题名、全文、被引文献、摘要、目录、中图分类号、学科专业名称、DOI 等，用户在需要的检索框内分别输入相应内容，组配检索即可得到相关检索结果。

数据库还提供了其他的限制条件，如作者、作者单位、学位年度、学位单位、支持基金等，可进一步对检索条件进行限制，以提高查准率。

（2）专业检索。用户点击“专业检索”按钮，即可进入专业检索界面（图 5－12）。专业检索主要用于图书情报专业人员查新、信息分析等工作，使用逻辑运算符和关键词构造检索式进行检索。

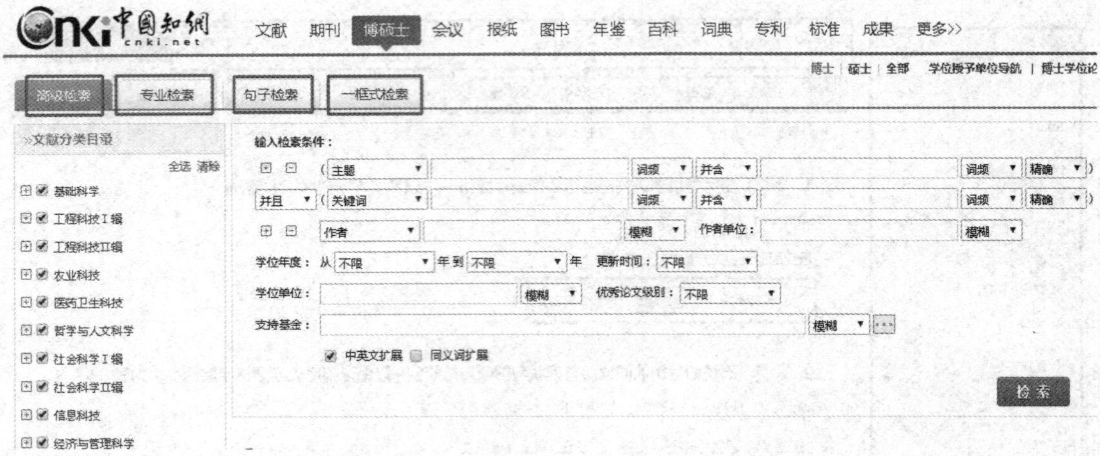

图 5－10　中国博士学位论文全文数据库检索界面图

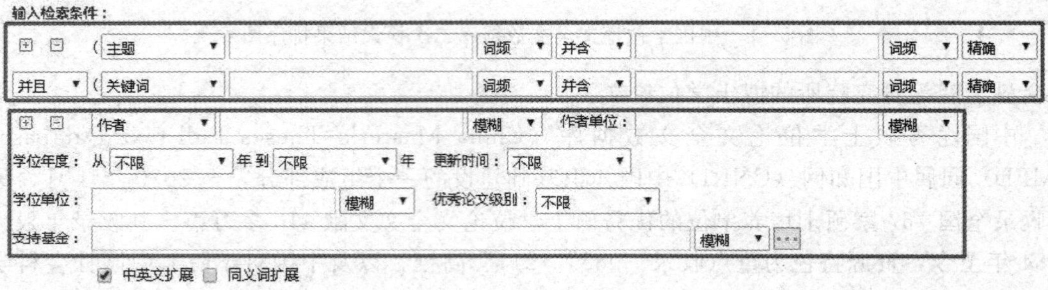

图 5－11　中国博士学位论文全文数据库高级检索界面图

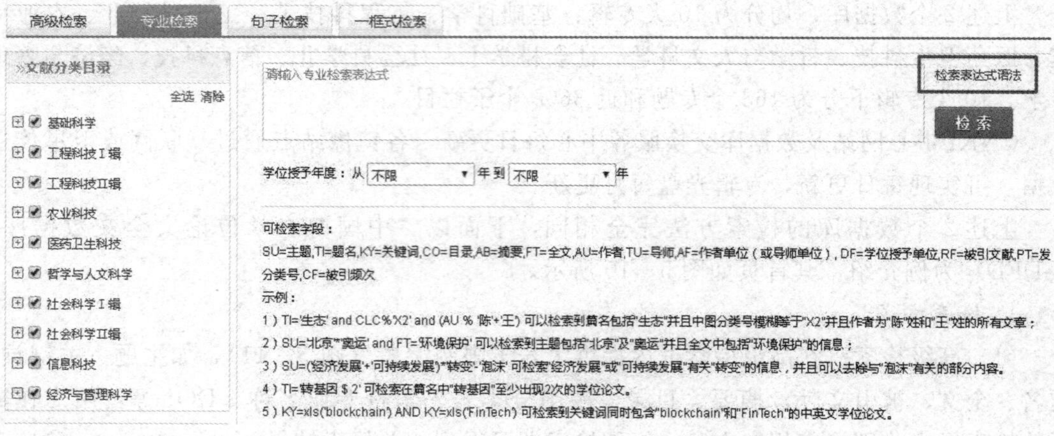

图 5－12　中国博士学位论文全文数据库专业检索界面图

多个检索项的检索表达式可使用 And、Or、Not 逻辑运算符进行组合。点击“检索式表达语法”，可以查看专业检索语法表。

（3）句子检索。句子检索是通过用户输入的两个关键词，查找同时包含这两个词的句子。由于句子中包含了大量的事实信息，通过检索句子可以为用户提供有关事实问题的答案（图 5－13）。

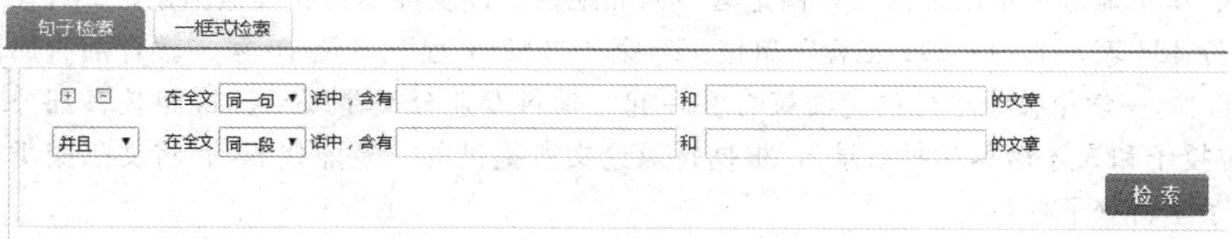

图 5－13　中国博士学位论文全文数据库句子检索界面图

（4）一框式检索。数据库提供了类似搜索引擎的快速检索方式，即一框式检索。在首页面点击“一框式检索”按钮，即可进入一框式检索界面（图 5－14）。用户只需要输入所要检索的关键词，点击“检索”就可查到相关的文献。

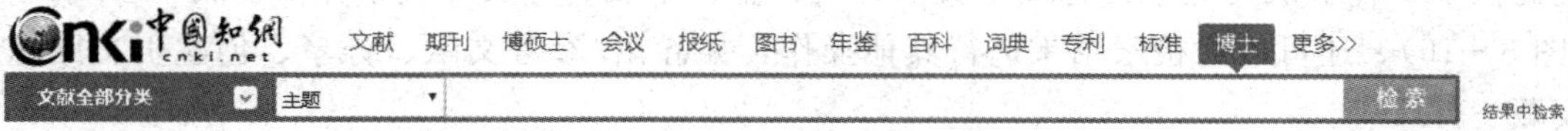

图 5－14　中国博士学位论文全文数据库一框式检索图

一框式检索的检索途径主要有主题、关键词、题名、全文、作者、导师、学位授予单位、摘要、目录、中图分类号、学科专业名称、DOI 等。在检索框里变换检索词，点击“在结果中检索”，可实现对检索结果的二次检索，以提高检索准确率。

（5）分类浏览。数据库提供了两套分类浏览体系：地域导航和学科专业导航（图 5－15）。

图 5－15　中国博士学位论文全文数据库分类浏览界面图

地域导航是按地域分为 10 个区：华北地区、东北地区、华东（北）地区、华东（南）地区、华中地区、华南地区、西南地区、西北地区，以及港澳台和其他国家，共计学位授予单位 486 家，其中“211 工程”单位 116 家、“985 工程”单位 40 家、教育部直属高校 76 家，同一学位授予单位的论文聚合在一起。学科专业分类是 CNKI 按照教育部公布的《学位授予和人才培养学科目录》，根据每篇论文所提供的“专业代码”，将文献聚类到相应的子学科（子栏目）。

在浏览时，用户可以通过导航逐步缩小范围，最后检索出某一知识单元中的文章。这样可以节省检索的时间，提高查准率。系统默认的浏览形式是地域导航，如果需要用学科专业浏览，可以点击“学科专业导航”链接进入。

2. 检索结果

检索得到的结果，会以摘要的形式展示出来，并提供知识节点和知识网络等信息。系统提供了 4 种下载浏览学位论文全文的方式：整本下载、分页下载、分章下载、在线阅读（图 5－16）。还可以对检索结果进行其他操作，如导出/参考文献、分享、创建引文跟踪、收藏、打印等。

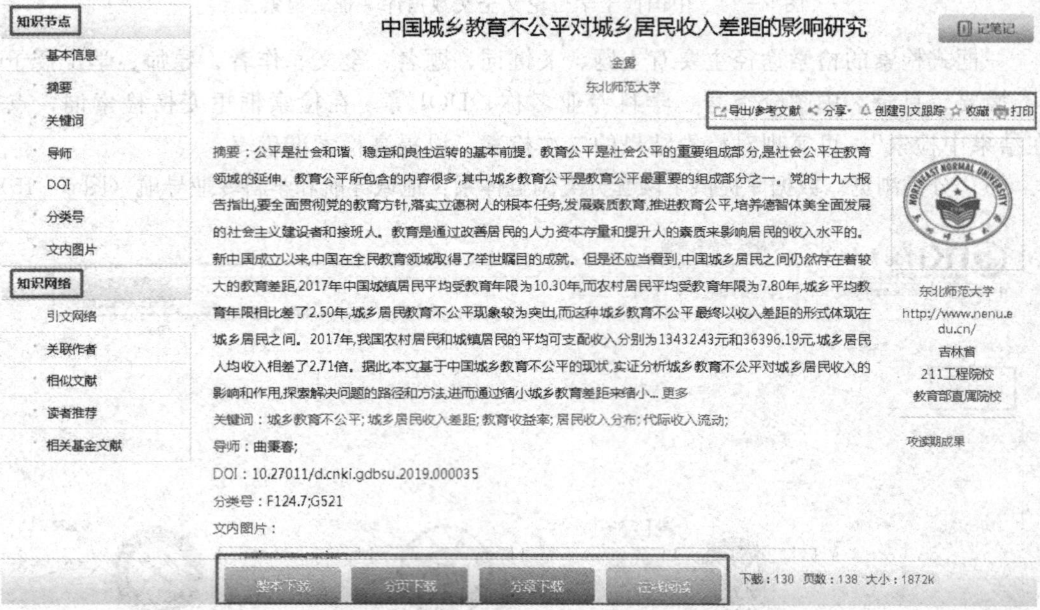

图 5－16 中国博士学位论文全文数据库检索结果图

（三）CALIS 高校学位论文数据库

CALIS 高校学位论文数据库是中国高等教育文献保障系统（CALIS）的一个子项目，是国家在“九五”期间建设的博硕士学位论文文摘数据库基础上，建设的一个集中检索、分布式全文获取服务的 CALIS 高校博硕士学位论文文摘与全文数据库。CALIS 高校学位论文数据库的建立为国内外用户提供了一个获取高校学位论文信息的检索途径，从而推动了高校教学科研工作的交流与开展。该项目由 CALIS 中心负责制定统一的数据规范和编制统一的建库软件，由 CALIS 全国工程中心文献中心（清华大学图书馆）牵头负责组织，协调全国七八十家高校合作建设。该数据库内容涵盖自然科学、社会科学、医学等各个学科领域。

数据库中的中文学位论文，主要通过网上直接采集电子文本的方式逐年累积，另外通过集团采购补贴的方式，与高校图书馆与公共图书馆、情报所等合作，按篇选择购买国外电子版博硕士学位论文，集中存放在 CALIS 的全文服务器中。目前，数据库中的博硕士学位论文数据达 540 多万条，其中中文数据 320 多万条、外文数据 220 多万条，且数据仍在持续增长中。

用户可以通过网站 http：//www. calis. edu. cn 进入 CALIS 主页，选择“资源发现”栏目中的“学位论文数据库”，或直接输入平台网址 http：//etd. calis. edu. cn 进入数据库，检索界面如图 5－17 所示。

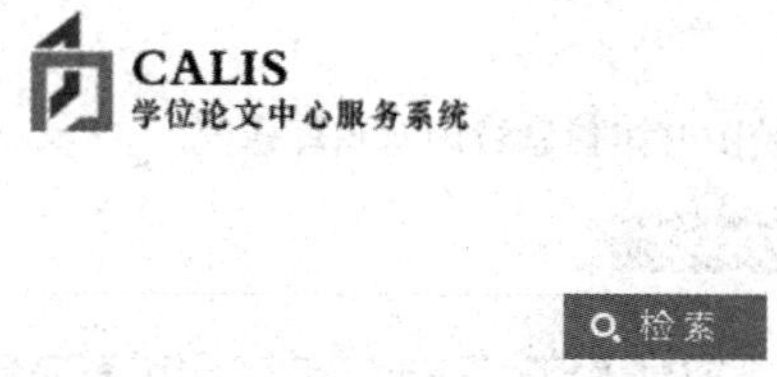

图 5－17　CALIS 学位论文数据库检索界面图

1. *检索方式*

该系统采用 e 读搜索引擎，提供一框式简单检索方式，检索功能便捷灵活，用户直接在检索框中输入检索词即可进行检索。

2. *检索结果*

对于每一次检索，系统均返回检索结果（图 5－18），并在屏幕上方显示检索词和检索返回数量结果，检索结果显示方式可选择按出版年升序或降序排列。

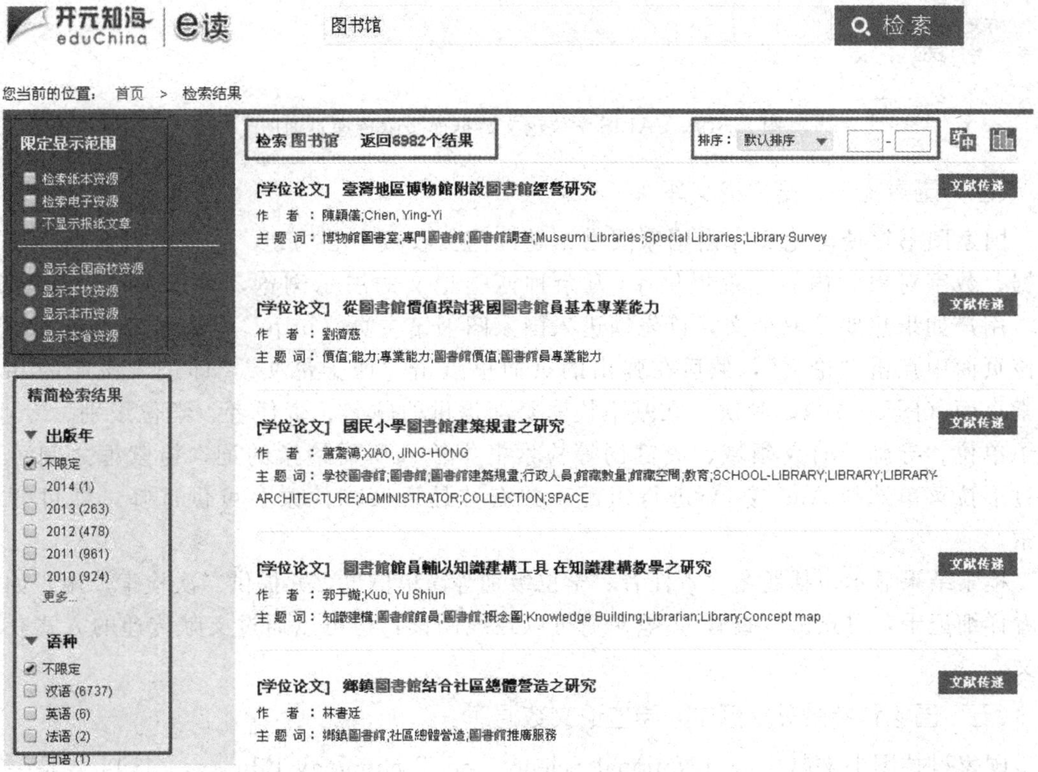

图 5－18　CALIS 学位论文数据库检索结果图

对于检索结果，可限定显示范围，既可将检索结果限定在纸本资源或电子资源，也可以限定显示全国高校资源、本校资源、本市资源、本省资源等；还可以通过限定出版年、语种、类型、学科、收录数据库、收录馆等进一步予以精减。

在检索结果页面，用户点击论文标题可进入下一级详细信息页面，系统显示该记录的论文题名、摘要、作者、学科分类、学位类别、学位授予单位、导师姓名、学位年度、语种等详细信息（图 5－19）；点击“文献传递”按钮，可向收藏单位请求以文献传递方式获取原文。CALIS 系统有电子资源的，可提供前 16 页的试读功能。

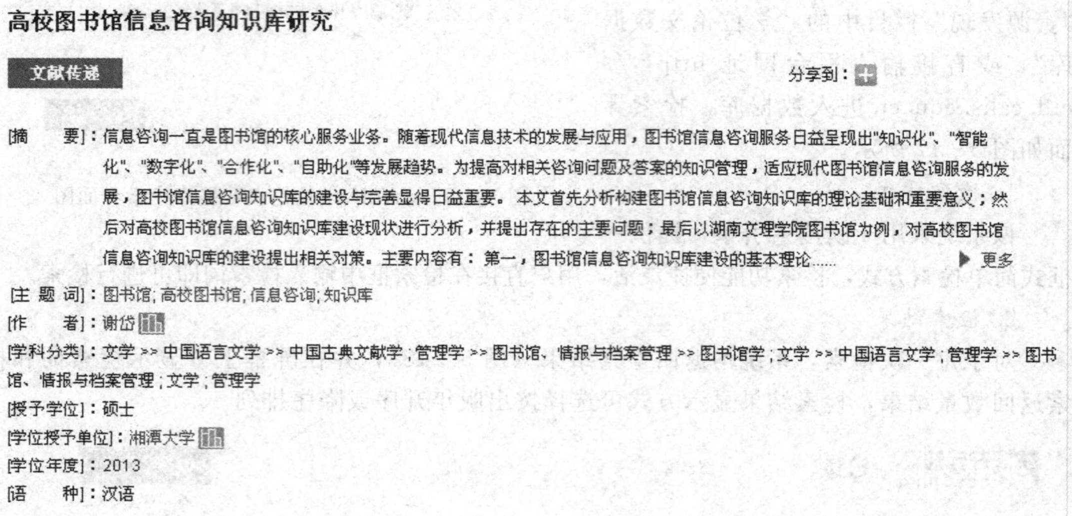
高校图书馆信息咨询知识库研究

文献传递

分享到：

[摘　　要]：信息咨询一直是图书馆的核心服务业务。随着现代信息技术的发展与应用，图书馆信息咨询服务日益呈现出"知识化"、"智能化"、"数字化"、"合作化"、"自助化"等发展趋势。为提高对相关咨询问题及答案的知识管理，适应现代图书馆信息咨询服务的发展，图书馆信息咨询知识库的建设与完善显得日益重要。本文首先分析构建图书馆信息咨询知识库的理论基础和重要意义；然后对高校图书馆信息咨询知识库建设现状进行分析，并提出存在的主要问题；最后以湖南文理学院图书馆为例，对高校图书馆信息咨询知识库的建设提出相关对策。主要内容有：第一，图书馆信息咨询知识库建设的基本理论...... ▶ 更多

[主 题 词]：图书馆; 高校图书馆; 信息咨询; 知识库

[作　　者]：谢岱

[学科分类]：文学 >> 中国语言文学 >> 中国古典文献学 ; 管理学 >> 图书馆、情报与档案管理 >> 图书馆学 ; 文学 >> 中国语言文学 ; 管理学 >> 图书馆、情报与档案管理 ; 文学 ; 管理学

[授予学位]：硕士

[学位授予单位]：湘潭大学

[学位年度]：2013

[语　　种]：汉语

图 5－19　CALIS 学位论文数据库文献传递页面图

（四）国家图书馆博士论文库

国家图书馆博士论文库由国家图书馆学位论文收藏中心构建，它以书目数据、篇名数据、数字对象为内容，现提供 10 万余种博士论文的展示浏览，可以看目录和前 24 页。用户如果想要获取全文，首先须进入国家图书馆主页（http：//www. nlc. gov. cn），在该页面中点击“论文”，然后在弹出的页面里点击“博士论文”，即进入该库的基本检索页面（图 5－20）。其次，在基本检索页面提供的题名、责任者、学位级别、专业、授予单位、导师、研究领域、关键词等检索框中输入所需检索的词，检索框之间可以通过下拉菜单选择 And 或 Or 进行组配，并有“是否模糊检索”可供选择，即可开始检索。

检索结果显示包括题名、责任者、学位级别等简单信息，并提供二次检索，用户如需查看详细记录，可点击“查看”。登录后可以在线阅读，也可以通过文献传递的方式获取全文。

（五）国家科技图书文献中心学位论文数据库

国家科技图书文献中心（National Science and Technology Library，NSTL）是一个基于网络环境的科技文献信息资源服务机构，其中文学位论文数据库主要收录了 1984 年

图 5－20　国家图书馆博士论文库基本检索界面图

至今我国高等院校、研究院所发布的硕士、博士和博士后的 37 万余篇论文，学科范围涉及自然科学各专业领域，并兼顾社会科学和人文科学，每年增加论文 6 万余篇，每季更新。外文学位论文数据库收录了 2001 年以来美国 ProQuest 公司博硕士论文资料库中的优秀博士论文，每年更新。输入网址 http：//www. nstl. gov. cn，用户即可进入其免费检索主页面（图 5－21）。

图 5－21　国家科技图书文献中心学位论文数据库检索界面图

该数据库提供基本检索和高级检索两种检索方式。基本检索方式，就是在检索框中输入检索词，点击“检索”即可得到相应的检索结果。高级检索方式（图 5-22），就是在检索框中输入所需检索的词，通过下拉菜单选择好所需检索的字段、词与词之间的逻辑关系、馆藏范围、时间范围等，点击“检索”即可得到检索结果列表；再点击所需查看的题名，可进入文摘格式的结果显示页面。

图 5-22　国家科技图书文献中心学位论文数据库高级检索页面图

三、国外学位论文信息检索

国外学位论文信息数据库以 ProQuest 公司的博硕士学位论文数据库最为著名。ProQuest 公司是世界上最早及最大的博硕士论文收藏者和供应商，该公司的 ProQuest Dissertations and Theses（PQDT）数据库收录有欧美 2000 余所大学的博士、硕士学位论文，学科包括文、理、工、农、医、商业、经济等，几乎覆盖了自然科学和社会科学的各个领域，年数据增长量约为 6 万篇，数据每周更新，时效性强，内容详尽，是学术研究中十分重要的信息资源，也是目前世界上最大和最广泛使用的学位论文数据库，其学位论文库包括文摘数据库和全文数据库两大部分。

（一）PQDT 的博硕士论文文摘数据库

PQDT 的博硕士论文文摘数据库现已收录来自 2000 多所大学的 490 多万篇学位论文文摘索引记录，涵盖了从 1637 年获得通过的全世界第一篇博士论文（荷兰），到本年度本学期获得通过的博硕士论文信息。数据库中除收录与每篇论文相关的题录外，1980 年以后出版的博士论文信息中包含了作者本人撰写的350字的文摘，1988年以后出版的硕士论文信息中含有150字的文摘。

该数据库有完全版和两个分册版本（PQDT A：人文社科版；PQDT B：科学及工程版）。PQDT的博硕士论文文摘数据库中所收录论文的数量，每年新增达13万多篇。

1. *检索方法*

该数据库提供Basic（基本检索）、Advance（高级检索）、Topics（主题检索）和Publications（刊物检索）4种检索方式。

用户进入该文摘数据库的主页（http：//www.proquest.umi.com）后，点击主页面中的Basic，即进入基本检索页面（图5-23）。在该页面中，用户在检索框中输入检索式，并选择所需的日期和文献类型即可开始检索。

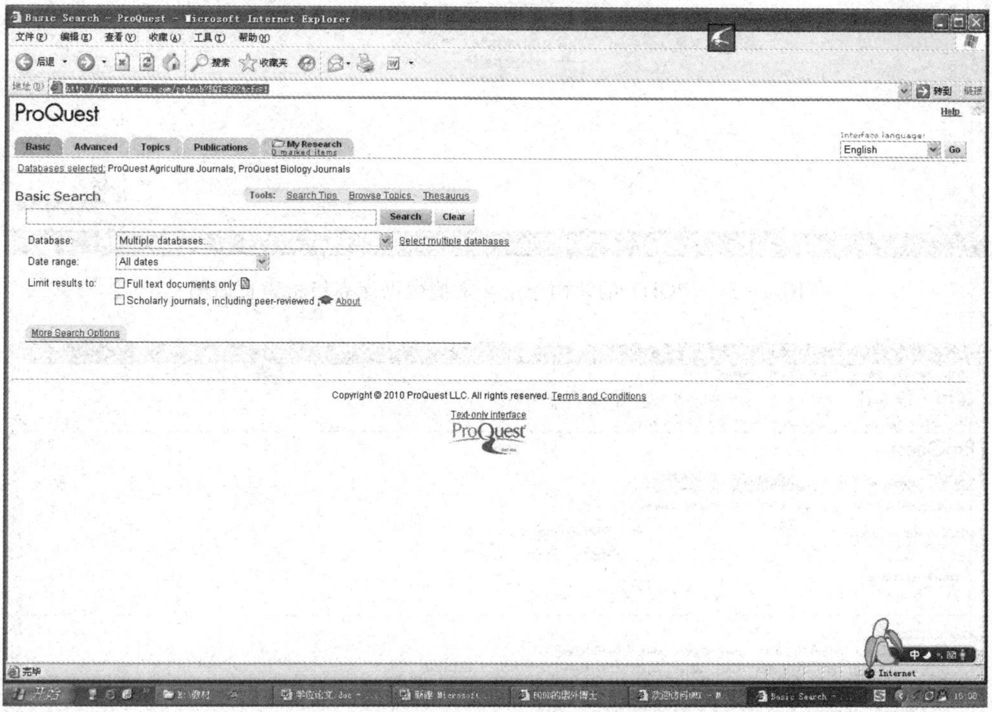

图5-23 PQDT的博硕士论文文摘数据库基本检索页面图

如果在主页面中点击Advance，即进入高级检索页面（图5-24）。用户在系统提供的检索框中输入相应的检索词，并通过下拉菜单选择各自的字段和各字段之间的逻辑符，即可开始检索。

若在主页面中点击Publications，即进入刊物检索页面（图5-25）。用户可以输入刊名直接进行检索，也可点击刊物列表中所列的刊物进行浏览检索。

若在主页面中点击Topic，即进入主题检索页面（图5-26）。用户可在检索框中输入所需检索主题的开头几个字母，并点击Find Term，在检索框的下方即可出现相关的主题类目，用户可根据需要选择相应的主题进行检索。

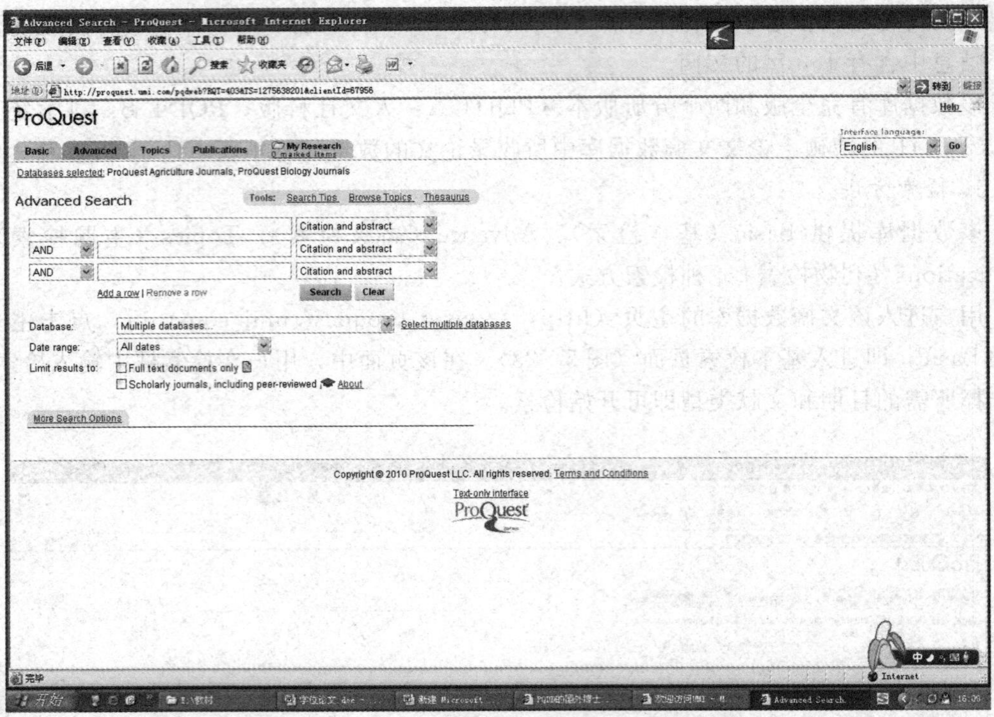

图 5－24　PQDT 的博硕士论文文摘数据库高级检索页面图

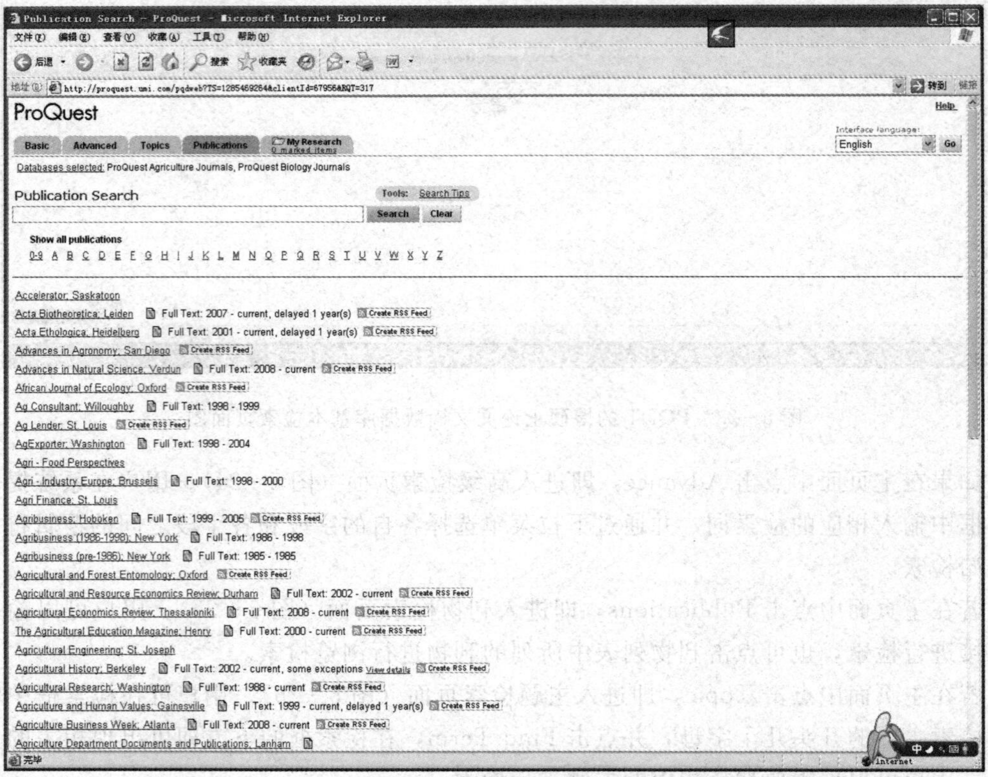

图 5－25　PQDT 的博硕士论文文摘数据库刊物检索页面图

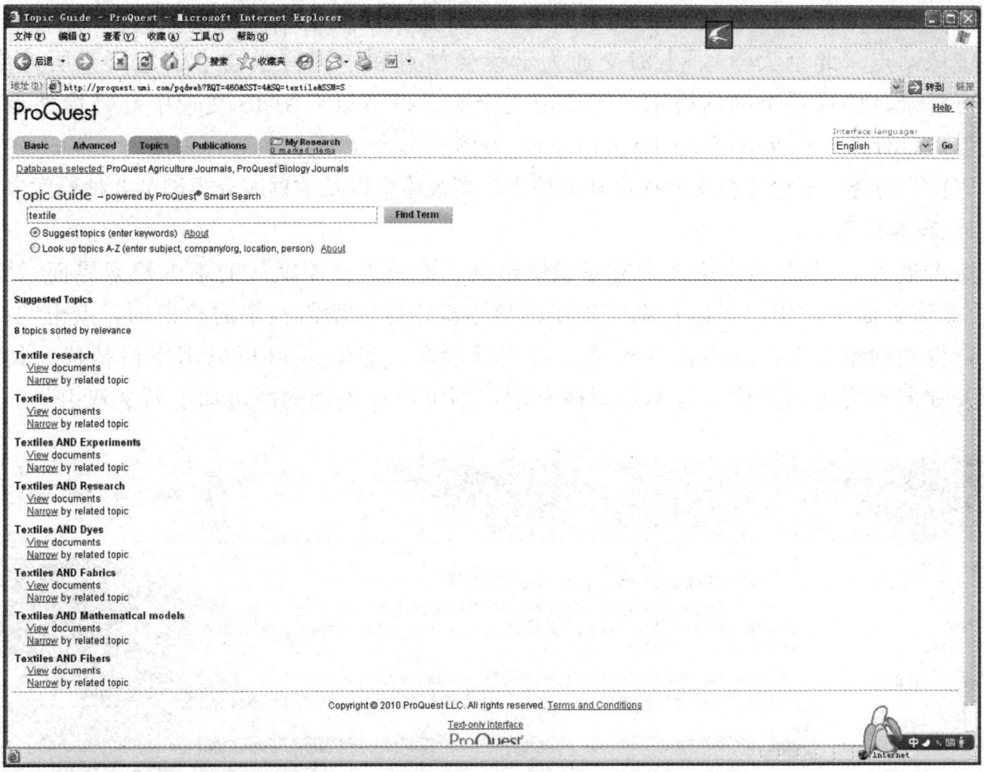

图 5-26　PQDT 的博硕士论文文摘数据库主题检索页面图

2. 检索技巧

系统默认截词符“?”，逻辑算符“And、Or、Not”，位置算符“W/n（两词间距小于 n 个单词，且前后位置任意）、Pre/n（两词间距小于 n 个单词，且前后位置一定）”。

3. 检索结果的显示、标记和下载

执行检索后，直接显示命中论文的题目列表，包括题目、作者、学校名、年份等简单信息。列表上方可以设置每屏显示篇数及排序方式。论文左侧的小方块用于做标记，列表左上方的 Mark All 按钮用于将某次检索结果全部标记。屏幕上方还提供 Refine Search（二次检索）功能，可以对命中文献进行缩小范围检索。点击每条记录下方的 Abstract 可查看详细记录。凡能够获得前 24 页原文的论文，其记录下方还有 Preview 字样，点开后可以看到前 24 页的缩小扫描图像。通过检索结果上方的 Print 和 Email 按键，可实现结果的打印和 Email 传递。

（二）PQDT 的博硕士论文全文数据库

2002 年开始，为满足国内对博硕士论文全文的广泛需求，CALIS 组织国内 70 多所高校和文献收藏单位联合引进 ProQuest 公司的博硕士学位论文的 PDF 全文，并将其再次做成数据库放在网上，提供共享服务。凡参加联合引进的单位可以共享其他单位引进的学位论文数据，即一馆订购、全国受益。目前，该数据库主要收录 1997 年以来授予学位的博硕士论文，至 2019 年年底共有超过 250 万篇论文全文，每年新增学位论文 1 万余篇。

目前“ProQuest 学位论文全文中国集团”在国内建立了 3 个镜像站，即 CALIS 文理中心镜像站点（北京大学）、上海交通大学镜像站点和中国科学技术信息研究所镜像站。读者可登录其中任一个网站检索、下载论文全文。以下以 CALIS 文理中心镜像站点（北京大学）（http：//proquest. calis. edu. cn）为例进行介绍。

PQDT 的博硕士论文全文库提供基本检索、高级检索以及数据库分类浏览 3 种检索方式。

1. 基本检索

点击进入 PQDT 学位论文全文库镜像站点，即进入该库默认的基本检索界面（图 5 - 27）。在该页面中，用户只需在系统提供的检索框中输入所需检索的检索词，点击“检索”就可以得到检索结果。基本检索支持布尔逻辑检索，逻辑 And 可以用空格替代；如果输入的关键词本身包括空格并且不希望被分割，则可以在关键词两边加上西文双引号。

图 5 - 27　PQDT 的博硕士论文全文数据库基本检索界面图

2. 高级检索

点击主页面中的高级检索，即进入高级检索页面（图 5 - 28）。在该页面中，系统提供题目、摘要、学科、作者、学校、导师、来源等 7 个字段的检索框，用户分别在所需框内输入检索项（其中学科字段可通过系统提供的列表进行选取），下拉菜单选择逻辑符，从而形成完整的检索式即可进行检索。

另外，数据库可以通过出版年度、学位级别、语种等对检索范围进行限定；还可以通过选择全部显示，或者只显示有全文的结果，来设置检索结果的显示方式。

3. 分类浏览

数据库页面下方有学科导航树，目前学科大类有 11 个：生物学、地球与环境科学、保健、基础科学、应用科学、心理学、传播与艺术、教育、语言文学、哲学宗教神学、一般社会科学，每个大类又细分若干小类，共有三级类目。点击类目名称即可看到该类下的所有论文（图 5 - 29）。

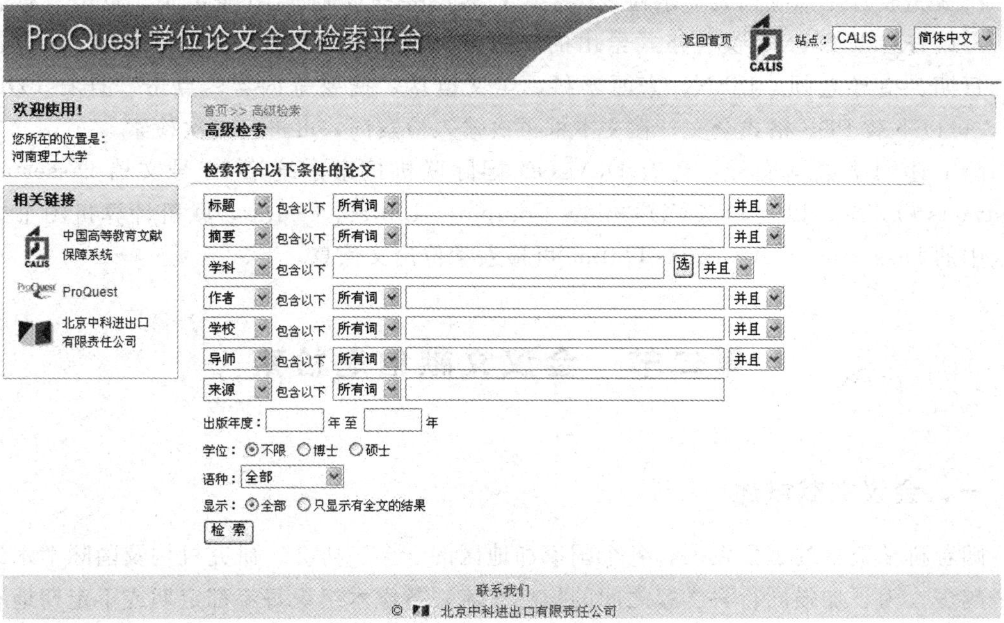

图 5－28　PQDT 的博硕士论文全文数据库高级检索界面图

图 5－29　PQDT 的博硕士论文全文数据库分类浏览图

检索完成后，系统列表显示检索结果，检索结果每页显示10条记录。点击“查看详情”可以查看以HTML文件格式给出的出版号（论文号）、论文名称、作者、学位、学校、日期、指导老师、ISBN、来源学科、全文链接、摘要等内容。点击“查看PDF全文”，可以下载PDF格式全文。在文本框再次输入检索词，可进行二次检索。

除上述网络数据库外，还有DIALOG国际联机检索系统第35号文档Dissertation Abstracts Online，以及OCLC（Online Computer Library Center，联机计算机图书馆中心）中的Dissertation Abstracts Online可检索学位论文信息。

第二节 会议文献信息检索

一、会议文献概述

随着科学技术的迅猛发展，各个国家和地区的学会、协会、研究机构及国际学术组织越来越多。为了加强同行科学家之间的信息交流，各学术组织每年都定期或不定期地召开各种类型的学术会议。据美国科学信息所（Institute for Scientific Information，ISI）统计，全世界每年召开的学术会议约1万个，正式发行的各种专业会议文献5000多种。因此，会议论文是传递和获取科技信息的一条极为有效的重要渠道。

（一）学术会议及会议文献的概念

学术会议是指各种学会、协会、研究机构、学术组织等主持举办的各种研讨会、学术讨论会等与学术相关的会议。学术会议数量众多，形式多样。学术会议按其组织形式和规模划分，一般可分为以下5类：国际性会议、地区性会议、全国性会议、学会或协会会议、同行业联合会议。按学术会议性质划分，一般可分为常会（General Assembly）、年会（Annual Meeting）、报告会（Congress，Conference，Convention）、小型学术专业讨论会（Symposium，Colloquium）等。会议是交流学术研究成果的重要场地，许多科学中的最新发现，有很大一部分是通过会议首次公布的，所以会议文献成为集中了解一个研究领域或研究主题的重要信息源。在科技信息源中，其重要性和利用率仅次于期刊。

会议文献是指各种学术会议的资料和出版物，包括会议前参加会议者预先提交的论文文摘、在会议上宣读或散发的论文、会上讨论的问题、与会者交流的经验和情况等经整理、编辑、加工而成的正式出版物。广义的会议文献是与会议有关的一系列文件的总称，包括会议通知、论文以及会议期间的有关文件、讨论稿、报告、征求意见稿、会议纪要等；狭义的会议文献仅指会议发表的或提交给会议的论文。

（二）会议文献的特点

1. 专深性

各种学术会议，通常只有一个或多个主要议题，参会者大多是该议题的专家，或者正在从事该项工作的科技人员。他们对本届议题的历史及现状都有较深的了解，可以在较专深的水平上进行对话。因此入选的会议论文，绝大多数是各个国家和地区在这个专题上最高水平的代表作。由此可见，相比其他类型的文献资源，会议文献的内容更专深。

2. 连续性

会议文献是随着会议的召开而出版的，而大多数学术会议又都是连续性的，一届会议一版文集，连续发行。只要会议逐届开下去，会议文献就会逐期出版下去。随着现代技术的推广应用，以及各领域交流的逐渐强化，连续性会议及会议文献会越来越多。

3. 新颖性

在科技会议上，会议论文阐述的观点是作者的最新研究成果，通过会议形式的交流可以最早在同行们中迅速传播，一般也比在期刊上正式发表论文要早。许多学科中的最新发现都是利用科技会议平台首次公布的。因此，会议文献代表着本领域研究的最新进展，反映了本领域研究的最新动态。

4. 简化性

各种国际会议一般要求用规定的文字语言进行交流，所以会议文献具有文字单一的特性，在使用时较好地克服了语言障碍。

（三）会议文献的类型

会议文献一般按内容发布的时间先后划分为多种类型。不同类型的会议文献，其情报价值也各不相同。

1. 会前文献

在会议进行之前预先印发给与会代表的相关资料，包括：会议论文预印本、会议论文摘要或论文目录、会议议程和发言提要、会议近期通讯或预告等。部分会议只出版预印本，会后不再出版会议录，约有40%的会前文献不对外出版。

2. 会间文献

会议召开期间产生的临时性材料、交流论文及报告等，包括开幕词、讲演词、闭幕词、讨论记录、会议简报、决议等。

3. 会后文献

会后文献主要指会议结束后正式发表的会议论文集，其有许多不同的名称，如会议录(Proceeding)、会议论文集（Papers/Symposium Series）、学术讨论论文集（Colloquium Papers）、会议记录（Records）、会议报告集（Reports）、会议出版物（Publications）、会议辑要（Digest）等。

（四）会议文献的出版形式

1. 图书

以图书形式出版的会议文献，通常称为会议录，多数以会议名称作为书名；也有以文集名作为书名，将会议名称作为副书名的。一般按会议届次编号，定期或不定期出版。

2. 期刊

除以图书形式出版的会议录以外，相当部分的会后文献在有关学术期刊上发表，主要是有关学会、协会主办的学术刊物。还有的期刊往往以副刊或专刊的形式专门报道某一学术会议上的重要论文。

3. 科技报告

部分会后文献被编入科技报告，如美国4大科技报告。

4. 视听资料

在开会期间进行录音、录像，会后以视听资料的形式发表。

5. 在线会议

许多学术会议都在互联网上开设会议网站，或者是在会议主办者的网站上设会议专页，利用网站报道会议情况和论文。

二、国内会议文献检索

（一）会议召开信息检索

科研人员如果想参加某学术会议或对其投稿，则须提前了解近期将要召开哪些会议、会议召开的时间和地点、主办单位、参加条件等信息。检索这些会议召开的信息主要可通过以下方式。

1. 学术团体数据库及网站

学术团体是会议的重要主办单位，也是会议文献的重要来源，许多专业协会、学会都拥有自己的数据库和网站，可以从中检索会议召开信息，例如：

中国图书馆学会网站（http：//www.lsc.org.cn），除了可以查询相关会议文献外，还有专门的国际会议动态等栏目，介绍近期召开的会议，或提供该会议的超链接。

中国计算机学会网站（http：//www.ccf.org.cn），在主页的“会议活动”栏目提供了该学会最近几年的学术活动和学术会议信息。

中国科学技术协会网站（http：//www.cast.org.cn），在主页上不仅提供了全国性学会和地方科协主办的学术会议和学术活动的简要信息，同时提供了中国科学技术协会自身主办的各种会议和活动的详细信息。

2. 会议信息网站

（1）中国学术会议网。中国学术会议网（http：//conf.cnki.net）由教育部主管、清华大学主办，是专为会议主办方、作者、参会者设计并开发的网络化学术会议服务平台。在中国学术会议网注册的会议，系统将自动把信息推送至论文作者的“个人数字图书馆”中（目前已有上百万作者注册使用），让会议被更多作者发现。同时，系统将把会议网站链接推广到Google、百度等主流搜索引擎。科研工作者可以轻松地发现适合自己的会议并在线投稿，也可以在线注册参会并获得所关注会议发布的最新通知、公告信息以及审稿录用、注册情况。中国学术会议网的检索界面如图5-30。

（2）学术会议云。学术会议云是国内外学术会议在线检索的门户网站（http：//www.allconfs.org），用户通过学术会议云可以发布学术会议、查找学术会议、参加学术会议。学术会议云是由Allconfs云会通采用SaaS云服务方式搭建的功能强大的“学术会议网站＋会务管理系统”，会议类型包括了学术会议、行业会议、论坛峰会、其他会议等。通过学术会议云网站，用户可以随时掌握会议进展与动态，截至2020年4月，该网站已创建会议7365个。学术会议云会议预告界面如图5-31。

3. 新媒体会议信息

（1）“图情会”微信公众号。图情会是图书情报界的专业会议微信公众号，它主要汇集了国内外图书馆学、情报学、档案学、信息资源管理等学科领域的各类会议信息，包括

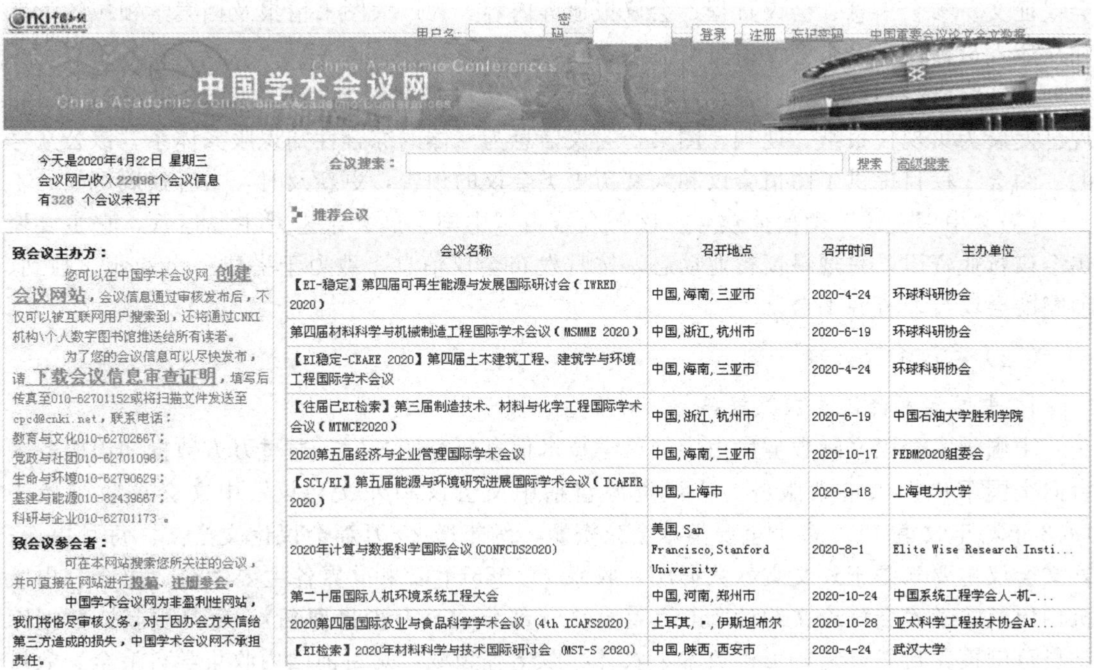

图 5－30　中国学术会议网首页图

图 5－31　学术会议云会议预告界面图

会议征文、参会信息、会议日程、会议报道等内容，为广大图书情报及档案学领域的学者和从业人员提供了一个会议信息交流平台。

（2）“全国报刊索引机构版”微信公众号。《全国报刊索引》创立于20世纪50年代，现已发展为集现代报纸、期刊、图书、会议信息为一体的综合性知识服务体系。该公众号的“约会”栏目提供了图情会议和人文历史类会议的预告，更新及时，内容权威可靠。

（3）“中国会议”微信公众号。该公众号由《中国会展》杂志社主办运营，它主要聚焦会议行业资讯，呈现最新行业动态，按月发布会议信息，致力于搭建一个专业、独到、前瞻的会议行业资源平台。

（二）会议论文检索

1. 中国学术会议文献数据库

中国学术会议文献数据库由中国科学技术信息研究所开发，通过万方数据知识服务平台向全国用户提供检索服务。会议资源包括中文会议和外文会议，中文会议收录始于1982年，年收集4000多个重要学术会议资源，约年增20万篇会议论文全文，每月更新；外文会议主要来源于外文文献数据库，收录了1985年以来世界各主要学会、协会、出版机构出版的学术会议论文约计766万篇全文（部分文献有少量回溯），每月更新。数据库学科范围覆盖自然科学、工程技术、农林、医学等领域，是目前国内收集学科最全、数量最多的会议论文数据库。数据库的检索界面如图5－32。

图5－32 中国学术会议文献数据库首页图

中国学术会议文献数据库提供了多种访问全文的途径：按会议分类浏览、会议论文库检索等。以下是该数据库提供的会议论文库检索功能介绍。

系统对会议论文库提供了如下检索入口：简单检索、高级检索、分类浏览。

简单检索：中国学术会议文献数据库的默认界面即为简单检索入口。用户可以通过题名、作者、作者单位、关键词、摘要、会议名称、主办单位等快速检索所需会议文献。

高级检索：中国学术会议文献数据库的高级检索又分为“高级检索、专业检索、作者发文检索”三种检索方法。检索方法与前述“中国学位论文全文数据库”相同，不再赘述。

分类浏览：点击中国学术会议文献数据库首页下方左侧的“学科分类”，可直接浏览各学科专业的相关会议文献信息。同时，可通过首字母筛选、单位类型、主办地、会议级别等做进一步的限制，以提高查准率。

2. 中国重要会议论文全文数据库

中国重要会议论文全文数据库是中国知网CNKI源数据库的重要组成部分。该数据库重点收录1999年以来，中国科协系统及国家二级以上的学会、协会，各高校、科研院所及政府机关举办的重要会议，以及在国内召开的国际会议上发表的文献。数据库资源中，全国性会议文献超过总量的70%，国际会议文献占全部文献的20%以上；部分重点会议文献回溯至1953年，年更新约10万篇论文。至2020年4月，数据库已收录出版国内外学术会议论文集3万本，累积文献总量300万篇。

数据库分为10大专辑：理工A、理工B、理工C、农业、医药卫生、文史哲、政治军事与法律、教育与社会科学综合、电子技术与信息科学、经济与管理；10大专辑下分为168个专题和近3600个子栏目，是检索会议信息的重要工具。数据库检索界面如图5-33。

图5-33　中国重要会议论文全文数据库首页图

该数据库可以通过论文题名、论文作者、作者机构、论文摘要、论文关键词、引文、全文、会议录名称、主办单位、会议地点等进行检索，检索方法与前述CNKI“中国博硕士学位论文全文数据库”检索方法相同，不再赘述。

3. 国家科技图书文献中心会议论文数据库

国家科技图书文献中心（NSTL）的中文会议论文数据库收录了1985年以来我国国家级学会、协会、研究会以及各省、部委等组织召开的全国性学术会议论文，收藏重点为自然科学各专业领域，每年涉及600余个重要的学术会议，年增加论文4万余篇，每季或月更新。外文会议论文数据库主要收录了1985年以来世界各主要学会、协会、出版机构出版的学术会议论文，部分文献有少量回溯，学科范围涉及工程技术和自然科学各专业领域，每年增加论文20余万篇，每周更新。国家科技图书文献中心会议论文数据库检索界面如图5-34。

检索时按系统设定的查询范围、时间范围、查询方式、馆藏范围、查询字段等进行组配检索，其中查询字段包括题名、出处、会议名称、作者、机构、关键词、主题词、摘要、出版者、ISSN、EISSN、ISBN、EISBN等，各检索文本框中的检索字段还可以进行逻辑组配。

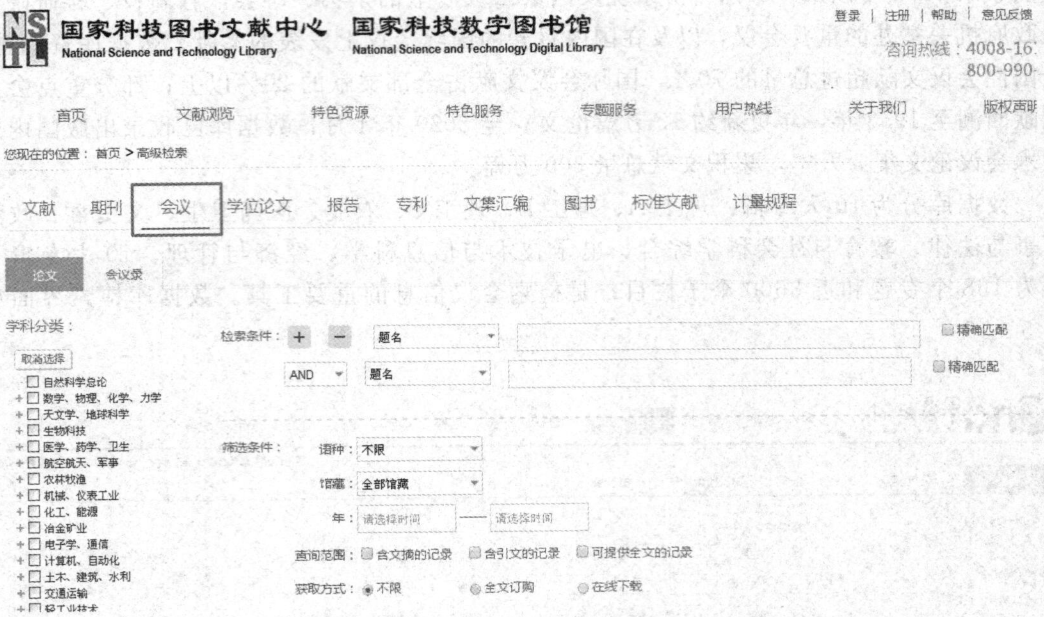

图 5-34　国家科技图书文献中心会议论文数据库检索界面图

三、国外会议文献检索

（一）会议召开信息检索

1. 预报学术会议的传统检索工具

(1)《世界会议》(*World Meetings*, WM)，创刊于 1963 年，由美国世界会议情报中心（World Meetings Information Center, Inc）编辑，美国麦克米兰出版公司（MacMillan Publishing Co. Inc）出版，预报两年内将要召开的会议信息，学科涉及自然科学、工程技术、医学和社会学等领域，是科技人员了解有关国际学术会议的主要检索工具，共分为《世界会议：美国和加拿大》《世界会议：美加以外的国家和地区》《世界会议：医学》《世界会议：社会与科学、教育与管理》4 个分册出版。这 4 个分册均为季刊，编排结构相同，正文部分按会议登记号顺序编排，其后著录有会议名称、会址、主办单位、联系人或单位、讨论内容、出席人数、论文提交日期和截止日期、论文寄送地址、预定出版的会议资料以及有无同时举办展览等；索引部分由 6 种索引组成：关键词索引（Keyword Index）、会议日期索引（Data Index）、会议地址索引（Location Index）、会议出版物索引（Publication Index）、主办单位名称索引（Sponsor Directory and Index）、论文截止期限索引（Deadline Index）。

(2)《科技会议》(*Scientific Meetings*)，1957 年创刊，季刊，美国加州科技会议出版公司（Scientific Meetings Publication Co.）出版，预报未来一年内将要召开的科技会议。

(3)《世界会议日期》(*World Convention Dates*)，月刊，美国亨德里克森（Hendrickson）公司出版，预报近 1～2 年内将要举办的各种学术会议。

(4)《国际科技会议预报》(*Forthcoming International Scientific & Technical Conferences*),

1971 年创刊，季刊，英国专业图书馆协会（Association of Special Libraries and Information Bureaus，ASLIB）编辑出版，主要预报本年内将要召开的国际科技会议和英国的全国性科技会议。

（5）《日本预定举办的国际会议一览表》，半年刊，日本国际观光振兴会代表大会编辑部出版。

2. 学术团体数据库及网站

利用专业机构网站查找会议信息有一定的规律可循，如果要查找某个特定的学术机构所组织的会议，最直接的方法是访问该机构网站。例如，检索美国电气电子工程师协会（Institute of Electrical and Electronics Engineers，IEEE）主持召开的会议信息，只要进入 IEEE 的主页（http：//www. ieee. org），点击“Conference”后，即可获得未来几年将要召开的会议信息，包括会议名称、时间、地点、主持人或单位等。美国化学学会（American Chemical Society，ACS）主页上（http：//www. acs. org），也提供了 ACS 主办的全国性和区域性会议的情况。

3. 会议信息网站

例如，技术会议信息中心（Technical Conference Information Center）网站（http：//www. techexpo. com/events）提供世界范围内的专业技术会议报道情况，用户可根据主题词、地点、会议名称、主办者等会议信息进行检索，如图 5－35。

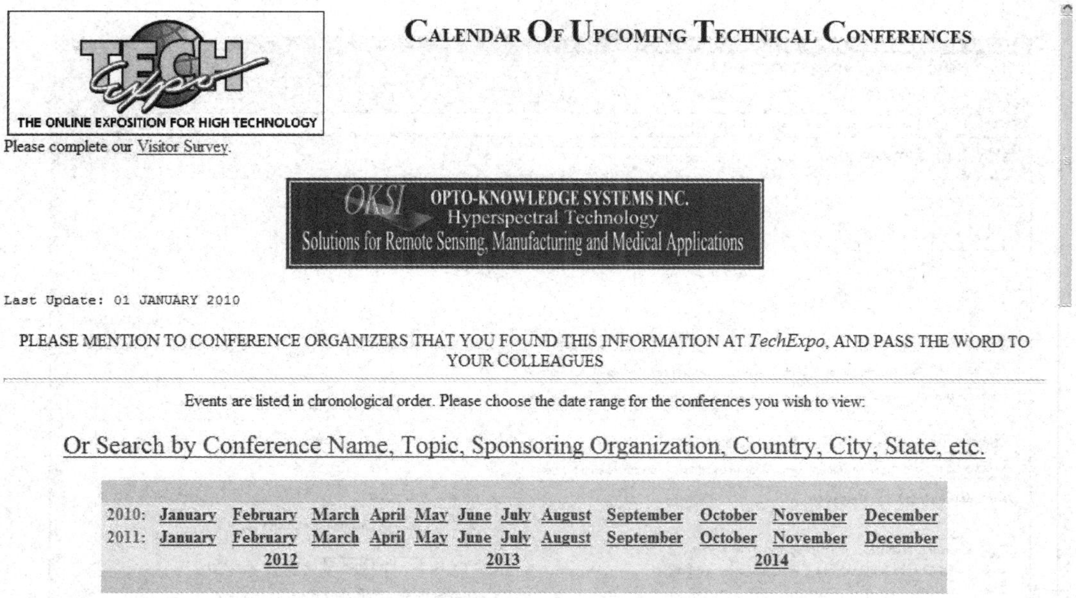

图 5－35　技术会议信息中心首页图

（二）会议文献检索

1. ISI Proceedings

ISI Proceedings 是美国汤姆森科技（Thomson Scientific）信息集团下属的美国科学信息研究所（Institute for Scientific Information，ISI）基于 Web of Science 的检索平台，

是将两大会议录 ISTP（科学技术会议录索引）和 ISSHP（社会科学及人文科学会议录索引）集合而成的会议文献检索工具。ISTP 覆盖所有科技领域的文献，包括农业和环境科学、生物化学和分子生物学、生物技术、医学、工程、计算机、化学和物理等学科。ISSHP 覆盖社会科学、艺术及人文领域的所有会议文献，包括心理学、社会学、公共卫生、管理、经济、艺术、历史、文学及哲学等。

该数据库基于 ISI Web of Knowledge 平台，提供强大的检索与链接功能（链接全文、馆藏等），检索途径包括检索论文的标题、关键词、扩展主题词及文摘、作者名或会议录编者名、会议录名称、会议名称、会议地点、会议日期、主办机构、会议录论文作者地址等。

该数据库汇集了世界上著名的学术会议、座谈会、研究会和专题讨论会的会议录资料。文献来源包括专著、期刊、报告、学会协会或出版商的系列出版物以及印本等，还包括来自 740 多个专题的会议摘要。它收录 1990 年以来超过 6 万个会议的 410 多万条记录，每年收录 1 万多个会议的文献，年增加 20 多万条记录，数据每周更新。

该数据库提供全面的会议信息及会议文献信息，包括会议名称、主办机构、地点、论文题目、论文摘要、参考文献等，是收录最多、覆盖学科最广泛的学术会议录文献数据库，也是查找国外会议文献的首选数据库之一。用户点击网页 http：//isiknowledge. com 即可进入数据库，在页面第一行检索框内点击 ISI Proceedings，可直接进入其检索主页面（图 5－36）。

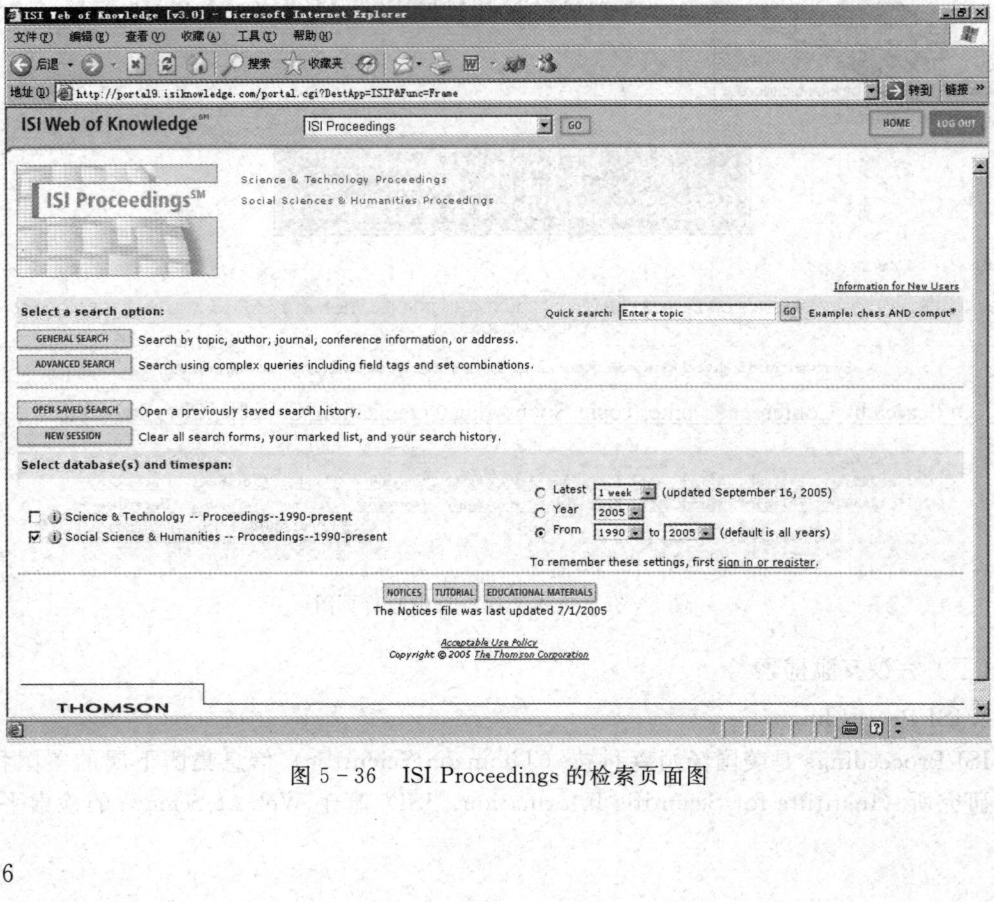

图 5－36　ISI Proceedings 的检索页面图

（1）检索方法。该数据库提供 General Search 和 Advance Search 两种检索界面。General Search 通过主题词、作者名、期刊名、会议信息或作者单位等途径检索，可限定检索结果的语种、文献类型、排序方式，可存储或运行检索策略。而 Advance Search，只需在系统提供的检索框中输入完整的检索式即检索字段名、检索词和词与词之间的逻辑符即可进行检索。

（2）检索技巧。系统默认布尔逻辑运算符有 And、Or 和 Not，精确匹配符“”、优先算符（）和截词符 *。

（3）检索结果的显示、标记和下载。检索后的命中记录以简要格式显示，包括题目、作者、会议信息、来源出版物信息等，如图 5 - 37 所示。

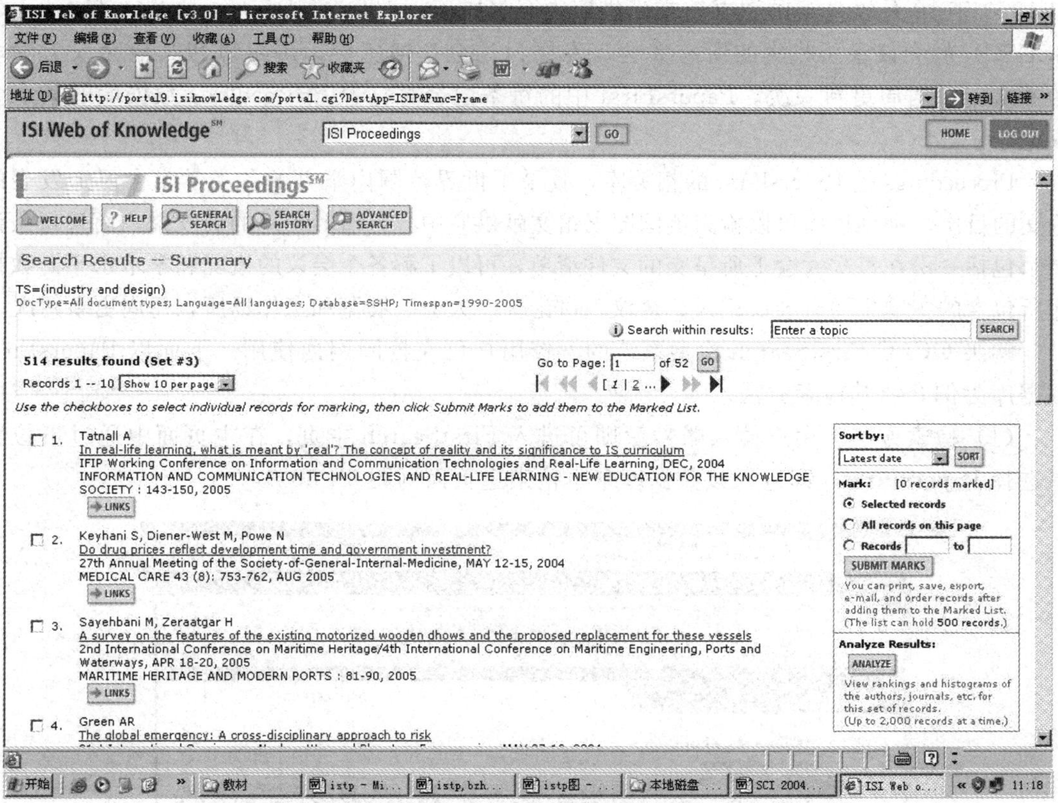

图 5 - 37　ISI Proceedings 检索结果简要格式显示图

在简要格式下点击文献题目的链接即可看到全记录。点击屏幕上方的 Mark 按钮可对该记录进行标记，点击 Summary 按钮回到简要格式显示。部分文献的全记录显示中有 Citing Article 按钮，表示该会议文献由于同时刊登在期刊上而被 SCI 收录，点击该按钮可以直接链接到 Web of Science 数据库界面，从而可获得其被引用情况。

将需要的记录做标记后，屏幕上方就会有 Marked List 按钮，点击后将显示所有标记记录的简要列表，在屏幕下方选择输出字段和排序方式后，再选择 Format For Print 进行显示，然后利用浏览器的存盘和打印功能下载；也可以选择 Email 方式，将检索结果发至用户的电子邮箱。

（4）检索历史的储存与运行

系统中只有 Advance Search 方式可以存储和运行检索历史：在检索词输入界面，点击屏幕下方的 Save History 按钮，可以存储检索历史以备后用；在数据库选择界面，点击 Open Saved History 按钮，可调入先前已存储的检索历史。

2. PapersFirst 和 Proceedings 数据库

FirstSearch 是 OCLC（联机计算机图书馆中心）的一个联机参考服务系统，包括 70 多个数据库。从 1999 年开始，CALIS 全国工程中心订购了其中的基本组 13 个数据库，PapersFirst 与 Proceedings 是其中的两个。

PapersFirst 数据库收录世界范围内各类学术会议上发表的论文的索引信息，覆盖了自 1993 年 10 月以来英国图书馆文献供应中心（Britian Library Document Supply Centre，BLDSC）的会议录所收集的所有大会、专题讨论会、博览会、讲习班和其他会议上发表的论文，每两周更新一次。PapersFirst 中的每条记录对应着 Proceedings 数据库的某个会议记录。

Proceedings 是 PapersFirst 的相关库，收录了世界范围内举办的各类学术会议上发表的论文的目次，利用该库可以检索英国图书馆文献供应中心（BLDSC）的会议录，而且每条记录都包括一份在每次大会上所呈交的文件清单，可以了解各个会议的概况和学术水平。数据库所包含的主题主要有会议记录、会议、讨论会、大会、展览和工作场所，每周更新两次。

购买 OCLC FirstSearch 检索系统的学校用户可在校园网内使用。下面以 PapersFirst 数据库为例介绍其检索方法。

（1）检索方法。用户输入账号后即可进入 FirstSearch 主页，在主页面中通过下拉菜单选择 PapersFirst，即进入该数据库基本检索主页面（图 5 - 38）。

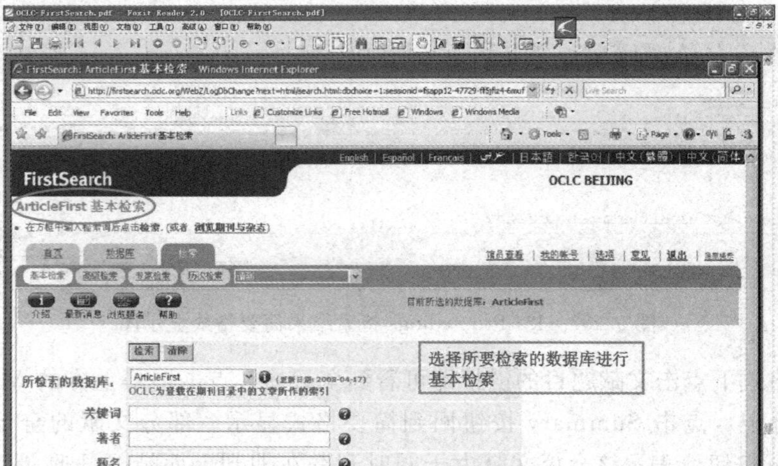

图 5 - 38　PapersFirst 数据库基本检索首页图

在页面提供的关键词、著者、题名、ISBN、年字段的检索框中，分别输入相应的检索词，点击“检索”即可开始检索。点击基本检索页面中的“高级检索”即进入高级检索页面（图 5-39）。在页面提供的检索框中分别输入所需检索的词，并通过下拉菜单选择各自的检索字段和词与词之间的布尔逻辑符及结果的排序方式，同时在限制内容检索框中输入所需检索的年份，点击“检索”即可开始进行检索。

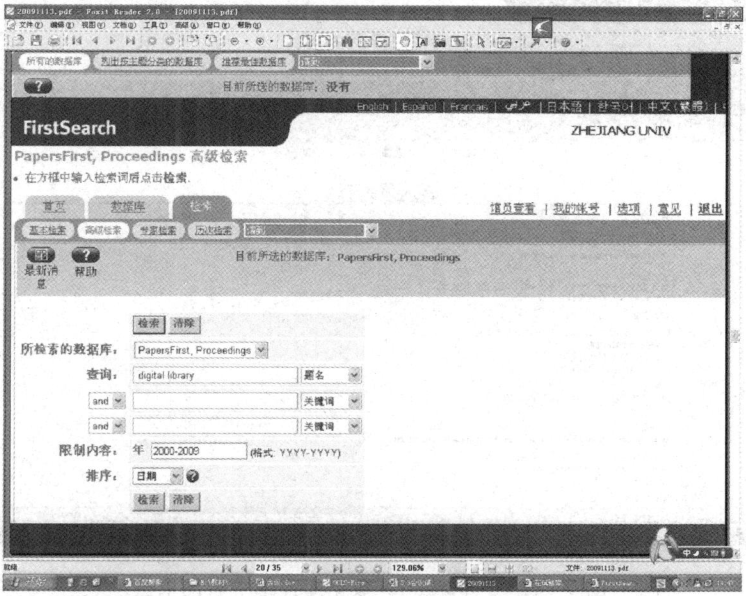

图 5-39　PapersFirst 数据库高级检索页面图

（2）检索结果的显示。检索结果为题录形式的记录表，如图 5-40。

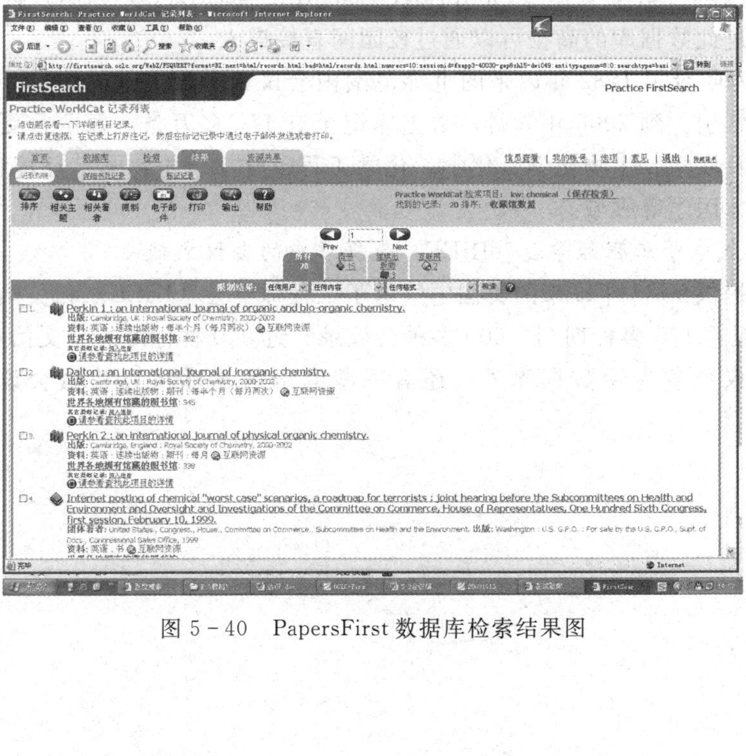

图 5-40　PapersFirst 数据库检索结果图

选定一个或几个记录进行点击，就能看到一个完整的详细书名记录，包含题名、作者名、主题词、出版日期、文献来源、文摘和文献的馆藏地等信息（图 5－41）。检索结果可通过保存、打印或 Email 获取联机全文。

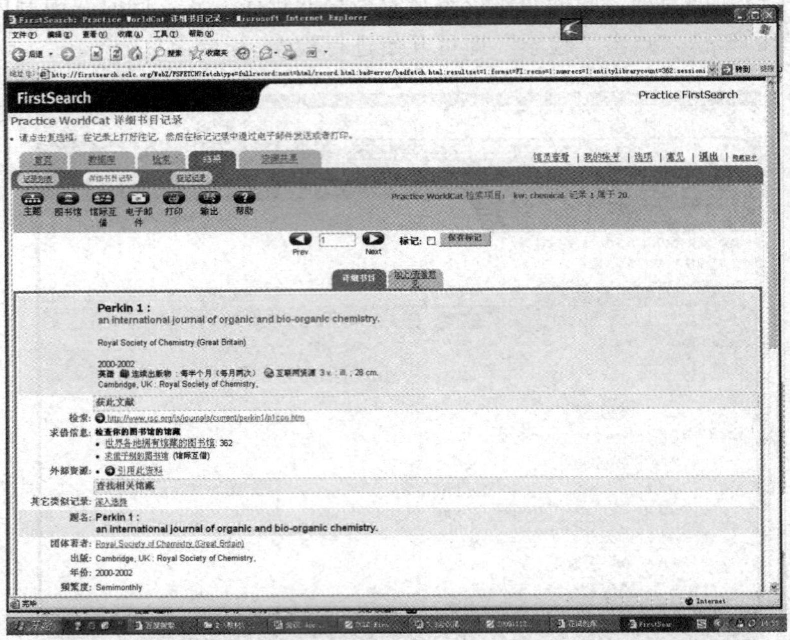

图 5－41　PapersFirst 数据库详细书名记录图

3．美国会议论文索引数据库

美国会议论文索引数据库即会议论文索引（Conference Paper Index，CPI）的网络检索平台，是美国剑桥科学文摘（Cambridge Scientific Abstracts，CSA）数据库中的一个子库，国内引进此数据库的高校可以通过校园网直接进入。

CPI 数据库收录了 1982 年以来的世界范围内会议和会议文献的信息，提供会议论文和公告会议的索引。到 2006 年 5 月，数据库记录有 150 多万条，每两月更新一次，其学科范围主要涉及农学、生物化学、化学、化学工程、林学、生物学、环境科学、土壤学、生物工艺、临床医学等领域。

4．美国电气电子工程师学会（IEEE）数据库中的会议文献

该数据库提供 1988 年以来的美国电气电子工程师学会（IEEE）和英国电气工程师学会（IEE）出版的 120 多种期刊、600 多种会议录、近 900 种标准的全文信息。

除上述会议信息专用数据库外，还有一些综合数据库可以检索会议信息，如 EI、CA、INSPEC 等。

第六章　专利信息和标准信息检索

第一节　专利信息检索

专利是知识产权的一部分。专利的英文名称是 patent；而 patent 源自 letters patent，是英国历史上国王封爵、任命以及授予各种特权也包括授予发明创造的垄断权时使用的一种文书。在我国，19 世纪末 20 世纪初，才开始有涉及专利的活动。新中国成立后于 1950 年颁布了《保障发明权与专利权暂行条例》，之后又颁布了《发明奖励条例》。1980 年 1 月成立了中华人民共和国专利局，着手拟定我国的专利法和专利制度。1983 年 3 月，我国正式加入世界知识产权组织。1984 年 3 月 12 日，第六届全国人大常委会第四次会议通过了《中华人民共和国专利法》（以下简称《专利法》）并于 1985 年 4 月 1 日起实施，标志着我国专利制度的开始。《专利法》分别在 1992 年、2000 年、2008 年和 2020 年进行了四次修改，使之更适合中国的国情，并能与世界接轨。

一、专利和专利文献

（一）专利概述

1. 专利的含义

专利是专利权的简称，它是指专利申请人的一项发明创造向国家专利行政部门提出专利申请，经依法审查合格后，国家专利行政部门向专利申请人授予的在规定的时间内对该项发明创造享有的专有权。

从不同的角度叙述，专利有不同的含义。现代意义上的专利通常包含如下三个方面的内容：一是从法律角度来说指专利权，即国家专利行政部门按《专利法》授予专利申请人在一定时间内对其发明创造成果享有的独占和垄断权，且专利权只在一定期限内有效，期限届满后，它所保护的发明创造就成为社会的公共财富，任何人都可以自由使用；二是从技术的角度来说，专利是受到《专利法》保护的发明创造，即发明创造成果本身，也就是通常所说的专利技术；三是从文献的角度来说，专利是指专利文献，即记载着发明创造详细内容、受法律保护的技术范围的法律文书。人们习惯上所说的专利主要是指专利权。

2. 专利的类型

由于各国（地区）关于专利的法律规定不同，因此专利类型的划分也不尽相同。例如，美国分为发明专利、外观设计专利和植物专利；我国、日本和德国等分为发明专利、实用新型专利和外观设计专利。

（1）发明专利。发明专利是专利中最重要的一种类型，是指对产品、方法或者其改进所提出的新的技术方案。发明专利要求有较高的创造性水平，必须具有突出的“实质性特点”和“显著的进步”。所谓“实质性特点”，是指该发明与现有的技术相比具有明显的区别，其对于发明所属的技术领域的普通技术人员来说并非显而易见的，他不能从现有的技术中得出构成该项发明的全部必要的技术特征，也不能通过逻辑分析、推理或者试验而得到。所谓“显著的进步”，是指从发明技术上看，其与现有技术相比取得了长足的进步，解决了人们一直渴望解决但始终未能解决的问题，或者该发明克服了技术偏见，提出了一种新的研究路径，或者该发明取得了意想不到的技术效果，代表了某种新技术的趋势。

发明专利又分为产品发明和方法发明。产品发明是指一切以有形形式出现的发明，即用物品来表现其发明，如机器、设备、仪器、用品等。方法发明是指发明人提供的技术解决方案以一定的作用使某种物质发生新的技术效果的一种发明，它是通过操作方式、工艺过程的形式来表现其技术方案的。

（2）实用新型专利。与发明专利相比，实用新型专利也被称为“小发明”“小专利”，是指对产品的形状、构造或者其结合所提出的适于实用的新的技术方案。实用新型专利在创造性水平上略低于专利发明，它只适用于有形产品的发明，不适用于方法发明和物质发明。实用新型专利及申请无须进行实质审查，保护期限较短，有利于促进发明创造活动的开展和技术的更新换代。

（3）外观设计专利。外观设计是指对产品整体或者局部的形状、图案或者其结合以及色彩与形状、图案的结合做出的富有美感并适于工业应用的新设计。外观设计专利要与产品结合，其设计既可以是立体的，也可以是平面的，要有视觉可见性且不能违反社会公德，能为大家所接受；它是针对工业产品的设计，不是艺术品，要求能够进行工业化量产。

（二）专利文献概述

1. 专利文献的含义

按世界知识产权组织在《知识产权教程》中的阐述，专利文献是包含已经申请或被确认为发现、发明、实用新型和工业品外观设计的研究、设计、开发和试验成果的有关数据，以及保护发明人、专利所有人及工业品外观设计和实用新型注册证书持有人权利的有关资料的已出版或未出版的文档（或其摘要）的总称。专利文献按一般的理解，主要是指各国专利局及国际专利组织的正式出版物。

专利文献有广义和狭义之分：广义的专利文献，包括申请说明书、专利说明书、专利公报、专利分类表、专利主题词表、专利文摘、专利法规及专利诉讼文件等；狭义的专利文献，指的是申请说明书和专利说明书。

我国专利文献有以下几种形式：（1）专利说明书（纸件）；（2）专利说明书（缩微制品），其中胶卷型（microfilm）依文献顺序号排列、平片型（microfiche）按国际专利分类号排列；（3）中国专利文献光盘；（4）中国专利英文文摘（计算机磁盘）；（5）专利公报和《中国专利索引》等。其中（3）（4）（5）三种是查找中国专利最常用的检索工具。

2. 专利文献的特点

（1）内容新颖、实用先进。一项发明必须是在国内外属于首创，即必须具有新颖性才能够取得专利权，因此经专利局审查批准出版的专利说明书在当时来说是最新的。与其他科技文献相比，专利文献在技术内容的表述上更为详细、具体。又由于申请专利要花费大量的精力和财力，所以大多数申请人都会选取自己最有价值的发明创造去申请专利，使得专利文献的技术含量较高。

(2) 数量庞大、内容广泛。目前，全世界专利文献累积已达4000万件以上，且每年公布的专利说明书约150万件，占每年科技出版物数量的四分之一。专利说明书内容非常广泛，从简单的日常生活到高精尖科技，几乎涉及人类生产活动的所有技术领域，这是其他类型的文献所无法比拟的。

(3) 文字严谨、格式规范。专利文献文字严谨、精练，并且各国和地区专利说明书的著录格式基本相同，绝大多数国家和地区的专利著录项目统一使用国际标准的专利文献著录数据代码［Internationally agreed Numbers for the Identification of (bibliographic) Data，INID］。各国和地区出版的专利说明书文件结构也基本一致，均包括扉页、权利要求、说明书、附图等几部分内容：扉页采用INID代码标识著录项目，引导读者了解及寻找发明人、申请人、请求保护的国家（地区）、专利权的授予等有关信息；权利要求说明技术特征，表述请求保护的范围；说明书清楚、完整地描述发明创造内容；附图用于对文字说明的补充。更重要的是，专利文献均采用或标注国际专利分类来划分发明所属技术领域，并采用统一的分类体系，即国际专利分类法（International Patent Classification，IPC），同时对专利说明书的撰写要求也基本一致。这就极大地方便了专利文献的检索和使用，从而使各国和地区的发明创造融为一体，成为便于检索的、系统化的科技信息资源。

(4) 出版迅速、重复量较大。世界上大部分国家和地区实行的都是先申请制，对于内容相同的发明，专利权授予最先提出申请的人。因此，发明人为了要获得专利权通常力求抢先申请，以取得主动权。又由于早期公开和延迟审查制度的存在，一项发明自专利申请日起的18个月内，专利局就公开出版专利申请说明书，使得专利文献成为报道新技术最快的一种信息源。专利文献的重复报道量也非常大，一是同族专利的存在，一件专利在多个国家和地区申请，就会在多个国家和地区重复出版专利文献；二是在实行早期公开、延迟审查制度的国家和地区，一件专利的申请、审批过程中要公开内容相同的专利说明书两到三次。

二、专利信息检索

专利信息检索是根据专利文献信息的内外部特征，按照一定的方法和步骤，利用各种检索途径，从大量专利文献或专利数据库中查找符合特定要求的专利文献和专利信息的过程。

（一）专利信息检索种类

1. 专利技术信息检索

专利技术信息检索是根据某一信息特征或技术主题对专利信息进行检索，从而找出符合特定要求的专利信息。通过专利技术信息检索得到的专利文献称为参考文献。

2. 专利新颖性检索

专利新颖性检索是指为确定专利的发明创造是否具有新颖性，对各种公开出版物所刊登的现有技术进行的检索，目的是为判断该项发明创造是否具有新颖性提供依据。通过专利新颖性检索得到的文献称为对比文献。

3. 专利创造性检索

专利创造性检索是指为确定专利的发明创造是否具有创造性，对各种公开出版物所刊登的现有技术进行的检索，目的是为判断该项发明创造是否具有创造性提供依据。

4. 同族专利检索

同族专利检索是指对某一项专利或专利申请在其他国家或地区申请专利并被公布等相关情况进行检索，目的是找出该专利或专利申请的同族专利文献号。

5. 专利法律状态检索

专利法律状态检索是指对某一专利或专利申请当前所处的状态进行的检索，目的是确定该项专利是否有效，以及在哪些国家和地区范围内有效。

6. 专利相关人检索

专利相关人检索是指查找某申请人、专利权人或发明人的专利的检索，从而得到相关申请人、专利权人或发明人的专利文献。

（二）专利信息检索的作用

1. 了解最新技术动态

相比其他文献，专利文献的报道比较及时，通过专利信息检索可以帮助了解技术发展的最新动态。

2. 解决技术问题

专利文献公开发明技术和实施细节，通过专利信息检索能提供技术问题的解决方案。

3. 避免重复研发

通过专利信息检索，可以查询相关的专利信息，并识别研发的可申请专利性潜力，避免重复研发。

4. 利于新技术引进

在引进新技术时，通过专利信息检索，可以判断该技术的新颖性，以便在众多技术中进行择优选择，避免盲目引进。

5. 申请专利准备

在申请专利时，需要进行专利信息检索，了解该专利申请的新颖性、创造性信息，有无同族专利等，初步判断被授予专利的可能性，做到有的放矢。

6. 应对专利侵权纠纷

在涉及专利侵权纠纷时，通过专利信息检索，以了解该专利资料及相关技术背景，寻找对己方有利证据，从而在专利侵权纠纷中处于有利地位。

三、国际专利分类法

（一）国际专利分类法概述

随着专利制度的国际化，为了便于更好地利用各国专利文献，逐步产生了国际通用的专利分类法。目前，世界上主要的专利分类表有 4 种，即《国际专利分类表》《美国专利分类表》《英国专利分类表》和英国德温特出版公司编制的分类体系。当今，多数国家和地区采用的分类表是《国际专利分类表》，只有英美等少数国家仍在使用自己的专利分类表，但在其说明书及相应的检索工具的著录中都附有国际专利分类号。

《国际专利分类表》（International Patent Classification，IPC）的编制准备工作最早始于20世纪50年代初。1954年12月，英、法、德等16个国家在巴黎签订了《关于发明专利的国际分类法欧洲协定》，根据此协定，1968年诞生了第一版的《国际专利分类表》。

《国际专利分类表》分别用英、法两种文字出版，为了改进分类系统和适应技术的不断发展，分类表不断进行修订。早期为每5年修订一次，近年来是每年修订一次，因此各版分类表都有一个特定的有效期。由于定期修订，所以在使用《国际专利分类表》时，要用与所查专利年份相应的分类表版本。

（二）国际专利分类法的体系结构

《国际专利分类表》采用等级结构，将全部技术领域按部、大类、小类、大组、小组分5级进行分类，组成完整的分类系统。

1. 一级类目——部

部（Section）是分类系统的一级类目，共分为8个部，用A～H表示。部下面还有分部（Sub-Section），分部只有类目，不设类号，是“部”下的一个简单标题划分。8个部及分部名称见表6-1。

表6-1　《国际专利分类表》一级类目表

部	分　部
A　人类生活必需品	农业，食品与烟草，个人和家庭用品，健康与娱乐
B　作业、运输	分离和混合，成形，印刷，运输
C　化学、冶金	化学，冶金
D　纺织、造纸	纺织和其他类不包括的柔性材料，造纸
E　固定建筑物	建筑物，挖掘，采矿
F　机械工程、照明、加热、武器、爆破	发动机与泵，一般工艺，照明与加热，武器，爆破
G　物理	仪表，核子学
H　电学	（无分部）

分部只起到将某一大部的内容再进一步细分，以方便用户检索的作用，不作为分类中的一个等级，也没有任何分类标记。例如，“A部：人类生活必需”，又可分为“农业；食品与烟草；个人和家庭用品；保健与娱乐”4个分部。在IPC的8个部中，除H部电学之下未设分部外，其他部下均设有不同的分部。

2. 二级类目——大类

IPC的第二级类目是对部的进一步细分，即大类（Class）。大类类号用一个二位数进行标记，其完整的表示形式为：部号+类号。例如：

部　　B　　作业、运输

大类　B64　飞行器、航空、宇宙飞船

在某些大类类名后有一个大类索引，它是对该大类内容的一种指引性概要，对所包含的小类技术主题进行归类，以帮助读者尽快查找到有关技术主题的小类。

3. 三级类目——小类

小类（Subclass）是 IPC 的第三级类目，是对大类的进一步细分，每一个大类包括一个或多个小类。IPC 的设置原则是通过各小类的类名，并结合小类的有关参考或附注尽可能精确地定义该小类所包括的技术主题范围。小类的类号用一个大写字母进行标记，其完整的表示形式为：部号＋大类号＋小类号。例如：

B64C 飞机；直升机

在某些小类类名后有一个小类索引，它对该小类所包括的大组和小组按技术主题进行归类，以便使用者根据小类索引，直接进入要分类的大组或小组。

4. 四级类目——大组

大组（Group）是 IPC 的第四级类目，是对小类的进一步细分。大组的类号由小类的类号加 1～3 位的阿拉伯数字及“/00”组成，大组的类名明确表示了可以分类、可以检索发明的技术主题范围。其完整的表示形式为：部号＋大类号＋小类号＋大组类号。例如：

B64C25/00　起落装置

5. 五级类目——小组

小组（Subgroup）是 IPC 的第五级类目，是在大组的基础上进一步划分出来的类目。其类号的标记是将大组类号中“/00”后的 00 改为相应的数字。小组之内还可以继续划分出更低的等级，并用在小组文字标题前加注圆点的方法来表示小组之内的等级划分。标题前圆点的数目越多，其类目等级越低，每一个小组是它上位离它最近的又比它少一个圆点的那个小组的细分类。

一个完整的国际专利分类号由部、大类、小类、大组、小组的符号组合构成。例如：

部	B 作业；运输
大类	B64 飞行器；航空；宇宙航行
小类	B64C 飞机；直升机
大组	B64C25/00 起落装置
一级小组	B64C25/02 ·起落架
二级小组	B64C25/08 ··非固定的，如可投弃的
三级小组	B64C25/10 ···可收放的，可折叠的，或类似的
四级小组	B64C25/18 ····操纵机构
五级小组	B64C25/26 ·····控制或锁定系统
六级小组	B64C25/30 ······应急动作

其中，从 B64C25/02 到 B64C25/30，其在小组内的等级是依次降低的，但从分类号上是看不出来的，只能根据分类表中小类文字标题前的圆点数目加以判别。

四、中国专利信息检索

（一）中国专利文献编号体系

中国专利文献的一个显著特点就是其文献编号令人眼花缭乱，也使初次使用专利文献的许多读者无所适从，因此了解和掌握专利文献编号就显得很有必要。专利文献的编号从形式上看是一些简单的阿拉伯数字的排列，但是这些简单的数字排列有着严格的使用方法，各个数字有不同的作用和意义。中国专利文献编号体系包括 6 种专利文献号：

申请号——国家知识产权局受理一件专利申请时给予该专利申请的一个标识号码。它是确定发明创造申请受理的标志。

专利号——在授予专利权时给予该专利的一个标识号码。

公开号——对发明专利申请公开说明书的编号。

审定号——对发明专利申请审定说明书的编号。

公告号——包括对实用新型专利申请说明书的编号和对公告的外观设计专利申请的编号。

授权公告号——包括对发明专利说明书、对实用新型专利说明书和对公告的外观设计专利的编号。

中国专利文献的编号体系由于数次调整而分为四个阶段：1985—1988 年为第一阶段；1989—1992 年为第二阶段；1993—2003 年 9 月 30 日为第三阶段；2003 年 10 月 1 日以后为第四阶段。

1. 1985—1988 年期间专利文献编号体系

申请号：此阶段 3 种专利申请号都由 8 位数组成，按年编排。如 88100001 中，前两位数字代表申请年份，指 1988 年申请；第 3 位数字表示要求的专利保护的类型，共有三个数字：1——发明专利，2——实用新型专利，3——外观设计专利；后 5 位数字表示当年的申请顺序号，每年自 1 号开始重新编号。

公开号、公告号、审定号：这个时期，专利文献编号呈现出一号多用的特点，即所有的文献号沿用申请号。例如，公开号、公告号、审定号是在申请号前面冠以字母 CN，后面标注大写字母 A、B、U、S（其含义见表 6-2）。CN 是国际通用国别代码，代表中国，其他国家和地区的代码可以查阅世界各国和地区名称代码表（GB/T 2659—2000）。

表 6-2　专利文献编号后标注字母含义表

	发明专利	实用新型专利	外观设计专利
A（公开号）	公开说明书		
B（审定号）	审定说明书		
C（授权号）	专利说明书		
U（公告号）		申请说明书	
Y（授权号）		专利说明书	
S（公告号）			外观设计公告
D（授权号）			外观设计授权

专利号：如果申请授权，则申请号就成为专利号，专利号前的“ZL”是“专利”汉语拼音的声母组合，常用在专利公报或检索工具中。这一时期的编号体系见表 6-3。

表 6-3　1985—1988 年的编号体系表

专利申请类型	申请号	公开号	公告号	审定号	专利号
发　明	88100001	CN88100001A		CN88100001B	ZL88100001
实用新型	88210369		CN88210369U		ZL88210369
外观设计	88300457		CN88300457S		ZL88300457

共享一套号码的优点是方便查阅，易于被检索。但是由于专利审查过程中存在着撤回、驳回、修改等，使申请文档不可能全部公开或按申请号的顺序依次公开，这样容易造成文献编排缺号或出现号码不连续的现象，给文献的收藏和管理带来不便。为了克服这个弊端，1989 年我国对专利编号体系做了修改。

2. 1989—1992 年期间专利文献编号体系

申请号：三种申请号由 8 位数变为 9 位数，前 8 位意义不变，之后是小数点，小数点后面是计算机校验码，校验码可以是 0～9 的任意一位数或者是字母 X，读者在使用时可以不予考虑。

公开号、公告号、审定号：此三者分别采用了 7 位数字号码，即采用了流水号的编排方式。号码前面的国别代码和后面的标注字母仍与 1985—1988 年相同。7 位数字的首位用 1、2、3 表示专利种类，分别是发明、实用新型、外观设计三种类型。后面 6 位数字为公开或公告的各种专利文献的顺序号，逐年向后累计。

专利号：专利号与申请号相同，只是在前面加“ZL”。这一时期的编号体系见表 6-4。

表 6-4　1989—1992 年的编号体系表

专利申请类型	申请号	公开号	公告号	审定号	专利号
发明	89100002. X	CN1044155A		CN1014821B	ZL89100002. X
实用新型	89200001. 5		CN2043111U		ZL89200001. 5
外观设计	89300001. 9		CN3005104S		ZL89300001. 9

3. 1993—2003 年 9 月 30 日期间专利文献编号体系

1993 年 1 月 1 日起，随着修改后的《专利法》的实施，中国专利说明书的编号又有新变化（表 6-5）。

表 6-5　1993—2003 年 9 月 30 日的编号体系表

专利申请类型	申请号	公开号	授权公告号	专利号
发　明	93100001. 7	CN1089067A	CN1033297C	ZL93100001. 7
实用新型	93200001. 0		CN2144896Y	ZL93200001. 0
外观设计	93300001. 4		CN3021827D	ZL93300001. 4

申请号：申请号的编排方式没有变化，仍沿用了前面的编排方式。

公开号：公开号也是对发明专利而言的，编号没有变化。

授权公告号：从这个阶段开始，发明专利、实用新型专利和外观设计专利的文献编号体系中都有一个新的编号——授权公告号，这是由原来发明专利审定号和实用新型专利与外观设计专利的公告号演变而来的。这一时期的发明专利授权公告号后面标注字母C，实用新型专利和外观设计专利授权公告号后面的标注字母分别是Y和D。

专利号：专利号没有变化，仍然和前一阶段的专利编号保持一致。

4.2003年10月1日以后的专利文献编号体系

申请号：为了解决原8位专利申请号不能满足日益增长的专利申请量这一难题，并使我国知识产权行业标准与国际接轨，国家知识产权局于2003年7月14日发布《专利申请号标准》（ZC 0006—2003）。该标准对自1985年4月1日起实行的专利申请号编号规则进行了修改，并于2003年10月1日起正式施行。修改后的专利申请号用12位数字表示，其中的第1～4位数字表示受理专利申请的年号；第5位数字表示专利申请的种类：1——发明专利申请，2——实用新型专利申请，3——外观设计专利申请，8——进入中国国家阶段的PCT发明专利申请，9——进入中国国家阶段的PCT实用新型专利申请；第6～12位数字（共7位）为流水号，表示受理专利申请的相对顺序。专利申请号中使用的每一位数字均为十进制，申请号中的年号采用公元纪年。

公开号、授权公开号：与前一时期相同。

专利号：专利号与申请号相同，只是在前面加“ZL”，年度采用4位的公元纪年，其他没有变化。这一时期的编号体系见表6-6。

表6-6　2003年10月1日以后的编号体系表

专利申请类型	申请号	公开号	授权公告号	专利号
发明	200310102344.5	CN100378905A	CN100378905B	ZL200310102344.5
实用新型	200320100001.1		CN200364512U	ZL200320100001.1
外观设计	200330100001.6		CN300123456S	ZL200330100001.6

（二）中国专利文献印刷型检索工具

1. 中国专利文献印刷型检索工具

国家知识产权局出版的印刷型专利检索工具主要有以下两种。

（1）专利公报

专利公报主要是《发明专利公报》《实用新型专利公报》《外观设计专利公报》，目前为周刊，每周三出版，每年一卷。三种专利公报旨在快速报道我国近期专利信息，包括专利文献及有关专利事务，主要为文摘或题录形式，部分有全文。

《发明专利公报》内容包括三部分：专利申请公开（1993年以前有专利申请审定）、专利事务以及索引。①专利申请公开部分按IPC号字母数字顺序排列，著录内容就是说明书扉页的内容，具体包括IPC号、公开号、申请号、申请日、公开日、优先权、申请人、发明人、专利代理机构、发明名称、摘要以及附图等；申请审定和授权部分无文摘。②专利事务部分主要记载与专利申请的审查及授权专利的法律状态有关事项，如通报实质审查申请的驳回与撤回、变更、专利权的继承和转让、强制许可、专利权的无效宣告和终止等事项。③索引部分分为申请公开索引、审定公告索引（1993年起取消）和授权公告索引，每种索引都按照IPC分类号、申请号、申请人（专利权人）的顺序编制了3个子索引，提供了三种不同的检索方法；1993年起，索引部分专利号前加有“ZL”，以区别申请号。《发明专利公报》以文摘形式报道专利内容，通过中国专利公告号或申请号便可以到专利收藏单位获取专利说明书。

《实用新型专利公报》的编排形式和三部分内容与《发明专利公报》基本一致，但法律事务中无“实质审查请求”以及申请公开的相关程序，索引部分分为申请公告索引和授权公告索引两种。

《外观设计专利公报》的第一部分公告经过初步审查的外观设计专利申请的全部内容。1993年起，这一部分改为外观设计专利权授予，文献号改为授权公告号，按照公告号或授权公告号顺序排列，分类使用《工业品外观设计国际分类》。第二部分和第三部分的编排与《实用新型专利公报》相同。

（2）《中国专利索引》

《中国专利索引》是专利公报中索引的年度累积本，由国家知识产权局出版发行，1986—1992年为年度索引，1993—1996年为上、下半年索引，1997年起改为季度索引。该索引报道累积期内发明、实用新型和外观设计三种专利的公开、审定（1993年起取消）、公告（1993年起取消）及授权等项目，为题录性检索工具。按索引类型分为三个分册：《分类号索引》《申请人、专利权人索引》《申请号、专利号索引》（1997年新增），是查找我国专利文献的重要检索工具。

2. 中国专利文献印刷型检索方法

常规的手工检索，无论是《中国专利索引》（年度本）还是三种专利公报，均主要通过分类、申请人（专利权人）和申请号等途径进行检索。

（1）分类途径。分类途径是查阅中国专利文献的主要途径之一，其步骤大体如下：

第一步，据所查课题内容，利用中文版《国际专利分类表》（或《国际外观设计分类表》），确定所查课题的国际专利分类号（IPC号）（或国际外观设计分类号）。

第二步，据IPC号（或国际外观设计分类号），利用《中国专利索引·分类号年度索引》中的申请公开（告）索引，或者《发明专利公报》和《实用新型专利公报》中所附的“IPC分类索引”、《外观设计专利公报》中所附的“分类号索引”，查找相应分类号的中国专利文献的有关信息，如公开（或公告）号、专利号、申请人等，以便进一步查找有关专利文献说明书摘要或索取说明书原文。

（2）申请人、专利权人途径。通过申请人、专利权人检索，大体按下述步骤进行：

第一步，据掌握的申请人、专利权人的姓名和单位名称，查阅《中国专利索引·申请人、专利权人年度索引》的申请公开（告）索引，或查阅《发明专利公报》以及《实用新型专利公报》中申请公开（告）索引中的申请人索引，以获得有关专利申请公开（告）号。

第二步，据所查专利申请公开（告）号，可查阅当期公报上的相应文摘，也可直接提取专利说明书。

（3）专利申请号途径。查阅步骤如下：

第一步，据所掌握的专利申请号，查阅专利公报上“申请公开（告）索引”中申请号索引。根据新版《专利法》，实用新型专利可直接据申请号查阅公报上的专利号索引，以获得专利申请公开（告）号。

第二步，按照所查专利申请公开（告）号，直接提取发明专利申请说明书或实用新型专利说明书。

需要说明的是，发明专利申请要在申请提出后的 18 个月后才能查到，实用新型专利申请大约要在半年后才能查得。

（三）中国专利信息网络检索

目前，有若干提供中国专利信息检索的网站和数据库，下面介绍几个常用的网站和数据库。

1. 国家知识产权局专利检索系统

国家知识产权局的前身是 1980 年经国务院批准成立的中国专利局，1998 年更名为国家知识产权局，承担专利申请的受理、审查、复审、授权等职能。国家知识产权局专利检索系统（http：//pss-system.cnipa.gov.cn）的特点是数据内容全，收录了自 1985 年 9 月 10 日至今公布的全部中国专利信息，数据随每周三《中国专利公报》的出版而即时更新；而且是免费检索，可以满足用户的基本需求，内容包括发明、实用新型和外观设计三种专利的著录项目及摘要，并可以浏览到各种说明书全文及设计的设计图。

检索功能包括常规检索（图 6－1）、高级检索、导航检索、药物检索、命令行检索等。专利分析功能包括了申请人分析、发明人分析、区域分析、技术领域分析、中国专项分析、高级分析等。

图 6－1　国家知识产权局专利检索系统中常规检索界面图

2. 中国专利信息中心专利检索系统

中国专利信息中心网站（http：//www.cnpat.com.cn）用的是专利之星检索系统（CPRS），该系统收录了全球 100 多个主要国家（地区）或组织的专利文献及相关信息，包含完整的中国专利文献信息，其他国家（地区）或组织专利的著录、摘要、全文、引证及专利家族等信息，是全球范围内专利数据收录最完整的系统之一。系统包含了中国专利及世界专利检索功能、专利下载功能、专利翻译功能、专利分析功能、专利定制及自定义专利库功能等。

该系统提供了智能检索、表格检索、专家检索、号单检索、分类检索等，检索系统界面如图 6-2，检索结果页面包括命中结果详细信息、结果的多种查看方式、结果的多种排序方式，以及下载保存和分类查看功能。此外，还提供了对结果进行二次检索的功能。

图 6-2　中国专利信息中心专利之星检索系统界面图

3. 中国知识产权网专利信息服务平台

中国知识产权网专利信息服务平台（http：//search. cnipr. com）主要提供对 1985 年以来的中国专利和起始年份不等的国外（美国、日本、英国、德国、法国、加拿大、瑞士、EPO、WIPO 等 98 个国家、地区和组织）专利的检索，所收录的专利数据范围可查看平台“数据范围”。

平台功能包括中外专利混合检索、IPC 分类导航检索、中国专利法律状态检索、运营信息检索等。检索方式除了简单检索、智能检索、表格检索、逻辑检索外，还提供二次检索、过滤检索、同义词检索等辅助检索手段。检索界面如图 6-3。

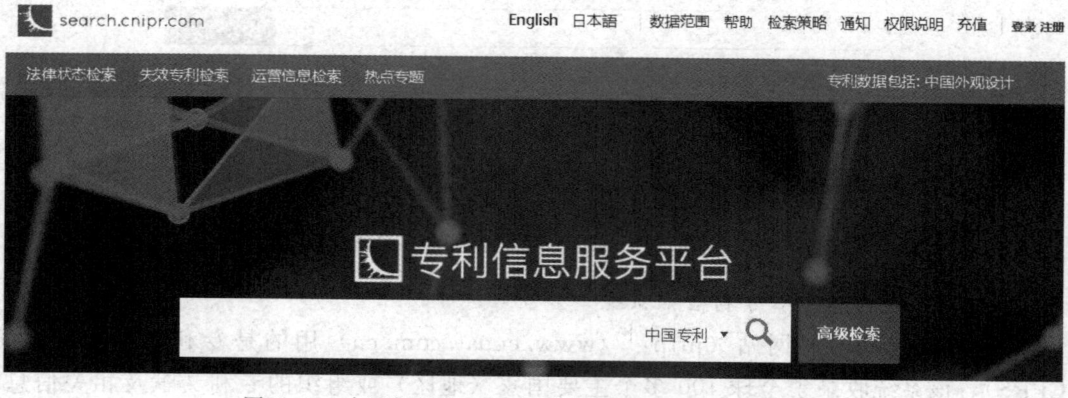

图 6-3　中国知识产权网专利信息服务平台检索界面图

4. 万方数据中外专利数据库

万方数据中外专利数据库收录了从 1985 年至今受理的全部专利数据信息，包含专利公开（公告）日、公开（公告）号、主分类号、分类号、申请（专利）号、申请日、优先权等数据项，并提供全文下载。该专利数据库提供了 14 种检索途径，包括专利名称、发明人、申请人、申请号等，还可以限定查找的年度范围，检索界面如图 6 - 4。

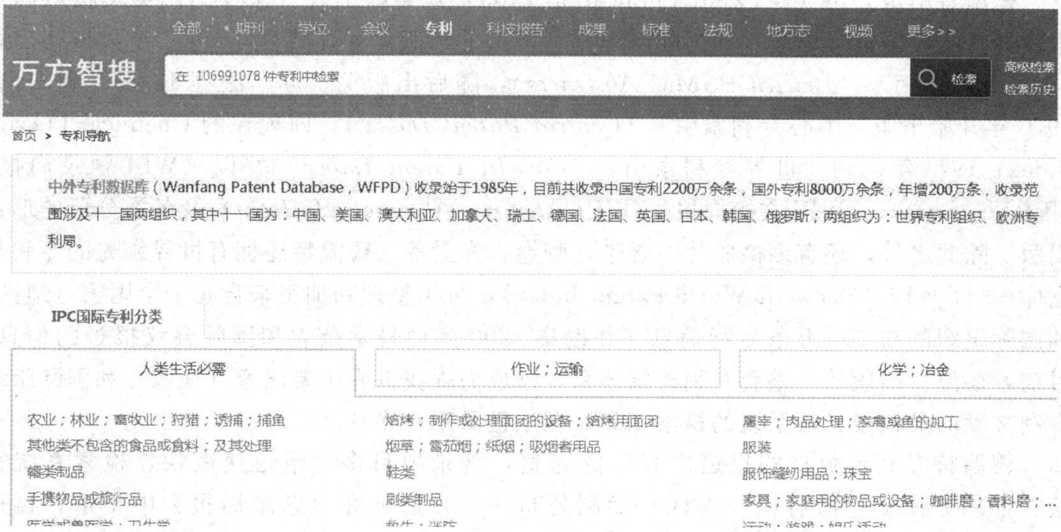

图 6 - 4　万方数据中外专利数据库检索界面图

5. 中国专利全文数据库

中国专利全文数据库（知网版）收录了从 1985 年至今的中国专利，包含发明专利、实用新型专利、外观设计专利 3 个子库，准确反映了中国最新的专利发明。截至 2020 年 4 月，中国专利全文数据库共计收录专利 2700 多万条。用户可以通过申请号、申请日、公开号、公开日、专利名称、摘要、分类号、申请人、发明人、优先权等检索项进行检索，并一次性下载专利说明书全文。该数据库提供了初级检索、高级检索、专业检索 3 种检索方式，还可以限定检索的年度范围，检索界面如图 6 - 5。检索方法与前述 CNKI 的其他数据库产品相类似，不再赘述。

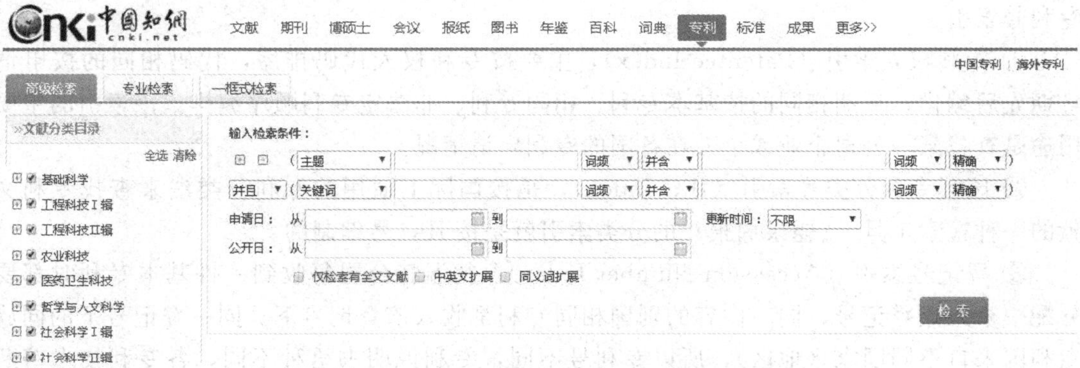

图 6 - 5　中国专利全文数据库检索界面图

五、国外专利信息检索

（一）德温特专利检索体系

1. 德温特专利出版物概述

德温特出版公司（Derwent Publication Ltd.）是英国伦敦一家专门用英文报道和检索世界各主要国家（地区）和国际组织专利情报的出版公司，成立于1951年，最初出版《英国专利文摘》（*British PGMM Abstracts*），随后出版美、苏、法等12国专利文摘；1970年开始出版《中心专利索引》（*Central Patent Index*），即现在的Chemical PGMM Index；1974年创刊《世界专利索引》（*World Patent Index*）并以《WPI题录周报》（*WPI Gazette*）、《WPI文摘周报》（*WPI Alerting Abstracts Bulletin*）及各类分册的形式出版。除此之外，还有缩微胶片、磁带、胶卷、光盘等。德温特还拥有世界领先的专利数据库——DWPI（Derwent World Patent Index），每年整理和加工来自几十个国家（地区）和国际组织的约100万条专利信息，并搜集1200多种科学杂志和国际会议报告的信息。目前，德温特出版的一整套专利检索体系，已成为查找世界主要国家（地区）和国际组织专利文献的最权威、最系统的检索工具，在全世界享有盛誉。

德温特专利出版物的报道内容广泛完整，著录项目多，报道速度快，检索系统完整，使用方便。一般各国（地区）专利公布一个月后就在《题录周报》中报道，再过三周见于《文摘周报》。德温特专利出版物对基本专利和相同专利均做报道，便于用户选择阅读。

2. 印刷版德温特专利检索工具

德温特专利检索刊物种类很多，主要有两大部分（《题录周报》和《文摘周报》）、6个系统（WPIG、GMPI、CPI、EPI、EPA、otherF），约20个支系、300多个分册。

（1）《题录周报》（WPIG）

WPIG是《世界专利索引公报》（*World Patent Index Gazette*）的简称，周刊，以题录形式快速报道世界各主要专利国家（地区）和国际组织的专利文献，因此被称为《题录周报》或《目录周报》。WPIG按德温特学科分类，每周出4个分册：综合、机械、化工、电气。每个分册均由4种索引组成：专利权人索引、国际专利分类号索引、登记号索引、专利号索引。

① 专利权人索引（Patentee Index），主要按专利权人代码排序，代码相同的按申请日期先后编排，日期相同的按基本专利、相同专利、非法定专利顺序编排。该索引的主要用途是查找某一公司企业或个人在各国的专利申请情况。

② 国际专利分类号索引（IPC Index），是按国际上通用的专利分类法来查找专利文献的一种检索工具。《题录周报》的分类索引就是按IPC号编制的。

③ 登记号索引（Accession Number Index）。德温特公司每收到一件基本专利时都要分配一个入藏登记号，同一内容的别国相同专利都收入该登记号下。同一登记号下的同族专利因来自不同国家（地区），所以专利号不同，专利说明书语种不同，各专利技术垄断地域范围也不相同。登记号索引即按当期专利的登记年份先后编排，同一年的登记号按登

记流水号由小到大排列。

④ 专利号索引（Patent Number Index），用于从专利号查《题录周报》中的著录项目，并以此为线索转查其他索引。专利号索引把当期报道的全部专利文献按专利号排列。

(2)《文摘周报》

德温特专利出版物的文摘部分有分类本和分国本两种，分别按类别和国家（地区）报道。我国常用的是分类文摘。《文摘周报》只报道主要国家（地区）的专利文摘，对次要国家（地区）的专利只在 WPIG 中以题录形式报道。《文摘周报》有 3 个系列：《化学专利索引》(CPI)、《一般与机械专利索引》(GMPI)、《电气专利索引》(EPI)。这 3 个系列目前都以 *Alerting Abstracts Bulletin Classified* 的名称出版。

①《化学专利索引》(*Chemical Patents Index*，CPI)，原名《中心专利索引》(*Central Patents Index*)，创刊于 1970 年，1986 年改为现名。CPI 专门报道化学化工等方面的专利，有 12 个分册，其报道量约占德温特专利报道总量的 40%。CPI 以文摘形式报道主要国家（地区）的大部分基本专利、一些国家（地区）已获公告的相同专利、公开或已批准的欧洲专利、专利合作条约公开的相同专利文摘、部分次要国家（地区）的基本专利。

CPI 的报道内容是按德温特分类排列，同一类别按国别代码字顺排列，同一国家（地区）专利按专利号排列。基本专利用“*”表示，相同专利用“=”表示，主标题和副标题间用“—”连接。其著录内容有：专利权人代码、德温特分类号、登记号、相同专利号、专利题名、语种、专利权人全称、优先权项、专利公布日期、基本专利专利号、国际专利分类号、本件专利申请优先项、登记国家、文摘、用途、权项、本件专利原文页码和图表数量、专利引文等。

CPI 的索引自创刊开始经过多次变动，目前的方式有专利权人索引、登记号索引、专利号索引 3 种。

②《一般与机械专利索引》(*General & Mechanical Patents Index*，GMPI)。GMPI 原属于《世界专利文摘杂志》(WPAJ) 的一部分，创刊于 1975 年，报道一般类和机械类方面的专利，有 4 个分册。每个分册前面为文摘部分，后面是索引。文摘部分报道内容的排列顺序和著录格式、内容与 CPI 基本相同。索引部分原有专利权人索引、登记号索引、专利号索引 3 种索引方式，1980 年第 2 期开始取消了专利号索引。

③《电气专利索引》(*Electrical Patents Index*，EPI)。EPI 的前身是 WPAJ 的电气类，1980 年第 18 期开始创刊单独出版，1988 年第 36 期开始使用现名，目前有 S（仪表、测量、试验）、T（计算、控制）、U（半导体、电子线路）、V（电子元件）、W（通信）、X（电子工程）6 个分册。EPI 报道内容的编排和著录格式、内容基本与 GMPI 相同，只是对于基本专利，在缩微胶卷自动检索号所在最右端附有 EPI 检索代码。EPI 的索引有专利权人索引、电气专利分类索引、登记号索引、专利号索引 4 种。

(3) 检索方法

用德温特专利检索工具进行检索，一般从分类途径和专利权人途径入手，具体过程如表 6-7 所示。

表 6-7 用德温特专利检索工具检索的两个途径表

分类途径	专利权人途径
↓	↓
分析课题	专利权人通过《公司代码手册》换成专利权人代码
↓	
确定 IPC 号	↓
↓	查 WPI 中的专利权人索引，确定德温特分类号、专利号
查 WPI、IPC 索引，确定德温特分类号、专利号	↓
↓	CPI、GMPI、EPI 文摘
查 CPI、GMPI、EPI 文摘	
↓	↓
选择记录专利号	选择记录专利号
↓	↓
根据专利号查专利说明书	根据专利号查专利说明书

3. 德温特专利网络数据库

(1) 数据库概述

德温特专利网络数据库即“德温特创新索引”(Derwent Innovations Index，DII)，是德温特公司与美国科学情报研究所（ISI）合作开发的基于 ISI 检索平台的网络专利数据库。DII 将“世界专利索引”(WPI) 和“专利引文索引”(PCI) 的内容整合起来，为人们提供了世界范围内综合、全面的专利信息。

DII 收录了 1963 年以来全球范围内的 3000 多万项专利、1480 多万项基本发明，并每周新增由德温特公司专家筛选加工的来自世界 40 多个专利机构授权的 2.5 万条专利文献，同时新增的还有来自世界专利组织（WO)、美国专利局（US)、欧洲专利局（EP)、德国专利局（DE)、英国专利局（GB)、日本专利局（JP）这 6 个专利版权组织的 4.5 万条专利引用信息。

(2) 数据库检索方法

德温特将专利数据库按学科范围分为 3 个分数据库：化工（Chemical)、电子和电气（Electrical Electronic)、机械工程（Engineering)。用户在检索前首先要选择检索的分数据库，如果不选择，系统缺省为全选；然后根据需要选择要检索的时间或年份，并确定做一般检索还是专利引用检索。时间范围包括：最新更新数据、选择某一年数据、选择起止年份（如默认，则为所有年份)。如果以前保存过检索策略，在数据库选择页面时可以进行编辑或直接调用。

DII 提供一般检索（General Search)、被引专利检索（Cited Patent Search)、化合物检索（Compound Search)、高级检索（Advance Search）等 4 种检索方式。

(3) 检索结果

用户在完成检索策略后点击“检索”，系统执行检索，随即列表显示检索结果。用户在浏览了检索结果的简要题录信息或摘要之后，可以对所需要的记录进行标记；点击菜单栏中“MARKED LIST”按钮，可对标记记录集中进行打印、存盘、输出或发电子邮件等处理。如果某个检索策略（即检索式）经常被使用，还可以将此检索策略保存起来。

（二）世界主要国家专利信息检索

1. 美国专利信息检索

美国是世界上拥有专利数量最多的国家，每年美国专利局公布的专利达七八万件之多。许多发达国家，包括日本和西欧的先进技术和发明都纷纷涌入美国并申请专利，外国人在美国申请的专利约占美国专利总数的28%。因此，美国专利在相当程度上反映了世界技术发展的水平和趋势。

(1) 美国印刷型专利检索工具

①《美国专利公报》（*Official Gazette*）。这是美国专利商标局（The US Patent and Trademark Office，USPTO）出版的官方公报，创刊于1872年，原名《专利局报告》。该公报分《专利公报》和《商标公报》2个分册，目前每周出版一次，每月出版的各期为1卷，全年12卷，为权利要求型公报，主要连续报道USPTO专利事务方面的各种通知、命令，报道各类授权专利的著录项目（专利号、发明名称、发明人、专利权人、申请日期、申请号、国际专利分类号、美国专利分类号）、主权利要求和附图。1952年7月以前，编排形式是按专利号顺序排列，之后改为先将专利分成综合与机械（General and Mechanical）、化学（Chemical）、电气（Electrical）3大类，每类下再按分类号及专利号顺序排列。最后还有各种索引，如专利权人索引、分类索引和发明人住地地理索引等。

为了配合《21世纪战略计划》，USPTO在2002年9月24日停止出版纸本式《专利公报》，并从2002年7月2日起出版CD-ROM和网络版电子专利公报（卷期号1260）。电子版的出版周期及提供的信息与传统的印刷版基本相同。

②《美国专利索引》（*Index Patents*）。它是美国专利商标局出版的年度索引，是普查美国专利的主要工具书；1965年以前每年出一本，包括专利权人和分类两部分索引，后因专利数量日益增多，分为2册出版：第一分册为《专利权人索引》（*List of Patentees*），按发明人和专利权人字母顺序混合排列；第二分册是《发明主题索引》（*Index to Subject of Inventions*）。

1953年以前，该索引按发明主题字母顺序编排，从1953年起改为分类索引，但仍沿用原名；该索引只依大、小类号顺序列出专利号，既无类目名称也无发明题目，只有掌握了确切的分类号方可使用，这种索引可将一年内的有关课题检索出来。该分类索引分为两部分，前半部是主分类（Original Classification），后半部是参见类（Cross Reference Classification）。该索引缺点是出版速度较慢，一般要比公报晚1～2年。

③《美国专利分类表》（*Manual of Classification*）。它是广大专利文献使用者从分类途径查找美国专利必用的检索工具书。该表开始编制于1837年，几乎每年都有修改调整，

是目前世界上最详细的一部技术资料分类表。

④《美国专利分类表索引》(*Index to Classification*)。该表是为了便于较快地查到分类号而编制的一本分类类目字顺索引。

⑤《美国专利分类号与国际专利分类号对照表》(*Concordance U. S. Patent Classification to International Patent Classification*)。为了加强国际合作与交流，美国自 1969 年 1 月 7 日起在出版的专利说明书及专利公报上标注适当的 IPC 号，但仍以本国专利分类号为主。该索引可以帮助审查员及公众迅速查找到对照的 IPC 号。

(2) 美国专利数据库

美国专利数据库（http：//patft. uspto. gov）由 USPTO 建立、维护，目前通过互联网免费提供 1976 年以来到最近一周发布的美国专利全文库，以及 1790—1975 年的专利全文扫描图像，称为 USPTO Web Patent Databases。该库由文摘库（Bibliographic Database）和全文库（Full-Text Database）组成，分别单独提供查询，每周二专利公布日当天对数据库进行更新。据最新公告，USPTO 已于 2000 年 12 月 31 日停止美国专利文摘库的网上检索服务，只保留美国专利全文库数据库（图 6 - 6）。

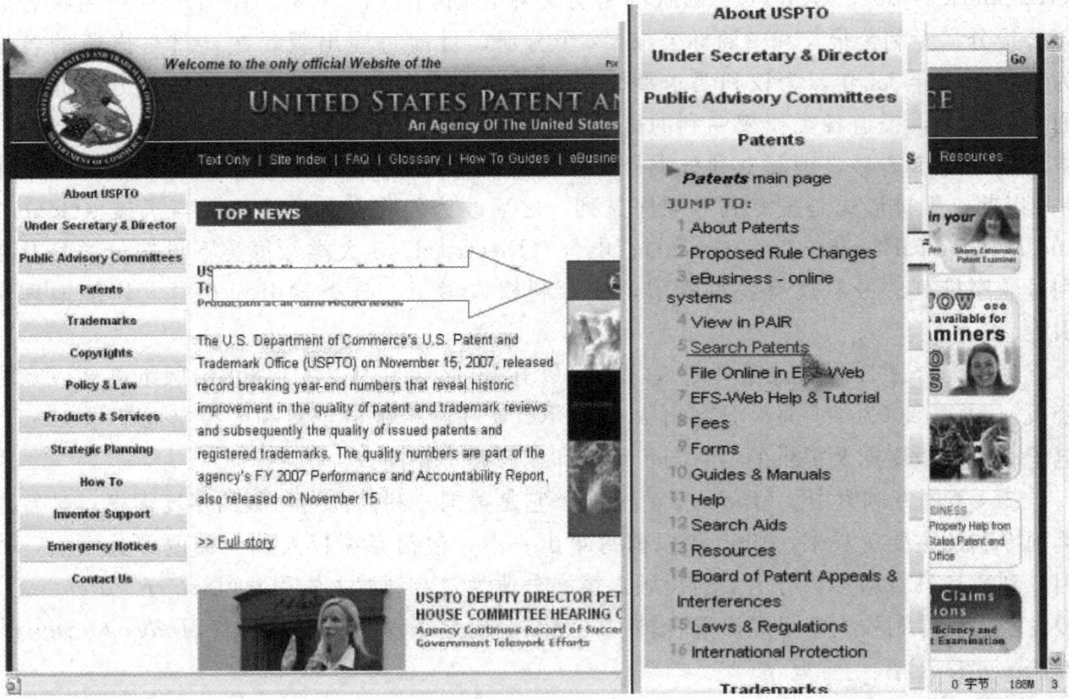

图 6 - 6　美国专利数据库页面图

美国专利数据库的检索方式包括布尔逻辑检索、高级检索、专利号检索。文摘库的可检索字段就是收录专利时的著录项目，全文库的可检索范围扩大到专利的权利要求（Claims）和专利说明的正文。1790—1975 年间专利只能用专利号和美国专利分类号检索。

2. 日本专利信息检索

日本专利说明书称作“公报”，它是日本各类专利说明书的全文集，有下面几种形式：《特许公报》从1885年开始，发表较重要的创造发明，俗称大专利；《实用新案公报》从1905年开始，发表小的创造以及结构、形式等的新设计，相当于实用新型，俗称小专利；《公开特许公报》（1888年开始）和《商标公报》（1884年开始），分别公布外观设计和商标设计。

（1）日本印刷型专利检索工具

日本专利的印刷型检索工具有索引和文摘两大类。索引可以单独使用，即从索引查到专利公告号，由此可直接查阅公报，取得专利说明书；也可以与文摘配合使用，即从索引查到专利公告号，再查阅文摘，筛选后再查阅公报，以取得专利说明书。利用日本专利索引和文摘查找专利情报的途径包括分类途径、专利权人途径和专利号途径。

① 专利索引

查找特许和实用新案专利公报的索引有期刊、年刊和累积年刊3种。《国际特许·实用新案标准索引》（速报版）采用日本专利分类号时（1979年以前），称《日本特许·实用新案标准索引》（速报版），为半月刊，在年度索引出版以前，主要用此索引进行检索；其内容分“特许出愿公告编”（正式批准的专利）和“特许出愿公开编”（未经审批提早公布的专利申请案）两部分，每部分又包括分类索引和申请人索引两部分。《日本特许综合索引年鉴》和《公开特许实用新案索引年鉴》分别为标准索引中公告编和公开编的年度累积本，《特许分类总目录·实用新案分类总目录》是多年累积索引。

② 专利文摘

日本专利局报道专利摘要的文摘刊物有两种：一种是《特许·实用新案集报》，专门报道经过正式审批的专利，包括《特许公报》和《实用新案公报》；另一种是《公开特许出愿抄录》，专门报道未经审批、提早公开的特许公报和实用新案公报。

《特许·实用新案集报》为旬刊，每年36期，每期报道10天内公布的《特许公报》和《实用新案公报》说明书的标头部分、发明名称、权项部分和主要的附图。在《特许·实用新案集报》的最前面有一个基本上按大类顺序编排的页码表，然后便是按公告号顺序排列的特许公告目录和实用新案公告目录，包括公告号、分类号、申请号、发明名称和申请人国别名称等5栏。

《特许·实用新案集报》的主要内容按分类号（1979年前用日本专利分类号，1979年后用IPC号）大类顺序编排。先特许，后实用新案，按公告号顺序排列。《特许·实用新案集报》可以直接用分类号进行检索，但必须注意有关跨类的类号都要查到，否则就会有遗漏，因为其内容编排只在主分类（第一发明分类号）中出现，跨类号处不再重复编排。此外还要注意不要将特许公告号和实用新案公告号混淆。

《公开特许出愿抄录》是《公开特许公报》说明书的摘要，出版的方法与《公开特许公报》相对应，也是按产业部门区分进行分册，每册有100件公开发明的摘要。在每册摘要的前面有本册包括的发明，按公开号顺序，也是按照分类号顺序排列的目录索引；摘要部分则是每天有3件公开特许文摘，包括各著录项目、文摘和主要附图等。

(2) 日本专利信息网络检索

在网上检索日本专利时，最常用的是日本工业产权数字图书馆（Industrial Property Digital Library，IPDL）的专利和商标检索数据库，这是日本特许厅建立的通过互联网免费向公众提供检索服务的系统。该系统包括日文和英文两种检索界面，日文检索界面如图 6－7 所示。

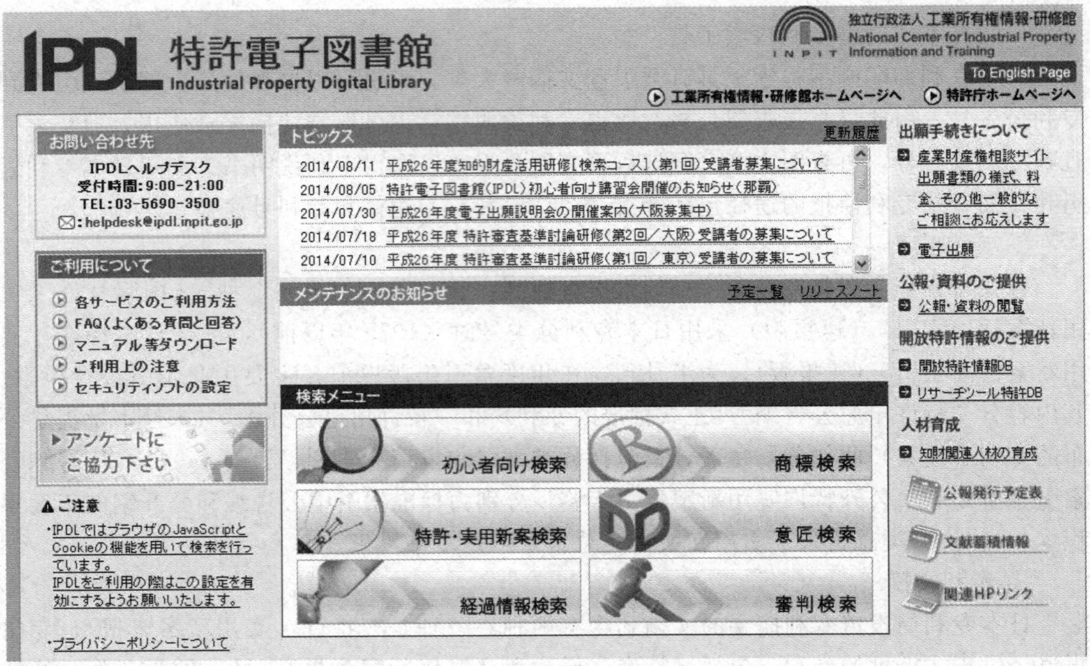

图 6－7 日本 IPDL 专利检索系统界面图

3. 德国专利信息检索

德国于 1877 年颁布了第一部《专利法》，对发明专利实行保护。1968 年，联邦德国实行了早期公开、延迟审查制。此后《专利法》几经修改。德国专利权分为专利和补充专利，实用新型和外观设计单独立法，以注册证书的形式给予保护。

(1) 德国专利文献

德国专利文献的编号体系可以简单地概括为“一号多用”，即所有的文献号一律沿用申请号序列，只是省略了申请号的计算机检验码。

① 专利说明书

德国是最早实行早期公开、延迟审查的国家，也是世界上为数不多的对专利申请曾进行三级公布级的国家，即一份专利申请出版公开、展出、授权三个阶段的说明书。

a. 公开说明书（文献类型识别代码 A）。这是一种未经实质性审查，也尚未授予专利权的专利申请公开说明书，为第一公布级。

b. 展出说明书（文献类型识别代码 B）。这是一种 1957—1981 年期间出版的展出说明书，是一种经过审查，但尚未授予专利权的专利申请说明书，为第二公布级。

c. 专利说明书（文献类型识别代码 C）。德国于 1877 年开始出版专利说明书，1968—1981 年期间出版的专利说明书是经实质性审查、异议期满无异议或异议不成立授予专利权的专利说明书，为第三公布级。

d. 实用新型说明书（文献类型识别代码 U1）。这是注册的实用新型说明书，自 1991 年开始出版。

e. 指定国为德国的欧洲专利申请说明书（文献类型识别代码 T）。

② 德国专利公报

a.《专利公报》。其为题录型专利公报，1877 年创刊，连续编号，现为周刊。

b.《外观设计公报》。创刊于 1876 年，现为半月刊。

③ 德国专利文摘

这是专利公报的补充出版物，主要有以下几种。

a.《公开说明书文摘》。该文摘报道德国专利申请公开的著录项目、权利要求和主图。

b.《专利说明书文摘》。1981 年前报道展出说明书文摘，1981 年后改为专利说明书文摘。

c.《实用新型文摘》。报道实用新型文摘的出版物，报道形式与上述两种文摘相同。

④ 德国专利索引

a.《展出与批准专利年度索引》。报道德国每年授权专利、年度内仍有效专利及失效专利。

b.《季度名称索引》。每季度出版 1 期，按专利申请人名称字母顺序排列。

c.《专利说明书文摘索引》和《公开说明书文摘索引》。这两种文摘索引均为月刊，都包括号码索引、国际专利分类号索引、人名索引三个部分。

（2）德国专利信息的网上检索

在互联网上检索德国专利文献常用的是德国专利商标局网站数据库，以下两个数据库最为常用。

① DPMApublikationen 数据库

该数据库是德国专利商标局（GPTO）的官方公布平台，提供关于专利、实用新型、商标以及工业设计的出版物；还提供专利公报、商标公报、外观设计公报的电子在线版本。该数据库提供 Beginner's Search（初级检索）和 Expert Search（专家检索）两种检索方式（图 6-8）。

② DEPATISnet 数据库

该数据库由德国专利商标局提供，可以通过互联网免费检索世界范围内的专利文献，其中瑞士、德国、法国、英国、美国等国的专利文献，可以检索出其专利说明书的全文。该数据库提供 Beginner's search（初级检索）、Expert search（专家检索）、IKOFAX search（IKOFAX 检索）等几种检索方式，提供德文和英文两种操作界面（图 6-9）。

4. 加拿大专利信息检索

加拿大第一部《专利法》制定于 1824 年，它标志着该国正式建立了专利制度。1872 年开始出版《专利公报》，1909 年首次向公众传播获得加拿大专利的程序。加拿大《专利法》受美国《专利法》的影响，一直对发明实行专利保护，并采取完全审查制。工业品外

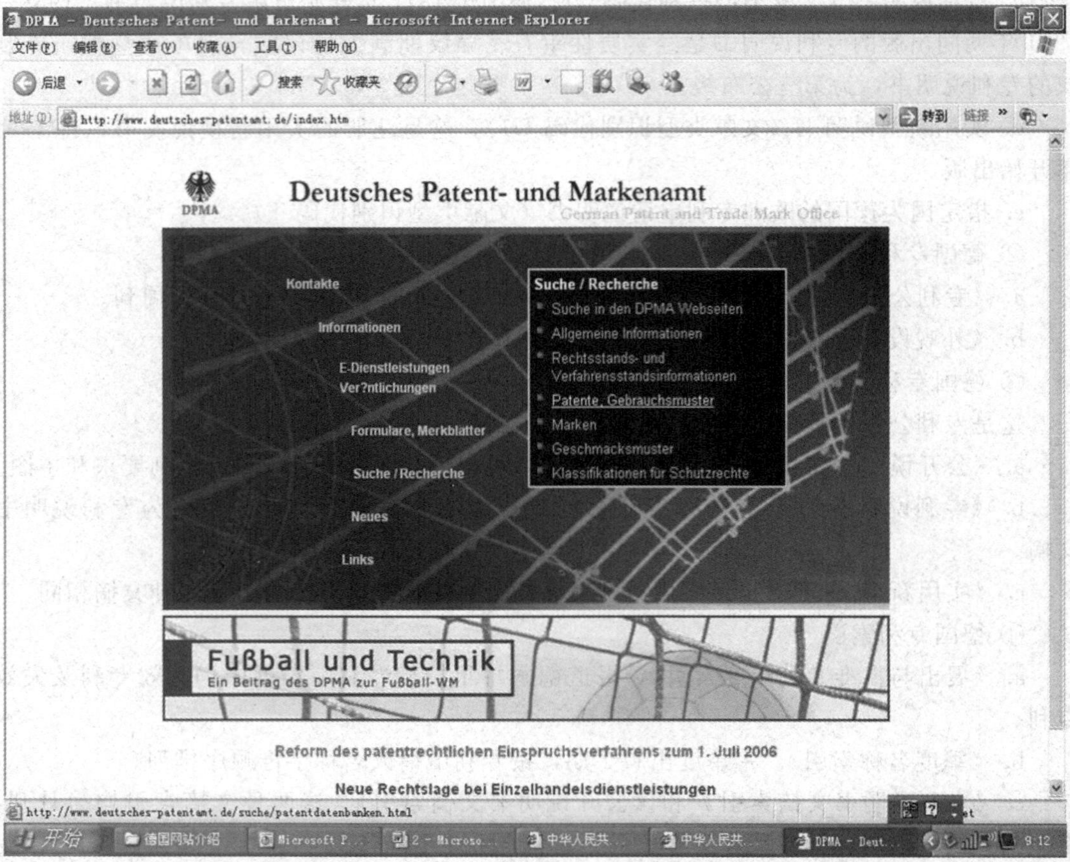

图 6-8 DPMApublikationen 数据库界面图

图 6-9 DEPATISnet 数据库界面图

观设计则单独立法给予保护。

（1）加拿大专利文献编号体系

加拿大文献编号有自己的特点，1987 年 11 月前申请号与文献号按各自流水号序列编排，申请号到 470825 止。1987 年 11 月后，编号呈现一个最显著的变化，即“一号多用”。自 1990 年以后出版的专利说明书，其申请号、申请公开号、专利号共用一个序列编号，自 2000001 号开始顺排。具体见表 6－8 所示。

表 6－8　加拿大专利文献编号体系表

<table>
<tr><th>文献类型</th><th colspan="2">申请号</th><th>公开号</th><th>专利号</th></tr>
<tr><td></td><td>1987—11—09 前</td><td>1987—11—09 后</td><td></td><td></td></tr>
<tr><td>专利说明书 A</td><td>总序号：470825</td><td></td><td></td><td>CA1340861A</td></tr>
<tr><td>专利申请说明书 A1</td><td></td><td rowspan="2">2000001～</td><td>CA2000001A1</td><td></td></tr>
<tr><td>专利说明书 C</td><td></td><td></td><td>CA2000001C</td></tr>
</table>

（2）加拿大专利文献

① 加拿大专利说明书

a. 专利说明书（文献类型识别代码 A）。在 1987 年新的《专利法》颁布前，加拿大实行的是完全审查制，因而只出版一种经过实质审查并授予专利权的专利说明书。

b. 公开申请说明书（文献类型识别代码 A1）。这是加拿大实行新的《专利法》后出版的一种未经实质审查，也尚未授予专利权的专利申请说明书，为第一公布级。

c. 专利说明书（文献类型识别代码 C）。这是专利申请经实质审查合格，即授予专利权后出版的专利说明书，虽是第二公布级，但是使用第三公布级的识别代码。

② 加拿大《专利公报》

加拿大《专利公报》为题录型公报，创刊于 1872 年，用英、法双语出版。100 多年来，《专利公报》刊期、刊名经历了多次变化，现为周刊。

③ 加拿大《专利索引》

这是一种发明人和专利权人的人名与专利号对照年度索引。

（3）加拿大专利信息的网上检索

加拿大专利信息的网上检索，可以登录加拿大知识产权局（Canadian Intellectual Property Office，CIPO）的网站（http：//www. cipo. ic. gc. ca）。该网站上的专利检索系统是一个交互式的检索站点，具有强大的检索功能，包含 1920 年至今的 200 多万篇专利文献；数据包括专利文献中的附图、著录信息、文本数据。该系统有英文和法文两种版本，英文登录后的主页如图 6－10 所示。

与其他专利检索系统一样，CIPO 专利数据库的检索入口包括专利号、专利名称、发明人名称、分类号等，检索方法包括基本检索、专利文献号检索、布尔逻辑检索和高级检索。不论使用何种检索方法，其检索结果的显示是相同的。

图 6-10　加拿大专利信息检索系统界面图

第二节　标准信息检索

近些年来，随着世界经济一体化的发展，标准化对市场的影响力日益增强。标准化活动也由传统工业领域向高新技术领域转移，它不仅促进了标准化与高新技术的同步发展，也使技术标准与知识产权之间的联系越来越密切。同时，标准化也是沟通国际贸易和国际技术合作的技术纽带，通过标准化能够很好地解决商品交换中的质量、安全、可靠性和互换性配套等问题。标准化的程度也直接影响到贸易中技术壁垒的形成和消除。因此，世界贸易组织贸易技术壁垒协议（WTO/TBT）中指出："国际标准和符合性评定体系能为提高生产效率和便利国际贸易做出重大贡献。"

标准文献信息可反映特定国家、地区或集团的技术经济政策、生产技术水平、生产管理水平、标准化水平、科学研究水平以及自然条件、资源情况等。从标准文献信息中，科技人员可了解有关专业领域的技术水平、发展趋势，为科研中的正确决策提供有力依据。在科技信息构成中，标准文献信息占有重要地位，是目前常说的十大文献信息资源之一。

标准不仅是从事生产、建设工作的共同依据，而且是国际贸易合作、商品质量检验的依据。从 1901 年英国成立世界上第一个全国标准化机构起，发展到今天，已经有 100 多个国家和地区设有全国性或地区性标准化组织，其中有 90 多个国家和地区制定了国家标准或地区标准。

一、标准与标准文献

（一）标准的含义

标准是科学技术和经济、管理研究工作成果的一种表现形式，是生产、科研活动中对产品、工程及其他技术基础上的质量、品种、检验方法及技术要求等所做的统一规定，是有关方面共同遵守的技术依据和准则。标准要与现代化科学技术发展水平相适应，并且根据国民经济的需要，随着标准化对象的变化或新的更高级标准的出现而不断补充、修订或废止。

根据我国 1983 年颁布的国家标准 GB 3935.1—83《标准化基本术语第一部分》对标准的定义：标准是对重复性事物和概念所做的统一规定。它以科学、技术和实践经验的综合成果为基础，经有关方面协调一致，由主管机构批准，以特定形式发布，作为共同遵守的准则和依据。

国际标准化组织于 1983 年 7 月发布的 ISO 第二号指南（第四版）对标准的定义为："由有关各方面根据科学技术成就与先进经验，共同合作起草，一致或基本上同意的技术规范或其他公开文件，其目的在于促进最佳的公共利益，并由标准化团体批准。"

（二）标准的类型

1. 按使用范围划分

按标准发生作用的有效范围，其可分为不同层次（即通常所说的标准级别）。从世界范围来看，标准分为 6 大类：国际标准、区域标准、国家标准、行业或专业标准、地方标准和企业标准。

（1）国际标准。是指由国际权威组织制定，在国际上通用的标准。如国际标准化组织制定的 ISO 标准、国际电工委员会制定的 IEC 标准等。

（2）区域标准。是经世界某一地区若干国家的标准化机构协商一致颁布的标准。如全欧标准 EN、欧洲计算机制造商协会标准 ECMA 等。

（3）国家标准。是指一个国家的全国性标准化机构颁布的标准。如我国国家标准 GB、美国国家标准 ANSI 等。

（4）行业标准。是由行业标准化主管部门或行业标准化组织批准、发布的在某一行业范围内统一和实施的标准。如美国材料与试验学会标准 ASTM、美国石油学会标准 API 等。

（5）地方标准。由我国各省、自治区、直辖市标准化主管部门发布，在当地范围内实施的标准。如上海市的标准"沪 Q/SG4—25—1982"。

（6）企业标准。是指公司企业自己规定的统一标准，在该公司企业内部施行。如美国波音飞机公司标准 BAC。为了提高产品质量，企业可以制定比国家标准和部颁标准更严格的产品质量标准，即通常所称的"内控标准"。

2. 按标准内容划分

（1）基础标准。在一定范围内作为其他标准的基础并普遍使用，具有广泛指导性的标准，一般包括术语、词汇、符号、缩写、绘图、定义、命名、标志和单位等。

（2）产品标准。对产品结构、规格、质量和检验方法所做的技术规定，包括有关制品的形状、尺寸、材料、质量、性能、要求、分类和公差等。

(3) 方法标准。对标准化对象行为活动过程所规定的标准，包括有关产品试验、检验、分析和测定等方面以及技术条件等。

(4) 安全与环境保护标准。为保护人和物的安全制定的标准，称为安全标准，包括劳动安全标准、消费品安全标准等；以保护生态环境和生活环境为目标而制定的统一规范，称为环境标准，包括对大气、水、噪声等制定的环境质量评价标准、污染源检测方法等。

(5) 管理标准。包括技术管理、生产组织管理、经济管理、行政管理、业务管理等工作的标准。

3. 按标准成熟程度划分

(1) 强制性标准。也称正式标准，是指具有法律性质的必须遵守的标准。强制性标准一经颁布，必须贯彻执行，否则，造成恶劣后果和重大损失的单位或个人要受到制裁或承担法律上的责任。

(2) 推荐性标准。是制定和颁布标准的机构建议优先遵守的标准。这类标准，任何单位有权决定是否采用；而一旦纳入商品经济合同之中采用，则成为共同遵守的技术依据，必须严格执行，具有法律约束力。

(3) 试行标准。指内容不够成熟，尚有待在使用实践中进一步修订、完善的标准。

(4) 标准草案。指审批前由草拟者或提出机构提供讨论并征求有关方面修改意见的标准稿件。

(三) 标准文献

标准文献是技术标准、管理标准及其他具有标准性质的类似文件所组成的特种科技文献体系。广义的标准文献是指记载、报道标准化的所有出版物。狭义的标准文献是指技术标准、规范标准和技术要求等原始文献。

标准文献除了以标准命名外，还常以规范、规程、建议等名称出现。国外标准文献常以 Standards（标准），Specification（规格、规范），Rules、Instruction（规则），Practice（工艺），Bulletin（公报）等命名。

(四) 标准文献的特点

1. 标准文献的技术性和法律约束力

一方面，由于标准文献作为一种依据和规范提出，且其描述的内容详尽、完整和可靠，因此标准文献的技术成熟度很高。另一方面，各国（地区）颁布的标准大致分为强制性和非强制性两种，强制性标准必须执行，不符合强制性标准的产品禁止生产、销售和进口，推荐性（非强制性）标准鼓励企业自愿采用，但一经采用就应严格执行，不得随意改动。因此标准文献还具有一定的法律属性，使产品生产、工程建设、组织管理等有据可依。

2. 标准文献自成体系，独立完整

标准文献无论是从编写格式、描述内容、遣词用字上，还是在审批程序、管理办法以及使用范围等方面，都不同于一般的文献，而是别具一格、自成体系。

标准文献的一个显著标志，就是一件标准对应一个标准号。一件标准即使仅寥寥数页也单独成册出版，一般只解决一个问题，独立完整。

3. 标准文献的时效性和先进性

标准文献的更新较快，随着社会经济和科技水平的发展会不断修订与补充。国家标准的年限一般为5年，过了年限后国家标准就要被修订或重新制定，以满足人们生产、生活的需要。因此，标准的时效性强，是一种动态信息。标准又是一种具有法律性质或约束力的文献，有生效、未生效、试行、失败等状态之分，未生效和失效过时的标准没有任何作用价值。国际标准化组织规定，每5年重新审定一次所有标准，个别情况下可以提前修订，以保证标准的先进性。

4. 标准文献交叉重复，相互引用

从企业标准到行业标准直至国际标准之间并不意味着级别依次上升，许多国家的国家标准是由有代表性的行业标准或企业标准升格而来的，所以在内容上有许多重复交叉的现象，且各国之间直接相互引用有关标准也屡见不鲜。

5. 标准文献的国际化

标准文献国际化的一个重要原因就是贸易全球化、产品国际化，要想参与国际竞争，把产品打入国际市场，必须向国际标准看齐。各国都在纷纷制定与国际标准兼容的国家标准。如1987年，ISO制定发布了ISO 9000质量管理体系标准，立即引起了世界各国和地区的广泛关注与积极采用。到目前为止，ISO 9000族标准已被100多个国家和地区转化为本国或本地区标准。

（五）标准文献的分类

1. 我国标准文献的分类

1984年，国家标准局编制了适合我国国情的、标准文献专用的《中国标准文献分类法（试行）》，用于除军工标准外的各级标准和有关标准文献的分类。《中国标准文献分类法》由两级类目构成：一级类目（主类）主要以专业划分为主，二级类目采用非严格等级制列表。一级类目下设24个专业类，先从人类基本生产活动排序，后划分工业生产和人类生活需要，其大类序列如表6-9所示。

表6-9 《中国标准文献分类法》大类序列表

类别	类 名	类别	类 名
A	综合	N	仪器、仪表
B	农业、林业	P	建筑
C	医药、卫生、劳动保护	Q	建材
D	矿业	R	公路与水路运输
E	石油	S	铁路
F	能源、核技术	T	车辆
G	化工	U	轮船
H	冶金	V	航空、航天
J	机械	W	纺织
K	电工	X	食品
L	电子技术、计算机	Y	轻工、文化与生活用品
M	通信、广播	Z	环境保护

2. 国际标准文献的分类

国际标准化组织（ISO）于1991年组织编制了用于国际标准文献分类的《国际标准分类法》（International Classification for Standards，ICS）。它主要用于国际标准、区域标准和国家标准以及相关标准化文献的分类、编目、订购与建库，从而促进国际标准、区域标准、国家标准以及其他标准化文献在世界范围内的传播。国际标准化组织（ISO）发布的标准1994年以前使用《国际十进制分类法》（UDC），1994年以后改用ICS分类。我国自1995年底开始，也将发布的国家标准由《国际十进制分类法》（UDC）改为《国际标准分类法》（ICS）分类。至今为止，我国在标准分类上仍采用ICS与中国标准分类法并行的办法，随着我国标准化工作与国际的接轨，ICS将最终取代中国标准分类法。

ICS采用层累制分类法，由三级类目构成。第一级41个大类，每个大类以两位数字表示。全部一级类目再分为405个二级类目，二级类目的类号由一级类目的类号和被一个圆点隔开的三位数组成。二级类目下又再细分为三级类目，共有884个，三级类目的类号由一、二级类目的类号和被一个圆点隔开的两位数组成，如43.040.02（照明和信号设备）。

（六）标准文献的作用

一个国家（地区）的标准文献反映着该国（地区）的经济、技术政策、生产水平、加工工艺水平、标准化水平、自然条件、资源情况等内容，对于全面了解该国（地区）的工业发展情况，是一种重要的参考资料，有利于企业及其生产实现经营管理统一化、制度化、科学化。先进的标准可以为提高工艺技术水平、开发新产品提供参照；标准文献也可以为进口设备的检验、装配等提供参考。

（七）标准文献的编号

1. 标准号的构成

目前，国内外标准的编号基本有两种构成形式：

（1）标准代号＋顺序号＋发布年份。例如，我国国家标准GB/T 13494—92、国际标准ISO 3838—1999、国际电工标准IEC 60239－2005。

（2）标准代号＋分类号＋顺序号＋发布年份。例如，美国标准ANSI A10.11－79、法国标准NF Z73－012－1993、日本标准JIS D6802－90。

2. 我国的主要标准代号

（1）国家标准代号（表6-10）。

表6-10 我国国家标准代号表

代号	标准名称	代号	标准名称
GB GB/T GB/Z	中华人民共和国强制性国家标准 中华人民共和国推荐性国家标准 中华人民共和国国家标准化指导性技术文件	GBJ GJB	中华人民共和国国家建设标准 中华人民共和国国家军用标准

（2）行业标准代号。一般用该行业主管部门名称的汉语拼音首字母表示，如机械行业标准用JB表示，轻工行业标准用QB表示等。例如，QB 1007－90是指轻工行业1990年

颁布的“罐头食品净重及固形物含量的测定标准”。

(3) 地方标准代号。代号用“DB”加省（区、市）代码前两位数组成，推荐性标准加“/T”。例如，DB/3204－G24－87，其中32表示江苏省，04表示常州市。

(4) 企业标准代号。企业标准的代号前一律用“Q”（“企”字拼音的首字母）。中央直属企业，企业的名称代号由中央各部规定；地方企业，由各省（区、市）规定，地方企业代号要加所属省（区、市）的简称。例如，京Q/JB 1－79是指北京机械局1979年颁布的第一号标准。

3. 国外的主要标准代号

国外主要的区域标准、国家标准以及行业（专业）标准的代号如表6-11所示。

表6-11　国外主要标准代号表

标准名称	标准代号	标准名称	标准代号
国际标准化组织标准	ISO	日本工业标准	JIS
国际电工委员会标准	IEC	澳大利亚国家标准	AS
国际电信联盟标准	ITU	加拿大标准协会标准	CSA
欧洲标准	EN	美国电气电子工程师协会标准	IEEE
欧洲计算机制造商协会标准	ECMA	美国船舶局标准	ABS
美国国家标准	ANSI	美国航天工业协会标准	AIA
德国国家标准	DIN	美国机械工程师协会标准	ASME
英国国家标准	BS	美国军用标准	MIL
法国国家标准	NF	德国工程师协会标准	VDI

二、国内标准文献检索

我国标准化工作从1956年制定全国统一的国家标准开始，1978年成立了国家标准总局，并于9月加入国际标准化组织（ISO），且参加了其中的103个技术委员会；1979年7月，颁布《中华人民共和国标准管理条例》；1988年7月，组建国家技术监督局，负责管理全国标准化、计量、质量监督工作；1989年4月1日，实施《中华人民共和国标准化法》。

在标准文献的检索过程中，手工检索曾发挥了重大作用。标准文献手工检索工具即各种标准目录、汇编、年鉴、手册等。例如，《中国国家标准汇编》由中国标准出版社出版，它收集了公开发行的全部现行国家标准，依据国家标准号编排，已出版200多个分册，是查阅国家标准的重要工具；另外还有《中华人民共和国国家标准目录及信息总汇》《中华人民共和国国家标准目录》《中国标准化年鉴》等。互联网的发展为检索标准信息提供了更加方便快捷的检索手段，各类提供标准信息检索的网站、数据库成为目前标准检索的主要工具。

（一）中国知网的标准数据总库

中国知网标准数据总库是国内数据量较大、收录较完整的标准数据库，分为中国标准题录数据库（SCSD）、国外标准题录数据库（SOSD）、国家标准全文数据库和中国行业标准全文数据库。

中国标准题录数据库（SCSD）收录了所有的中国国家标准（GB）、国家建设标准（GBJ）、中国行业标准的题录摘要数据，共计约13万条标准。

国外标准题录数据库（SOSD）收录了世界范围内重要标准，如国际标准（ISO）、国际电工标准（IEC）、欧洲标准（EN）、德国标准（DIN）、英国标准（BS）、法国标准（NF）、日本工业标准（JIS）、美国标准（ANSI）、美国部分学会协会标准（如ASTM、IEEE、UL、ASME）等的题录摘要数据，共计约31万条标准。

国家标准全文数据库收录了由中国标准出版社出版的、国家标准化管理委员会发布的所有国家标准，占国家标准总量的90%以上。

中国行业标准全文数据库收录了现行、废止、被代替以及即将实施的行业标准，内容涵盖了电子、轻工、黑色冶金、有色金属、稀土、中医药、卫生、医药、纺织、林业、煤炭、烟草等近30个行业标准，全部标准均获得权利人的合法授权。

中国知网标准数据总库提供高级检索、专业检索和一框式检索途径（如图6-11），可以通过标准名称、标准号、关键词、摘要、全文、发布单位、出版单位、起草单位、中国标准分类号、国际标准分类号、起草人等检索项进行检索。

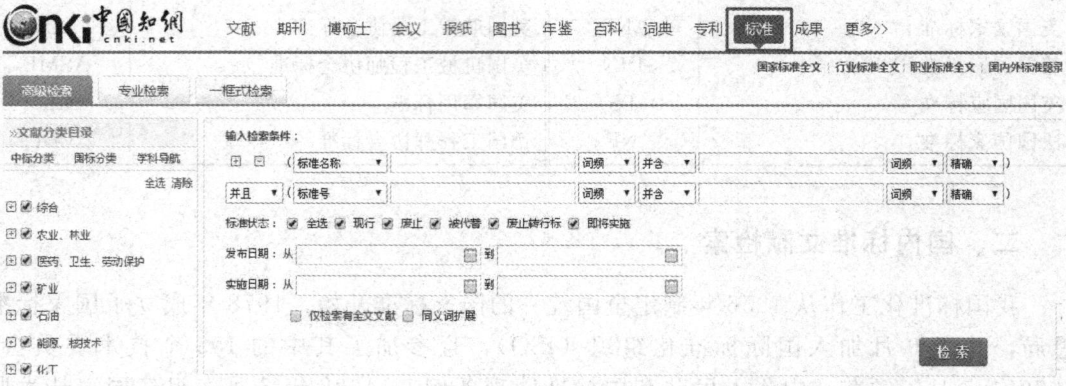

图6-11　中国知网的标准数据总库检索页面图

（二）万方数据的中外标准数据库

万方数据科技信息子系统提供中外标准信息的分类检索（图6-12），资料来源于中国质检出版社和浙江标准化研究院，可检索中国国家标准、国际标准、欧洲标准、美英德日等国家标准、行业标准、建设标准，以及我国台湾地区标准等，总计16个数据库，提供标准的文摘信息。此外，万方数据资源系统还推出中国标准全文数据库，可检索强制性国家标准（GB）、推荐性国家标准（GB/T）、指导性技术文件（GB/Z），以及行业标准、地方标准和部分企业标准的全文信息。

该数据库提供基本检索和高级检索两种检索方式，其中高级检索提供了主题、题名、关键词、作者单位、日期、标准编号、发布单位等检索途径，并可进行逻辑组配。中国标准全文数据库还提供分类浏览，并可以二次检索。

图 6-12 万方数据的中外标准数据库分类检索页面图

（三）中国标准服务网

中国标准服务网（http：//www. cssn. net. cn）于 1998 年开通，由中国标准化研究院标准馆主办。它既是国家级标准信息服务门户，也是世界标准服务网（http：//www. wssn. net. cn）的中国站点，提供标准查询、标准出版物、标准化与质量论坛、WTO/TBT 中国技术法规、地方标准等标准服务。自 2001 年 4 月起，中国标准服务网的标准信息数据库免费向社会开放，其标准信息主要依托于国家标准化管理委员会、中国标准化研究院标准馆及院属科研部门、地方标准化研究院（所）及国内外相关标准化机构。国外标准数据从国外标准组织获取，更新数据及时，确保信息的完整性、权威性和时效性。该数据库拥有丰富的标准文献资源，可以检索到我国全部国家标准、70 多个国内行业标准和地方标准，国际标准，美、英、德、法、日等国的国家标准和美国的专业标准，是用户查询各种国内外标准内容较齐全的国内站点。

用户首次进入网站后可进行免费注册，确认用户名、密码并获取确认码，以后每次进入网站只要进行登录，就可顺利使用网站提供的标准检索服务。标准数据库提供简单检索、高级检索、专业检索和分类检索等多种检索方式（图 6-13）。

（四）国家标准化管理委员会

国家标准化管理委员会是国务院授权履行行政管理职能、统一管理全国标准化工作的主管机构，正式成立于 2001 年 10 月。2018 年 3 月，根据十三届全国人大一次会议批准的国务院机构改革方案，国家标准化管理委员会职责划入国家市场监督管理总局，对外保留牌子。国家标准化管理委员会职责包括：以国家标准化管理委员会名义，下达国家标准计划，批准发布国家标准，审议并发布标准化政策、管理制度、规划、公告等重要文件；开展强制性国家标准对外通报；协调、指导和监督行业、地方、团体、企业标准工作；代

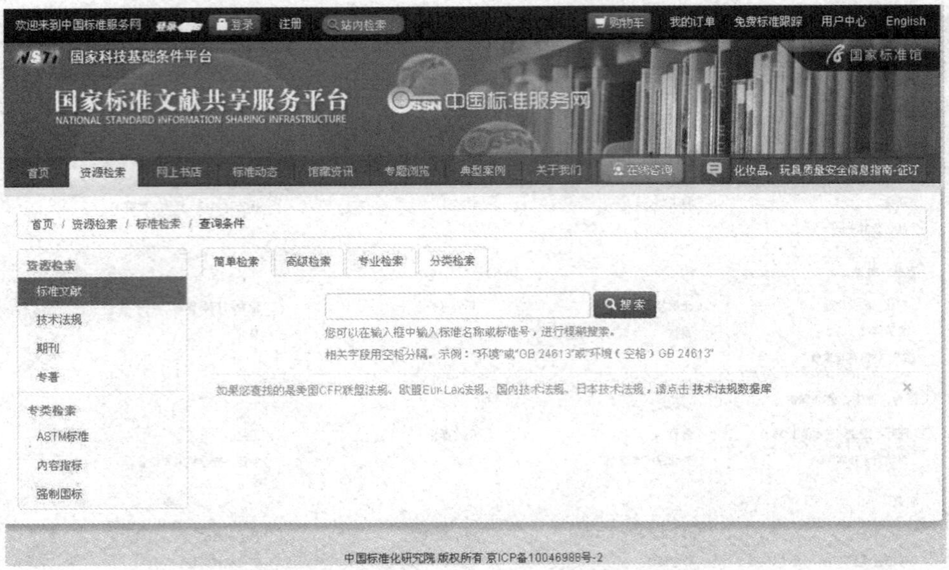

图 6 - 13　中国标准服务网检索页面图

表国家参加国际标准化组织（ISO）、国际电工委员会（IEC）和其他国际或区域性标准化组织；承担有关国际合作协议签署工作；承担国务院标准化协调机制日常工作。

国家标准化管理委员会网站（http：//www. sac. gov. cn/）（图 6 - 14）提供国家标准、国家标准计划、行业标准、地方标准等目录查询，注册后可免费阅读国家强制性标准全文，并查询中国国家标准的废止、代替状态。

图 6 - 14　国家标准化管理委员会网站图

（五）中国国家标准咨询服务网

中国国家标准咨询服务网（http：//www. chinagb. org）是国际、国内专业化标准咨询服务性网站（图 6－15）。网站现已完成了自中华人民共和国成立初期到目前为止，国家颁布发行的各类国家标准（含废止与修订）2.9 万余个、行业标准 9 万余个、地方标准 1.2 万余个、企业标准 50 多万个、国际及国外先进国家颁布发行的 10 万余个标准的收集、分类、整编工作；并且采用 WEB 技术，制成系统、全面的标准数据资源库，提供中国国家标准、行业标准、地方标准及国际标准、外国标准的全方位咨询服务，包括标准信息的免费在线查询、标准有效性的确认、标准文献翻译、标准培训、企业立标等各种相关服务。该网站被 Google 列为国标查询的首位网站。

图 6－15　中国国家标准咨询服务网页面图

（六）中国标准化研究院网站

中国标准化研究院（https：//www. cnis. ac. cn/）隶属于国家市场监督管理总局，是国内唯一的国家级标准化研究机构，也是开展基础性、通用性、综合性标准化科研和服务的社会公益类科研机构（图 6－16）。中国标准化研究院设有资源环境研究分院、质量研究分院（总局产品质量安全风险监测中心）、标准化理论战略研究所、基础标准化研究所、农业食品标准化研究所、高新技术标准化研究所、服务标准化研究所、公共安全标准化研究所、工业产品质量标准研究所（全国工业产品生产许可证审查中心）、标准信息研究所（市场监督总局技术性贸易措施研究中心）、产品安全研究所（总局缺陷产品管理中心）、国家标准馆、标准化评估研究所、政府管理创新标准化研究所等院所，拥有丰富的标准信息，为用户查询与咨询等提供了极大的方便。

图 6-16　中国标准化研究院首页图

（七）标准网

标准网（http：//www.standardcn.com）是由机械科学研究院中机生产力促进中心建设并维护的我国工业行业的标准化门户网站（图 6-17）。该网站主要包括了轻工、纺织、黑色冶金、有色金属、石油、石化、化工、建材、机械、汽车、锅炉压力容器、电

图 6-17　标准网页面图

力、煤炭、包装、制药装备、黄金、商业、物流和稀土等 19 个行业的行业标准管理与服务信息，能够实现行业标准管理、发布与服务等功能。目前开设有标准目录、标准公告、标准书市、标准查询、标准咨询、工作动态等，为社会各界能够广泛参与行业标准的制定和标准化活动搭建平台，并为行业提供及时准确的标准信息和咨询服务。

三、国外标准文献检索

国际标准主要是指 ISO 标准和 IEC 标准，此外还包括国际标准组织认可的其他 27 个国际标准组织制定的标准，其数量有 1200 个之多。

（一）国际标准化组织（ISO）及其标准文献检索

1. 概况

国际标准化组织（International Organization for Standardization，ISO），正式建立于 1947 年 2 月，其前身是国际标准化协会（ISA）和联合国标准协调委员会（UNSCC）。ISO 是世界上最大的、最有权威的非政府性标准化专门机构，在国际标准化工作中占主导地位。其主要活动是制定国际标准，协调世界范围内的标准化工作，组织各成员国和技术委员会进行情报交流，以及与其他国际性组织进行合作，共同研究有关标准化问题。我国于 1978 年 9 月以中国标准化协会名义正式加入国际标准化组织。

ISO 的所有标准每隔 5 年重新审定一次，因此在使用时要利用最新的标准版本。ISO 标准主要包括机械、化学化工、金属和农业等学科领域，但不包括电子类。

2. ISO 标准文献检索工具

（1）《国际标准化组织目录》（*ISO Catalogu*e），年刊，每年 2 月用英文、法文对照出版，每季度出一次补充目录，报道 ISO 的现行标准。该目录分 5 个部分：主题索引、分类目录、标准号索引、作废标准目录、国际十进位分类号与 ISO 技术委员会（TC）编号对照表。用户可以通过主题途径、分类途径、号码途径等进行检索。

（2）国际标准化组织 ISO 官方网站（https：//www. iso. org）于 1975 年开通，提供该组织标准化活动的背景及最新信息，各技术委员会（TC）、分委会（SC）的目录活动，国际标准目录（包括各种已出版的国际标准、撤销标准和其他标准出版物），还有对其他标准化组织机构的链接及多种信息服务。用户可以按标准分类法、标准名称、关键词、文献号、委员会代码等多种途径进行检索（图 6－18），显示检索结果的项目有标准的国际标准分类号、标准号、标准名称、版次、页数、编辑机构、价格等信息。

（二）国际电工委员会（IEC）标准及其检索

1. 概况

国际电工委员会（International Electrotechnical Commission，IEC）成立于 1906 年，1947 年合并于 ISO，但具体工作又独立于 ISO，与 ISO 并列为两大国际性标准化机构。IEC 是世界上成立最早的非政府性国际电工标准化机构，是联合国经济社会理事会的甲级咨询组织。IEC 现有成员 63 个，我国于 1957 年加入，1980 年当选为执委。

1975 年前，IEC 公布的为推荐标准，1975 年后均为 IEC 国际标准。IEC 的主要任务是负责电气和电子领域标准化组织的协调工作，制定电气电子领域的国际标准。IEC 制定

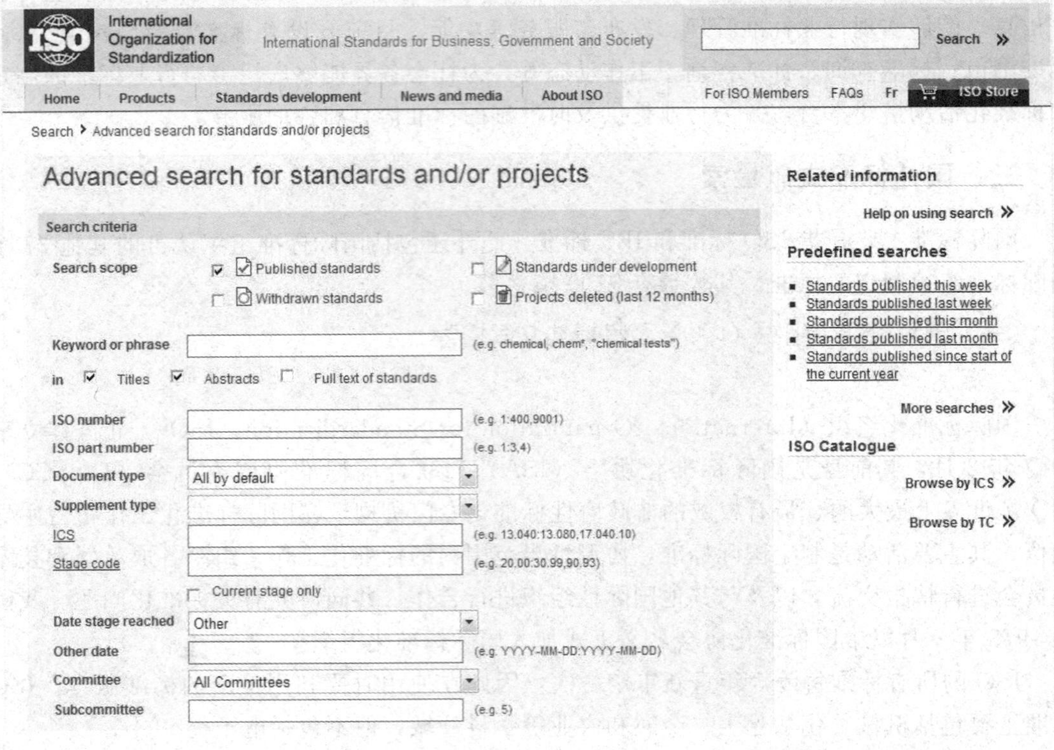

图 6－18　ISO 官方网站高级检索页面图

的标准范围可分为名词术语、电路图形、符号、单位、试验方法、产品质量、性能指标、有关人身安全的技术标准等。

2. IEC 标准文献的检索工具

（1）《国际电工委员会标准目录》（*IEC Catalogue of Publications*），年刊，有英语、法语两种文本，报道 IEC 到上一年年底为止的全部国际电工标准（包括已作废的标准），目前分标准序号目录和主题索引两部分。该《目录》正文前有目录表，按技术委员会（TC）顺序编排，TC 号后列出标准名称和页码，按页码指引即可在正文中找到相应的标准。

（2）国际电工委员会 IEC 网站（https：//www. iec. ch）（图 6－19），提供了主题词、标准号、年份、TC 等检索途径，用户通过检索可浏览标准号、英文标题、版本、页码、TC、语种、出版日期、文摘、ICS 号等信息。另外，用户还可以通过浏览 ICS 列表选择所需标准分类，进入一级类目后可继续选择二级类目，并依照标准顺序号查找所需标准。IEC 网站亦提供新出版标准信息、标准作废替代信息等。

（三）国际电信联盟（ITU）标准及其检索

国际电信联盟（International Telecommunication Union，ITU），是世界各国政府的电信主管部门之间协调电信事务的一个国际组织，主要研究制定有关电信业务的规章制度；同时该组织也是联合国机构，其下设的电信标准化部门负责制定国际电信标准。其标准信息检索的网站网址为 https：//www. itu. int，中文网站界面如图 6－20 所示。

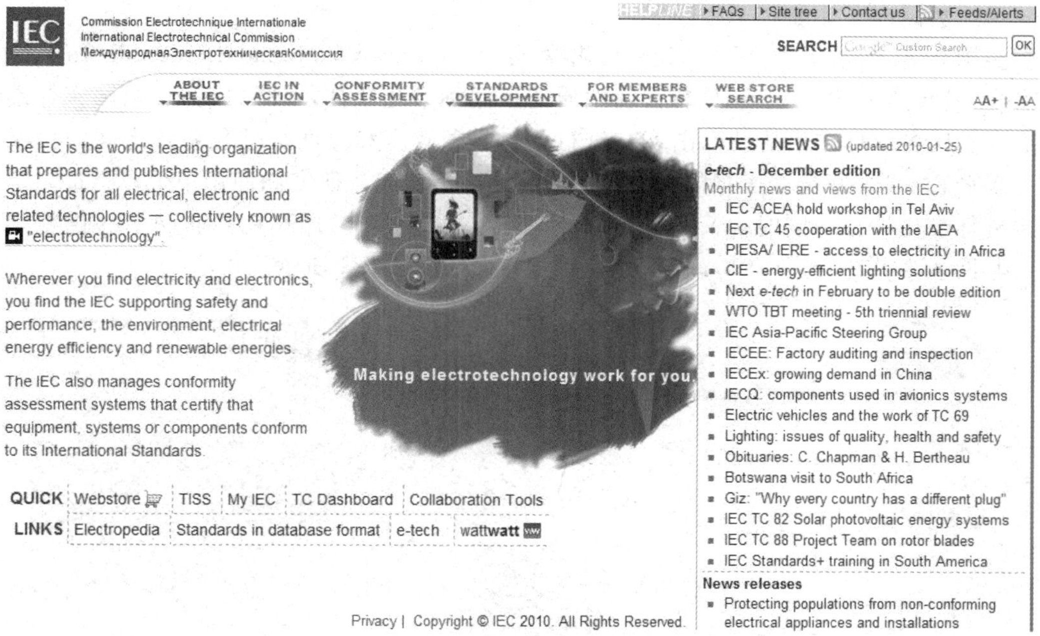

图 6－19　IEC 网站界面图

图 6－20　ITU 中文网站界面图

（四）世界主要发达国家标准文献及其检索

1. 美国标准

美国标准又可分为国家标准和专业标准。美国专业标准较多，这里只做选择性介绍。

(1) 美国国家标准 (ANSI)

美国国家标准是美国国家标准化学会(American National Standards Institute, ANSI)发布的标准。ANSI是非营利性质的民间标准化团体，现已成为美国国家标准化中心，美国各界标准化活动都围绕它进行，它起着政府和民间标准化系统之间的桥梁作用。ANSI协调并指导全美国的标准化活动，给标准制定、研究和使用单位以帮助，提供国内外标准化情报；同时，又起着行政管理机关的作用。ANSI在互联网上提供检索服务，其网址为https://web.ansi.org，检索界面如图6-21所示。

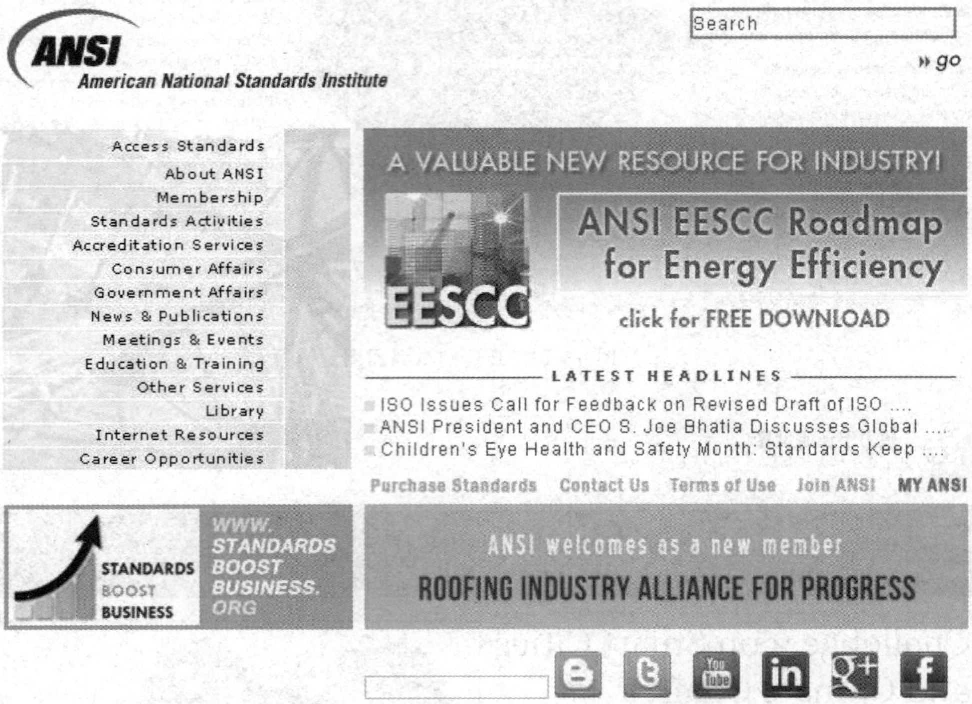

图6-21 美国国家标准化学会网站检索界面图

(2) 美国电气与电子工程师协会标准 (IEEE)

美国电气与电子工程师协会(Institute Electronical and Electronic Engineers, IEEE)于1963年由美国电气工程师学会(AIEE)和美国无线电工程师学会(IRE)合并而成，是美国规模最大的专业学会。IEEE标准的内容包括电气与电子设备、试验方法、元器件、符号、定义以及测试方法等，其网站(https://standards.ieee.org)的检索界面如图6-22所示。该网站主要发布有关标准的信息，并有标准协会、标准产品、开发资源、信息数据库、图书馆、标准委员会等超链接，用户可免费进入查询。

2. 英国国家标准 (BS)

英国国家标准是英国全国性标准化机构——英国标准学会(British Standards Institution, BSI)发布的标准。由于英国是标准化先进国家之一，其制定的标准并为英联邦国家采用，所以英国标准(BS)在世界上有较大影响，受到国际上的重视。英国标准5年复审一次，现行标准近万条。

图 6－22　美国电气与电子工程师协会网站检索界面图

BS 标准的主要检索工具是《英国标准协会目录》(*BSI Catalogue*)，年刊，由标准号目录、主题索引、ISO 标准和 IEC 标准对照表三部分组成。英国标准学会也提供网上服务，其网站网址为 http：//bsonline. techindex. co. uk，主要提供标准目录、标准检索、英国标准在线、管理系统登记、产品试验和证明等服务。

3. 日本工业标准（JIS）

日本工业标准由日本工业标准调查会（Japanese Industrial Standard Committee，JISC）负责制订。JIS 标准的检索工具主要是《日本工业标准总目录》（JIS 总目录）和《日本工业标准年鉴》（*JIS Yearbook*）。其中《日本工业标准总目录》由日本标准协会（Japanese Standards Association，JSA）编辑，每年出版一次，提供分类途径和主题检索途径。

4. 德国标准（DIN）

德国标准由德国标准化学会（DIN）制定。目前，DIN 下设 123 个标准委员会和 3655 个工作委员会。DIN 现行标准 2 万余件，其检索工具包括：

（1）《联邦德国标准学会技术标准目录》：该目录由 DIN 编辑出版，每年出版一次，报道到上一年年底为止的现行标准。其报道内容除了德国标准外，还列出了德国工程师协会（VDI）、德国航空标准组织（LN）、德国国际防御装备标准组织（VG）的标准。目录分为两部分：一部分为国际十进位分类目录；另一部分是“数字索引”（Nummen-Register）、“德文主题索引”（Schoag-wort-Register）和“英文主题索引”（English Index of Subject Troups）。

（2）《联邦德国标准化通报》（*DIN－Mitteilungen*）：月刊，由 DIN 编辑出版，报道标准化论文和有关国内外标准化新闻，以及新颁布标准的介绍等。

第七章　外文信息检索

随着我国科学技术水平的迅猛发展，国内科研工作者对外文信息的需求越来越强烈，对外文信息的利用也越来越重视，外文信息资源的查询量正在逐年上升。要了解国外学术发展动向，深入研究某一学科的先进技术，查阅外文信息是必不可少的；而要查询外文学术信息，外文数据库就是我们最好的帮手。

第一节　外文综合性信息检索

一、主要的外文综合性参考数据库

参考数据库（Reference Database）是指包含各种数据、信息或知识的原始来源和属性的数据库。数据库中的记录是通过对数据、信息或知识的再加工和过滤，如编目、索引、摘要、分类等所形成的。参考数据库主要包括书目数据库、索引数据库和文摘数据库。综合性参考数据库是指学科范围覆盖多个学科的参考数据库。

（一）Web of Science

1. 概述

1955 年，Eugene Garfield 博士在 *Science* 杂志上发表了一篇文章，首先提出了将引文索引应用于科研检索，随后他创建了美国科技信息研究所（ISI），并在 1961 年出版了《科学引文索引》（SCI），之后又出版了《社会科学引文索引》（SSCI）和《艺术与人文科学引文索引》（A&HCI），SCI、SSCI 和 A&HCI 被称为著名的三大引文索引工具。

1997 年，借助新兴的互联网技术，三大引文索引有了网络版，这就是著名的 Web of Science。Web of Science 延续了 SCI 以“加菲尔德文献集中定律”为理论依据的质量评价体系，每年都要对所收录的期刊进行严格的筛选，补充一些符合要求的高质量期刊，同时剔除一些达不到标准的已收录期刊。筛选评审标准包括编辑内容、出版标准、国际和地域代表性以及引文分析等。Web of Science 主要由以下几个重要数据库组成：

Science Citation Index-Expanded（SCI-Expanded，科学引文索引—扩展版）；

Social Sciences Citation Index（SSCI，社会科学引文索引）；

Arts & Humanities Citation Index（A&HCI，艺术与人文科学引文索引）。

2008 年 10 月，Web of Science 又整合了原来的 ISI Proceedings（国际会议录，其中自然科学版即三大检索工具之一的 ISTP）并扩充了会议录的引文索引功能，使其覆盖面进一步扩大，因而 Web of Science 在原来 SCI、SSCI 和 A&HCI 的基础上，又增加了两个会议录引文索引数据库，即 Conference Proceedings Citation Index-Science（CPCI-S）和 Conference Proceedings Citation Index-Social Sciences & Humanities（CPCI-SSH）。

《科学引文索引》（*Science Citation Index*，SCI）是国际权威的检索工具之一。SCI 常见的载体形式有印刷版、光盘版和网络版。其中印刷版和光盘版的内容基本相同，收录的期刊为 3700 多种，这就是我们通常所说的 SCI 核心版；而网络版则是在印刷版和光盘版的基础上增加了期刊的收录量，目前网络版的期刊量已达到 9200 多种，因此网络版 SCI 也称 Science Citation Index Expanded（简称 SCIE 或 SCI-Expanded）。SCIE 覆盖广泛的学科专业，跨越 178 个自然科学学科，文献收录的年份最早可追溯至 1900 年。

《社会科学引文索引》（*Social Sciences Citation Index*，SSCI）于 1973 年出版，是针对社会科学期刊文献而建立的多学科索引，涉及社会科学的 58 个领域，如人类学、考古学、经济学、妇女运动、民族学、历史学、地理学、吸毒和麻醉品、教育学及特殊教育、商业和金融、科学史和科学哲学、精神病学、心理学、社会学、情报学和图书馆学、保健与卫生、语言学、法学、政治学等。所收录的文献最早自 1900 年开始，目前收录的期刊数量为 3400 多种。

1978 年，美国科技信息研究所又出版了《艺术与人文科学引文索引》（*Arts & Humanities Citation Index*，A&HCI），将引文索引方法推广应用于艺术与人文科学领域。A&HCI 是针对艺术和人文科学期刊文献而建立的多学科索引，其主题范围包括建筑艺术、舞蹈艺术、电影艺术、电视和无线电、民间文学、史学、语言和语言学、文学、音乐、哲学、戏剧、神学和宗教等领域。所收录的文献最早可追溯到 1975 年，目前收录期刊 1800 多种。

CPCI-S 和 CPCI-SSH 两个会议录引文索引数据库，收录了多个学科的重要会议、讨论会、研讨会、专题学术会议等会议录文献。其中，CPCI-S 涵盖了所有科技领域的会议录文献，学科范围覆盖农业、生物化学、生物学、生物工艺学、化学、计算机科学、工程、环境科学、内科学、物理等；CPCI-SSH 涵盖了社会科学、艺术及人文科学的所有领域的会议录文献，学科范围覆盖艺术、经济学、历史、文学、管理学、哲学、心理学、公共卫生学、社会学等。两个会议录引文索引数据库的时间范围从 1990 年至今。

Web of Science 具有以下两大特点：

（1）独特的引文检索方法

通过 Web of Science 数据库中被引文献链接，用户能够跨越时间和学科的界限，向前、向后进行检索，以发现不同研究之间的相关性：通过参考文献（Cited References）揭示作者的影响力；通过被引次数（Times Cited）了解一篇论文对当前研究的影响。因此，通过 Web of Science 用户可以发现表面上无关的文章间的“隐藏”关系，这是以往传统的主题检索所揭示不了的。

（2）强大的论文分析功能

Web of Science 强大的论文分析功能可以从 8 个不同的角度进行分析。通过分析，用户可以了解与课题相关的核心研究机构和核心研究人员，掌握课题的起源和发展趋势，确定目前是否是课题申请的最佳时期，了解本课题相关的国际、国内论文的投稿方向，了解课题涉及哪些相关和交叉学科，发现课题未来的发展方向和应用前景等。

2. *Web of Science 的检索方法*

Web of Science 检索平台提供了 Web of Science™ Core Collection、KCI-Korean Journal Database、MEDLINE ®、SciELO Citation Index 等 4 个数据库，检索时系统默认的是所有数据库。若用户选择 Web of Science™ Core Collection，则只能在 Web of Science 中进行检索。Web of Science 主要提供了 Basic Search（基本检索）、Author Search（作者检索）、Cited Reference Search（被引参考文献检索）、Structure Search（化学结构检索）和 Advanced Search（高级检索）5 种检索方式（图 7-1）。

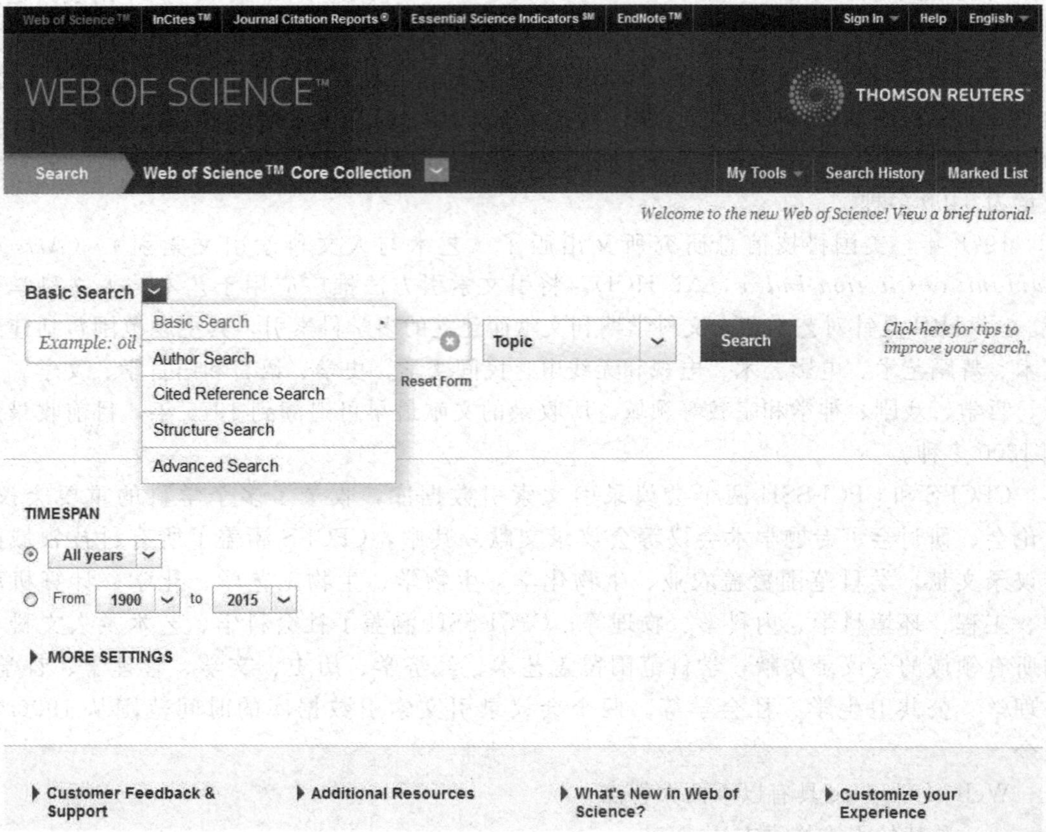

图 7-1　Web of Science 提供的检索方式页面图

（1）Basic Search（基本检索）

基本检索是通过主题、著者、出版物名称、著者单位地址等进行的检索，系统默认多个检索途径之间为逻辑 And 的关系。

主题检索是在文献的篇名、文摘及关键词等字段内进行的检索，可用逻辑算符（And、Or、Not、Same 或 Sent）连接单词或短语，也可用截词符进行截词检索。

著者检索可对著者或团体著者以及论文中提及的人物进行检索，允许使用截词符，可输入人物姓的全称、空格及人物名字的首字母，也可只输入姓，在“姓”后加截词符。

出版物名称检索可用期刊的全称或缩写，也可用期刊刊名的起始部分加上通配符“*”检索。

著者单位地址检索是按著者所在机构或地理位置进行检索，包括大学学院、机构、公司、国家、城市等的名称和邮政编码等；当通过著者机构进行地址检索时，可以输入机构名称中的单词或短语（经常采用缩写形式）；当检索某一地点的机构时，可用 Same 连接机构及地点；当检索某一机构中的某个系或部门时，可用 Same 连接机构、系或部门名称。

（2） Author Search（作者检索）

在作者检索模块可以同时输入某个作者的多种署名方式，不同署名方式之间用 Or 连接。姓名检索词输入完成后，还需要进一步选择作者的研究领域（Select Research Domain），并选择作者所在机构（Select Organization），然后点击“完成检索”（图 7－2）。

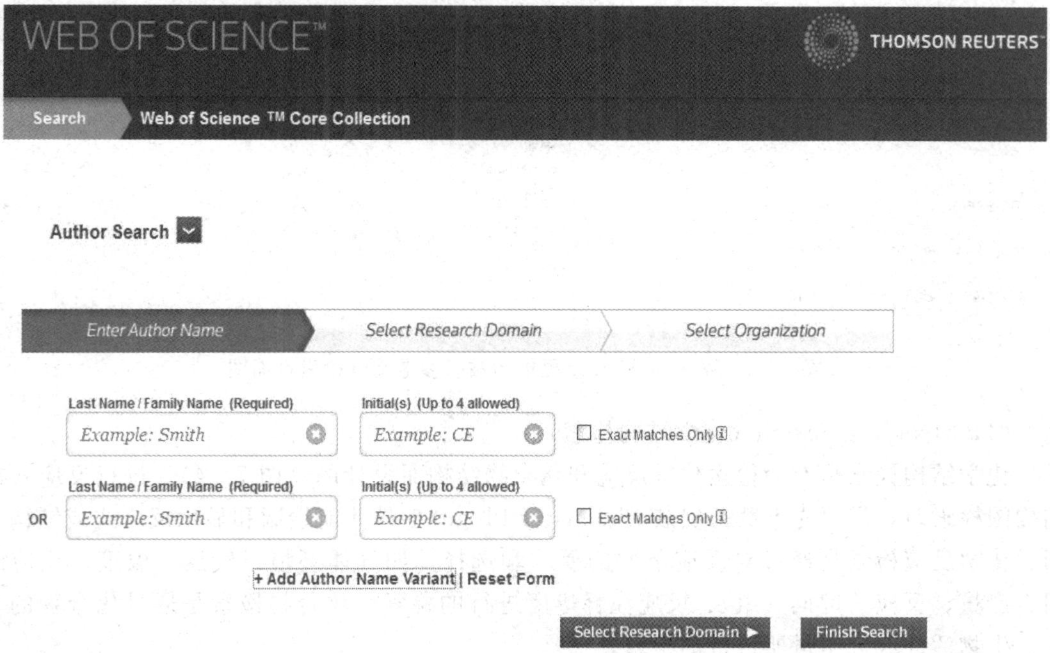

图 7－2　Web of Science 提供的作者检索页面图

（3） Cited Reference Search（被引参考文献检索）

被引参考文献检索是以被引著者、被引文献和被引文献发表年份作为检索点所进行的检索。Cited Author 是被引著者检索，一般应以被引文献的第一著者进行检索；Cited

Work 是被引著作检索，检索词应为刊登被引文献的出版物名称；Cited Year 是被引文献发表年份检索，检索词为 4 位数字的年份；Cited Title 是在被引参考文献的题名中进行的检索（图 7－3）。

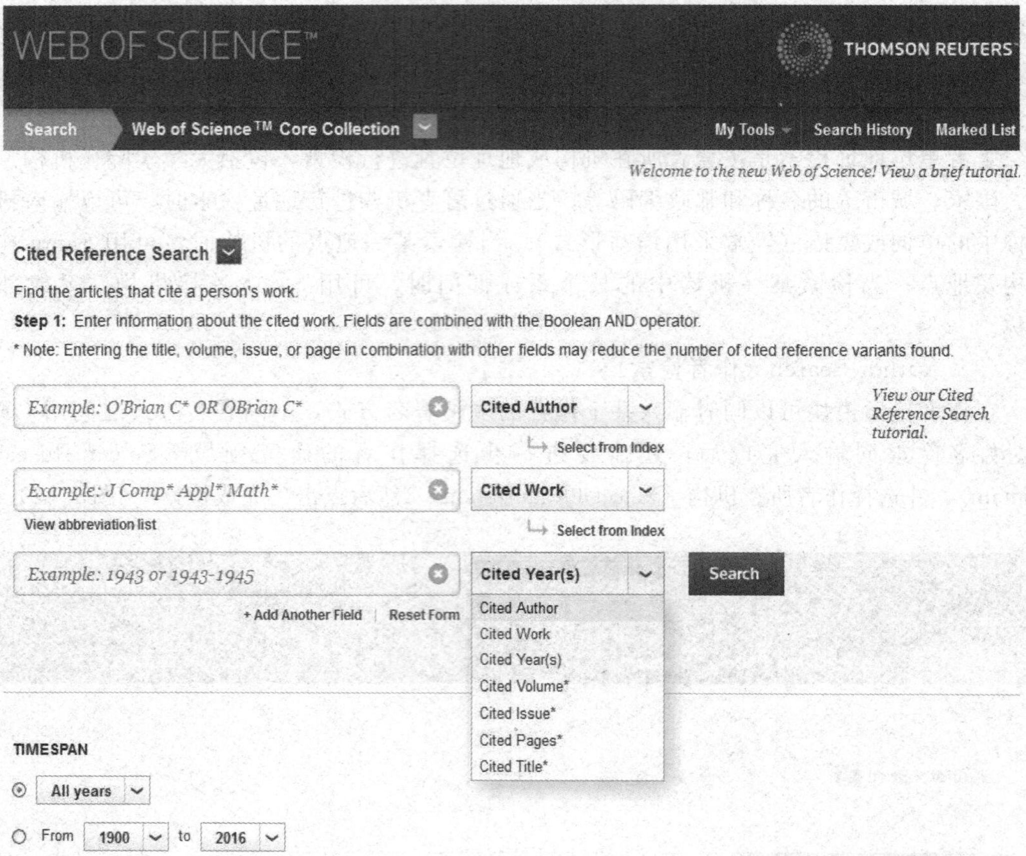

图 7－3　Web of Science 提供的被引参考文献检索页面图

（4）Structure Search（化学结构检索）

化学结构检索是专为检索化学反应和化合物结构而设计的（图 7－4）。进行反应式或结构图检索时，需要先下载并安装 Chemistry Plugin 插件才能绘制和显示反应式或结构式图。化学反应检索是通过对反应条件的要求和选择，如气体环境、气压、温度、反应时间、产量、反应关键词（组）、反应注释等所进行的检索。化合物检索是通过化合物的名称、生物活性或分子量所进行的检索。

（5）Advanced Search（高级检索）

在高级检索方式下，检索式输入框只能输入检索表达式，检索表达式是通过使用两个字母的字段标识、布尔逻辑运算符、括号等来创建的，如 TS＝（nanotub＊ And carbon）Not AU＝Smalley RE。这里的“TS”代表主题，“AU”代表作者。各检索字段的字段标识以及布尔逻辑运算符在检索页面的右边表格中会给出提示（图 7－5）。

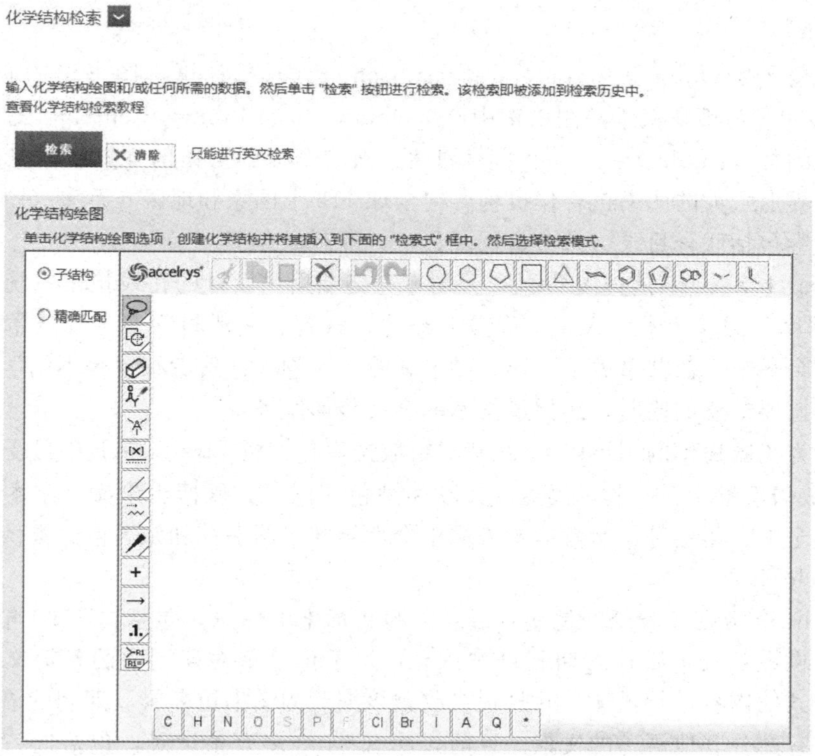

图 7－4　Web of Science 提供的化学结构检索页面图

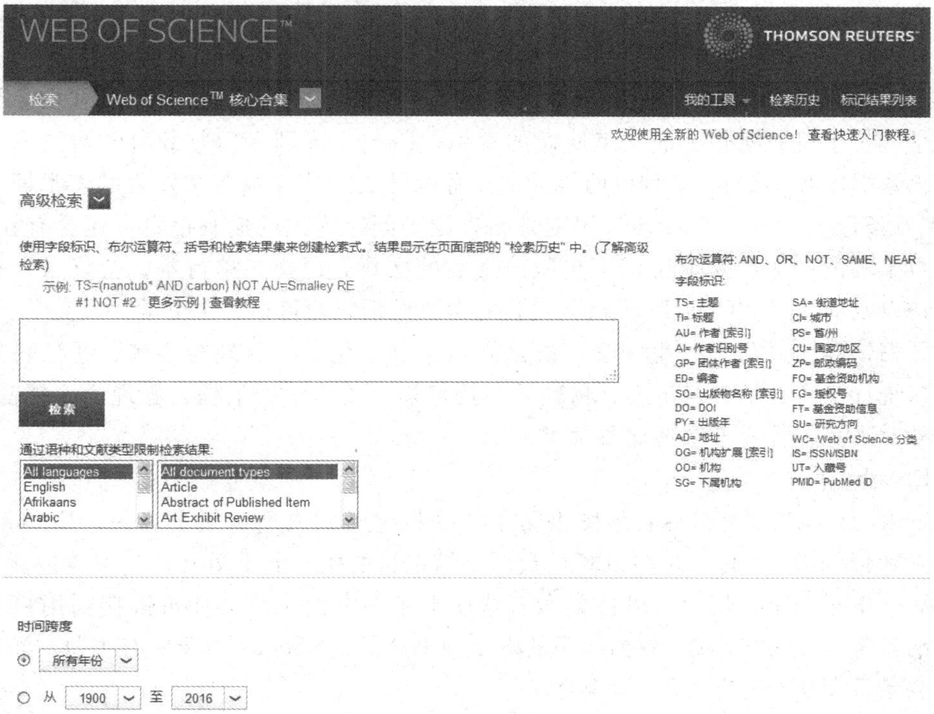

图 7－5　Web of Science 提供的高级检索页面图

（二）OCLC FirstSearch

OCLC 全名为 Online Computer Library Center（联机计算机图书馆中心），创建于1967 年，最初名为俄亥俄学院图书馆中心（Ohio College Library Center），总部在美国俄亥俄州的都柏林（Dublin），是一个非营利性、面向全球图书馆的计算机信息服务和研究组织，是世界上最大的图书馆合作机构，向全球 112 个国家和地区 6 万多家图书馆提供服务，服务内容包括联合目录、参考、资源共享、资源保存等。

FristSearch Service 是美国 OCLC 公司专为终端用户设计的在线检索系统，目前共有 50 多个数据库，涵盖艺术、人文、商业、经济、教育、一般科学、工程技术、医学、生物科学、社会科学、公共事务、法律、时事新闻、人物、消费者权益等不同学科领域。在提供索引和摘要信息的同时，还提供文献的全文传递服务。

OCLC 为我国提供的 FirstSearch 基本组数据库包，将 FirstSearch 中最受图书馆欢迎的 13 个子数据库整合在一起，涵盖的文献类型包括图书、硕博士论文、学术期刊、会议论文、百科全书、年鉴等，所有信息来源于全世界知名图书馆和知名信息提供商。

1. ArticleFirst

ArticleFirst 数据库收录的是期刊目录中的文章索引信息，包括自 1990 年以来的 1.6 万多种来自世界各大出版社的期刊目次信息，每条记录都对期刊中的各篇文章、新闻故事、信件和其他内容进行描述，并且提供收藏该期刊的图书馆名录。期刊的语种大多为英文，同时也有部分其他语种的文献。目前该库有 3400 多万条记录，包括近一半的全文文章，主题涵盖商业、人文学、医学、科学、技术、社会科学、大众文化等。

2. ClasePeriodica

ClasePeriodica 收录的是科学和人文学科领域中的拉丁美洲期刊的索引信息。ClasePeriodica 数据库由 Clase 和 Periodica 两部分组成，其中 Clase 专门登载社会科学与人文科学的拉丁美洲期刊中的文献所做的索引；Periodica 则专门登载科学与技术文献的期刊。该数据库收录 2800 多种以西班牙文、葡萄牙文、法文和英文发表的学术期刊，总计 60 多万条记录。ClasePeriodica 不但包括以泛美问题为主的期刊信息，还含有在 24 个不同的拉丁美洲和加勒比地区国家出版或发表的文章、论文、单行本、会议录、技术报告、采访以及简注等。ClasePeriodica 覆盖的学科包括农业科学、历史学、人类学、法律、艺术、图书馆与信息科学、生物学、语言学与文学、化学、管理与会计、通信科学、医药、人口统计学、哲学、经济学、物理学、教育学、政治学、工程、心理学、精密科学、宗教、外交事务、社会学和地球科学等。

3. Ebooks

EBooks 是 OCLC 为世界各地图书馆中的联机电子图书所编纂的目录。Ebooks 收录了参加 WorldCat 联合编目的 OCLC 成员图书馆编目的所有电子图书，其中也包括 OCLC NetLibrary 电子图书。用户可以检索所有这些电子图书的书目，并可链接到用户所属机构已订购且包含在 WorldCat 数据库中的电子图书全文。Ebooks 涉及所有主题，涵盖所有学科，收录日期从公元前 1000 年至今。

4. ECO-Index

ECO-Index（Electronic Collection Online-Index）是一个学术期刊索引数据库，收录

了自1995年以来世界各地70多家出版社的8000多种期刊，总计690多万条记录，涉及几乎所有学科，主要有农业、商业、科学、技术、文学、医学、宗教、哲学、语言、法律、政治学、心理学、社会学、经济学、教育学、地理学、历史学、人类学、美术以及图书馆学等。

5. ERIC

ERIC是由美国教育资源信息中心整理的已出版的和未出版的教育方面文献的一个指南，涵盖数千个教育专题，提供了最完备的教育书刊的书目信息，包括对发表在*Resourcesin Education*（RIE）月刊上的非期刊资料与每个月发表在*Current Index to Journals in Education*（CIJE）上的期刊文章的注释参考，涵盖了从1966年到现在的有关教育方面的几乎所有资料。ERIC收录了1000多种的期刊和其他资料，共有记录170多万条，包括一个ERIC叙词表，可免费阅读约24万篇全文文章，主题有成人教育、职业教育、教育评估、残疾与天才教育、小学与幼儿教育、高等教育、城市教育、教育管理、信息与技术、语言学与语音学、阅读与交流、教师与教师教育等。

6. MEDLINE

MEDLINE数据库标引了国际上出版的近2万种期刊，相当于印刷型的索引，如同Index Medicus、Index to Dental Literature和International Nursing Index。MEDLINE共收录了从1950年至今的3000多万条附有实质性摘要的记录，主题涵盖了所有医学领域，包括临床用药、牙科学、医学教育、试验、药品、健康服务管理、护理、营养、病理学、精神病学、毒物学和兽医药品等。

7. OAIster

OAIster全球联合机构知识库是2002年密歇根大学在美国梅隆基金会的资助下开展的项目，目前已发展成全球最大的开放档案资料数据库，为研究者提供了多学科数字资源。该数据库记录数量已达5000多万条，来自2000多家图书馆及研究机构，内容包括数字化图书与期刊文章、原生数字文献、音频文件、图像、电影资料、数据集、论文、技术报告、研究报告等。每条记录包括数字资源的全文链接，用户可以查看、下载和保存大量的图片及全文内容。

8. PapersFirst

PapersFirst收录世界范围内召开的大会、座谈会、博览会、研讨会、专业会、学术报告会上发表的论文的索引信息，涵盖了自1993年以来所有来自英国图书馆文献供应中心的研讨会、大会、博览会、研究讲习会和其他会议的文献信息。

9. Proceedings

Proceedings是PapersFirst的相关库，涵盖了从1993年以来所有来自英国图书馆文献供应中心的研讨会、大会、博览会、研究讲习会和其他会议的文献信息，而且每条记录都包含一份在每次大会上所呈交的文件的清单，从而提供了各次活动的一个概貌。与PapersFirst不同的是，此数据库以会议名称排序。

10. WorldCat

WorldCat是OCLC的一个联机联合目录数据库，也是世界上最大的书目记录数据库，包含OCLC近2万家成员图书馆编目的所有记录和馆藏信息，可以为图书馆提供数以百万计的书目记录。从1971年建库到目前为止，共收录有490多种语言的25亿多条记录，每条记录中还带有馆藏信息，基本上反映了世界范围内的图书馆所收藏的从公元前1000多年至今的图书和其他资料情况，代表了4000多年来人类知识的结晶。文献类型涵盖图书、手稿、地图、网址与网络资源、乐谱、视频资料、报纸、期刊、文章以及档案资料等。

11. WorldCatDissertations

WorldCatDissertations收集了WorldCat数据库中所有硕博士论文和以OCLC成员馆编目的论文为基础的出版物，涉及所有学科，涵盖所有主题。WorldCat硕博士论文数据库最突出的特点是其资源均来自世界一流高校的图书馆，如美国的哈佛大学、耶鲁大学、斯坦福大学、麻省理工学院、哥伦比亚大学、杜克大学、西北大学以及欧洲的剑桥大学、牛津大学、帝国理工大学、欧洲工商管理学院、巴黎大学、柏林大学等，共有2600多万条记录，其中有100多万篇论文提供全文链接并可免费下载，是学术研究中十分重要的参考资料。

12. GPO

GPO是美国政府出版物数据库，由美国政府出版署（U. S. Government Publications Agency）创建，每条记录包含有一个书目引文，共有83万多条记录，覆盖从1976年以来各种各样的美国政府文件，包括美国国会的报告、听证会、辩论、记录、司法资料以及由行政部门（国防部、国务院、总统办公室等）颁布的文件等。

13. SCIPIO

SCIPIO是世界上唯一一个在线的艺术品和珍本拍卖目录数据库，涵盖了从16世纪晚期到目前已排定日期但尚未举行的拍卖中的出售目录，共有300多万条记录。每条记录包含出售日期和地点、目录题名、拍卖行、出售者、拥有馆藏的图书馆。SCIPIO提供北美和欧洲主要拍卖行以及许多私下销售的拍卖目录，是了解艺术品、珍本、收藏历史、古今市场趋势的珍贵信息来源，涉及的主题有珍本、绘画、艺术作品、雕塑、素描、家具、珠宝、房地产、纺织品和地毯等。

（三）Scopus

Scopus是全球著名学术出版商Elsevier公司设计开发的文摘数据库。Scopus是一个新的导航工具，是目前全世界大型文摘型数据库之一，收录来自全球5000多家出版社的2.4万多种期刊，其中包括许多著名出版商的期刊来源，如*Elsevier*、*Kluwer*、*Institution of Electrical Engineers*、*John Wiley*、*Springer*、*Nature*、*American Chemical Society*等；除此之外，还收录有丛书、会议录、专利及网页等。相对于其他单一的文摘索引数据库而言，Scopus的内容更加全面，学科覆盖数学、物理学、化学化工、生物学、生命科学、农业、地球和环境科学、材料、计算机、心理学、社会科学、工程技术等各个领域，特别是在获取非英语国家和地区的文献方面，用户可检索出更多的文献数量和相关的参考文献及引文信息。例如，Scopus广泛收录了重要的中文期刊，如《力学学报》《中国物理快报》《中华医学杂志》及其他众多高品质的期刊，共350多种；总计Scopus内容的60%来自美国以外的国家和地区。

Scopus除了提供文摘外，同时还提供文章的被引用情况以及文章的参考文献信息，最古老的可回溯至1788年。

Scopus检索首页（图7-6）提供了文献检索、高级检索、作者检索、机构检索等检索方式。

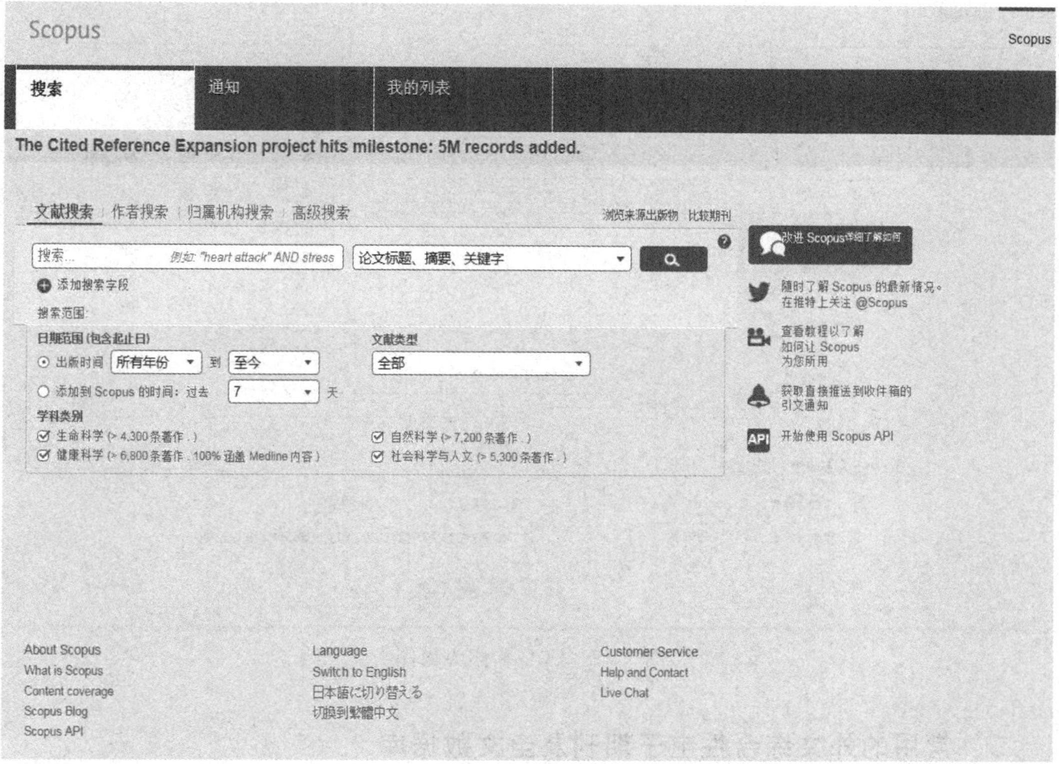

图7-6 Scopus检索首页图

（四）CCC（CALIS西文期刊目次数据库）

CALIS西文期刊目次数据库（CALIS Current Contents of Western Journals，CCC），收录了268家国内高校图书馆以及国家图书馆等大型图书馆的馆藏外文期刊目次信息，现已包含2.4万种1999年至今的1000万条西文学术类期刊的篇名目次数据。该系统目前覆盖了世界著名的9种二次文献数据库的大部分，如Agricola（农业文摘）、Biological Abstracts（生物学文摘）、Chemical Abstracts（化学文摘）、Current Contents（现刊篇名目次）、Engineering Index（工程索引）、INSPEC（科学文摘）、MEDLINE（医学文摘索引）、SCI（科学引文索引）、SSCI（社会科学引文索引），以及全国三大图书馆系统订购的纸本西文学术期刊的70%以上，并且实现了和国内联合采购的15个电子全文期刊库的链接，覆盖了8000种以上的电子全文期刊。

CCC具备篇名目次检索、馆藏期刊的联机公共目录（OPAC）链接、电子期刊全文链接，可以很好地揭示国内馆藏情况（图7-7）。该数据库还和CALIS馆际互借和文献传递系统无缝集成，可在检索结果上直接发出文献传递请求。

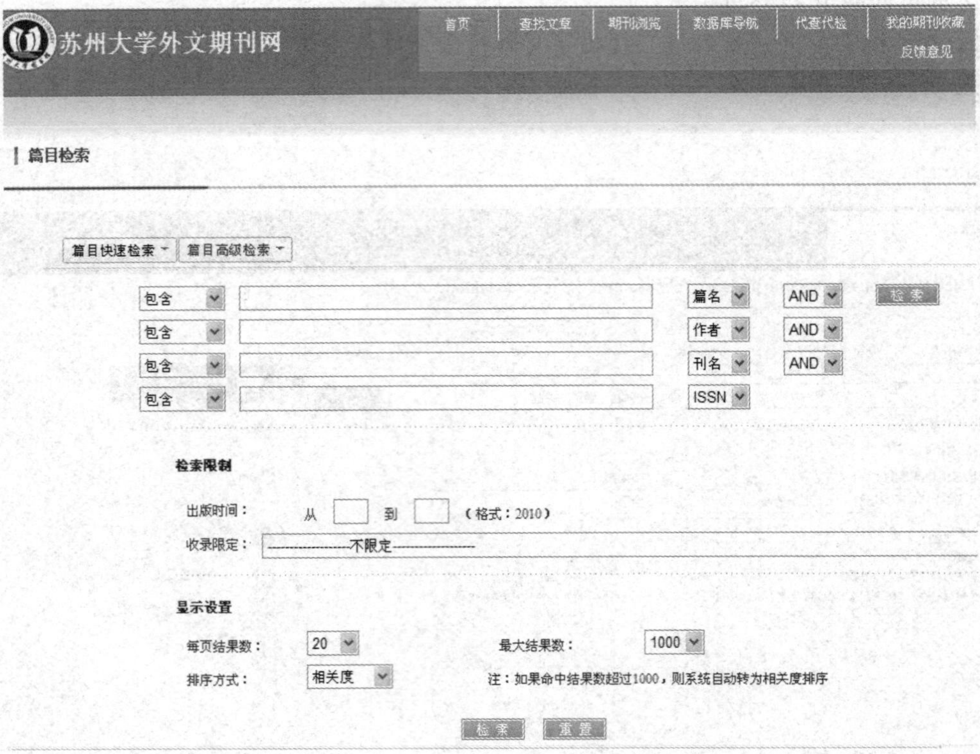

图 7－7　CCC 检索界面图

二、常用的外文综合性电子期刊及全文数据库

（一）Elsevier ScienceDirect 电子期刊

Elsevier Science 是全球最大的出版商之一，已有 100 多年的历史，出版全世界 25％的科学、技术和医学文献。Elsevier Science 公司出版的期刊是学术界公认的高品位学术期刊，目前共有 2500 多种同行评议的电子期刊，其中约 1400 种为 ISI 收录，涉及物理学与工程、生命科学、健康科学、社会科学与人文科学等 4 大学科领域，涵盖生命科学、农业与生物、化学及化学工业、医学、计算机、地球科学、工程能源与技术、环境科学、材料科学、数学、物理、天文、社会科学等 24 个学科。

1997 年，Elsevier 公司建立了 ScienceDirect 检索平台，将公司的印刷本期刊全部转化为电子期刊，并通过该平台为用户提供网络检索服务。

我国从 2000 年起，由 CALIS 工程中心、清华大学牵头组织集团购买该数据库。目前，国内已有 100 多所高校、中科院及所属研究所、国家图书馆等机构加入集团，中国用户可以通过 Elsevier ScienceDirect 平台访问约 1900 种自 1995 年至今的期刊全文。

Elsevier ScienceDirect 平台上除了电子期刊外，还包括了 Elsevier 出版的图书、参考工具书、手册等，因此用户如果只检索或浏览期刊，需要将检索范围限定为 Journal。

Elsevier ScienceDirect 首页（图 7－8）提供了 Quick Search 和 Advanced Search 两种检索

功能，其中 Quick Search 是在任意字段中快速检索文章，Advanced Search 可限定某个字段和其他检索选项。浏览功能提供按首字母和按主题对期刊进行浏览。

图 7－8　Elsevier ScienceDirect 首页图

1. Elsevier ScienceDirect 检索功能

用户进入 Elsevier ScienceDirect 首页后，系统默认检索界面是 Quick Search，即在任意字段中快速检索文章。点击 Advanced Search 即可以进入高级检索界面（图 7－9）。

在高级检索界面中，可以限定检索字段，如题名、摘要、作者、作者机构等；可以限定资源类型，如选择 Journals 则只在期刊文献中进行检索，选择 All 则是在期刊、图书、参考工具、图表等所有内容中进行检索；可以限定学科范围，或者限定文献类型。

2. Elsevier ScienceDirect 期刊浏览

如前所述，Elsevier ScienceDirect 将所有资源分为 4 大学科类别，每个类别下的具体学科资源可通过点击各个学科进行浏览（图 7－10）。例如，点击 Chemistry，进入所选化学学科资源浏览页；点击 Subdomain 右边的小三角，选择 All Subdomains 即可浏览所有

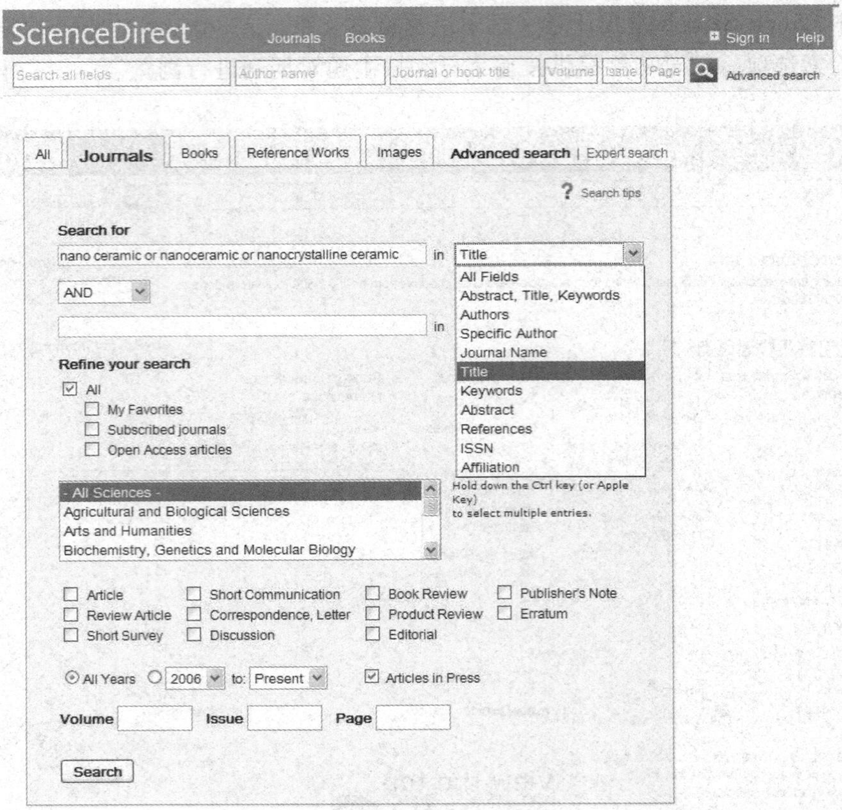

图 7－9　Elsevier ScienceDirect 的高级检索界面图

图 7－10　Elsevier ScienceDirect 期刊浏览界面图

子学科；可通过勾选 Publication type，将范围限定在杂志、图书、手册等类型，还可选择 Journal status、Access type，并可通过期刊或图书的名称进行检索。

点击期刊名称，则进入该期刊首页。在期刊首页可以浏览该期刊最近一期的文献，以及以往各期的文献，有搜索框可检索该期刊内容。点击文献边的 PDF 图标即可下载阅读文献全文。此外，点击 About the Journal 可以了解该期刊的一些情况，如编辑者、影响因子等；点击 Submit your Article，可以向该期刊进行投稿。

（二）Springer/Kluwer 电子期刊

Springer 电子期刊数据库由德国施普林格（Springer-Verlag）出版集团出版。Springer 公司以出版学术性出版物而著名，是图书、期刊、工具书的综合性出版公司，也是较早将纸本期刊做成电子期刊发行的出版商之一。Kluwer 电子期刊由荷兰 Kluwer Academic Publisher 公司出版。Kluwer 学术出版公司同样是具有国际声誉的学术出版商，它所出版的期刊、图书一向品质较高，受到专家和学者的信赖与赞誉。

SpringerLink 最初是一个专为科技及医学研究人员设计的综合性数据库检索平台，于 1996 年启用。2004 年，Kluwer 公司合并入 Springer 公司后，Springer 电子期刊与 Kluwer 电子期刊整合到同一个平台上，通过 SpringerLink 发布。目前，SpringerLink 中的内容横跨各个研究领域，学科涵盖行为科学、生命科学、商业和经济、化学和材料、计算机等不同学科。

SpringerLink 收录文献资源超过 1000 万篇，包括图书、期刊、参考工具书、实验指南和数据库，这些文档是世界上较完整的在线科学、技术和医学（STM）以及人文和社会科学（HSS）书籍、期刊、参考工具书、丛书等资料，涵盖了广泛的学科领域。SpringerLink 平台上现提供的学术性期刊共有 3000 多种，我国用户可访问其中近 2500 种期刊的全文，大部分期刊的全文收录时间自 1997 年至今。

SpringerLink 平台除提供电子期刊外，还提供电子图书产品。Springer 的电子图书数据库包括各种 Springer 的图书产品，如专著、教科书、手册、地图集、参考工具书、丛书等。Springer 的电子丛书是 Springer 电子图书数据库的一部分。其中最受欢迎的 21 套丛书可单独订阅，这些丛书从第一卷第一期开始提供。知名的丛书包括：*Lecture Notes in Computer Science*（《计算机科学讲义》）、*Lecture Notes in Mathematics*（《数学讲义》）、*Lecture Notes in Control and Information Sciences*（《控制与信息科学讲义》）、*Lecture Notes in Physics*（《物理学讲义》）等。SpringerLink 平台提供了浏览和检索功能，其首页如图 7-11 所示。

1. SpringerLink 资源浏览

SpringerLink 提供了两种浏览方式，即按学科浏览和按资源类型浏览。

（1）按学科浏览

点击首页左边学科列表中的某个学科，如 Economics，即显示所有 Economics 学科下的所有资源，包括期刊、图书、丛书、参考工具书等（图 7-12）。资源前面带小锁标志的，表示用户所在机构没有订购该资源；不带小锁标志的，表示已经购买了该资源，可以阅读和下载全文。如果用户只想浏览已经订购全文的资源，则将左上角 Include Preview-Only Content 边上的小钩取消掉即可。

图 7－11　SpringerLink 浏览和检索功能界面图

（2）按资源类型浏览

在 SpringerLink 首页点击资源类型即可浏览该类型下的所有资源，如点击 Journals 即可浏览所有期刊。同样的，如果期刊名称上面带有小锁标志，则该期刊为用户所在机构未购买的期刊，不带小锁标志的期刊为已经购买的期刊，该刊上的文章可供阅读和下载全文。如果只想浏览已经订购全文的期刊，则将左上角 Include Preview-Only Content 边上的小钩取消掉即可。

2. SpringerLink 检索方法

SpringerLink 提供了两种检索模式：快速检索和高级检索。首页默认的为快速检索模式，在快速检索输入框中可以直接输入检索词或检索式进行检索，快速检索是在任意字段中进行的检索。如果要将检索内容限定在某个特定字段中，则需要进入高级检索模式。点击快速检索右边的齿轮图标，选择 Advanced Search 则进入高级检索界面（图 7－13）。

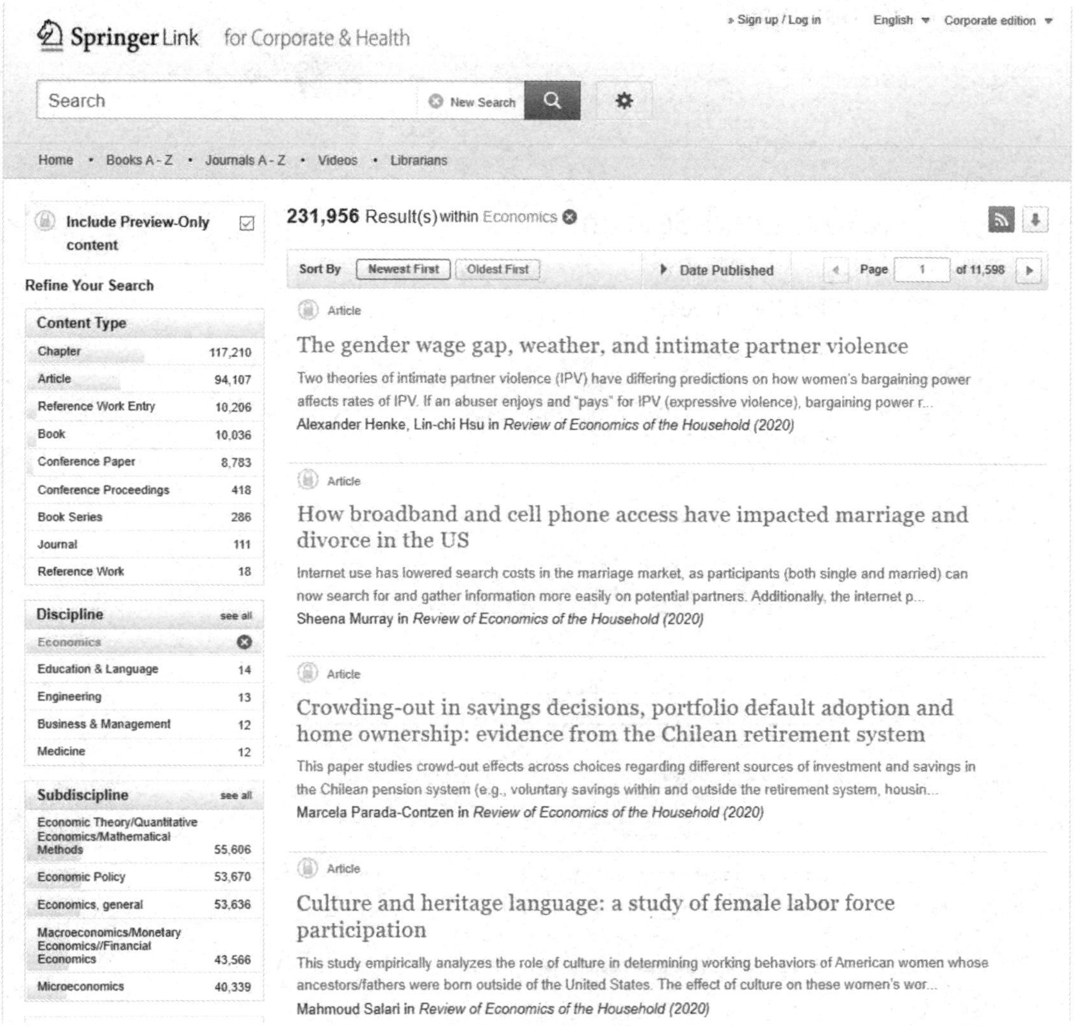

图 7－12 SpringerLink 提供的按学科浏览页面图

（三）Wiley－BlackWell 电子期刊

John Wiley & Sons Inc（约翰威立父子出版公司）创立于 1807 年，是全球历史悠久、知名度较高的学术出版商之一，享有世界第一大独立的学术图书出版商和第三大学术期刊出版商的美誉。

Wiley InterScience 是约翰威立父子出版公司为其出版的学术出版物提供检索服务的在线平台，平台上提供的资源包括电子期刊、电子图书和电子参考工具书，涵盖化学化工、生命科学、医学、高分子及材料学、工程学、数学及统计学、物理及天文学、地球及环境科学、计算机科学、工商管理、法律、教育学、心理学、社会学等 14 个学科领域。该公司出版的学术期刊质量很高，尤其在化学化工、生命科学、高分子及材料学、工程学、医学等领域享有盛誉。

Blackwell 出版公司是世界上著名的期刊出版商之一，以出版国际性期刊为主，包含

图 7－13　SpringerLink 高级检索页面图

很多非英美地区出版的英文期刊。它所出版的学术期刊在科学技术、医学、社会科学以及人文科学等领域同样也享有盛誉。

Blackwell Synergy 为 Blackwell 出版公司推出的电子期刊在线平台，包含 Blackwell 与国际专业学术团体合作出版的绝大多数期刊，汇集了来自世界各地的超过 700 种国际性期刊，覆盖学科包括农业及动物科学、商业经济金融、数学和统计、计算与工程技术、健康科学、人文学科、法律、生命及自然科学、医学、社会及行为科学、艺术等。

2007 年 2 月，Wiley 与 Blackwell 两家出版公司合并，双方出版的期刊被整合到同一个检索平台上，通过 Wiley InterScience 向用户提供服务。2008 年 6 月 30 日后，Blackwell Synergy 检索平台停止使用。

目前，Wiley InterScience 是一个综合性的网络出版及服务平台，主题涵盖农业、心理学等学科，及其 120 多个下级学科，提供 1600 多种同行评议期刊、200 多种参考工具书、22000 多种在线图书。Wiley InterScience 检索平台首页如图 7－14 所示。

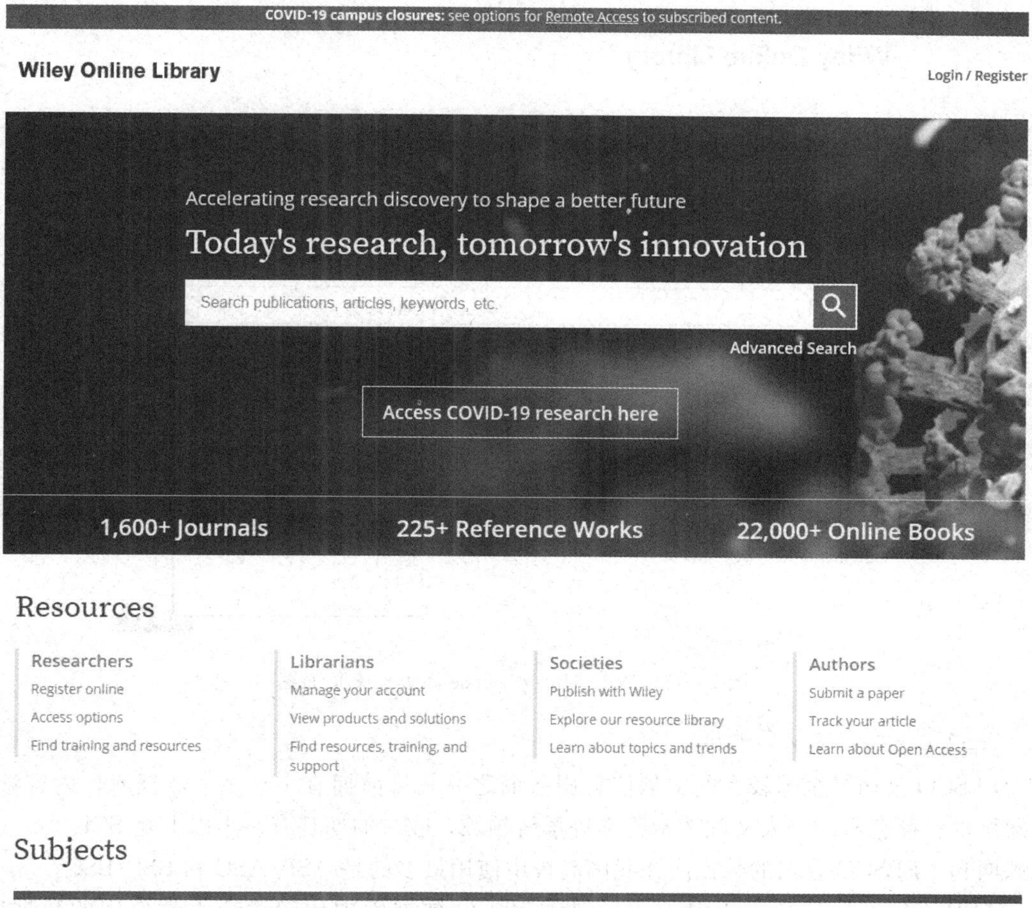

图 7-14 Wiley InterScience 检索平台首页图

1. Wiley InterScience 资源浏览

Wiley InterScience 将资源分为以下几个学科："Agriculture，Aquaculture & Food Science""Architecture & Planning""Art & Applied""Business，Economics，Finance & Accounting""Chemistry""Computer Science & Information Technology""Earth，Space & Environmental Sciences""Humanities""Law & Criminology""Life Sciences""Mathematics & Statistics""Medicine""Nursing，Dentistry & Healthcare""Physical Sciences & Engineering""Psychology""Social & Behavioral Sciences""Veterinary Medicine"，每个学科下还继续列有下级学科。例如，要浏览护理学方面的资源，则先选择"Nursing，Dentistry & Healthcare"学科，再继续选择"Nursing"，则会显示护理学相关的资源，列出所有主题，并显示最相关文献和引用最多的文献；点击某一主题后，显示与该主题相关的图书和期刊，可点击 Articles & Chapters 查看相关文章。

2. Wiley InterScience 资源检索

Wiley InterScience 首页中默认的是快速检索功能，即在所有资源的所有字段中进行检索，如需要限定在某个特定字段中进行检索，则需要点击 Advanced Search 进入高级检索界面（图 7-15）。

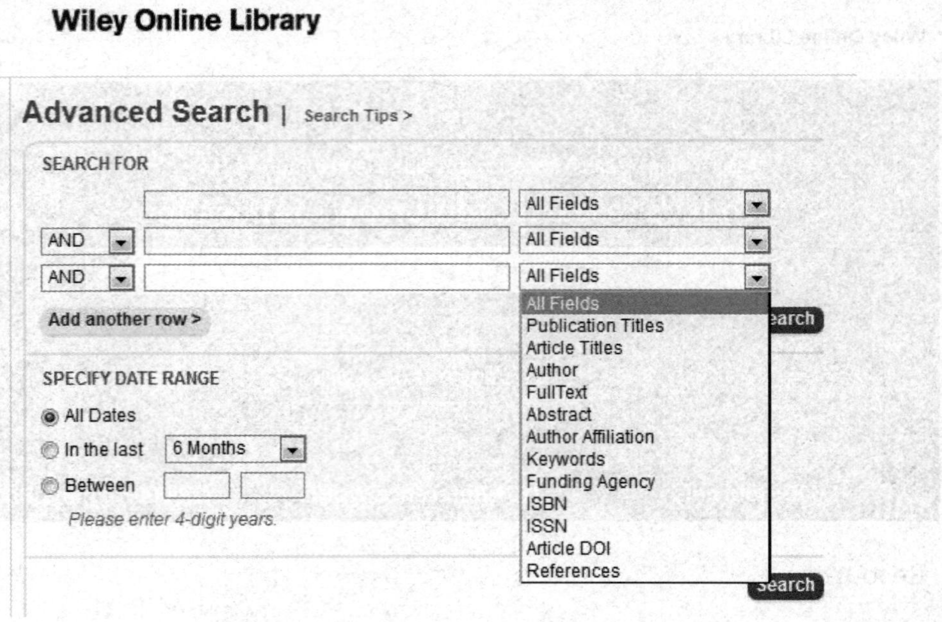

图 7－15　Wiley InterScience 高级检索页面图

(四) EBSCO 全文数据库

EBSCO 公司是全球较大的文献信息服务商之一，目前拥有 100 多个数据库，内容涉及自然科学、社会科学、人文和艺术科学等学科领域，收录的期刊有一半以上是 SCI、SSCI 的来源期刊。EBSCO 公司的数据库在我国高校中使用最多的是 ASP/ASC 和 BSP/BSC。

ASP（Academic Search Premier）是 EBSCO 数据库中比较适合大学使用的数据库。ASP 提供了 1.7 万多种期刊的文摘和索引，近 4700 种学术期刊的全文（其中 3800 多种经同行评议），2200 多种全文期刊被 Web of Science 或 Scopus 收录。ASP 几乎覆盖了所有的学术研究领域，包括社会学、教育学、语言学、艺术、文学、历史学、法律、军事、心理学、哲学、工商经济、工程技术、计算机科学、物理学、化学、医学、生物等。

ASC（Academic Source Complete）是在 ASP 的基础上增加了收录内容，收录 1.7 万多种刊物的索引和摘要（其中同行评议期刊近 1.6 万种），以及 8700 多种期刊的全文（其中同行评议期刊近 7600 种），涵盖动物科学、人类学、天文学、生物学、化学等学科，同时提供了许多西班牙文、法文、德文、意大利文与葡萄牙文的全文期刊。

BSP（Business Source Premier）是商业经济行业中使用最多的研究数据库，提供 2100 多种期刊的全文，包括近 1100 种同行评议期刊的全文。相比同等数据库，BSP 的优势在于它对所有商业学科（包括市场营销、管理、MIS、POM、会计、金融和经济）都进行了全文收录。

BSC（Business Source Complete）是在 BSP 的基础上增加了收录内容，是 EBSCO 于 2006 年推出的全球收录比较完整的商管财经全文数据库之一，共有 1 万多种出版物（其中逾 9690 种为全文出版物），许多知名的全文期刊均收录在其中，如 *Strategic Management Journal*、*Psychology & Marketing*、*Journal of Business Ethics*、*Journal of Business & Psychology* 等。此外，BSC 还增加了 70 多段哈佛大学和斯坦福大学商学院教授的讲课视频资料。

EBSCO 默认检索界面为基本检索界面，如图 7－16 所示。

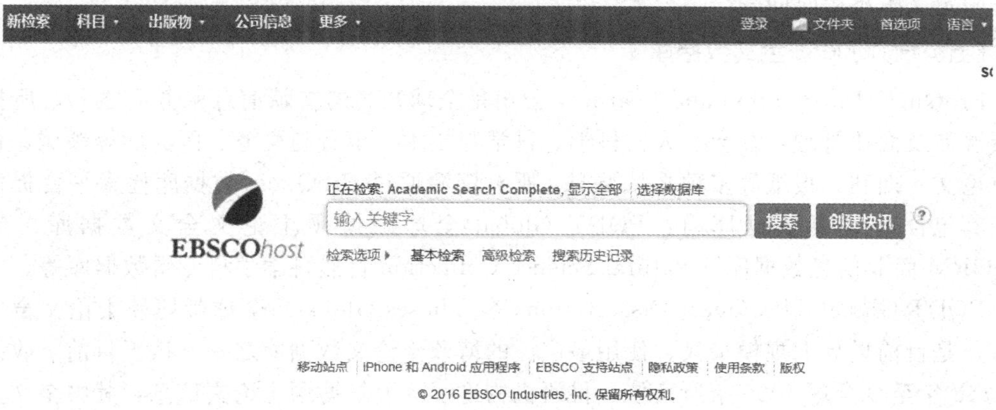

图 7－16　EBSCO 默认检索界面图

基本检索是指在任意字段中进行的检索，如果需要对检索字段进行限定，则需要进入高级检索界面（图 7－17）。在高级检索界面中，除可将检索词限定在某个检索字段中外，还提供了检索模式和扩展条件的选择。检索模式包括布尔逻辑/词组、查找全部检索词语、

图 7－17　EBSCO 高级检索界面图

查找任何检索词语、智能文本检索。其中智能文本检索可以输入尽可能多的检索文本，如词组、句子、篇章或全部页面。高级检索模式中还可以对检索结果进行限定，如限定在有全文的文章中进行检索、限定在同行评议期刊中进行检索、限定在某个出版物中进行检索、限定文献出版时间等。

（五）ProQuest 全文数据库

ProQuest Information and Learning 公司是全球知名的文献信息服务商之一，所拥有的资源涉及商业管理、社会与人文科学、科学与技术、金融与税务、医药学等领域，包含学位论文、期刊、报纸等多种文献类型。所有资源通过 ProQuest 数据库检索平台提供服务，其包含的重要数据库有：PQDT Global 全球版博硕士论文全文数据库、ABI/INFORM 商业信息数据库、Natural Science Collection 自然科学学科专辑数据库等。

PQDT Global（ProQuest Dissertations & Theses Global）全球版博硕士论文全文数据库，是目前世界上规模最大、使用最广泛的博硕士论文数据库之一。截至目前，收录了自 1743 年至今全球 3000 余所高校、科研机构逾 448 万篇博硕士论文信息，其中全文文献逾 250 万篇，涵盖了从 1861 年获得通过的全世界第一篇博士论文（美国），回溯至 17 世纪的欧洲培养单位的博士论文，以及到本年度本学期获得通过的博硕士论文信息。PQDT Global 内容覆盖自然科学、工程学、经济与管理科学、健康与医学、历史学、人文及社会科学等各个领域，每周更新，年增论文逾 13 万篇。

ABI/INFORM 商业信息数据库是 ProQuest 公司开发的全文数据库，收录自 1971 年至今全球 1000 多家商业出版社、学会协会出版社与大学出版社逾 8600 种商业及经济管理领域的学术期刊、商业杂志、财经报纸、研究手稿、博硕士论文、市场研究报告、行业研究报告、商业案例、国际知名公司的商业信息等多元化的资源，内容覆盖会计、银行、商业、计算机、经济、能源、工程、环境、金融、国际贸易、保险、法律、管理、市场、税收与电信等主题。其中，全文刊 7200 多种，占 83%；全文现刊 3600 多种，占 42%；SSCI 核心刊 900 多种。

Natural Science Collection 自然科学学科专辑数据库，集成了农学与环境学期刊全文数据库（Agricultural & Environmental Science Database）、生物学期刊全文数据库（Biological Science Database）及地球、大气与水科学期刊全文数据库（Earth, Atmospheric & Aquatic Science Database）等自然科学相关研究领域数据库全文文献与题录信息，资料来源于 1946 年以来世界范围内自然科学领域逾 5900 种出版物，每周更新，收录的文献类型广泛，包括学术期刊、行业杂志、书籍/专著、会议论文、报告、新闻、视频资料等；文献内容涵盖农业科学、环境研究、自然灾害、水产科学、鱼类与渔业、自然科学、大气科学、食品与食品行业、物理学、生物学、森林与林业、公共健康与安全、气候、地理学、可持续性研究、环境保护、地质学、兽医学、地球科学、生命科学等学科领域。

ProQuest 检索平台默认检索界面为基本检索界面（图 7－18），如果需要对检索字段进行限定，则需要进入高级检索界面（图 7－19）。在高级检索界面中，除可将检索词限定在某个检索字段中外，还可在限定条件中选择全文文献、同行评审、学术期刊，以及文献出版时间范围等进行检索。

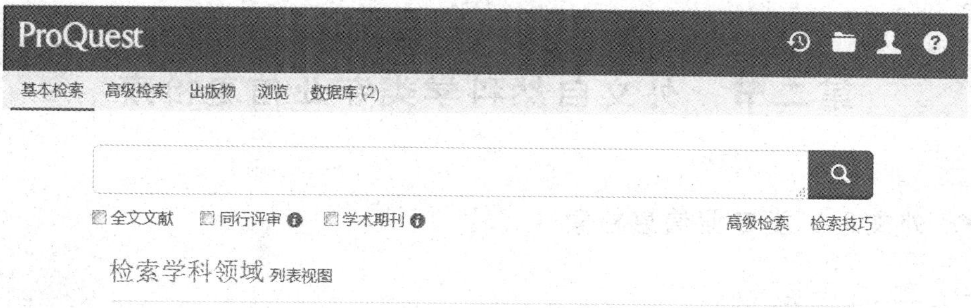

图 7－18　ProQuest 检索平台页面图

图 7－19　ProQuest 高级检索页面图

第二节　外文自然科学类专业信息检索

一、外文理工类专业信息检索

（一）EI（工程索引）

《工程索引》（*Engineering Index*，EI），由美国工程信息公司（Engineering Information Inc）编辑出版，创刊于1884年。它与《科学引文索引》（*Science Citation Index*，SCI）、《科学技术会议录索引》（*Index to Scientific & Technical Proceedings*，ISTP）被公认为世界著名三大检索系统。

1995年，美国工程信息公司通过EI Engineering Village平台（目前已升级为Engineering Village 2平台）提供网络版工程索引数据库EI Compendex Web的检索。EI Compendex Web的内容由EI Compendex和EI PageOne两部分合并而成，其中EI Compendex数据库与印刷版或光盘版《工程索引》内容一致。

Engineering Village提供12个工程文献和专利数据库，包括EI Compendex、Inspec、GEOBASE、GeoRef、EnCompassLIT、EnCompassPAT、US Patents、EU Patents、NTIS、PaperChem、CBNB、Chimica。

（1）EI Compendex是Engineering Village的"旗舰"数据库，是最完整的工科文摘数据库，包括从1970年至今190个工程学科的2000多万条记录，涵盖化工、电工电子、机械、土木、矿业等领域。

（2）Inspec是覆盖范围第二广的数据库，自1969年以来在物理、电气工程、电子、机械和生产工程、人工智能和计算等机科学领域提供了1.6亿多条记录。Inspec数据库由IET（国际工程技术协会）制作，也可在InspecDirect、Web of Science、EBSCOhost、Ovid SP和ProQuest等平台上使用。EI Compendex和Inspec这两个数据库有一些重叠，但合并后提供了非常广泛的工程文献，通常构成了Engineering Village订阅的核心。

（3）GEOBASE包括超过300万条的记录，涵盖地球科学、生态学、地质学、人文和自然地理，以及从1974年至今的环境科学。GEOBASE还包括一个基于Google地图技术的测绘工具。

（4）GeoRef拥有370多万份记录，包括经济地质、地球物理、岩石学、环境地质、地球化学、地层学、水文地质、水文、结构地质、工程地质等内容。在北美地区的是从1666年至今，在世界其他区域的是从1933年至今。EI Compendex的地图工具也用于GeoRef。

（5）EnCompass数据库是EnCompassLIT和EnCompassPAT数据库的组合。EnCompassLIT包含超过100万份记录，涵盖了美国、俄罗斯、中国、德国、日本等国家的石油炼制、石化、天然气和相关能源行业。EnCompassPAT包括超过48个国际专利机构在石油炼制、石化、天然气和相关能源工业领域的60多万项专利记录。

（6）EI Compendex Patents，包括1240多万条美国专利商标局（USPTO）的记录

(US Patents)，和 400 多万条欧盟专利局（EPO）的记录（EU Patents)，提供专利文件全文链接、专利参考文献和非专利参考文献的链接。

(7) NTIS (National Technical Information Service)，包括 1899 年至今世界各地政府机构的 250 多万份技术报告记录。

(8) PaperChem 收录 1967 年至今的 66 万份制浆及造纸工业文献。

(9) CBNB (Chemical Business NewsBase) 包括超过 160 万条的记录，涵盖贸易期刊、报纸、公司通讯、公司报告、市场报告、新闻稿和化学工程行业相关的其他文件。

(10) Chimica 包括超过 380 万条的记录，涵盖了 1970 年至今的化学和化学工程的国际文献。

EI Engineering Village 2 检索平台提供 3 种检索方式：快速检索（Quick Search)、专业检索（Expert Search）和叙词表检索（Thesaurus Search)（图 7－20)。

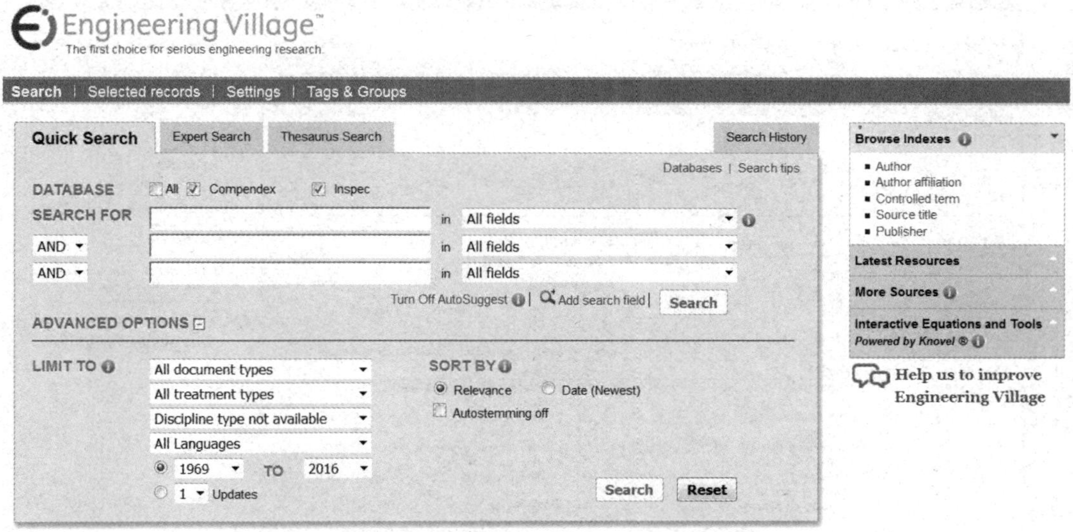

图 7－20　EI Engineering Village 2 检索平台界面图

EI Engineering Village 2 的快速检索界面允许用户从一个下拉式菜单中选择要检索的各个字段，将检索词限定于某个指定字段中，各检索词之间可以用布尔运算符 And、Or 和 Not 连接起来，也可以用截词命令（截词符为"*")。打开快速检索词输入框下的 Advanced Options，可以出现限定选项（Limit To）和排序选项（Sort By)。

EI Compendex 限定选项中包含文献类型（Document Type)、处理类型（Treatment Type)、语种（Languages）以及时间范围限定等。

文献类型限定包括 JA（Journal Article，期刊论文)、CA（Conference Article，会议文献)、CP（Conference Proceeding，会议论文集)、MC（Monograph Chapter，专题论文)、MR（Monograph Review，专题综述)、RC（Report Chapter，专题报告)、RR（Report Review，综述报告)、DS（Dissertation，学位论文)、PT（Patents，专利文献)、AI（Article in Press，预印本文献)。

处理类型限定包括 APP（Applications，应用)、BIO（Biographical，传记)、ECO

（Economic，经济）、EXP（Experimental，实验）、GEN（General Review，一般性综述）、HIS（Historical，历史）、LIT（Literature review，文献综述）、MAN（Management Aspects，管理方面）、NUM（Numerical，数值）、THR（Theoretical，理论）。

检索结果排序选项包括按相关度排序（Relevance）和按时间排序（Date）。另外，EI Engineering Village 2 检索平台还具有词干自动扩展功能，如输入 computer，系统会自动检索 comput、computed、computing 等相同词干的所有单词；如果要关闭该功能，可以在 Autostemming off 前面的小框中打钩取消该功能。

EI Engineering Village 2 的专业检索则需要编制布尔逻辑检索式，其中的检索字段要使用字段代码来表示，各检索字段的代码可参考页面中的提示，如图 7-21 所示。

图 7-21　EI Engineering Village 2 专业检索字段代码页面图

（二）Inspec（科学文摘）

Inspec（Information Service in Physics、Electro-Technology、Computer and Control）是物理、电子电气、计算机与控制及信息技术领域的权威性文摘索引数据库，由英国电气工程师学会（IEE）编辑［2006 年后由国际工程技术协会（IET）制作］，主要收录来自 68 个国家和地区的 1000 多个出版商 1969 年后的 1.6 亿多条记录，每年都有新增记录，包括 5 万多条会议录、1100 万篇期刊文章、4900 万篇会议论文，以及世界范围内出版的 5000 多种期刊等内容。

与 Inspec 相对应的印刷本检索刊物是《科学文摘》（*Science Abstracts*，SA）。印刷版《科学文摘》包括 3 个分辑，即 A：*Physical Abstracts*；B：*Electrical and Electronics Abstracts*；C：*Computer and Control Abstracts*。

Inspec 数据库在印刷版《科学文摘》的基础上增加了两个专辑的内容，从而形成了 5

大分部：

Section A：Physics（物理）；

Section B：Electrical & Electronic Engineering（电子电气工程）；

Section C：Computers & Control（计算机与控制）；

Section D：Information Technology for Business（信息科学）；

Section E：Manufacturing & Production Engineering（生产与制造工程）。

Inspec 具体覆盖的学科范围包括：原子物理及分子物理，数学和数学物理，凝聚态物理，气体、流体、等离子体，光学和激光，声学，电力系统，热力学，磁学，生物物理和生物工程，原子物理，基本粒子，核物理、仪器制造与测量，半导体物理，天文学与大气物理，材料科学，水科学与海洋学，环境科学，超导体，电路、电路元件和电路设计，电子光学和激光，电力系统，微电子学，医学电子学，计算机科学，控制系统及理论，人工智能，软件工程，办公室自动化，机器人，情报学等。

Inspec 的所有文献都含有目录和摘要，数据为每周更新。Inspec 除了以它广而深的学科覆盖、准确的目录标引而深受使用者欢迎外，还以其专业完善的主题索引机制而著称，其中包括：自由词/重要概念索引、叙词表中的控制词索引、分类系统的分类代码索引、处理代码索引、化学物质控制词索引、航空航天对象索引。这些索引为广大科研人员提供了高效、易用与准确的检索途径。

我国用户使用 Inspec 数据库一般通过以下 3 个平台：Web of Knowledge 平台、Engineering Village 2 平台和 OVID 平台。不过，用户所使用的平台不同，其检索方法和功能也会有不同。

（三）SciFinder/CA（化学文摘）

CA（*Chemical Abstracts*）创刊于 1907 年，是由美国化学会化学文摘服务社编辑出版的大型文献检索工具，是化学化工领域涉及学科最广、收集文献类型最全、提供检索途径最多、部卷也最为庞大的一个检索工具。CA 报道了世界上 150 多个国家和地区、56 种文字出版的 1 万多种科技期刊、科技报告、会议论文、学位论文、资料汇编、技术报告、新书及视听资料，摘录了世界范围约 98%的化学化工文献，是化学化工领域最常用的检索工具。CA 出版的载体形式有印刷本、光盘版和网络版。

CA on CD 是《化学文摘》的光盘版，光盘版数据库分 5 年累积索引和年度索引两种。光盘内容按月更新，每年的最后一次更新版相当于年度索引，每 5 年的年度索引累积到一张光盘上即为 5 年累积索引。CA on CD 提供 4 种基本检索途径：索引浏览检索（Index Browse）、词条检索（Word Search）、化学物质等级检索（Substance Hierarchy）和分子式检索（Formula Hierarchy）。

SciFinder Scholar 是《化学文摘》的网络在线检索系统。SciFinder Scholar 除包含 CA 网络版（CAPLUS 数据库）的全部内容外，还整合了 MEDLINE 医学数据库、欧美 50 多个国家和地区及专利组织的全文专利信息、4000 多万个化学物质记录和 CAS 登记号，以及蛋白质和核酸信息。它涵盖的学科包括应用化学、化学工程、普通化学、物理、生物学、生命科学、医学、聚合体学、材料学、地质学、食品科学和农学等诸多领域。

SciFinder Scholar 的检索功能除保留了 CA on CD 光盘版的检索功能外，还提供了一些 CA 光盘中没有的功能，如反应式和结构式（包括亚结构）检索、核酸和蛋白质序列检索等。另外，它还可以通过 Chemport 链接到全文并且进行引文链接。SciFinder Scholar 检索系统中包含以下内容。

（1）Reference Databases（文献数据库）。例如，CAPLUS 数据库，内容与印刷版《化学文摘》和光盘版 CA on CD 基本相同；数据每日更新，每天约增加 3000 条记录；对于几家主要专利机构发行的专利说明书，一般在两天之内就可收入到数据库中。该数据库提供主题、著者姓名、机构名称、文献标识号等检索途径。

又如，MEDLINE 数据库，包含来自 70 多个国家和地区、3900 多种期刊的生物医学文献，覆盖 1951 年到现在的所有文献。

（2）Structure Database（结构数据库）。例如，REGISTRY，化合物信息数据库，是查找结构图示、CAS 化学物质登记号和特定化学物质名称的检索工具，涵盖 1.6 亿多个化合物（如合金、络合物、矿物、混合物、聚合物、盐等），6800 多万个序列，以及相关的计算性质和实验数据；数据每日更新，每日约新增 1.2 万个新物质信息。该数据库提供化学名称、CAS 化学物质登记号或结构式等检索途径。

（3）Reaction Database（反应数据库）。例如，CASREACT，化学反应数据库，收录了 1840 年以来的约 1.23 亿个单步或多步反应，内容包括反应物和产物的结构图，反应物、产物、试剂、溶剂、催化剂的化学物质登记号，反应产率，反应说明等。该数据库提供结构式、CAS 化学物质登记号、化学名称（包括商品名、俗名等同义词）和分子式等检索途径。

（4）Commercial Sources Database（商业来源数据库）。例如，CHEMCATS，化学品商业信息数据库，收录了 1900 多万个化学品商业信息，可用于查询化学品提供商的联系信息、价格情况、运送方式，或了解化学物质的安全和操作注意事项，以及查询化学品的目录名称、订购号、化学名称和商品名、化学物质登记号、结构式、质量等级等化学商品信息。该数据库提供结构式、CAS 化学物质登记号、化学名称（包括商品名、俗名等同义词）和分子式等检索途径。

（5）Regulatory Database（管制数据库）。例如，CHEMLIST，管控化学品信息数据库，是查询全球重要市场中被管控化学品信息（化学名称、别名、库存状态等）的检索工具，目前收录自 1980 年至今的 39 万多种物质的信息，每周新增约 50 条记录。该数据库提供结构式、CAS 化学物质登记号、化学名称（包括商品名、俗名等同义词）和分子式等检索途径。

SciFinder 的检索包括 Explore、Saved searches、SciPlanner 三个功能模块，其中 Explore 模块提供 References（文献）、Substances（结构）、Reactions（反应）三种检索功能（图 7-22）。

References 检索即通过主题、作者或机构名称来检索文献信息，功能包含 Research Topic（主题检索）、Author Name（作者检索）、Company Name（机构名称检索）、Document Identifier（文档标识符检索）、Journal（期刊信息检索）、Patent（专利信息检索）、Tags（标记术语检索）等功能。

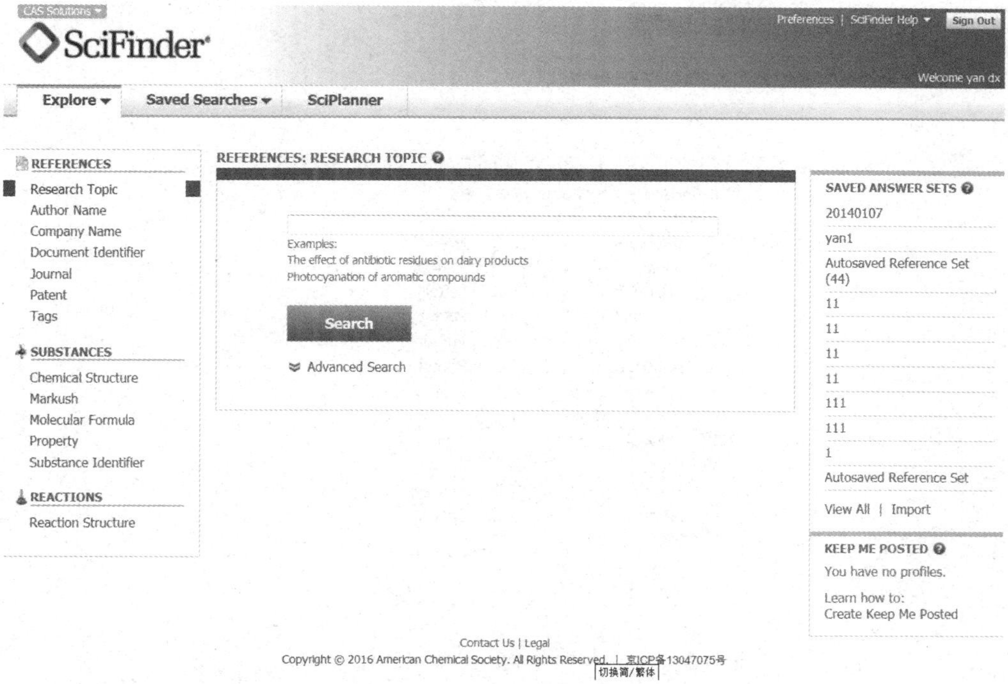

图 7-22　SciFinder 检索中 Explore 功能模块检索界面图

其中，Document Identifier（文档标识符检索）可以通过指定的文档标识符，例如专利号或 DOI 号等直接进行检索；Tags（标记术语检索）是使用之前已经标记的术语进行的检索；Research Topic（主题检索）可以通过输入检索词、检索式或一段话，如可以直接输入“tyrosine kinase inhibitors in the treatment of cancer”进行检索。

在 Explore 模块中单击 Advanced Search 则进入高级检索界面（图 7-23），高级检索可以缩小搜索范围，如可以限定文献的出版年份、文档类型、语言、作者和公司名称等。

（四）IEEE/IET Electronic Library（IEL）

IEEE/IET Electronic Library（IEL）数据库是美国电气与电子工程师学会（IEEE）和国际工程技术学会（IET）出版的全文数据库。

美国电气与电子工程师学会（IEEE）成立于 1884 年，总部设在美国新泽西州，是一个非营利性机构，在全球 160 多个国家和地区拥有 41 万多名会员。国际工程技术学会（IET）前身为英国电气工程师学会（IEE），是 2006 年 3 月由英国电气工程师学会（IEE）和国际企业工程师学会（IIE）合并而成，目前在 150 多个国家和地区拥有超过 16 万的会员。IEEE 和 IET 是电气电子、计算机、信息技术等领域内两大国际知名学术机构，所编辑出版或与其他学会、协会合作出版的各类出版物占世界各国出版的该领域文献的 30%，且大多属于相关领域的高质量、有深度的核心文献。

IEL 数据库涉及的学科范围包括计算机、自动化及控制系统、机器人技术、电信、运输科技、声学、纳米新材料、应用物理、生物医学工程、能源、教育、核科技、遥感等；文献类型有学报、期刊、函件、会议录、标准等。该数据库可全文访问超过 500 万个文

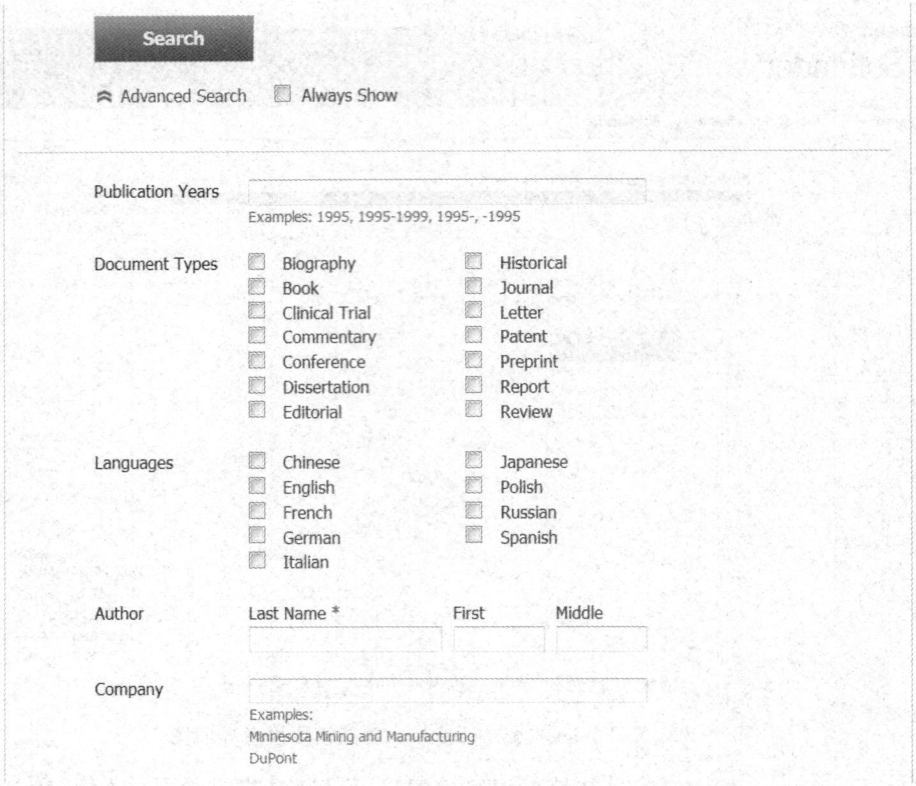

图 7-23　SciFinder 检索中 Explore 功能模块的高级检索页面图

档，提供：(1) 195 种 IEEE 的期刊与会刊；(2) 30 多种 IET 期刊，附加 25 种 IET 会议录；(3) 1800 多个 IEEE 和 IET 年度会议的会议录；(4) 在核心技术领域的 4400 多个 IEEE 标准；(5) 1 种 BLTJ 期刊（贝尔实验室期刊）；(6) 超过 12300 篇来自 20 多种 VDE 会议录。数据库每月新增 2 万篇 IEEE/IET 文章，提供 1988 年以后的全文文献，部分历史文献可回溯到 1872 年。

IEL 以 IEEE Xplore 作为检索平台，提供浏览和检索功能。浏览功能按不同出版物予以分类，如图书浏览（按主题分类浏览和按刊名字顺浏览）、会议文献浏览（按主题分类浏览和按会议名称字顺浏览）、课程资源浏览（分为 16 个类别）、期刊浏览（按主题分类浏览、按刊名字顺浏览、按虚拟期刊浏览）、标准浏览（按标准号浏览、按主题分类浏览、按国际标准委员会编码浏览等）。

检索功能提供基本检索（Basic Search）、指令检索（Command Search）、引用检索（Citation Search）和高级检索（Advanced Search）。系统默认的基本检索，是在所有字段中对所有资源进行的检索，如图 7-24 所示。

高级检索可将检索限定于某个检索字段中，也可对出版物类型、出版者、主题范围进行限定检索（图 7-25）。文献类型限定功能可以将检索结果限定为会议文献（Conferences）、期刊文献（Journals）、杂志文献（Magazines）、书（Books）、早期文献（Early Access Articles）、标准文献（Standards）以及课程资源（Courses）。

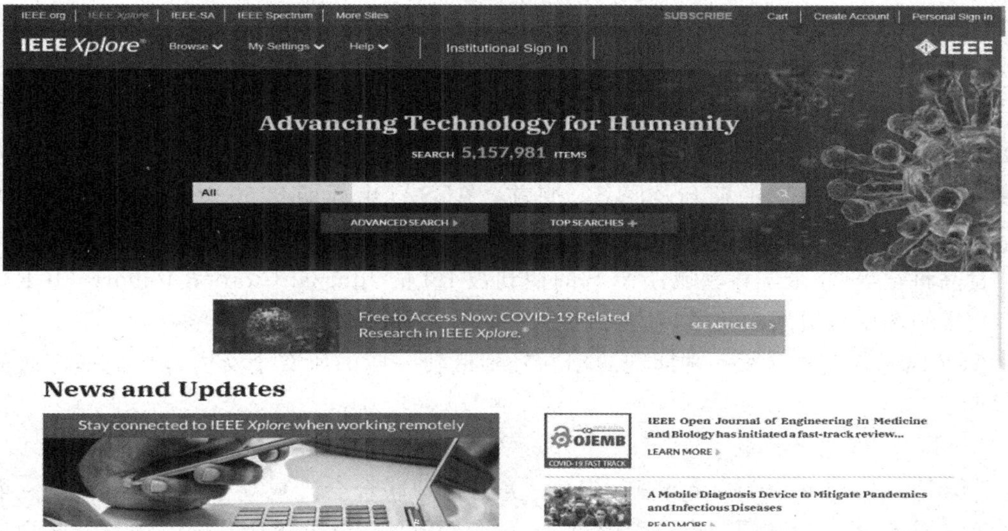

图 7－24　IEEE Xplore 基本检索页面图

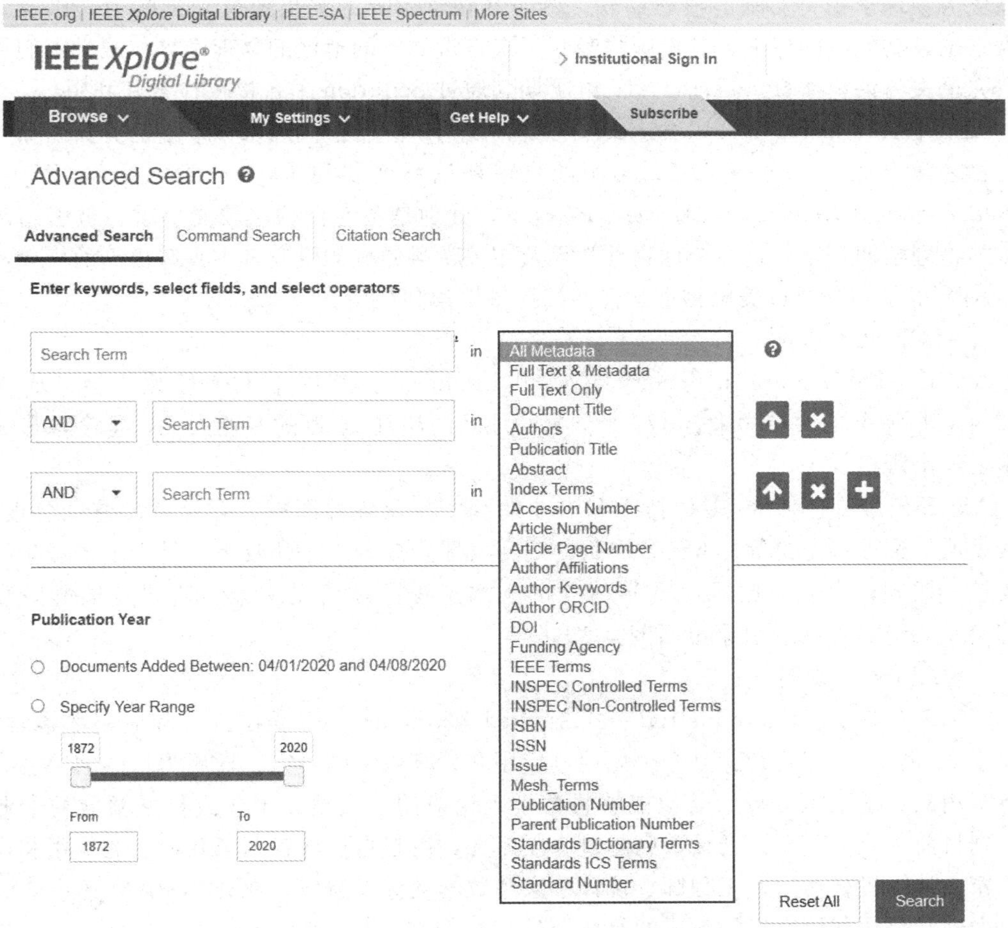

图 7－25　IEEE Xplore 高级检索页面图

（五）理工类各学术学会/协会电子期刊

1. ACS 电子期刊

ACS（American Chemical Society，美国化学学会）成立于1876年，是世界上规模较大的科技学会之一，会员数近16万。ACS作为享誉全球的科技出版机构，一直致力于提供高品质、高影响力的期刊及服务。目前，ACS已出版期刊50多种，涵盖了有机化学、分析化学、应用化学、材料学、分子生物化学、环境科学、药物化学、农业学、材料学、食品科学等24个学科领域。ACS的期刊被ISI的Journal Citation Report（JCR）评为“化学领域中被引用次数最多的期刊”。

ACS电子期刊包含每一种期刊的创刊号到最新一期的所有全文内容，最早可回溯到1879年。

2. AIP/APS 电子期刊

AIP（American Institute of Physics，美国物理联合会）成立于1931年，是一个由10个成员学会组成的联盟，会员数超过13万。AIP及其成员学会的出版物占全球物理学界研究文献的四分之一以上。对全世界的图书馆及相关机构而言，AIP及其成员学会的期刊已成为物理学相关文献的核心期刊。鉴于其在学术界的突出地位和影响力，以及AIP自身定位极高的编辑标准，其出版物吸收了来自世界不同地区的物理学界权威学者们撰写的研究论文与评论文章。目前，AIP电子期刊通过Scitation平台提供检索和利用。

APS（American Physical Society，美国物理学会）成立于1899年，是世界上颇具声望的物理学专业学会之一。APS出版的物理评论系列期刊*Physical Review*、*Physical Review Letters*、*Reviews of Modern Physics*，分别是各专业领域较受尊重、被引用次数较多的物理学期刊之一，在全球物理学界及相关学科领域的研究者中具有极高的声望。目前，APS电子期刊通过美国物理学会网站提供检索和利用。

3. ASCE 电子期刊

ASCE（The American Society of Civil Engineers，美国土木工程师协会）成立于1852年，所服务的会员为来自177个国家和地区的超过15万的专业人员，是全球最大的土木工程出版机构。

ASCE出版物包括30多种技术和专业期刊，以及各种图书、会议录、委员会报告、实践手册、标准和专论等。ASCE出版的期刊大部分被SCI、EI收录，是土木工程学科的重要核心期刊；会议录收录ASCE召开的土木工程国际会议文献。期刊最早可回溯至1983年，ASCE在线会议录可回溯至1996年。

4. SIAM 电子期刊

SIAM（Society for Industrial and Applied Mathematics，美国工业和应用数学学会）成立于20世纪50年代初，是一个以促进应用和计算数学的研究、发展为目的的协会，旨在将有用的数学知识传授给其他能够将数学理论应用于实践、工业或科学领域的专业人士。到目前为止，其个人会员数已超过1.4万人，由来自世界各国家和地区的应用和计算数学家、计算机科学家、工程师、统计学家和数学教育者组成。此外，SIAM还有500多个由大学、公司和研究机构组成的机构会员。

SIAM出版的18种同行评审期刊，在应用和计算数学领域非常著名，其研究内容涵盖了应用和计算数学的各个领域。根据ISI各年的引用报告显示，几乎所有SIAM期刊的影响因子都接近或超过1，在该领域的总引用量排名中，SIAM期刊占据了前30位中的9席。

5. ACM全文数据库

ACM（Association for Computing Machinery，美国计算机学会）创立于1947年，目前提供的服务遍及100多个国家和地区，会员人数达10万多人。

ACM在数十个计算和信息技术学科中出版了50多种经过同行评审的学术期刊。ACM的高影响力、经过同行评审的印刷版和网络版期刊，共同构成了一个庞大而全面的计算创新档案，涵盖了新兴的和已建立的计算与信息技术研究的实践和理论应用。在这些领域，ACM及其小组每年还召开170多次会议、座谈会和研讨会。

The ACM Digital Library数据库收录了美国计算机协会的各种电子期刊、会议录、快报等文献的全文信息，还可以看到出版物信息。该数据库还全面集成了“在线计算机文献指南”（The Guide to Computing Literature）这个书目文摘数据库，旨在为专业和非专业人士提供了解计算和信息技术领域资源的窗口。不过，The Guide中的数据来自计算机领域的3000多家著名出版社的书目资料库，其中绝大多数不是ACM出版物，因此ACM不提供全文，但可检索到文摘索引信息。

6. OSA电子期刊和会议录

OSA（Optical Society of America，美国光学学会）是世界光学领域的一个著名科研机构，其数据库最大限度地收集了同行评议光学和光子学的相关学术内容，包括OSA的著名期刊和联合出版物的内容。在2017年期刊引用报告（Clarivate Analytics，2018）的光学类别中，OSA期刊提供的文章被引率为40%，是最多的。OSA数据库涵盖了多个学科领域，包括19个出版物发表的文章和近700个会议产生的会议论文共37万多篇。目前，该数据库提供全文、索引摘要、期刊目次检索等服务，使用者可在线查询、浏览、打印及下载所需要的期刊全文，主要适用于光学类和光纤通信类领域的研究者。

二、外文生物医学类专业信息检索

（一）MEDLINE/PubMed

MEDLINE（MEDLARS ONLINE）是美国国家医学图书馆（National Library of Medicine，NLM）MEDLARS联机检索系统中规模最大、权威性最高的医学文献数据库；至目前为止，共收录来自美国及其他70多个国家和地区的期刊约5200种，数据量达2500多万条；文献收录年限为1966年至今，每周更新，每月增加数据量大约4万条。MEDLINE的内容涉及基础医学、临床医学、护理学、口腔科学、卫生保健、食品营养、药物学、兽医学、环境卫生、卫生管理等范畴。它包括美国《医学索引》（*Index Medicus*，IM）、《牙科文献索引》（*Index to Dental Literature*）和《国际护理索引》（*International Nursing Index*）的全部数据。

MEDLINE数据库可以通过多个检索平台进行检索，如PubMed、OVID、Web of Knowledge、EBSCO等，其中著名的是PubMed检索平台（图7-26），该平台为全球用户提供免费的检索服务。

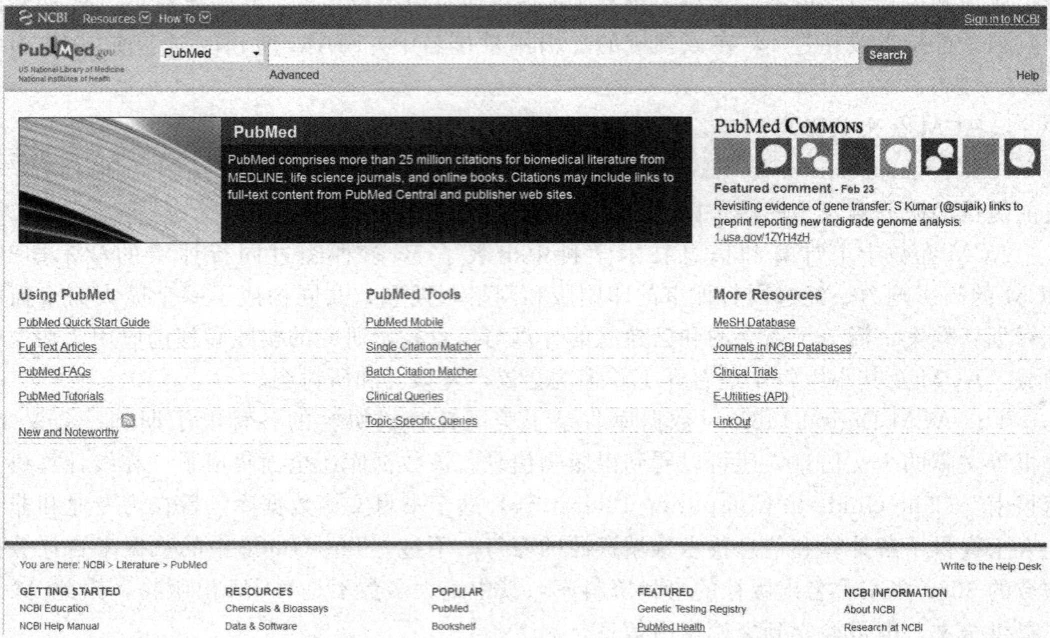

图 7-26　PubMed 检索平台页面图

从 PubMed 中检索 MEDLINE 和从其他途径检索 MEDLINE，其结果是不同的。MEDLINE 数据库的全部内容包含在 PubMed 数据库中，但 PubMed 数据库除包含 MEDLINE 外，还收录其他数据，主要为：OLDMEDLINE（含有 1950—1965 年国际性生物医学期刊上的 200 多万篇文献）、In Process Citations（还未正式收录进 MEDLINE，正在加工处理的文献）、Publisher-Supplied Citations（出版商直接以电子版形式提供给 PubMed 的文献，一些在后来加入进了 MEDLINE 中，而另外一些不被 MEDLINE 数据库收录，这部分文献就作为 Publisher-Supplied Citations 保留在 PubMed 数据库中）。

PubMed 提供了快速检索、高级检索两个界面，检索首页默认的是快速检索。用户在检索框中输入英文单词或短语（大写或小写均可），PubMed 会自动判断所输入的检索词是关键词、作者还是期刊名称，并作相应检索。如果用户输入的是关键词，则会使用其词汇自动转换功能，查找出相应的主题词并同时进行检索。

PubMed 对检索结果提供了丰富的限定功能，如 Article Types（文献类型）、Text Availability（全文提供情况）、Publication Dates（出版日期）、Species（种类）、Languages（语种）、Gender（性别）、Subsets（主题或期刊的子类）、Ages（年龄）、Text Options（文献选项）、Search Field（检索字段）等，如图 7-27 所示。

（二）BIOSIS Preview

BIOSIS Preview 数据库（简称 BP）是世界上最大的有关生命科学的文摘和索引数据库。BP 数据库对应的出版物是《生物学文摘》（*Biological Abstracts*，1969 年至今）、《生物学文摘—综述、报告、会议》（*Biological Abstracts/RRM*，1980 年至今）和《生物研究索引》（*BioResearch Index*，1969—1979 年）。

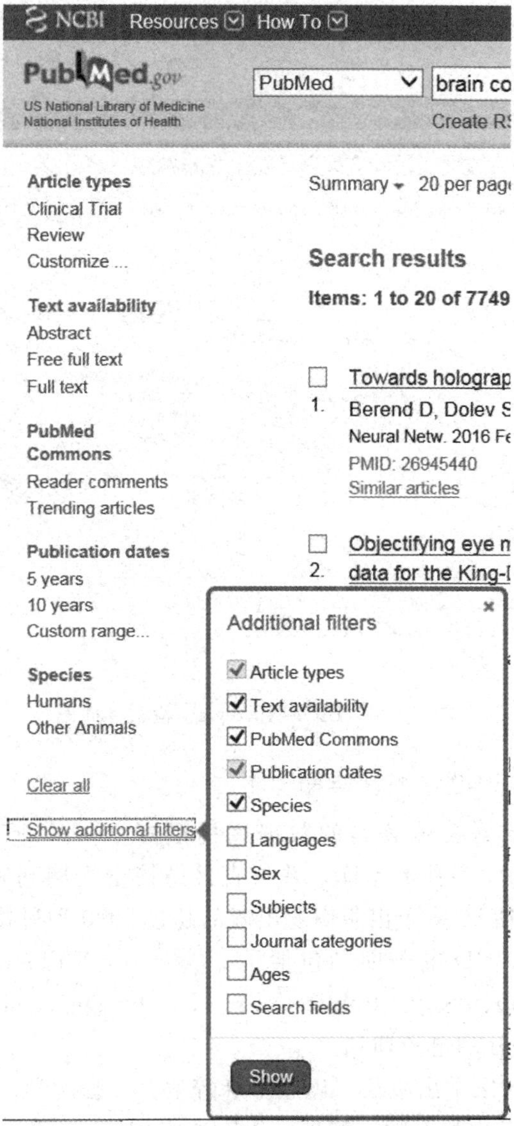

图 7-27　PubMed 检索平台检索结果限定选项页面图

BIOSIS Preview 数据库收录世界上 100 多个国家和地区的 5500 多种期刊和 1650 多个会议的会议录和报告，文献收录年份自 1969 年始，每年大约增加 50 万条记录；覆盖的学科范围广泛，涵盖所有生命科学内容，其中包括空间生物学、农业、解剖学、细菌学、行为科学、生物化学、生物工程、生物物理、生物技术、植物学、细胞生物学、临床医学、环境生物学、实验医学、遗传学、免疫学、微生物学、营养学、职业健康、寄生虫学、病理学、药理学、生理学、公共健康、放射生物学、系统生物学、毒理学、兽医学、病毒学、动物学等，内容偏重于基础和理论方法的研究。

BIOSIS Preview 可以通过多个平台访问，如 Web of Science、OVID 等。OVID 平台中的 BIOSIS Preview 检索界面如图 7-28 所示。

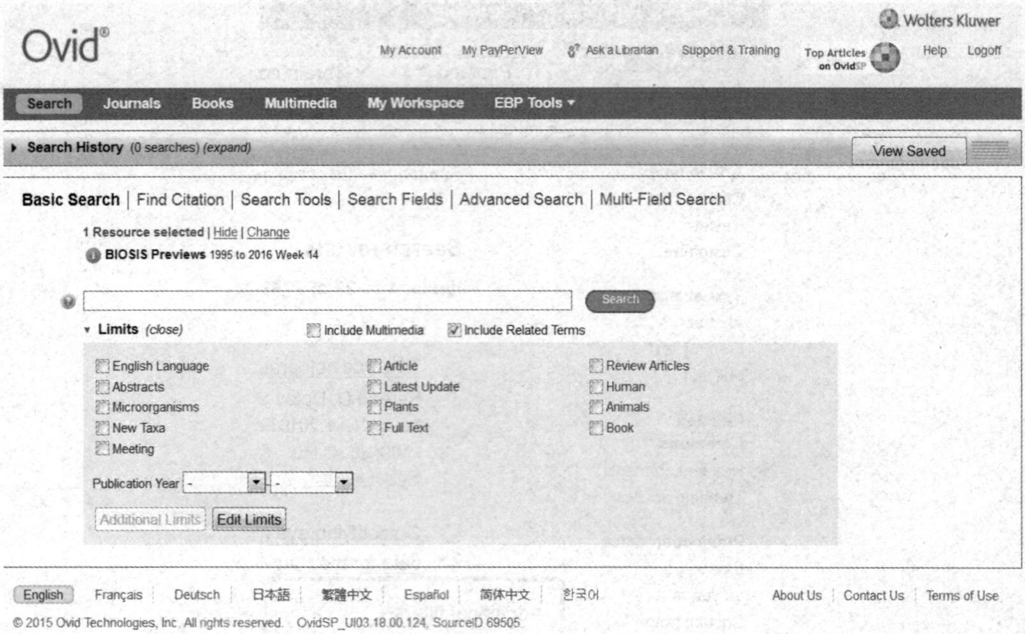

图 7－28　BIOSIS Preview 检索界面图

（三）OVID 检索系统中的生物医学期刊

OVID Technologies 是全球著名的数据库提供商，在国外医学界被广泛应用，其 Databases@Ovid 包括 300 多种数据库，并可直接链接全文期刊和馆藏。Journals@Ovid 即 OVID 电子期刊，包括 80 多个出版商所出版的超过 1000 种科技及医学期刊的全文，最早可回溯至 1907 年。OVID 电子期刊包括了 Lippincott Williams & Wilkins（LWW）、BMJ Publishing Group、Sage Publications、Cambridge University Press、Oxford University Press 等出版社的电子期刊。

LWW 是世界第二大医学出版社，出版了麻醉学、心脏病学、整形外科、神经学、护理学、妇产科、放射学、内科医学、病理、传染性疾病等 20 多个专业领域中最新的和最具影响力的研究成果，其临床医学及护理学出版物尤其突出。OVID 检索系统中共收录 250 多种 LWW 的医学期刊，其中近 180 种为核心期刊。

BMA Journals Fulltext，英国医学学会系列电子全文期刊，OVID 收录其 26 种，均为著名医学期刊。

Humana Press，医学及生物科技领域的知名出版商，OVID 收录其生物医学领域的 23 种全文期刊。

Canada's National Research Conncil（NRC）Press，OVID 收录其出版的生命科学系列同行评审期刊 15 种，涉及植物学、昆虫学、林业、水生科学等专业。

OVID 检索系统采用的检索平台为 OvidSP（图 7－29），提供了 Basic Search、Find Citation、Search Fields、Advanced Search、Multi-Field Search 等多种检索方式。

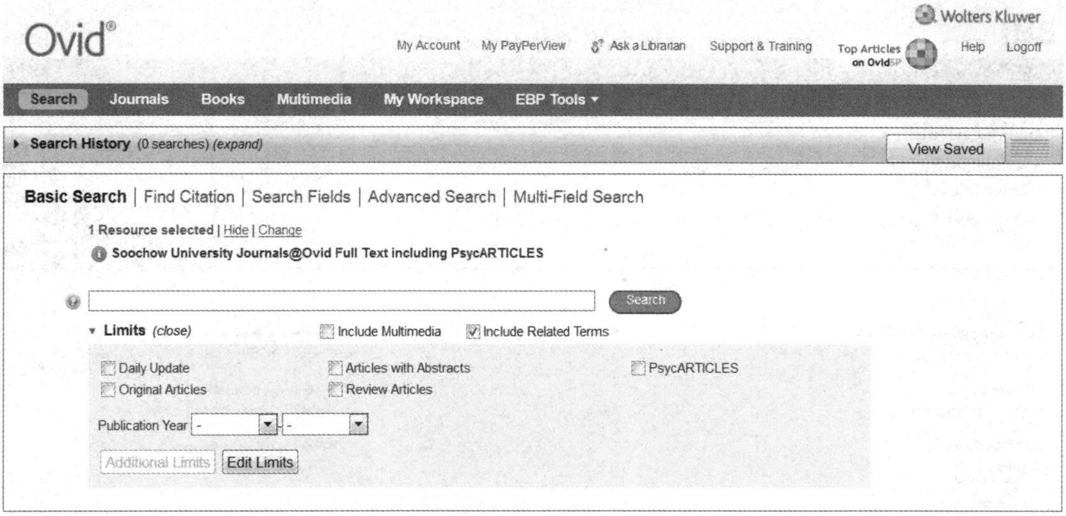

图 7－29 OvidSP 检索平台页面图

（四）英国医学会电子期刊（BMJ）

BMJ 出版集团成立于 1840 年，是 BMA（British Medical Association）的一部分，作为医学领域的专业期刊出版社，BMJ 多年来一直致力于“为医疗和保健专业人员、科研团体和公众出版权威的出版物”，旗下产品包括 *BMJ Journal Collection*、*Clinic Evidence* 等。

《英国医学期刊》（*British Medical Journal*，BMJ），是世界上被引用次数最多的 4 种普通医学期刊之一，其影响因子为 27.604，是一份在全世界广受欢迎及阅读的同行评审性质的综合医学期刊。*BMJ Journal Collection*（BMJ 期刊专辑）不仅包括《英国医学期刊》，而且还收录有从医疗保健管理到神经学等领域共 70 多种期刊，诸如神经学、神经外科学与精神病医学期刊（*The Journal of Neurology*，*Neurosurgery and Psychiatry*），心脏医学期刊，胸腔医学期刊（*Thorax*），学生 BMJ 期刊，等等。其中的许多期刊都在其所属领域处于世界领先地位。BMJ 的检索界面，如图 7－30 所示。

（五）Joanna Briggs Institute complete package（JBI 循证实践医疗与护理数据库）

位于澳大利亚的 Joanna Briggs Institute（JBI）是全球领先的循证实践机构之一，它们开发的实证基础实务模式，已被医疗护理领域视为基准指标。使用此模式，临床医生和医疗护理专业人士可以采用严谨的方法，评估全球一流的主要文献的相关性、正确性及科学可信度，集成及转换实证结果，并利用该信息尽可能提供最高质量的患者治疗和照护。JBI Complete Package 在 Ovidsp 平台独家提供访问，可以让医护人员轻松查找与使用证据作为临床决策根据。

JBI Complete Package 包括循证实践资源库（Evidence Based Practice，EBP）和 JBI 工具两部分。

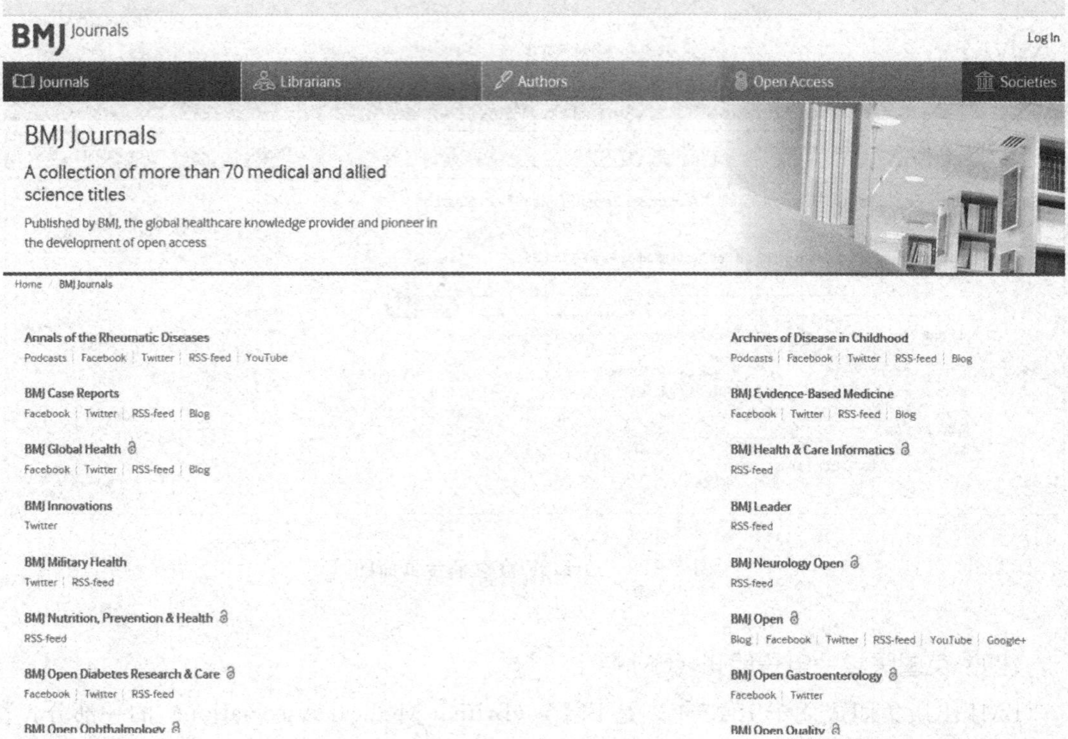

图 7－30　BMJ 检索界面图

1. 循证实践资源库（Evidence Based Practice，EBP）

EBP 囊括了一般医学、急症护理、癌症护理、感染控制、影像诊断、助产护理、外科服务、烧伤护理、慢性疾病等领域的循证信息，包括下列 5 种内容类型：

证据概述——对常见医疗保健干预措施和活动总结的现有国际文献的文献综述；

循证建议实践——依据可获得的最佳证据，描述和/或建议不同临床课题实践的程序数据库；

最佳实践信息表——专为执业保健专业人士所制的一系列信息指南表；

系统性评论——由训练有素的 JBI 评论家对国际研究文献所做的综合性、系统性评论汇编；

消费者信息表——标准化的概述，专为医疗保健消费者设计（患者/客户、亲属、护理机构）。

所有的证据皆遵循 FAME 原则，即可行性（Feasibility）、适宜性（Appropriateness）、临床意义（Meaningfulness）、有效性（Effectiveness）原则。

2. JBI 工具

JBI 提供定点照护（Point of Care）、证据评估与实施（Appraisal and Implementation）、质量改进（Quality Improvement）、研究（Research）等 4 大类共 10 个工具。JBI 首页如图 7－31 所示。

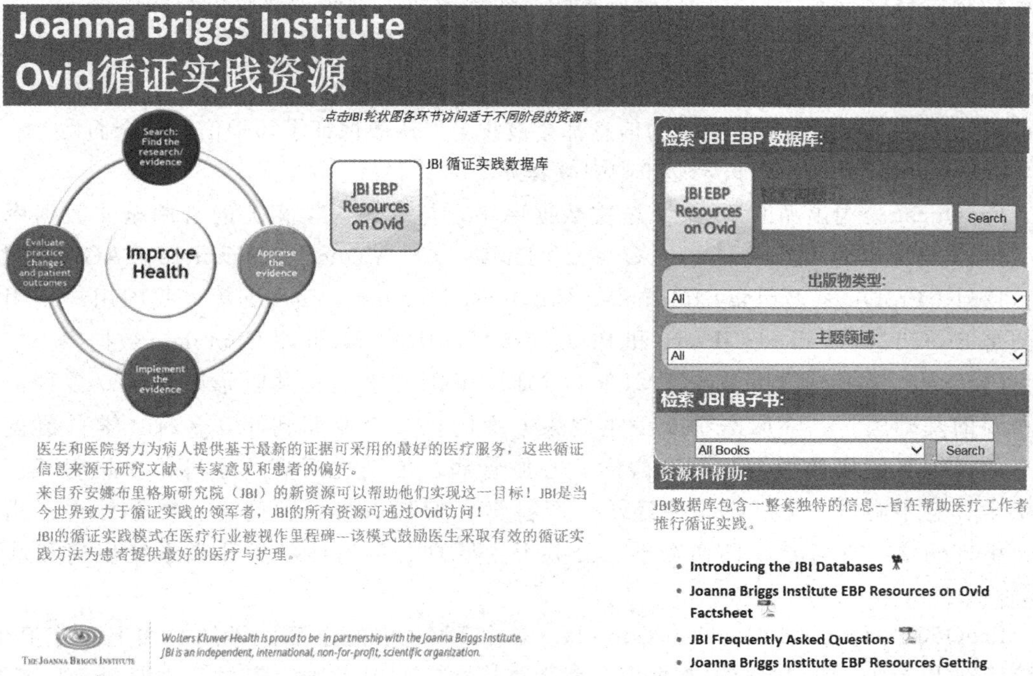

图 7－31　JBI 首页图

（六）其他生物医学数据库

1. EMBASE. com

EMBASE 是荷兰出版商 Elsevier Science B. V. 建立的医学信息文摘索引检索工具，称为“荷兰医学文摘”。该检索工具收录 1947 年以来 90 多个国家和地区的 8500 多种医学期刊上的文献，其中 80%以上的文献有文摘。收录的文献内容广泛，不仅包括基础和临床医学，还包括与医学相关的许多领域，如药学、药理学、生药学、制药学、毒物学、基础生物学、生物技术、生物医学工程和仪器、医疗公共政策与管理、药物经济学、公共卫生、职业卫生与环境卫生、毒品依赖及滥用、精神病学、法医学等。EMBASE 的突出特点是药物文献收录较多。

EMBASE. com 是将 EMBASE 和 MEDLINE 进行整合，去除两者重复部分后形成的全球最大、最具权威性的生物医学与药理学文献数据库，覆盖各种疾病和药物信息，尤其是它所涵盖的大量欧洲和亚洲医学刊物是其他文摘索引数据库所未收录的。

2. IPA（国际药学文摘）

IPA（International Pharmaceutical Abstracts，国际药学文摘）是美国药剂师协会（American Society of Health-System Pharmacists，ASHP）编辑出版的药学文献书目数据库，与其对应的纸本检索工具是《国际药学文摘》。IPA 收录了 1970 年以来全世界出版的 800 多种药学、医学及卫生保健相关期刊上的药学文献题录和文摘；文献量以每年 2 万篇的速度递增，70%以上的文献有英文摘要，涉及的主要学科领域有药物信息、药学、药物化学、制药、微生物学、药理学、药物副作用、毒理学等，收录范围也包括临床药物信息、技术药物信息、药房实践、药学教育、制药工业政策与法规等。

IPA 包含了美国所有州出版的药学期刊和大部分的化妆品出版物。美国药剂师协会（ASHP）在选择所收录的文献时，不受文献语种和期刊影响力的限制，无论是社论、评论或其他文字，凡是和药学相关的信息都会被收录，从而保证了药学信息的全面性。

3. ProQuest 系列生物医学电子期刊数据库

ProQuest 公司出品的 20 余个全文数据库中，与生物医学相关的常用全文数据库有 ProQuest Medical Library、ProQuest Health & Medical Complete、AGRICOLA PlusText、ProQuest Biology Journals、ProQuest Nursing Journals 等。我国用户使用较多的是 ProQuest Medical Library 和 ProQuest Health & Medical Complete 数据库。

ProQuest Medical Library（PML）以 MEDLINE 作索引，共收录期刊 770 多种，其中重要的基础医学、临床医学及卫生健康方面的全文专业期刊 680 多种。学科覆盖了所有的医学与健康领域，包括麻醉学、心血管病、传染性疾病、牙科、皮肤病学、内分泌学、老年病学、免疫学、神经学、产科学和妇科医学、肿瘤学、整形外科、儿科学、精神病学、外科学、创伤医学、公共卫生管理、放射医学、呼吸系统疾病和性病学等。

ProQuest Health & Medical Complete 是由 PML 中的全部医学期刊加上医疗卫生、医院管理等方面的期刊组成的数据库，期刊总数量为 1100 多种，其中全文期刊 880 多种。

4. HighWire Press 生物医学电子期刊

HighWire Press 是美国斯坦福大学图书馆所属的电子期刊出版社，致力于提供权威、全面而易于获取的临床、人文和社会科学方面的在线文献，曾获 2003 年度 ALPSP（The Association of Learned and Professional Society Publishers，全球学术与专业出版者协会）“非盈利出版服务”奖。

目前，通过 HighWire Press 网站可以检索 1100 多种电子期刊的 350 多万篇文献，其中来自 940 多种期刊的 135 万多篇为全文免费资源，因此 HighWire Press 是世界上最大的免费全文网站，这些免费资源主要集中在生物医学领域。HighWire Press 中期刊的免费形式有 3 种：Free Trials（免费试用期刊，在试用截止期限内均可以浏览下载全文）、Free Journals（完全免费的期刊）、Free Back Issues（该种期刊最新出版的几期不免费，只有在免费回溯期前的才能看到全文。例如，某期刊免费回溯期为一年，则最近 12 个月内新出版的期刊不免费，只能免费看到一年前出版的期刊文献全文）。

5. Cell Press 医学电子期刊

Cell Press 医学电子期刊是生物医学方面的权威学术期刊。其中 *Cell* 杂志是与 *Science*、*Nature* 齐名的重要国际性刊物，在生物、医学研究领域享有很高的声誉。*Cell* 杂志是由 Benjamin Lewin 于 1974 年创建，Cell Press 出版社成立于 1986 年。Cell Press 成立后陆续出版了 *Neuron*（1988）、*Immunity*（1994）和 *Molecular Cell*（1997）。1998 年，Cell Press 被 Elsevier 公司收购，之后又分别于 2001 年、2002 年和 2005 年创建以下期刊：*Developmental Cell*、*Cancer Cell* 和 *Cell Metabolism*。同时，原来 Elsevier 的期刊 *Current Biology*、*Structure* 和 *Chemistry & Biology* 也归入 Cell Press 系列下。2004 年，Cell Press 的期刊在 ScienceDirect 平台上提供检索等在线服务。

目前，Cell Press 医学电子期刊数据库包括了 *Cell* 在内的 10 种期刊，这些期刊全部被 SCI 收录且都具有很高的影响因子。

第三节　外文人文社科类专业信息检索

一、JSTOR 电子期刊

JSTOR 全名为 Journal Storage，是一个对过期期刊进行数字化处理的非营利性机构，由安得鲁・梅伦基金会（Andrew W. Mellon Foundation）于 1995 年 8 月成立，总部设在纽约。JSTOR 全文资料库的主要任务和目标是对过刊进行收集，以弥补图书馆回溯数据资源收藏的不足；所提供的期刊绝大部分都从第一卷第一期开始，有些过刊回溯年份最早可至 1665 年。数据库中的“最新期刊”多为 3～5 年前的期刊，即库中的最新期刊常常与现刊有 3～5 年的滞后期。

目前，JSTOR 是以政治学、经济学、哲学、历史等人文社会学科主题为中心的学术性期刊全文库，其中人文社会主题包含以下内容：

（1）Arts & Sciences Ⅰ Collection（人文社会主题一）：收录人类学、亚洲学、非裔美国人研究、经济学、生态学、数学、哲学、政治学、教育学、财政、历史、文学、人口统计学、社会学、统计学等 15 个人文社会学科领域的近 120 种学术性期刊的全文资源。

（2）Arts & Sciences Ⅱ Collection（人文社会主题二）：JSTOR 的另一个人文社会主题数据库，除加强 Arts & Sciences I Collection 中所涵盖的历史、经济学、亚洲学等主题外，增加了古典文学、考古学、非洲研究、拉丁美洲研究、中东研究等方面的期刊，共收录期刊 120 多种。

（3）Arts & Sciences Ⅲ Collection（人文社会主题三）：人文社会主题方面的第三个数据库，收录主题包括语言学、文学、音乐、艺术和建筑学历史与研究，还涉及电影、民间传说、表演艺术及宗教等学科领域，共收录期刊 150 多种。

（4）Arts & Sciences Ⅳ Collection（人文社会主题四）：人文社会主题方面的第四个数据库，涵盖的学科领域包括法律、心理学、公共政策和管理学、商业经济及教育学等，共收录期刊 110 多种。

（5）Arts & Sciences Ⅴ Collection（人文社会主题五）：人文社会主题方面的第五个数据库，收录了许多重要的文学评论及历史学方面的期刊，涵盖的学科领域包含哲学、历史、古典文学、宗教、艺术及艺术史、语言和文学等，共收录 120 多种学术期刊。

（6）Arts & Sciences Ⅵ Collection（人文社会主题六）：人文社会主题方面的第六个数据库，学科领域包含经济、教育、语言学、政治学与区域研究。此数据库精选的期刊更为国际化，尤其是充实了商学理论、广告与风险管理领域的内容，收录至少 120 种期刊。

（7）Arts & Sciences Ⅶ Collection（人文社会主题七，原人文社会主题补充集）：是对前几个人文社会主题的补充，收录新增加的或交叉学科的期刊，学科涵盖前几个人文社会主题所包含的 30 余个学科，收录至少 150 种期刊。

(8) Arts & Sciences Ⅷ Collection（人文社会主题八）：补充收录了社会科学与人文领域下的主题，如艺术及艺术史、古典研究、哲学、语言及文学、音乐，其中增加超过30本精选的19世纪至20世纪初期美国珍贵的艺术期刊；另增加收录语言与文学、历史、哲学及古典研究相关的非美国新期刊，并扩大收录一系列音乐及教育相关新期刊，收录140种期刊。

JSTOR首页如图7-32所示。

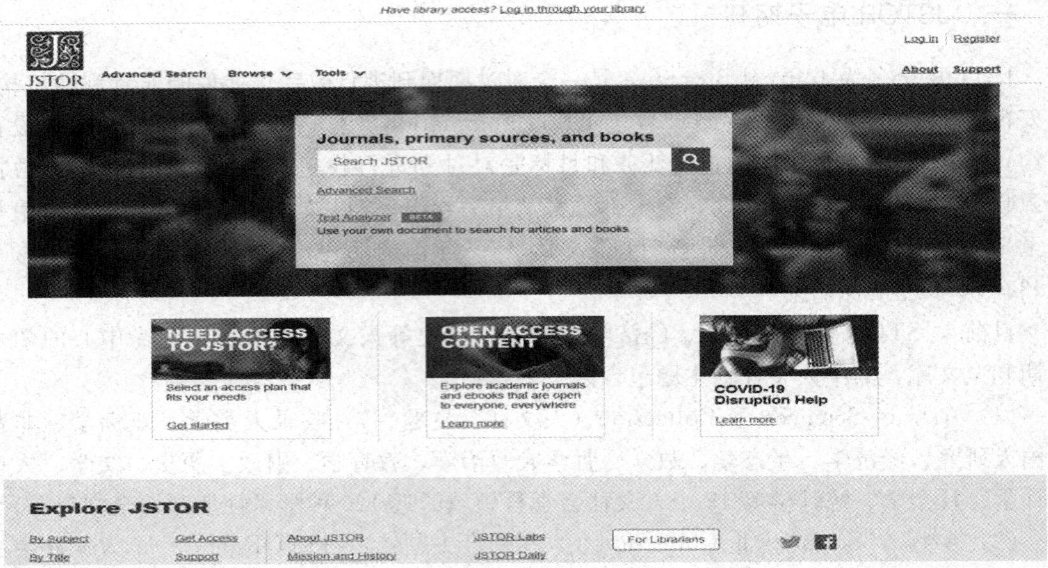

图7-32　JSTOR首页图

JSTOR提供检索和浏览功能，检索功能可提供基本检索和高级检索两种检索方式。高级检索除可限定检索字段外，还可限定资源类型（Item Type）、文献语种（Language）、出版日期（Publication Date）等，如图7-33所示。

二、Emerald系列电子期刊

Emerald是英国Bradford大学管理中心于1967年创立的管理学、图书馆学的专业出版社，是世界上出版管理学、图书馆学和信息服务领域期刊最多的出版商，同时还出版工程学、科技应用等方面高水准专业刊物。目前，Emerald提供的数据库大多与管理学有关。

(1) Emerald Management Xtra，是2005年Emerald公司推出的新产品，在线提供管理学方面的同行评审期刊，收录了110种电子期刊上的所有文章以及来自300种顶级管理学期刊上的评论性文章。

(2) Emerald Fulltext，收录的期刊超过130种，内容涉及管理学、图书馆学、市场学、人力资源管理、信息管理和工程学等领域，其中管理学期刊有86种、图书馆信息科学方面的期刊为24种。Emerald Fulltext中有31种期刊被ISI收录，收录的全文最早可回溯至1994年。

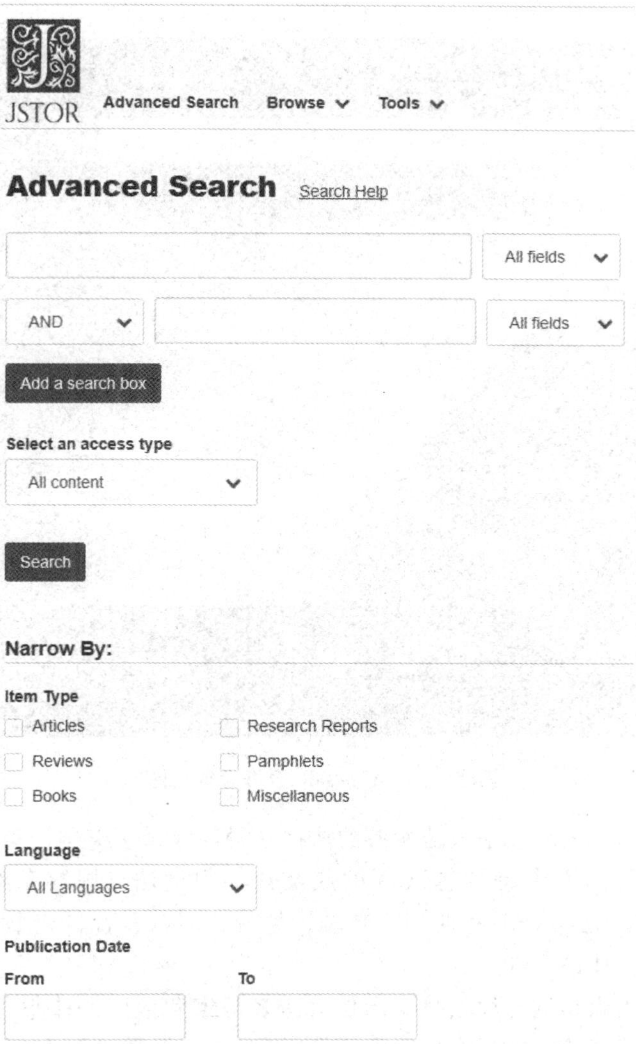

图 7－33　JSTOR 高级检索页面图

(3) Emerald Management Reviews，包括 400 种管理学方面重要期刊上的 19 万篇评论性文章，这些文章是由独立于 Emerald 出版社之外的、由管理学方面的权威专家小组所挑选的，因此充分保证了文献的权威性。该数据库的前身是 Anbar Abstracts，学科覆盖管理学、人力资源管理、质量管理、市场管理、生产管理、会计及财政、信息管理、管理策略等领域。数据库收录的文献自 1988 年开始，每月新增 1500 条评论。

Emerald 数据库首页如图 7－34 所示。

三、Westlaw International 法律资料库

Westlaw 是由汤姆森路透法律信息集团旗下的 West 出版公司于 1975 年开发，是一个综合性的法律、法规、新闻和公司信息检索平台。Westlaw 现已成为全球法律界使用较多的法律检索在线数据库。

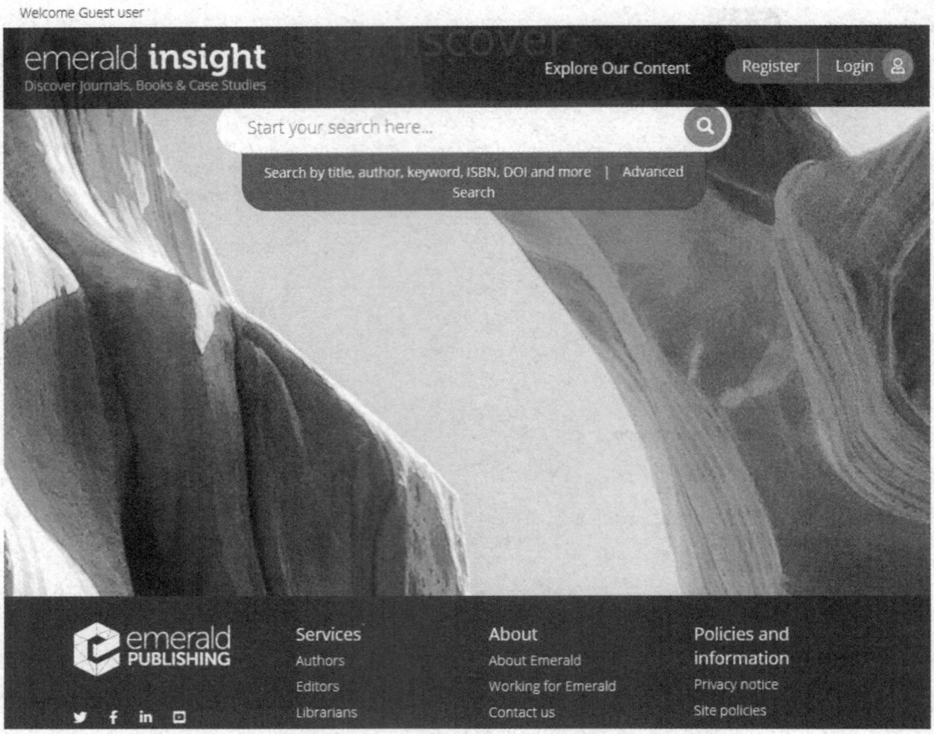

图 7－34　Emerald 数据库首页图

Westlaw 数据库的内容几乎覆盖所有的法律学科，收录了美国、英国、加拿大、澳大利亚、欧盟，以及我国香港特别行政区的成文法、判例法、国际条约，美国法院卷宗(Dockets)，还包括与法学相关的期刊、专著、教材、词典和百科全书、法律格式文书范本和实务指南等，具体内容如下：

（1）判例。汤姆森路透法律信息集团作为诸多国家和地区法律报告官方授权出版者，收录了美国联邦和州判例（1658 年至今），英国（1865 年至今）、欧盟（1952 年至今）、澳大利亚（1903 年至今）、加拿大（1825 年至今），以及我国香港地区（1905 年至今）的所有判例。除此之外，还提供其他国际机构的判例报告，包括国际法院、国际刑事法院、世贸组织等。

（2）法律法规。除了出版大量的法律法规外，Westlaw 还收录了各国和地区的法律条文，例如英国成文法（1267 年至今）、美国联邦和州法（1789 年至今）、欧盟法规（1952 年至今）、加拿大的法律法规，以及我国香港特别行政区（1997 年至今）的法律法规。

（3）法学期刊。Westlaw 收录 1000 余种法学期刊，覆盖了当今 80%以上的英文核心期刊。除收录汤姆森路透法律信息集团自己出版的诸多法律期刊外，还收录了大量知名的国际法律期刊，如 *Harvard Law Review*、*Yale Law Journal*、*Stanford Law Reviews*、*Columbia Law Review*、*Criminal Law Review*、*Hong Kong Law Journal* 等；此外，还包括 300 多种法律通讯（Legal Newsletter）和法律新闻（Legal News），如 *New York Law Journal*、*American Lawyer* 和 *Criminal Law News* 等。

(4) 法学专著、教材、词典和百科全书。Westlaw 独家完整收录了法律界较权威的法律词典——《布莱克法律词典》第八版（*Black's Law Dictionary*，8th）、《美国法律精解》(*American Law Reports*)、《美国法律大百科》(*American Jurisprudent*)、《美国法律释义续编》(*Corpus Juris Secundum*)、《美国联邦法典注释》(USCA）等。

(5) 新闻、公司和商业信息。除了提供法律信息外，Westlaw 还提供包括《纽约时报》(*New York Times*）在内的报纸新闻报道，以及新闻频道的报告底稿；另外，还收录了如《福布斯》(*Forbes*)、《财富》(*Fortune*)、《哈佛商业评论》(*Harvard Business Review*)、《经济学人》(*The Economics*)、《商业周刊》(*Business Week*）等经济类刊物上的文章。

Westlaw 首页如图 7 - 35 所示。

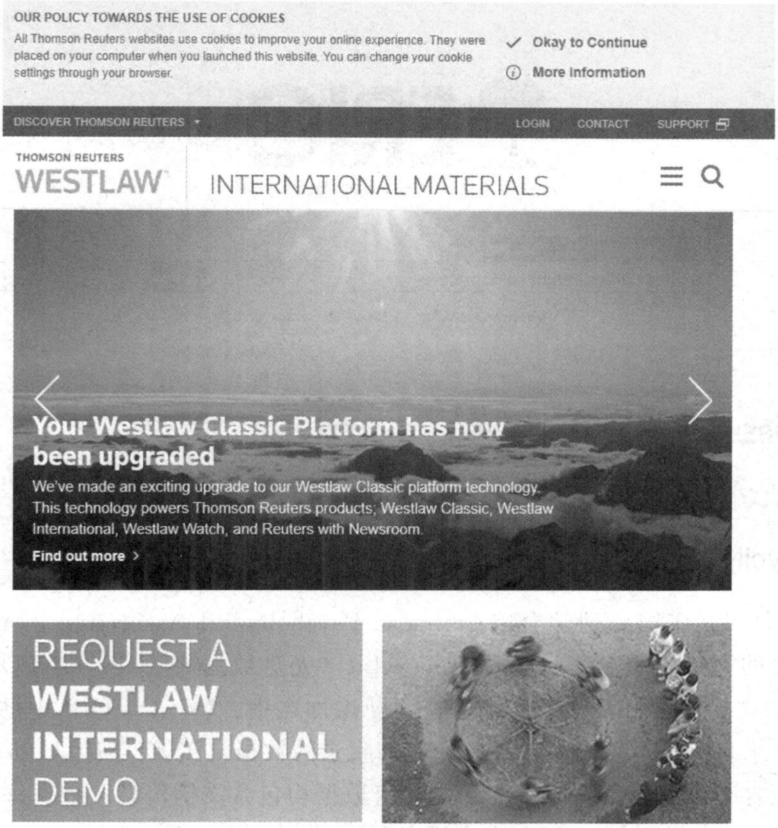

图 7 - 35　Westlaw 首页图

四、ERIC 教育学文献数据库

ERIC（Educational Resources Information Center）是由美国教育部倡议发起的一个教育资源信息系统，是美国教育文献的国家书目数据库，也是世界上最大的教育信息数据库。该数据库于 2004 年 9 月起向公众免费开放，最初的资源主要为期刊或非期刊资源的书目信息，文献收录的年份为 1966 年至今。目前，ERIC 收录的资源已经扩展到部分全文，即检索结果中有全文标志的文献均可免费阅读和下载。今后，该数据库的内容将扩展至包括声频和视频资料在内的各种与教育相关的文献。ERIC 未来的基本目标是为教育者、研究者以及普通公众提供高效、高质的研究信息，并使之成为互联网上最大的教育资源“集散地”。ERIC 有一个内容专家顾问团，就数据库中期刊或非期刊资源的选择提出一些建设性的意见，这些意见为数据库的可持续性发展提供了保证。

ERIC 数据库中包含 180 多万条文献记录，这些文献除来源于 1000 多种教育及与教育相关的期刊外，还包括政府报告、会议文献、计划和程序描述、课程指导、书目等资源。2019 年，ERIC 新增了 4.7 万多条记录，其中新增同行评议全文 1 万多篇。ERIC 数据库除通过自己的网站（图 7－36）提供检索外，还可以通过多个检索平台进行检索，如 EBSCOhost、OCLC 的 First Search 等检索系统。

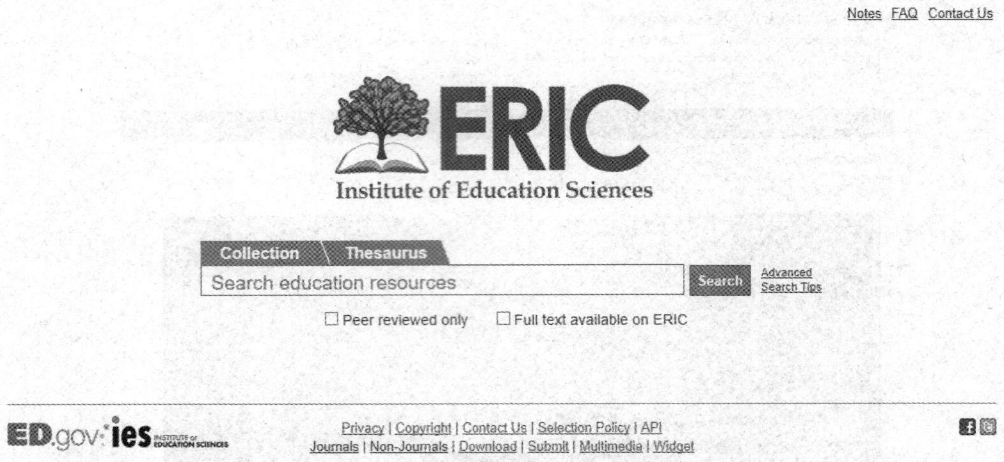

图 7－36　ERIC 数据库界面图

五、PsycINFO ® 心理学文摘数据库

PsycINFO ® 是美国心理学会（American Psychological Association，APA）出版的与心理学相关的文摘索引数据库，原名 PsycLit（光盘数据库）。PsycINFO ® 提供了近 2500 种期刊的文摘和索引，这个数字还在不断增加之中。PsycINFO ® 中的数据 78%来自期刊，10%来自图书，12%来自学位论文；收录的数据自 1597 年始，1967—1995 年的大部分数据包含有文摘信息，1995 年后的所有数据均包含文摘信息；数据每周更新两次。PsycINFO ® 中的文献覆盖全球 50 多个国家和地区。

目前，PsycINFO ® 除通过 APA 网站提供检索外，还可以通过其他检索系统进行检索，如 ProQuest、OVID 等。APA 网站首页如图 7－37 所示。

六、中国高校人文社会科学文献中心（CASHL）

中国高校人文社会科学文献中心（CASHL），是目前全国性的、唯一的人文社会科学外文期刊文献保障体系。

CASHL 于 2004 年 3 月 15 日正式启动并开始提供服务，目前已收藏有 1.1 万多种国

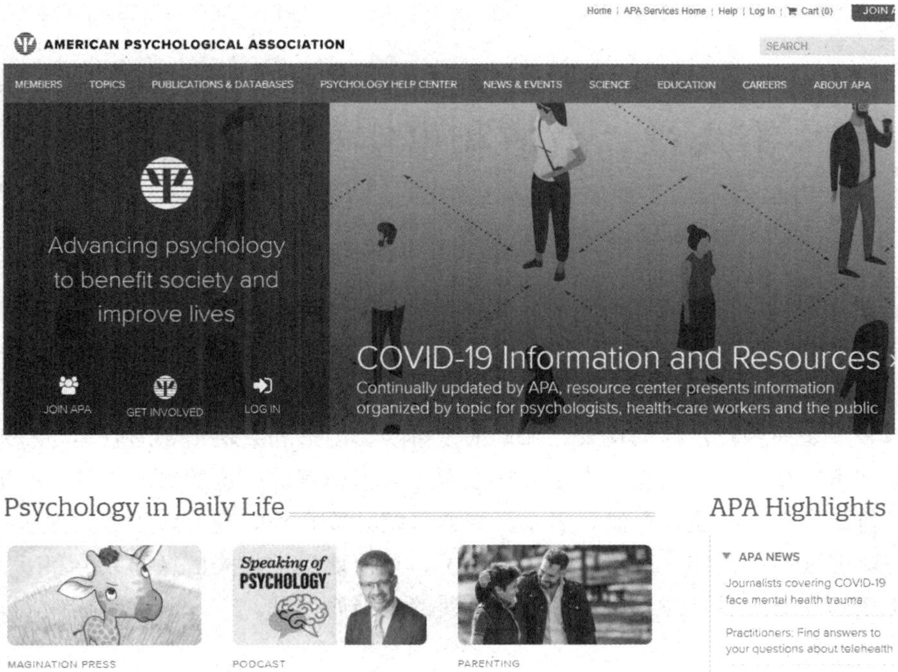

图 7-37 APA 网站首页图

外人文社会科学领域的核心期刊和重要期刊、1370 种电子期刊及 27 万种早期电子图书、44 万种外文图书，以及“高校人文社科外文期刊目次库”和“高校人文社科外文图书联合目录”等数据库，并提供数据库检索和浏览、书刊馆际互借与原文传递、相关咨询服务等。任何一所高校，只要与 CASHL 签订协议，即可享受服务和相关补贴。

CASHL 首页如图 7-38 所示。

图 7-38 CASHL 首页图

第八章　数值和事实型信息检索

人们在日常学习与生活中，经常会遇到各种各样的数值和事实问题。这些问题的答案往往只是一个信息、一个知识点，或某个背景资料，如各学科的名词术语、事件、事实、人物、机构名称、年份日期、公式、规格、方法等。这些都是具体的数值和事实，对这些信息的检索，是一种确定性的检索，强调的是事实、图形和数值信息的收集与整理。

数值和事实型信息检索在过去主要靠参考工具书来解决。这类参考工具书一般包括百科全书、传记资料、年鉴、手册、名录、辞典、统计资料等。当前，随着数据库技术的进步，一些能够准确、具体、直接、适用、明了、正面地提供相关信息的数值和事实型数据库正处于蓬勃发展阶段，并很快成为一种重要的数据库类型。

第一节　数值和事实型数据库概述

一、数值和事实型数据库的含义

数值型数据库是以存储数值为主要内容的数据库，诸如科学技术数据、社会资源数据、商业经济数据、地理环境数据，以及运算公式、图谱、表格等，如金融、证券系统数据库中的货币兑换、化学物质结构数据库、生物蛋白质序列数据库等，大多属于此类。数值型数据库也常被称为“源数据库”“数据文件”“数据银行”，它提供的信息覆盖某一大类的专业范围。在商业和经济领域中，数值型数据库能提供特定产品的价格趋势、国家工业增长率等数值信息；在科技领域，数值型数据库能提供物质的物理化学性质、结构、频谱等。

事实型数据库是指存储内容为描述客观世界存在的状态、性质等事实的叙述性知识，即把大量的事实、规则、概念组成的知识存储起来进行管理；其既有数字表示形式，又有文字叙述形式，总是以一种事实或数量来回答用户的查询，如人物传记数据库、百科知识数据库、自然及社会资源统计数据库、社会调查数据库、公共信息数据库等。

数值型数据库的主要作用是可以直接提供用户解决问题时所需要的数据，是用户进行统计分析、管理决策、预算以及定量研究的不可缺少的工具。事实型数据库的主要作用是给用户提供查询有关某一事件的发生时间、地点、过程或一些简要情况，以及事物的基本属性的信息。在某种意义上，数值和事实型数据库相当于传统的参考工具书，总是以特定的事实或数字回答用户的查询，其检索结果常常是单一的值、一组数据或某一个事实，但却具有较高的可靠性、真实性和客观性。

二、数值和事实型数据库的主要类型

（一）从学科领域角度分

1．商情数据库

商情数据库的数据源是国家、地区、全球范围内经济贸易活动中产生的各种信息，既包括宏观的经济政策、市场动态、投资信息、金融信息、政府法规，也包括来源于各大中型企业、公司以及各行业的微观经济数据，如市场与产品信息，专利与标准信息，企业的规模、资本、产值、利润、生产、经营、管理、销售等信息。这类数据库的代表有DIALOG系统中的商情数据库、盖尔商业资源数据库（Gale Business Resources）、中国百万商务数据库等。

2．科学数据库

这里所讲的科学数据库，是指在科学研究、实验、观测和工程开发中产生的各种类型数据的汇集精选。这类数据库主题单一，专业性极强。例如，中国科学院的科学数据库集合、涵盖了自然科学、工程技术、农业技术等多个领域的实验数据、图谱、结构、物质名称与性能等相关事实，其中具有代表性的有中国动物资源数据库、水稻基因组数据库、海洋科学数据库等。

3．社会科学或综合参考类数据库

这类数据库是对各类社会资源的调查、统计和历史记载，以及对综合学科或专门学科知识的汇总，它类似于传统参考工具书中的字典、词典、年鉴、百科全书、人物传记、机构指南等。例如，大英百科全书网络版数据库、中国大百科全书数据库、中国法律法规数据库等。

（二）从编制体例角度分

1．电子名录数据库

电子名录数据库是汇集知名人士、重要组织与机构名称及其基本情况予以简要介绍的一种检索工具，包括人名录、机构名录、工商企业名录、报刊名录、研究项目名录等。全国邮发报刊目录库、万方科研机构数据库等就属于此类。

2．人物传记资料数据库

人物传记资料数据库收录了各学科、领域知名人士的有关情况，主要包括姓名、生卒年、学历、职称、国籍、民族、工作单位、所从事的专业、论文和著作、主要活动及成就、生平事迹等内容。Gale公司的人物传记资源中心（Gale Biography Resource Center）就属此类。

3．电子百科全书

百科全书是对人类知识进行概括性叙述的著作，电子百科全书收录的内容包括各学科名词术语的定义、原理、方法、基本概念、历史及现状、统计资料、书目和重大事件等各方面的资料。大英百科全书网络版数据库就属此类。

4．电子词典

电子词典是以数字化的形式解释字的形、音、义及其用法，或解释词语的概念、定义及其用法的资料库。与印刷型字典、词典相比，它具有信息量大、携带方便、查检迅速的特点，金山词霸即属此类。

5. 电子年鉴

电子年鉴是全面、系统、准确地收录上年度事物运动、发展状况等主要内容的资料性数字化检索工具。它汇辑一年内的重要时事、文献和统计资料等，集词典、手册、年表、图录、书目、索引、文摘、表谱、统计资料、指南等于一身，具有资料权威、反应及时、连续出版、功能齐全的特点。电子年鉴属信息密集型工具书，CNKI 中国年鉴网络出版总库即属此类。

6. 数值、公式与数表数据库

这类数据库主要收录各种数值、公式、数表、表册，并附以简单的文字说明或解释。其涉及的学科领域比较广泛，以自然科学及工程技术信息为主体，专业性强，适用于特定用户群，是相关专业必不可少的常备参考工具。国研网统计数据库即属此类。

7. 电子手册数据库

电子手册数据库是以数字化形式来汇集经常需要查考的某一学科或某一领域最常用的信息资料。电子手册一般是简便参考资料，如 CrossFire Gmelin（盖墨林）和 CrossFire Beilstein（贝尔斯坦）数据库，就是著名的《盖墨林无机化学手册》和《贝尔斯坦有机化学手册》的电子版。

8. 图像图录数据库

图像图录数据库是以电子化的图形、图像揭示事物形象的资料数据库，包括地图、历史图录、器物图录、人物图录、科技图录、艺术图录等，经济方面有货币、证券图录等。一般均配有简要的说明文字，图文并茂，给人以直观的感受。

三、数值和事实型数据库的特点

（一）内容丰富

数值和事实型数据库一般以相应的印刷版资料为基础，但不拘于印刷版资料的内容，它既可以是文字、图标等静态信息，也可以是集图文、声像于一体的动态媒体信息，各种数据又可以借助计算机实现任意的组合编辑。数据库形式多样，生动直观，便于读者对文献信息内容进行理解和吸收。同时，数值和事实型数据库往往在印刷版的基础上增加了很多新的内容，如增加新的条目、创建网络链接、使用多媒体等。

（二）检索方便快捷

主要表现在两个方面：一是传统参考工具书体积大、不易携带，而电子版参考工具书体积大大缩小，查阅不受时空限制，用户可随时随地通过网络使用，并可实现多用户共享；二是与传统检索工具相比，电子版检索工具往往增加了多个检索点，可通过多个途径检索，用户并可对感兴趣的部分进行复制。

（三）数据更新快

传统检索工具一般更新周期较长，而电子版检索工具的更新周期较快，有些甚至会按天、按周、按月或按季更新，因此其内容更具新颖性。

第二节　人物信息和企业、产品信息检索

一、概述

人物信息是关于人的信息，是在社会生活中产生和被广泛利用的一种信息，它既可以是诸如姓名、性别、职业、出生年月、从业单位等简单的身份确认信息，也可以包括较为详细的生平或传记资料。检索人物信息通常的方法是查询人物传记类的检索工具。凡记述某人一生的历史，揭示他的思想、成就的资料都可以视为传记资料。传记资料有很多类型，就内容而言，从简单地介绍某人的生卒年、学历、一生中的重要活动，到有些什么代表作以至对他的思想和作品的评论；就形式而言，传记著作、报刊纪念性文章、自传、回忆录、发表的日记、通信集等都属于传记资料。中国史籍中的史传、家传、本传、自传等也是典型的传记资料。历代的正史中，有“本纪”“世家”“列传”等记载帝王、诸侯、大臣、王公贵族等人物的传记，地方志、书画、碑刻中也有人物资料。

组织机构信息的检索通常是通过企业名录检索工具或企业产品数据库来进行的。企业名录是了解企业情况和产品信息的检索工具，有按国别和地区报道的，也有按行业、企业性质、类型和规模报道的，常用的有国内企事业单位名录、外国公司名录、制造业名录、进出口机构名录、商会和经济团体名录、贸易机构名录、用户/客户名录、产品名录等。这些名录所揭示的信息内容包括各企业的经营活动、规模、雇员人数、销售额、负责人/法人代表姓名、联系人姓名、企业及下属机构的详细地址、组织概况和产品情况等。

产品信息检索工具包括产品年鉴、文摘、报告、样本集、产品目录、产品及其价格数据库等。大量产品信息也收录在企业名录中，可以从其产品索引中进行查找。

人物信息、机构信息和产品信息除通过各类传记、名录等检索工具进行检索外，目前最方便、快捷的方法是通过网络进行搜索，如通过白页搜索引擎（White Page Search Engine）或各种人物检索引擎检索人物信息，通过产品搜索引擎检索产品信息，通过企业或机构搜索引擎检索机构信息等。除此之外，还可以通过专门的人物信息数据库和企业产品数据库进行检索。

二、万方数据知识服务平台中的企业、产品和人物信息检索

万方数据知识服务平台（原名万方数据资源系统）是由北京万方数据有限公司建立的大型综合性中文网络信息资源检索系统。该系统自 1997 年 8 月开始在互联网上对外服务，旨在为广大高等学校、科研单位、图书情报机构和企业提供信息资源的浏览、检索和查询服务。该系统中数据库类型丰富，除提供科技类文献信息外，还有著名企业、产品、机构和人物等事实型数据资源。

（一）万方机构信息的检索

万方机构信息系统是在“中国企业、公司及产品数据库”的基础上扩展的数据库系统，收录了 20 多万家企业机构、科研机构、信息机构和教育机构的详尽信息，且分别针

对各类机构的特点进行分类导航，并整合了各类机构的科研产出（包括发表的论文、取得的科技成果、专利申请、标准起草）和媒体报道情况，对获取、了解与分析相关机构的社会信用、科研能力、经营状况、发展方向等信息，可以起到重要的作用。该系统由“中国企业、公司及产品数据库”“中国科研机构数据库”“中国科技信息机构数据库”“中国中高等教育机构数据库”等 4 个数据库组成。

1. 中国企业、公司及产品数据库

中国企业、公司及产品数据库（简称 CECDB）始建于 1988 年，由万方数据联合国内近百家信息机构共同开发；历经多年的不断更新和扩充，现收录有 50 余个主要行业超过 16 万家企业的详尽信息及科技研发信息，是国内外工商界了解中国企业及市场的一条捷径。目前，CECDB 数据库每月更新一次，其用户已经遍及全球 50 多个国家与地区。数据库内容包括企业名称、负责人姓名、注册资金、固定资产、营业额、利税、行业 SIC 代码（国际标准工业代码）、行业 GBM 代码等基本信息，并详细介绍了企业经营信息，包括商标、经营项目、产品信息以及企业排名等，另外还全面收录了企业的联系信息，包括行政区代号、地址、电话、传真、电子邮件、网址等。

2. 中国科研机构数据库

中国科研机构数据库（简称 CSI）始建于 1990 年，收录了国内 1 万多家科研机构的详细信息，其中包括作为国家科技创新体系建设重要组成部分的国家重点实验室、国家工程技术研究中心的科研成果、专利及进展中的课题等信息，是目前国内收集数量较多、数据内容较丰富的数据库。科研机构基本信息包括机构名称、曾用名、简称、负责人姓名、学科分类、研究范围、拥有的专利、推广的项目、产品信息等，同时也收录了科研机构的联系信息，包括行政区代号、地址、电话、传真、电子邮件、网址等。目前，中国科研机构数据库每年更新一次。

3. 中国科技信息机构数据库

中国科技信息机构数据库（简称 CSTII），是一个全面介绍我国各科技信息机构和高校图书情报单位业务状况的数据库，是各图书、信息单位之间加强业务往来、促进业务合作所必备的检索查询媒体，也是我国各级科技行政部门和科技信息主管部门掌握与了解我国科技信息事业发展全貌的有效工具。科技信息机构数据库收录的内容有机构名称、负责人姓名、机构面积、馆藏数量、馆藏电子资源种类等，以及详细的联系信息，包括行政区代号、地址、电话、传真、电子邮件、网址等。目前，中国科技信息机构数据库每年更新一次。

4. 中国中高等教育机构数据库

中国中高等教育机构数据库收集国家公布的有招生资格的高校的信息，并辅以部分中等专业学校的信息。数据库内容包括学校的专业设置、重点学科、研究机构、通讯方式等，客观反映了各高校、中等专业学校的人才培养和学术研究情况，是学生择校和了解高校、中等专业学校现状的重要参考工具。同时，数据库还收录各高校、中等专业学校详细的联系信息，包括行政区代号、地址、电话、传真、电子邮件、网址等。目前，中国中高等教育机构数据库每年更新一次。

万方机构信息检索平台提供检索功能和浏览功能。在浏览页面中，用户可按企业机构、教育机构、科研机构和信息机构等4大类进行分类浏览，每类可再按地区、行业、产品进行分类浏览（图8-1）。

图8-1　万方机构信息检索平台图

在机构检索界面中，可以直接检索企业名称、负责人、经营项目、产品等。例如，要查询江苏地区生产或经营超细二氧化硅的企业，用户可以在检索框中直接输入“超细二氧化硅”，点击“检索”，可得全国范围内生产或经营超细二氧化硅的企业；在地区分类下选择“江苏省”，即可得江苏地区生产或经营超细二氧化硅的企业信息（图8-2）。

如要了解某企业的详细情况，用户可以点击企业名称进入该企业的详细信息页。企业详细信息页中提供了企业的负责人姓名、企业类型、机构类别（生产型或经营型等）、企业简介、产品、企业联系方式等内容。

（二）万方中国专家检索

万方中国专家数据库主要收录了国内自然科学、工程技术、农业、医药卫生、人文社会科学领域的专家名人信息，介绍了各专家的基本信息、受教育情况及其在相关研究领域内的研究内容和所获得的荣誉。数据库提供包括姓名、性别、工作单位、工作职务、教育背景、专业领域与研究方向、国内外学术或专业团体任职情况、专家荣誉等在内的30多个检索字段，可以为国内外相关研究人员提供检索服务，有助于用户掌握相关研究领域的前沿信息。万方中国专家检索平台首页如图8-3所示。

图 8－2　万方机构信息检索结果页面图

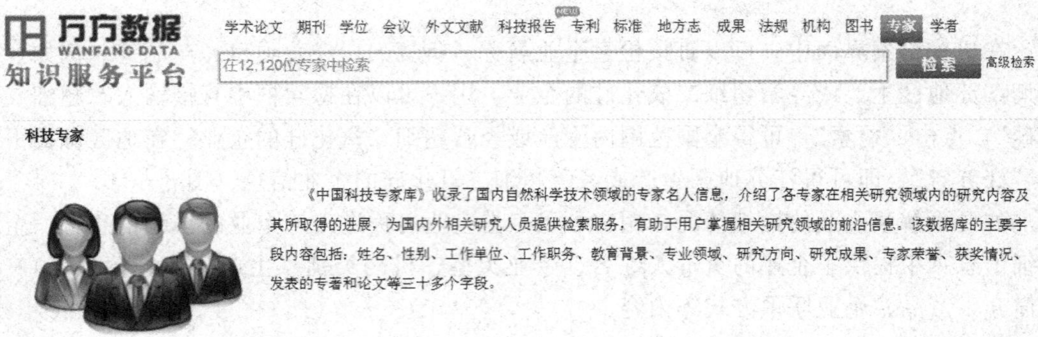

图 8－3　万方中国专家检索平台页面图

（三）万方学者检索

万方学者检索中的学者信息来自万方学术圈。万方学术圈是业内率先实现读者与学者近距离接触的平台，可最快获取学者最新情况、最新研究领域，分享相关学术成果。学术圈的目标是建立学术交流的平台，营造良好的学术生态环境，促进学者间的交流合作。万方学者检索可按姓名、工作单位和研究成果关键词进行，如图 8－4 所示。

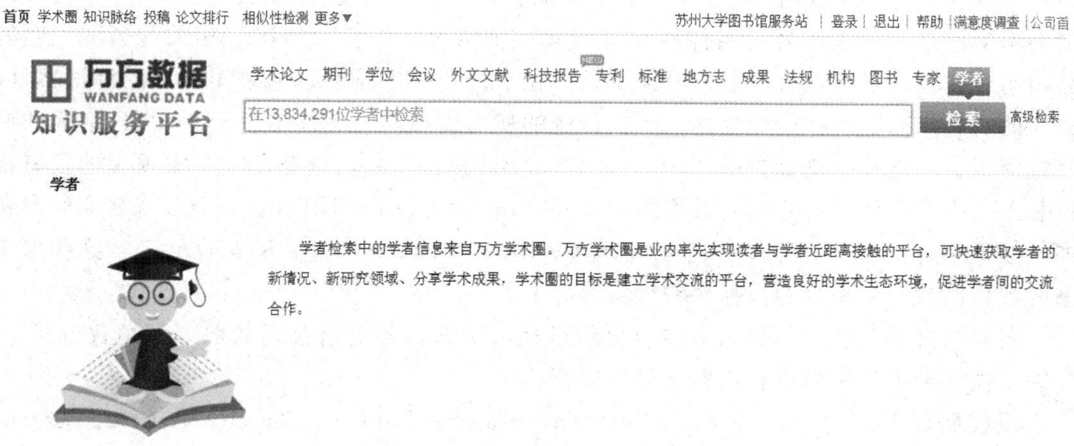

图 8-4　万方学者检索页面图

三、Gale Reference Center 中的机构和人物信息检索

Gale 集团是国际著名出版机构和全球最大、最权威的参考书出版商，多年来以出版人文和社科工具书及机构名录而著称，一向为大学、学术研究机构、图书馆咨询机构提供比较有特色的工具书资料。

Gale 集团也是全世界第一个从事参考性资料电子数据库运营的公司，著名的数据库有文学资源中心、人物传记资源中心、现代世界历史资源中心、商业与公司资源中心等，其核心内容来自 Gale 集团 50 多年来出版的众多参考书系列。这些参考书系列中的参考资料被公认为世界上相应学科领域中（如文学、历史、商业、人物传记等）比较权威、全面的参考资料，并且为 Gale 集团独家拥有。

（一）人物传记资源中心数据库

Gale 集团 50 多年来出版的众多人物传记参考书，是人物传记领域中权威的参考书，包含自人类历史开始至今的 100 多万个人物的传记信息，涉及所有领域。因此，人物传记资源中心数据库的内容包括：Gale 集团独家拥有的 700 卷权威人物传记参考书，如 *Encyclopedia of World Biography*、*Contemporary Black Biography*、*Who's Who Among African Americans* 等，其中的传记全部是详细传记（500～3000 字）；来自 *Complete Marquis Who's Who* 的 100 万个人物的传记；将近 4 万份取自 *Debrett People of Today* 的简短传记，囊括了英国当代最著名的人物；另外还包括 280 种全文期刊的人物资料。

这些信息可以链接至 1.5 万多个人物的网站，这些网站都经过人物传记专家的严格考证，以保证其权威性。人物传记资源中心数据库每年新增 8 万～10 万份人物传记，并提供 Name Search、Biographical Facts Search、Advanced Search 三种检索途径，检索结果包括人物简历、报章资料、网站资料、人物照片、传记全文等。

（二）商业与公司资源中心数据库

商业与公司资源中心数据库涵盖商业、经济管理、财政、金融等专业，其内容包括：

(1) 4000多份期刊，其中3200多份为全文期刊；(2) 全球46万家公司及8000个行业协会的丰富信息，可通过公司名称检索得到其详细情况，如公司概况、相关的新闻/刊物、公司历史、公司投资报告、公司财经资讯、在本行业中的排名、与公司相关的诉讼案件、公司的所有产品、所在行业综述、所在行业的所有协会等；(3) 500万份PDF格式的原始投资报告，这些投资报告由Thomson Financial提供，来自全球700多家顶尖的投资银行和190多家全球贸易协会，每周增加5000份；(4) Gale集团出版的众多著名商业参考书，如*Encyclopedia of Global Industries*、*Gale's Market Share Reporter*等，这些参考书内容均已被完全整合到数据库的相关部分中。

商业与公司资源中心数据库内容更新迅速，例如，各上市公司的股票行情仅延迟20分钟，投资报告等每周更新，期刊每日更新。

该数据库提供Easy Search、Company Search、Industry Search、Articles Search、Advanced Search等检索途径，检索结果有公司名称、地址、电话、SIC与NAICS代码，以及与公司有关的News/Magazines、Rankings、Products、Industry Overview、Articles等。同时，用户可用“Mark This Document”的方式来保留符合自己需要的、利用不同检索指令所检索出的检索结果，并可把检索结果用Email发送到信箱。

（三）学会协会大全数据库

学会协会大全（Associations Unlimited）数据库包括了大约45.5万个国际性及美国国内税务署（Internal Revenue Service，IRS）认可的非营利性成员机构的名录资料，跨越各个领域，包括2.3万个美国国家级协会，2万个国际协会组织，11.1万个美国地区性、州及地方级协会名录。其中提供了2600个主要的美国全国性协会机构的简介、宣传手册及会员申请表等全文资料。

四、Dialog检索系统中的企业、产品信息检索

美国Dialog公司是世界上最早的也是规模较大的一家电子信息服务公司，其用户遍布世界各地。Dialog联机检索系统中最具特色的是商情数据库，它的主要服务是提供数据库联机查询。

Dialog联机检索系统中有40多种语言的联机数据库600多个，可分为两大类：一类是研究和开发方面的数据库，有数学、物理、化学、地学、生物、药物、医学、工程、计算机、安全、标准等；另一类是商业方面的数据库，有报刊新闻、财经、分析报告、企业产品、专利、版权、商标等。在Dialog国际联机检索系统600多个数据库中，有350多个商情数据库，约占Dialog信息总量的60%，这些数据库中包含了诸多与企业产品相关的重要信息。

（一）Kompass数据库

Kompass起源于瑞士，服务于工商业已有60多年，在全球70多个国家和地区设有分支机构。Kompass数据库包括230万家公司信息、5.3万个产品和服务代码、2300万种产品的资料、79万个商标名称、350万个负责人姓名等，数据定期逐一面访核实。通过该数据库可迅速查到区域代理商及买家数据。

（二）D&B 全球商业数据库

美国 D&B（邓白氏）公司成立于 1841 年，是世界著名的商业信息服务机构。D&B 的全球商业数据库覆盖了 1 亿多条企业信息，可以为客户提供商业信息、工具及专业经验等。目前，D&B 数据库提供的信息包括信用管理服务与市场开拓服务两类。

（三）PIERS 海关进出口提单数据库

PIERS 海关进出口提单数据库能提供最近 18 个月内美国及拉美地区货物进出港口的详细记录，可以跟踪监控全球商品及日用品（从原材料到成品）的海运情况，其中包含了货物出发港、到港日期、货物数量与种类，以及相关进出口商的重要信息。结合 Dialog 多层次的检索平台和高效的检索指令，用户能比较方便地跟踪指定种类货物的进出口情况。

（四）Standard & Poor 全球上市公司信息数据库

Standard & Poor（标准普尔）是世界权威金融分析机构，为投资者提供信用评级、独立分析研究、投资咨询等服务。Dialog 提供 Standard & Poor 的 4 个数据库的检索，包括每日公司新闻，上市公司财务、策略及新闻等，提供大约 1.2 万家上市公司的全面战略和财务信息，以及时事新闻等。公司的背景数据、综合新闻、财政金融信息、年度报告、新产品开发、新增设施、人事变动等信息也都可以获得。

第三节　年鉴的检索和利用

一、年鉴概述

何谓“年鉴”？据不完全统计，目前仅国内就有 60 余种不同的定义。学术界一般将年鉴定义为：系统汇辑或概述某一年度重要的文献信息，并且以后逐年编纂、连续出版的资料性工具书。

年鉴的编纂始于欧洲，英文称之为 Almanac、Yearbook、Annual。世界上第一部以“年鉴”命名的图书出版于 1457 年，最初不定期出版，16 世纪以后逐年出版，逐渐演变成提供一年内事件和统计资料的年度型工具书。在我国，“年鉴”一词最早出自《宋史·艺文志》，其中曾著录刘玄所撰《年鉴》一卷。目前，世界各国年鉴的数量和种类都在急剧增长。我国连续出版的各类年鉴有数千种，全面覆盖了国民经济及社会发展的各个领域、行业和地域，是综合反映我国政治、经济、军事、法制、科技、文化、教育、医疗卫生、资源环境、社会发展等各方面的具有权威性的国情地情信息资源体系。

（一）年鉴的特点

年鉴除了具有普通工具书收录广泛、编排系统、查阅方便等共有的特点以外，还具有它本身独有的特点。

1. 权威性

年鉴的编纂者多为国家和地方政府部门、出版社和科研单位等，它以事实为依据，选材严格、翔实可靠。年鉴的文献和资料大多源于政府公报、统计部门的数据或报刊信息，许多条目、综述和专文还由该学科领域的专家撰写或审定。读者在查考、核对或引用时对其有较大的信任感。可以说，年鉴是规范性强、层次高的权威性工具书。

2. 新颖性

年鉴逐年出版，能及时反映上一年度的新情况、新成就，其主要内容逐年更新，其间虽有回溯性资料，但所占比重较小。资料新颖、反映及时，是年鉴的重要特点，和其他工具书相比，体现了年鉴具有更大的情报价值。

3. 连续性

年鉴有相对稳定的栏目设置和编排体系，其内容不仅逐年更新，而且是上下衔接、连续记载的，所以有较大的累积总结作用。读者可以通过对不同时期的不同记录做比较分析，从而把握事态的变化和发展趋势。这种连续性特征是其他工具书所不具备的。

4. 功能完备

首先，年鉴的编纂形式和编纂手段多种多样，能将其他工具书的形式和手段兼容并包，这一点在众多的工具书中是绝无仅有的。其次，年鉴几乎能够解答读者的各类问题，这也是其他工具书很难做到的。众多的编纂手段和多功能性，是年鉴的显著特点。

（二）年鉴的类型

目前，比较通行的是将年鉴归纳为 4 种类型。

1. 综合性年鉴

综合性年鉴包括：国际年鉴，如《世界知识年鉴》；国家年鉴，如《中国年鉴》；百科全书年鉴，如《中国百科年鉴》。综合性年鉴多由权威机构编纂，并受到政府高度重视，因此质量较高，能全面反映国际或国内的年度发展状况，是单位和个人最常备的年鉴。

2. 地方性年鉴

地方性年鉴包括以下 3 种：省级年鉴，如《江苏年鉴》；市级年鉴，如《苏州年鉴》；县级年鉴，如《昆山年鉴》。

3. 专科性年鉴

专科性年鉴包括：（1）学科年鉴，即反映某一学科年度进展的、学术性较强的年鉴，多由学术机构或专家组成的编辑部编纂，如《中国经济科学年鉴》；（2）部门年鉴，多由相应的政府主管部门组织编纂，内容多为概况性和统计性的资料，如《中国经济年鉴》；（3）产业年鉴，主要反映国内各个产业的发展成就，多由各部委组织编纂，如《中国食品工业年鉴》；（4）专门年鉴，通常以具体事物为收录范围，如《中国人物年鉴》；（5）单位年鉴，主要包括工矿企业年鉴、事业机构年鉴、学术团体年鉴等，如《苏州大学年鉴》。

4. 统计性年鉴

统计性年鉴包括：（1）综合性统计年鉴，一般收录全国年度统计资料，如《中国统计年鉴》；（2）地方性统计年鉴，如《上海统计年鉴》；（3）专科性统计年鉴，以某一行业、某一部门的统计资料为收录对象而编制的年鉴，如《中国物价统计年鉴》。我国现有的专科性年鉴涉及城市、人口、农村、工业经济、物价、教育、能源、旅游等 8 个方面。

（三）年鉴的作用

1. 提供时事动态信息和概况资料

查国际、国内时事大事，可用国际年鉴、国家年鉴，如《世界形势年鉴》《中国年鉴》等；查各国或国内各地区概况，可用国家年鉴、地方年鉴，如《世界知识年鉴》《香港年鉴》等；查找各学科、各部门、各行业的发展动态，可用专科性年鉴，如《中国经济年鉴》《中国金融年鉴》等。

2. 提供重要的法规文献及其线索

查国务院及各部委法规条文，可用专科年鉴，如《中国经济年鉴》《中国法律年鉴》等；查各级政府工作报告及有关政策、规定，可用地方性年鉴、统计年鉴，如《苏州统计年鉴》就收录了苏州市关于企业的有关规定。

3. 提供逐年可比的统计数据资料

查各类统计数字，主要利用统计年鉴，如《中国统计年鉴》。此外，综合性年鉴、地方年鉴、专科年鉴也间插各类统计图表，如《中国出版年鉴》就有历年文献出版分类统计及人口平均数等图表。

4. 提供实用性指南、便捷性资料

查各类组织名录，可用专科性年鉴，如查《中国出版年鉴》可了解全国出版发行机构的情况；查企业、名优产品，可用行业年鉴、经济年鉴及地方年鉴，如《武汉年鉴》就很重视“汉货精品”的宣传介绍；查当代人物传记及人名录，除用专门的《中国人物年鉴》外，还可用综合性年鉴、专科年鉴和地方年鉴。

5. 提供综述及回溯性资料

查综述性资料，可留意年鉴的开篇部分。年鉴为了宏观介绍上一年度的情况，总要邀请熟悉情况的专家撰写若干篇综述，发表在年鉴正文条目之前；另外，有些宏观性的条目，也有相当大的篇题，具有综述的性质。查回溯性资料，主要查年鉴的创刊号，或查重大的有纪念意义年份的年鉴。如1987年创刊的《中国城市年鉴》不仅收录了1986年的资料，而且系统反映了1949—1986年我国城市建设的各项成果。每逢中华人民共和国成立整十周年，年鉴也通常会发表综述中华人民共和国成立以来有关情况的回溯性文章。

二、Apabi中国年鉴资源全文数据库

（一）数据库内容

Apabi中国年鉴资源全文数据库是由北京方正阿帕比技术有限公司与中国出版工作者协会年鉴工作委员会共同发起，得到全国年鉴界公认并积极参与的中国主流、专业的年鉴全文数据库。中国年鉴资源全文数据库以“条目数据＋全文数据＋原版方式”展示，依法依约取得文献著作权的使用许可，收录经国家新闻出版署批准正式出版的各种年鉴约1500种，计8000多卷年鉴资源。其中包括各类统计年鉴600余种，约4000卷，覆盖了我国国民经济及社会发展的各个领域和地区，以国民经济和社会统计类、国情地情综合类为主，数据库已形成较权威的综合反映我国国情地情的信息资源体系。

该数据库所收录年鉴被划分为19个大类：国情地情综合、国民经济和社会统计、政

治民族军事、法律、自然资源和环境保护、经济综合与管理、财政金融、农业、工业、交通和旅游、邮政通信和信息产业、贸易经济、企业经济、科技、哲学与社会科学研究、教育、社会文化体育生活、传媒出版与知识传播、医学医药卫生等。用户可以从年鉴类别、级别、地域等不同维度浏览年鉴，数据库提供灵活的按种、按卷方式浏览年鉴，并具备相关年鉴、相关信息等导航方式；还可以按照主题分类、行业、地域、时间、关键词、统计指标等多种检索途径进行检索，数据库支持简单检索、高级检索、二次检索，可对检索结果排序和筛选，并可随时查看检索结果分布情况。

Apabi 中国年鉴资源全文数据库所收录年鉴除文本内容外，还提供原版原式的 CEB 版年鉴。

（二）数据库的检索

Apabi 中国年鉴资源全文数据库提供快速检索、高级检索和年鉴导航功能，检索内容包括年鉴全文、年鉴统计专题和图片。

1. 快速检索

快速检索可直接在输入框中输入检索词，不限检索范围（图 8-5）。

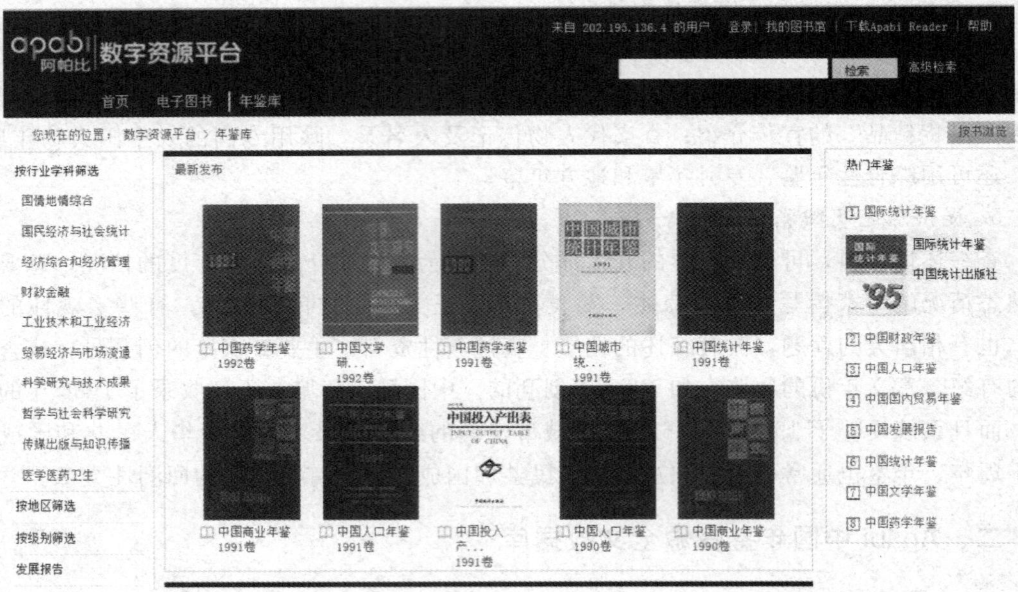

图 8-5 Apabi 中国年鉴资源全文数据库快速检索页面图

2. 高级检索

高级检索界面可以限定在标题、内容、作者、出版等字段中检索，如图 8-6 所示。

例如，用户若要检索最近几年我国综合毛入学率指标，可在高级检索界面中选择“年鉴条目”，检索字段选择“内容”，输入“毛入学率 or 粗入学率”，点击“检索”即得检索结果，再将检索到的数据进行整理可得各年我国综合毛入学率指标；或者在高级检索界面中选择“年鉴统计数据”，检索字段选择“指标”，输入“毛入学率 or 粗入学率”，点击“检索”即得检索结果。如图 8-7 所示。

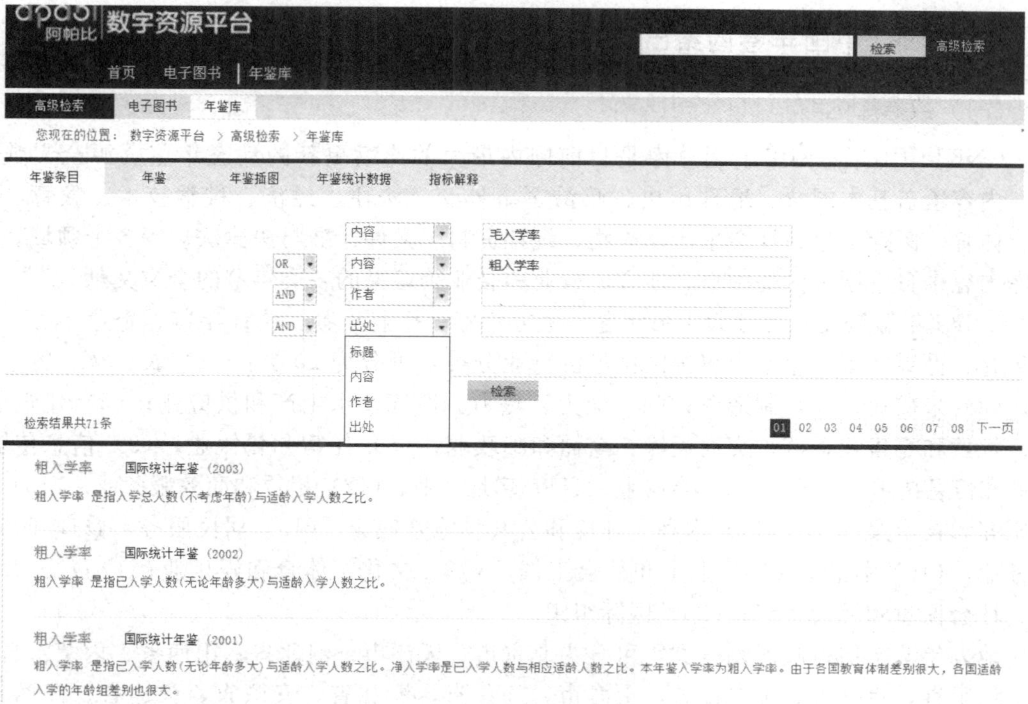

图 8-6　Apabi 中国年鉴资源全文数据库高级检索页面图

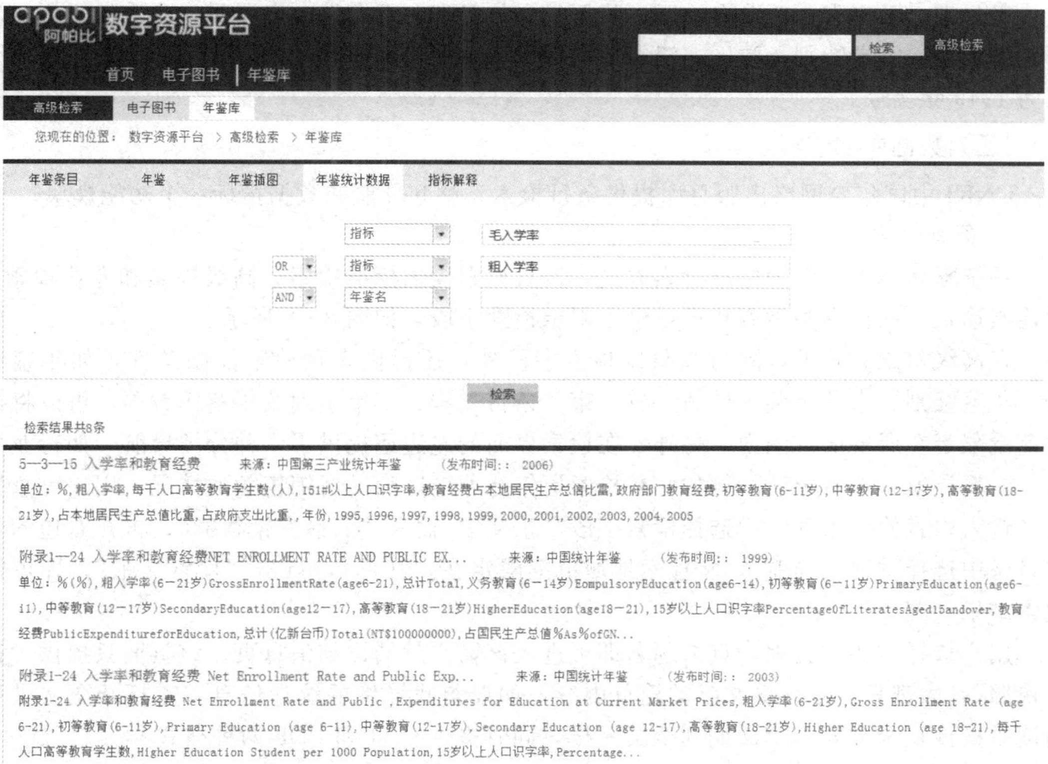

图 8-7　Apabi 中国年鉴资源全文数据库检索结果页面图

三、CNKI 中国年鉴网络出版总库

(一) 数据库内容

CNKI 中国年鉴网络出版总库是目前国内最大的连续更新的动态年鉴资源全文数据库，内容覆盖基本国情、地理历史、政治军事外交、法律、经济、科学技术、教育、文化、体育、医疗卫生、社会生活、人物、统计资料、文件标准与法律法规等各个领域。数据库内容来自中国国内的中央、地方、行业和企业等编纂的各类年鉴的全文文献。

CNKI 年鉴按类别可分为中央年鉴、地方年鉴、行业年鉴、统计年鉴、企业年鉴、学科年鉴、世界年鉴。年鉴内容按国民经济行业分类，可分为 20 类：(1) 农、林、牧、渔业；(2) 采矿业；(3) 制造业；(4) 电力、热力、燃气及水生产和供应业；(5) 建筑业；(6) 批发和零售业；(7) 交通运输、仓储和邮政业；(8) 住宿和餐饮业；(9) 信息传输、软件和信息技术服务业；(10) 金融业；(11) 房地产业；(12) 租赁和商务服务业；(13) 科学研究和技术服务业；(14) 水利、环境和公共设施管理业；(15) 居民服务、修理和其他服务业；(16) 教育；(17) 卫生和社会工作；(18) 文化、体育和娱乐业；(19) 公共管理、社会保障和社会组织；(20) 国际组织。

地方年鉴按照行政区划分类，可分为北京市、天津市、河北省、山西省、内蒙古自治区、辽宁省、吉林省、黑龙江省、上海市、江苏省、浙江省、安徽省、福建省、江西省、山东省、河南省、湖北省、湖南省、广东省、广西壮族自治区、海南省、重庆市、四川省、贵州省、云南省、西藏自治区、陕西省、甘肃省、青海省、宁夏回族自治区、新疆维吾尔自治区、香港特别行政区、澳门特别行政区、台湾省共 34 个省级行政区域。收录年限为 1949 年至今。

(二) 数据库的检索

CNKI 中国年鉴网络出版总库提供条目检索、整刊导航和数据指标 3 个功能模块。

1. 条目检索

系统默认条目检索为标准检索方式，条目检索提供标准检索、高级检索和专业检索 3 种检索途径。在标准检索方式下，可以限定检索字段，如图 8 - 8 所示。

在高级检索方式下，除可以限定检索字段外，还提供多种检索控制条件，如年鉴年份、年鉴级别、来源年鉴、地域、省、市、条目类型、年鉴主编及年鉴作者等，可以将检索范围限定在所要的范围内。另外，在检索界面的左边还提供了 3 种分类导航，如行业导航、专辑导航、地域导航。例如，要检索历年江苏地区商品房销售额的情况，用户可直接在“输入内容检索条件”中选择检索字段“正文”，输入“商品房销售额”；再在右边的分类目录中选择“地域导航”，将检索地域范围限定在“江苏”，点击“检索文献”，即可得检索结果（图 8 - 9）。

用户选择需要的文献，点击题名即可进入该篇文献的详细信息页。该页面只提供“正文快照”，大都只摘录该篇文献的篇首内容，如要查找详细的统计信息，需打开全文进行阅读后摘抄；全文和 CNKI 期刊全文一样，同时提供 CAJ 和 PDF 两种格式。

2. 整刊导航

整刊导航功能中提供了多种导航方式，如首字母导航、行业分类导航、地方分类导

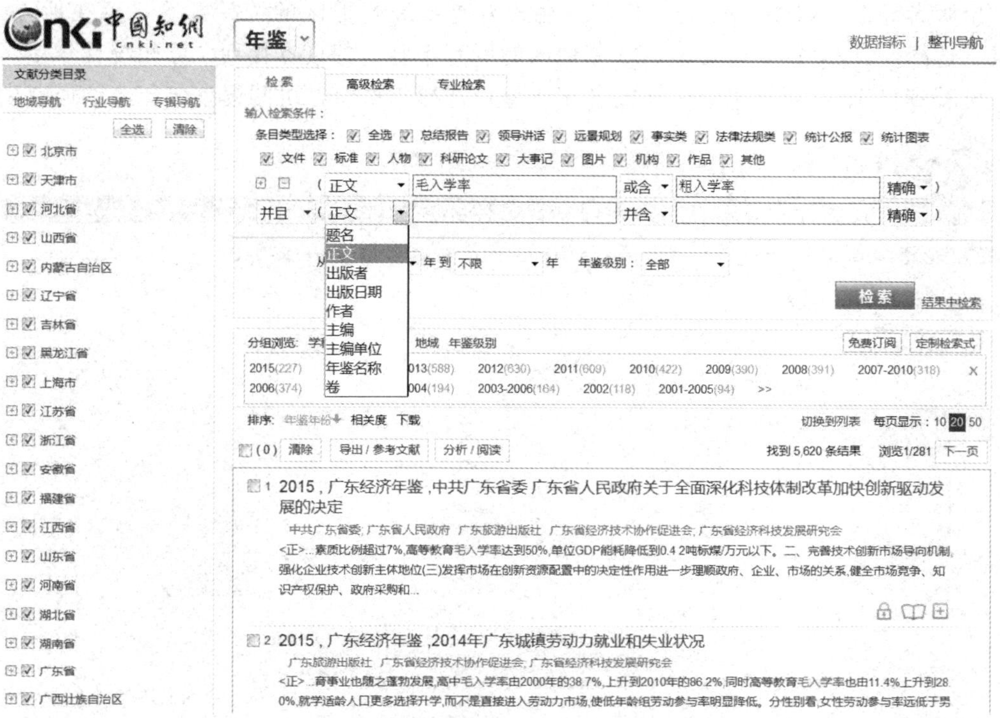

图 8-8　CNKI 中国年鉴网络出版总库条目检索页面图

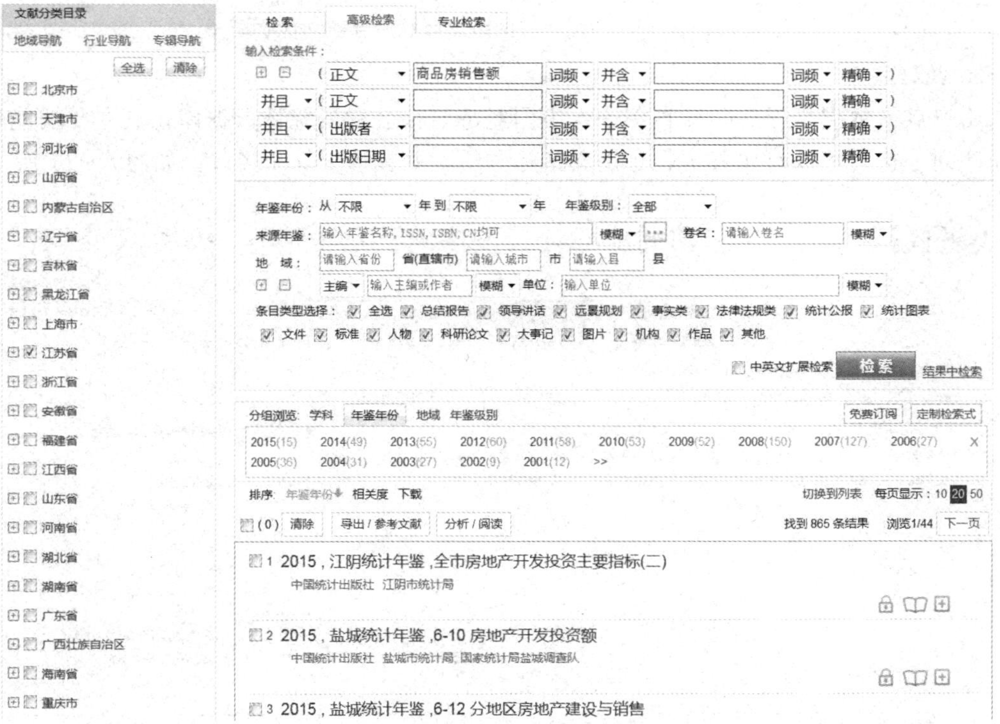

图 8-9　CNKI 中国年鉴网络出版总库高级检索结果页面图

航、出版者导航等（图 8－10）。例如，用户若查找苏州地区的统计年鉴，可在地方分类导航下选择“江苏省”，即可显示江苏地区的所有年鉴；翻页查找到“苏州统计年鉴”，点击后可看到自 1989 年到最近一年的各年年鉴；选择年份后，可阅读该年年鉴的所有内容。

图 8－10　CNKI 中国年鉴网络出版总库导航功能页面图

3. 数据指标

用户点击数据指标后，即直接进入中国经济与社会发展统计数据库，其主要功能包括时间序列分析、地区对比分析、自定义指标分析，并提供 Excel 接口，如图 8－11 所示。

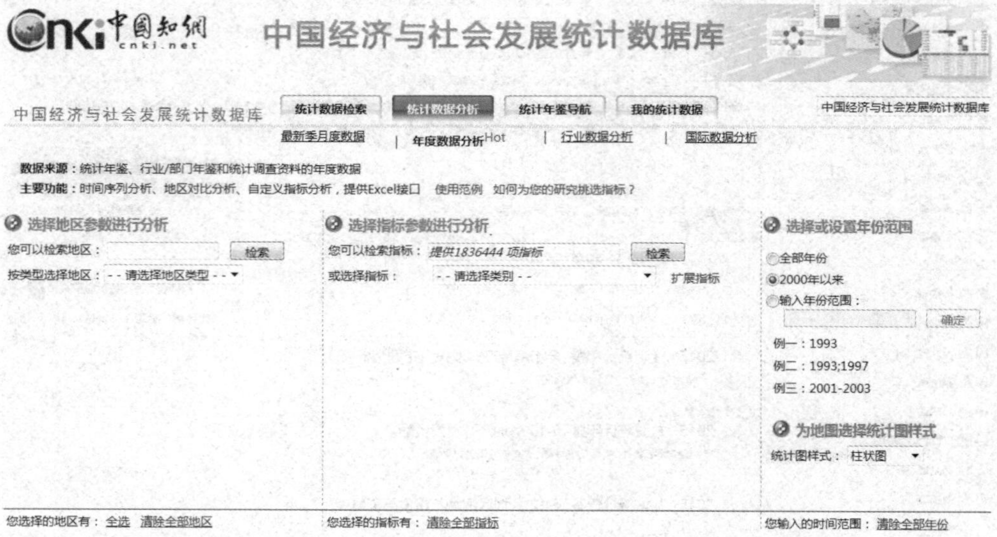

图 8－11　CNKI 中国年鉴网络出版总库数据指标页面图

第四节　百科全书的检索和利用

一、百科全书概述

百科全书是汇集和概述人类一切门类知识或某一门类知识的大型工具书。百科全书内容丰富、规模宏大、检索功能完备，具有帮助读者扩大视野、系统求知的作用，是人们在学习和工作中常用的、必备的工具书之一，堪称“工具书之王”“没有围墙的大学”。

（一）百科全书的特点

1. 概述性

百科全书是百科知识的总汇，它用最准确、最精练的语言，系统地概述了人类各个知识领域或某个知识领域的基本事实、基本概念和基本理论，提供了各种事物的基本知识、历史和现状。

2. 完备性

百科全书从内容到形式，集各类型工具书之大成。从内容上看，百科全书广泛收集各个知识领域的名词术语，包括人名、物名、地名、事件、国家民族、党派团体、学说理论等，且检索系统也最为完备。它利用大、中、小条目，概括性文章及丰富的插图，较好地满足了读者的查考、浏览和阅读需要；它提供功能强大的目录、索引等检索系统，利用再版、连续修订制和补卷制等，保证了知识信息的新颖性和连续性。

3. 权威性

百科全书的编纂情况，往往反映一个国家、一定时代的文化科学水平；或者说，百科全书是衡量一个国家文化科学水平的重要标志之一。百科全书的权威性体现在编者、撰稿人和出版者3个方面。编者要有学术声望，撰稿人必须有学术专长，出版者要有为人称道的出版史。已经出版的百科全书都有“编辑委员会”“编辑部”及“撰稿人”名单，条目也均有署名，从名单和署名中，即可看出百科全书的权威性。

（二）百科全书的类型

1. 按收录范围分

可分为综合性百科全书和专科专题性百科全书。前者如《中国大百科全书》《简明不列颠百科全书》等；后者如《社会科学百科全书》《中国企业管理百科全书》《中国农业百科全书》《中国医学百科全书》《中国旅游百科全书》《集邮百科全书》等。

2. 按地域范围分

可分为国际性百科全书和国家、区域性百科全书。前者如英、美、法、德等国有名的大百科全书，力图反映世界文化遗产和现代成就，具有国际性；后者侧重反映某一地域、某一国家、某一省的各种情况，如《亚洲百科全书》《加拿大百科全书》《北京百科全书》等。

3. 按读者对象分

可分为成人学术性百科全书、成人普及性百科全书和青少年通俗性百科全书。成人学术性百科全书，如《中国大百科全书》《社会科学百科全书》《科学技术百科全书》《世界经济百科全书》《中国医学百科全书》等；成人普及性百科全书，如《环华百科全书》《中华常识百科全书》等；青少年通俗性百科全书，如《少年百科全书》等。

二、重要的国内外百科全书

(一) 世界著名的“百科全书 ABC”

世界著名的“百科全书 ABC”为英语世界中最负盛名的 3 部百科全书的集合俗称，即《美国百科全书》《大英百科全书》及《科里尔百科全书》，也被称为“世界三大百科全书”。

1. 《美国百科全书》(*Encyclopedia Americana*，EA)

《美国百科全书》是“百科全书 ABC”中之 A，全书共 30 卷，是标准型的综合性百科全书。《美国百科全书》于 1829—1833 年问世，初版 13 卷，是美国出版的第一部大型综合性百科全书。该书采取两种更新内容的方法：其一是对动态性资料，如选举结果和重大政治变动，采用连续修订制；其二是对于一般性的资料在一定时期内逐卷全面修订，改写或删除旧条目，及时增加新条目。全书条目按字顺编排，主要读者从普通成年人至高级知识分子。

《美国百科全书》在选收内容上的特点是：虽称“国际版”，但内容仍不免偏重美国和加拿大的历史、人物和地理资料；人物条目和科技内容条目篇幅较大；历史分世纪设条，给读者以全世界政治、社会和文化的世纪总览，提供完整的历史背景情况。全书文笔清新流畅、通俗易懂，能满足各类读者的需求；书中既有小论题的短文，也有内容综合、有深度的长文；条目覆盖面宽，包括科学技术、医学保健、政治环境、种群起源及传记等方面的内容，并有插图及地图等。

2. 《大英百科全书》(*Encyclopedia Britannica*，EB)

《大英百科全书》又称《不列颠百科全书》，是“百科全书 ABC”中之 B，1771 年在苏格兰爱丁堡出版，共 3 卷；之后不断修订，1941 年版权归美国芝加哥大学所有，现由总部设在芝加哥的不列颠百科全书公司出版。《大英百科全书》为公认的最具权威性的大型综合性百科全书，其传统内容侧重人文学科，科技方面仅占全书篇幅的 40%；书中某些资料需要读者具备大学以上水平才能阅读。1985 年，中国大百科全书出版社和美国不列颠百科全书公司合作，编译出版了该书中文版《简明不列颠百科全书》。书中条目除中国部分外，主要是根据最新英文版的《不列颠百科全书》的《百科简编》编译而成。1999 年，中国大百科全书出版社出版了 20 卷本的《不列颠百科全书》(国际中文版)。

3. 《科里尔百科全书》(*Collier's Encyclopedia*)

《科里尔百科全书》是“百科全书 ABC”中之 C，共 24 卷，是 20 世纪新编的大型英语综合性百科全书，由美国科里尔出版公司于 1949 年创编，现出版者为美国纽约麦克米伦教育公司。《科里尔百科全书》的一个显著特点是对书目的处理不同于其他百科全书，所有 1.25 万种参考书目被集中在最后一卷中，按主题排列，每个主题下再按文献深浅和难易顺序排列，并提供大量“参见”。有的书目之后还有简单的介绍，以利读者选择。《科里尔百科全书》的这一处理方法，作用有两个：第一，方便查找；第二，有助于自学。先前，当一个使用者希望对某一学科或大主题有总体了解或研究时，他不得不查阅分散在各卷有关条目后的书目；而如果集中编排，不仅方便使用者查阅，避免重复，且逻辑性强，图书相互间的关系亦较明显。

（二）中国大百科全书

《中国大百科全书》是我国第一部大型综合性百科全书，也是世界上规模较大的几部百科全书之一。1978 年，国务院决定编辑出版《中国大百科全书》，并成立中国大百科全书出版社。中国大百科全书总编辑委员会和中国大百科全书出版社先后组织了 2 万余名专家学者，取精用宏，历时十五载，终于编纂完成这部皇皇巨制。

《中国大百科全书》由胡乔木任总编辑委员会主任，姜椿芳、梅益先后任总编辑，1993 年 8 月出齐。1994 年，该书获第一届国家图书奖荣誉奖。《中国大百科全书》按学科或知识门类分 74 卷出版，内容包括哲学、社会科学、文学艺术、文化教育、自然科学、工程技术等 66 个学科和领域，共收 77859 个条目，计 12568 万字，并附有适量的随文黑白图、线条图和彩色插页，全面、系统、概括地介绍各类科学知识和基本事实。全书各学科分卷的条目按汉语拼音顺序排列。在正文条目前一般有一篇介绍该学科分卷内容的概括性文章，并附有反映该学科体系的条目分类目录。在正文条目后有对该学科发展有重大影响的事件的介绍，以及大事年表和供查检的条目汉字笔画索引、条目外文索引、内容索引等。卷内条目有完备的参见系统，部分条目附有参考书目。

2009—2010 年，《中国大百科全书（第 2 版）》出版，共 32 卷、6000 万字，由 3 万多位学术精英历时 14 年编成。第 2 版改变了第 1 版按学科分类分卷出版的做法，而是按汉语拼音排序。这种改变一方面固然是为了接轨国际上的通例，更重要的是可以减少条目在不同分类中的重复。

三、百科全书检索网站举要

（一）大英百科全书网站

1994 年，美国不列颠百科全书公司（Encyclopedia Britannica Inc.）正式发布“大英百科全书网络版”（Encyclopedia Britannica Online）。EB Online 网站（https：//academic.eb.com）不仅是《大英百科全书》网络版，而且是由不列颠百科衍生出来的一个百科全书式的知识型入口网站，其目标是建设成为“网络世界百科全书”，目前包含了所有不列颠百科全书公司出版的参考工具书，具体包括：《大英百科全书》完整版；《大英百科全书》学生版、初级版及简明版；《韦氏大词典》及英语同义词字典；超过 215 个国家和地区的交互式世界地图全集，同时链接地图、国旗及各国统计资料；《大英百科全书》精选年度参考书；相关参考网络资源，有超过 20 万个的优秀网站链接，这些资源是由 EB 作者群精心挑选出来的；不列颠百科独家收录的特殊主题深度介绍，如大英史迹全集（Britannica's Heritage）、恐龙大发现（Discovering Dinosaurs）、美国历任总统名录（The American Presidential Election）、莎士比亚（Shakespeare）等；大事纪年表（Timelines），主题涵盖建筑、科技、生态、艺术等；收录超过 12.4 万篇文章、2.3 万篇传记。

大英百科全书网站的首页（图 8 - 12），分为检索区和研究工具区。检索区提供快速检索和高级检索两种检索途径，并提供分类浏览功能。例如，用户要检索埃及胡夫金字塔相关的资料，可输入“Pyramid of Khufu”，点击“Go”进行检索；检索结果分别列出大英百科全书中检索到的词条，以及相关的图片、视频等多媒体信息（图 8－13）；选择某个词条后，进入词条的详细描述页，可阅读对该词条的详细解释。

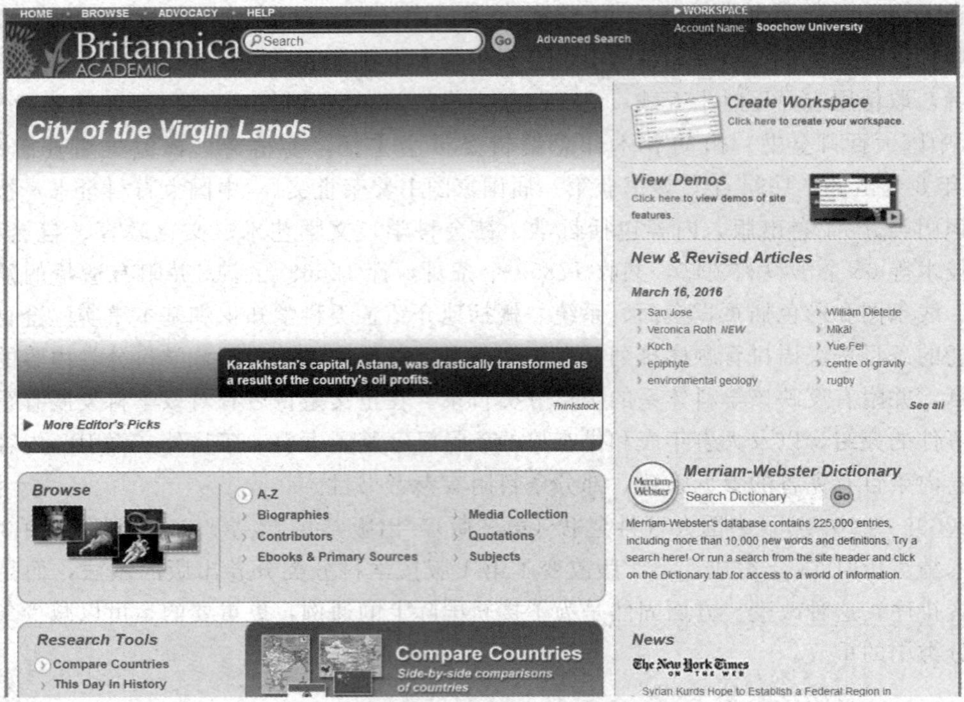

图 8－12　EB Online 首页界面图

图 8－13　EB Online 检索结果页面图

大英百科全书网站还提供一个以 EB 为主要资源的综合性资源检索网站，主页如图 8－14所示（http：//www. britannica. com）。用户可以通过下拉菜单选择检索范围，然后输入关键词完成检索。网站实现了 Merriam-Webster 的在线词典（Online Dictionary）及在线词库（Online Thesaurus）检索，在其他页面上可以双击一个单词来看词典和词表中的条目。除了通过搜索引擎检索外，该网站还提供了字顺（A－Z Browse）、世界地图（World Atlas）、年表（Timelines）、主题（Subject Browse）、年度评论（Year in Review Browse）等多种浏览方式。

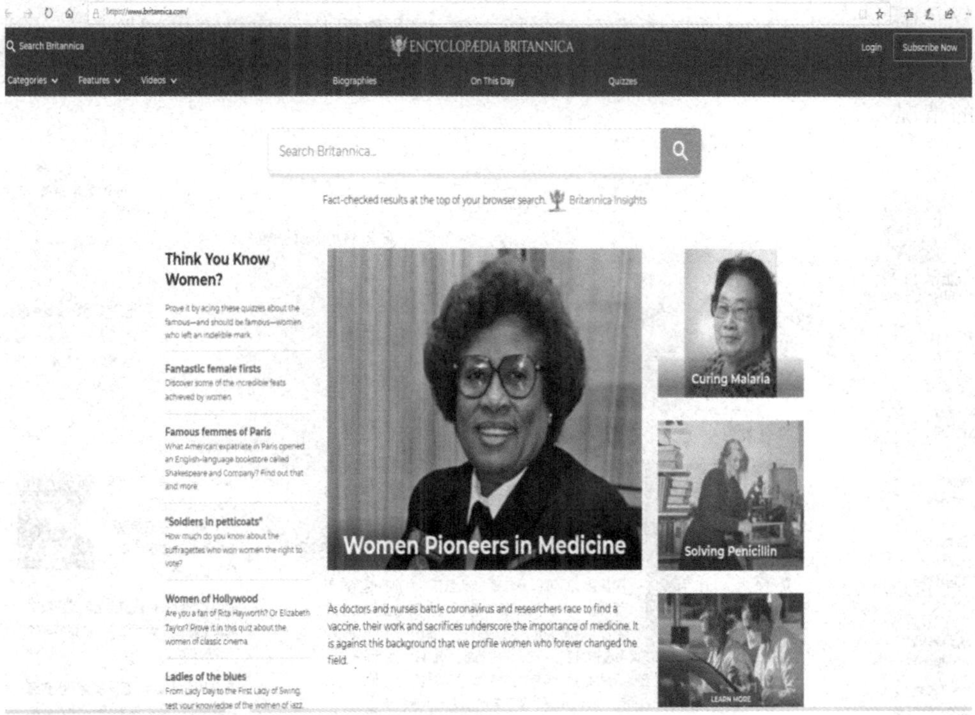

图 8－14　EB 综合性资源检索网站页面图

（二）维基百科

维基百科（Wikipedia）是一个内容自由、任何人都能参与的、基于 Wiki 技术的全球性多语言百科全书协作计划，同时也是一部用不同语言写成的网络百科全书，其目标及宗旨是为全人类提供自由的百科全书，即用各人所选择的语言来书写而成的，一个动态的、可自由访问和编辑的全球知识体。

维基百科全书于 2001 年 1 月 15 日正式成立，由维基媒体基金会负责维持。截至 2016 年 1 月，维基百科条目数最多的英文维基百科已有 300 万条，而全球所有 271 种语言的独立运作版本共突破 1400 万条，总登记用户已超过 2000 万人，而总编辑次数更超过 7 亿次，其中条目数排在前 15 名的维基百科共占总条目数的 71%，大部分页面都可以由任何人使用浏览器进行阅览和修改。英文维基百科的普及也促成了其他计划，例如维基新闻、维基教科书等计划的产生，虽然也造成对这些所有人都可以编辑的内容准确性的争议，但如果所列出的资料来源可以被审查及确认，则其内容会受到一定的肯定。

中文维基百科于2002年10月24日正式成立，截至2016年1月，中文维基百科已拥有86.9万多条条目，此外尚有其他汉语系语言维基百科，包括闽南语维基百科、粤语维基百科、文言文维基百科、吴语维基百科、闽东语维基百科、赣语维基百科及客家语维基百科等，皆是众多不同语言维基百科的成员之一。

进入维基百科中文网站（图8－15），用户可以在左上边的搜索输入框中输入要检索的词条，如输入“长城”，点击“搜索”，则检索到所有包含“长城”的词条；点击其中某一词条，则进入该词条的内容描述页，包括文字说明和图片。用户可以浏览词条的描述内容，可以对该词条的内容进行讨论，或对其进行编辑，还可以浏览该词条的释义历次修改变迁的情况。

图8－15　维基百科中文网站页面图

（三）Access Science

Access Science是一部在线科技百科全书（图8－16），它是以全球知名的出版品牌《麦克劳-希尔科技大百科全书》（*McGraw-Hill Encyclopedia of Science and Technology*）和《麦克劳-希尔科技年鉴》（*McGraw-Hill Yearbook of Science and Technology*）为基础发展而来的，以方便快捷的检索功能，为科研工作者和图书馆用户提供权威的、第一手的科学和技术领域信息。Access Science的编辑团队由9000多位科学家和工程师组成，其中包括40位诺贝尔奖得主，以及其他知名科学奖项，如Franklin Institute Awards的获得者等。

Access Science（http：//accessscience.com）涵盖了近万篇《麦格劳-希尔科技大百科全书》精选的经典科技文章。此外，Access Science 的内容还包括：（1）当代最知名的 3000 位科学家的人物传记；（2）超过 1.8 万个重点领域的多媒体资料，可通过 IOS 设备在线观看；（3）设立教师中心，提供给教师丰富的课程内容，可供教师设置课程，或者直接在课上展示、使用。

Access Science 数据库的主要特点及功能有：（1）可以通过移动终端访问，不受时间、地点和 IP 限制；（2）提供智能化检索，拥有强大且便捷的搜索引擎，能在最短的时间内为用户提供包括文章、新闻、词汇释义、多媒体资料、图片、表格、文件检索、人物传记等在内的多种查询结果；（3）提供在线分享和交流服务，用户在使用过程中可随时标记、发表、分享所阅读的内容，并可将其分享到 Facebook、Twitter 等网络社交媒体中去；（4）个性化设置 My Access Science，可随时保存搜索结果，收藏个人所需要的内容。

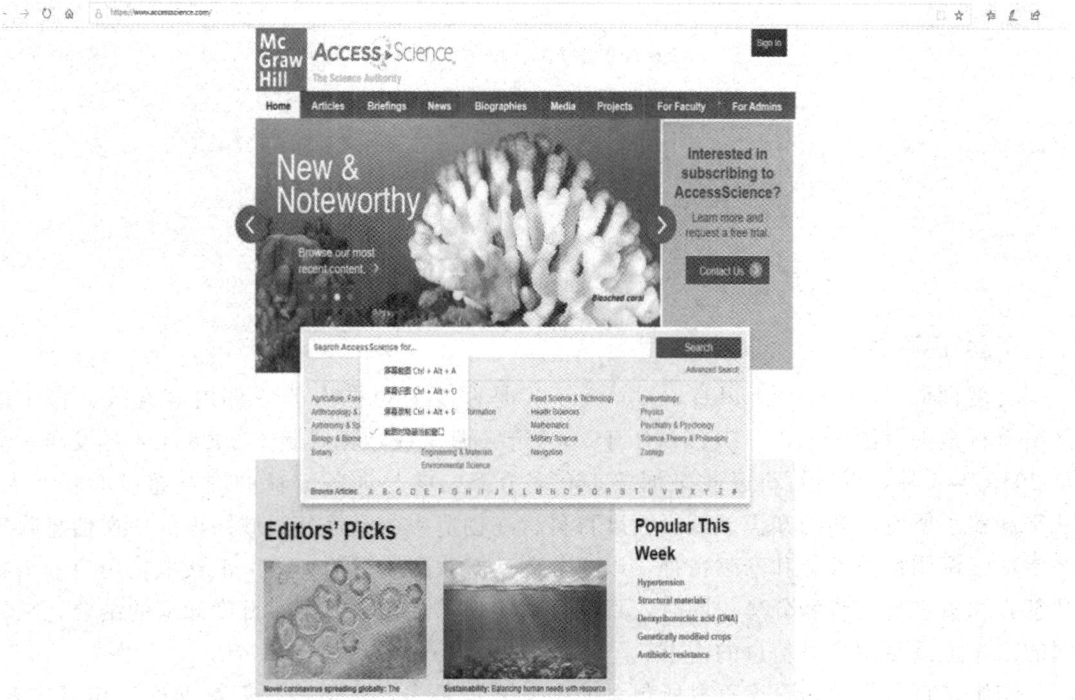

图 8 - 16　Access Science 主页图

（四）中国大百科在线系统

中国大百科在线系统是一个向在线用户提供内容搜索的系统，读者可以通过中国大百科在线系统搜索读者订购的知识库的内容。知识库门类齐全、内容丰富，读者可以通过该系统了解丰富的百科知识。网络版百科全书有多个平台，图 8 - 17 所示为基于 CNKI 的检索平台，该系统向读者提供百科全书在线专业搜索服务，服务对象为机构用户和个人用户。用户选择需要的知识库后，可直接在输入框中输入关键词进行检索。

图 8－17 中国大百科全书首页图

（五）百度百科

百度百科（https：//baike. baidu. com/）是百度公司推出的一部内容开放、自由的网络百科全书（图 8－18），其测试版于 2006 年 4 月上线，正式版于 2008 年 4 月发布，截至 2019 年 8 月，百度百科已收录词条 160 多万条，参与词条编辑的网友超过 680 万人，几乎涵盖了所有已知的知识领域。百度百科旨在创造一个涵盖各领域知识的中文信息收集平台，强调用户的参与和奉献精神，以充分调动互联网用户的力量，汇聚上亿用户的头脑智慧，积极进行交流和分享。同时，百度百科实现了与百度搜索、百度知道的结合，从不同的层次上满足用户对信息的需求。

与维基百科相比，百度百科所包含的中文知识最多，也最广，但是准确性相对较差。百度百科的功能包括基础功能和特色功能。基础功能包括词条页和编辑页，词条页主要由百科名片、正文内容和一些辅助的信息组成；编辑页允许用户对内容进行增删改等操作，也可以添加代码模块、公式模块、参演电视剧等特殊模块，还可以对一些内容添加内链。特色功能则包括博物馆计划、秒懂百科、艺术百科、城市百科、明星百科、二战百科、科学百科、非遗百科、高校百科、法院百科、百科史记等。百度百科作为知识平台，突破了传统的百科功能，不仅集聚了严谨、丰富的文字内容，对于图片的表现形式也颇为多样化，同时它还有望串联起包括社交网站、视频网站、新闻资讯、相关产品等在内的网络信息，以实现信息价值最大化。

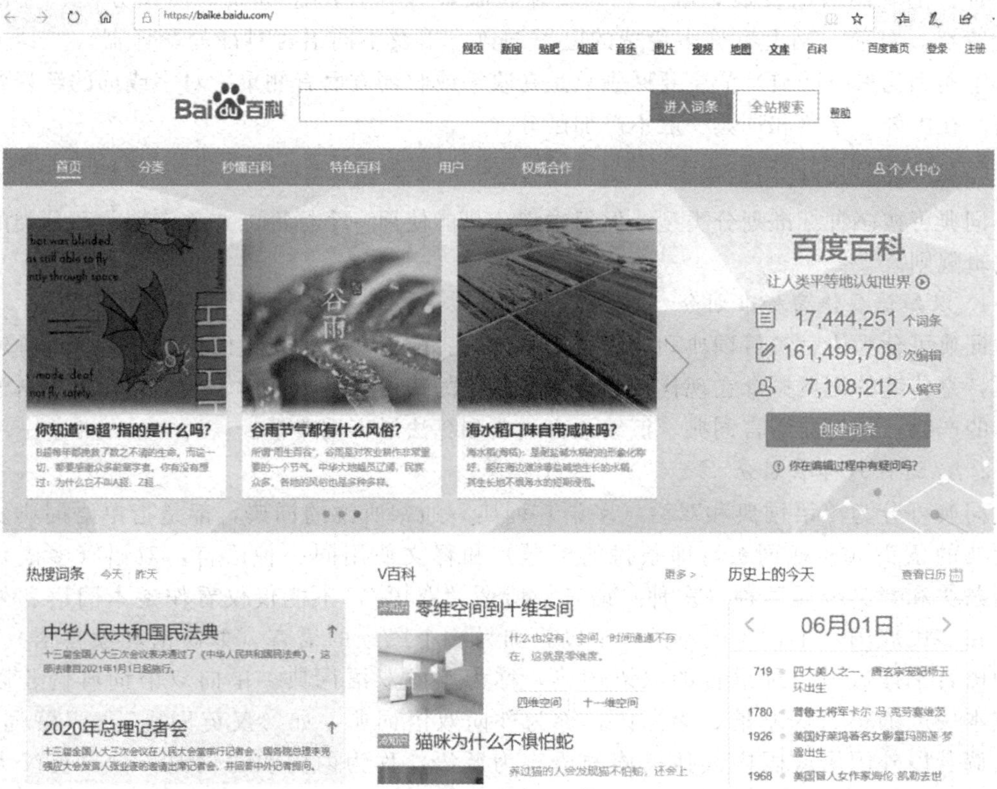

图 8－18 百度百科页面图

第五节 字、词典（辞典）的检索和利用

一、字、词典（辞典）概述

（一）字、词典（辞典）的定义

字典是单字的汇集，主要解释其书写方法、读音、含义及其用法，并按一定方式编排，以备检索的工具书。

词典（辞典）是词语的汇集，主要解释其发音、概念、意义和用法，并按一定方式编排，以备检索的工具书。《现代汉语词典》解释词典为收集词汇加以解释，并供人查阅参考的工具书，也作辞典。因此，词典（辞典）是根据一定的编撰目的汇集词语并加以处理，通常按字顺排列，编排成供人们查找的工具书。它一般提供词语的拼写、读音、含义、用法及音节划分等，有的还提供派生词、词源、同义反义词、缩略语、方言俚语等相关知识。在各种工具书中，词典（辞典）的出版量最大，也是种类最多的一种。随着网络的发展，电子词典日益普及，其具有信息量大、使用方便、查检迅速的特点。目前，网上有许多免费的电子词典，以及不同语言对译的翻译器。

字典和词典（辞典）的主要区别只是在收字或收词方面有侧重，对字或词的解释各有详略。在国外，字典和词典一般不严加区分。

（二）词典（辞典）的类型

词典可按多种标准划分类型，但每次划分只能使用一个标准，并遵守划分和分类的其他逻辑规则。

1. 以知识载体为标准划分

词典可分为语言符号词典和非语言符号词典。前者即通常所说的词典；后者亦称特种词典，是传统的词典概念在现代科学技术条件下的拓展，是语言学、数学和计算机科学相结合的产物，如机器语言词典、汇编语言词典和算法语言词典等。

2. 以语种为标准划分

词典可分为单语词典和双语（多语）词典。通常所说的词典，都是指单语词典。单语词典的条头（亦称词头，即条目的标题）和释文使用同一种语言，双语（多语）词典的条头和释文分属两种（多种）语言。所谓“双语”，不能仅仅看作是本国语和外国语，在多民族国家中，还应包括一个民族和另一个民族的语言（如汉语和蒙古语）。从一种语言翻译成另一种语言的双语词典，称为单向双语词典。单向双语词典倘若以本国或本民族的语言为基准、为源语，称为外向双语词典，如《汉英词典》《汉蒙词典》等；倘若以外国语或国内其他民族的语言为源语，称为内向双语词典，如《英汉大词典》《俄汉大辞典》等；外向和内向合在一起的，称为双向双语词典，如《英法、法英词典》。

3. 以性质为标准划分

词典可分为三大基本类型：语文词典、专科词典和综合性词典。

语文词典亦称语词词典，主要是以普通词语为收录对象的词典，也有学者主张称作语言词典，但易与专门收录古今中外各种语言和文字的专科词典（如《语言与语言学辞典》）相混淆。在古今中外包罗无遗的要求下，以其收录对象和注释方法为标准，单语语文词典可分为5类：（1）字典，如《汉语大字典》《新华字典》等；（2）详解语文词典，主要有《汉语大词典》《牛津英语词典》《韦氏第三版新国际英语词典》《法语宝库》《格林兄弟德语大词典》《现代俄罗斯标准语词典》等；（3）特种语文词典，如同义词词典、反义词词典、虚词词典、外来词词典、派生词词典、成语词典、典故词典、俚语词典、俗语词典、谚语词典、格言词典、方言词典等；（4）辞藻典故词典，如《佩文韵府》《骈字类编》等；（5）韵书，如《切韵》《广韵》《集韵》《平水韵》《中原音韵》《洪武正韵》等。

专科词典在国外，往往被称为百科词典、专门术语词典、术语词典、科学技术词典、“百科词典中的专门词典”等，却无专科词典这一称谓。专科词典之名得以确立、广泛流传，并与语文词典和综合性词典共同构成词典的3大基本类型，可以说是中华人民共和国成立后中国辞书工作者的创举。专科词典的英文名称，根据联合国教科文组织1976年出版的《文献与情报工作词典》，可以确定为Special Dictionary。按照性质，单语专科词典可分为6类：（1）学科词典，如《哲学大辞典》《经济大辞典》《中国历史大辞典》等；（2）术语词典，如《文学艺术新术语词典》《当代新术语》等；（3）专名词典，如《新世纪专有名词百科辞典》《世界政党辞典》《世界议会辞典》等；（4）人名词典，如《中华民国人物传记辞典》《中国古今姓氏辞典》《英美人绰号词典》，以及英国的《国际年鉴和政治家人名录》等；（5）地名词典，如《中华人民共和国地名词典》《世界地名词典》等；（6）书名词典，如《名著概要大全》、英国的《简明牛津歌剧辞典》等。

综合性词典，国外对其的名称很不统一，分别有“混合型词典”（法文为Dictionnaire Mixte）、“百科全书兼语文词典”（英文为Encyclopedia Dictionary）、百科词典等。将这种性质的词典统一命名为综合性词典，并对它进行了比较深入的研究，是中国辞书工作者于20世纪50年代末修订1936年版《辞海》的过程中创造的。综合性词典，除可按照所收语词条目和百科条目的比例，分为侧重于语词的综合性词典和侧重于百科的综合性词典外，又可按编排方式，分为合编型和分编型两种。前者将语词条目和百科条目混合编排在一起，如《辞海》《辞源》以及法国的《拉鲁斯大百科辞典》。后者将语词条目和百科条目分成两大部分编排，合为一册，如法国的《小拉鲁斯》；或将两大部分单独出版，如法国的《小罗贝尔辞典》分印两册：《小罗贝尔辞典Ⅰ——法语字顺类比辞典》和《小罗贝尔辞典Ⅱ——通用专有名词辞典》。

二、CNKI中国工具书网络出版总库

CNKI中国工具书网络出版总库简称“知网工具书库”，或者“CNKI工具书库”。知网工具书库由清华大学主管、中国学术期刊（光盘版）电子杂志社网络出版、同方知网（北京）技术有限公司研制发行，是中国知识资源总库的重要组成部分。

知网工具书库集成了近200家知名出版社的3000余部工具书，类型包括语文词典、双语词典、专科辞典、百科全书、图录、表谱、传记、语录、手册等，约1500万个条目、70万张图片，所有条目均由专业人士撰写，内容涵盖哲学、文学艺术、社会科学、文化教育、自然科学、工程技术、医学等各领域。

知网工具书库是传统工具书的数字化集成整合，按学科分10大专辑168个专题，不但保留了纸本工具书的科学性、权威性和内容特色，而且配置了强大的全文检索系统，大大突破了传统工具书在检索方面的局限性；同时，通过超文本技术建立了知识之间的链接和相关条目之间的跳转阅读，使读者在一个平台上能够非常方便地获取分散在不同工具书里的、具有相关性的知识信息。

知网工具书库除了实现库内知识条目之间的关联外，每一个条目后面还链接有相关的学术期刊文献、博硕士学位论文、会议论文、报纸、年鉴、专利、知识元等，以帮助人们了解学术界最新进展；数据每月更新，只要所收录书目有新版本出现，书库内容都将得到相应更新，同时每月都有新的工具书加入。

知网工具书库检索首页如图8－19所示，利用知网工具书库可以查字词、词组、句子。例如，要查“钺”字的释义，用户在输入框内输入“钺”后点击“检索”，即可得在各字典、词典中的检索结果（图8－20）。

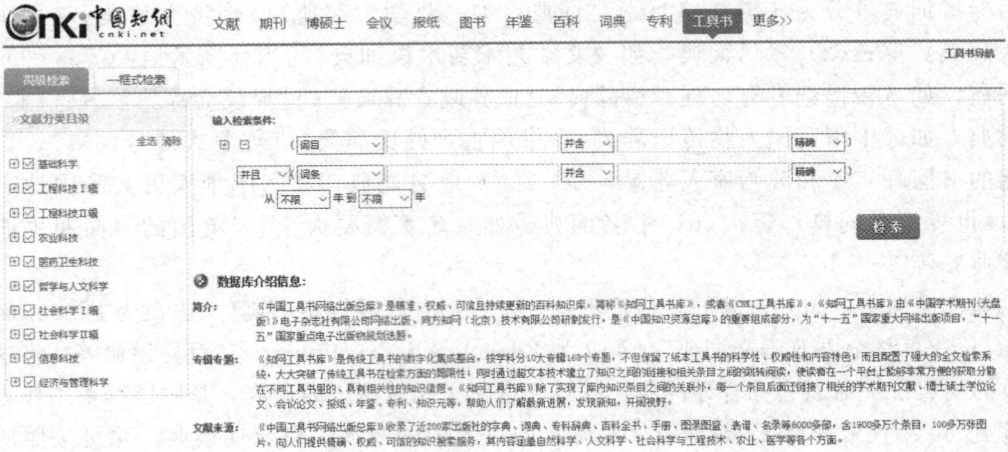

图 8-19 知网工具书库检索首页图

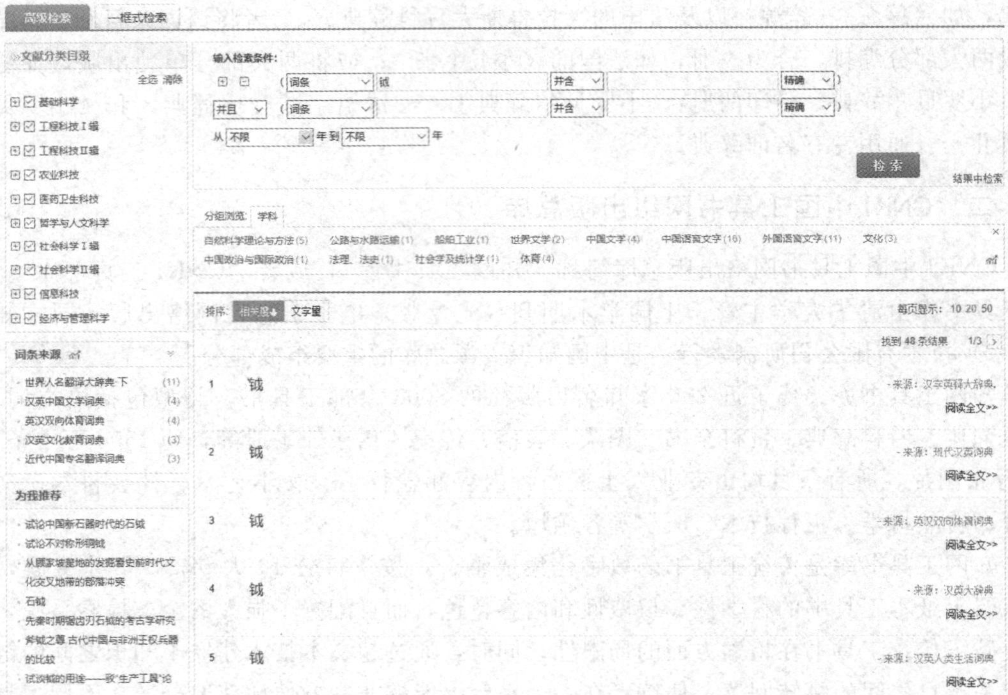

图 8-20 知网工具书库检索结果页面图

三、字、词典类检索网站举要

(一) Oxford English Dictionary (OED)

OED 是《牛津英语词典》的网络版(http://www.oed.com)。《牛津英语词典》于1884—1928 年初版,是一部收录自 1150 年以来的各类词汇 40 多万条和 180 多万条例证的巨型词典,目的在于通过词的定义与例证来追溯英语发展的历史。1989 年出版了第 2

版，1991 年出版了光盘版，2000 年网络版面世。这部大词典成为目前网上规模最大、最权威的参考书籍之一。网络版支持选择词条显示内容（语音、拼写、语源、引语），可以用布尔逻辑关系和通配符等进行检索，可以由词义检索词语，可以检索外来语、引语或演讲中的词语，还提供了与 OED 第 2 版的对照。OED 网站主页，如图 8－21 所示。

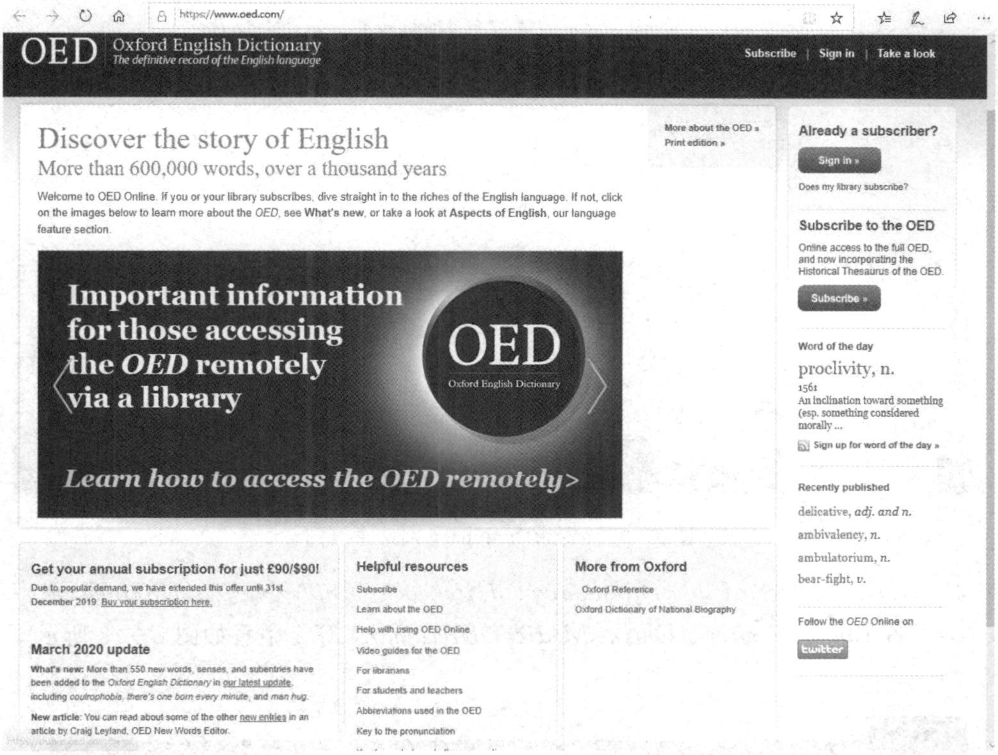

图 8－21　OED 主页图

（二）YourDictionary.com

YourDictionary.com 是一站式网上语言资源门户网站（http：//www.yourdictionary.com），其前身是 Web of Online Dictionaries，最初于 1995 年建成，提供了互联网上最全面、最权威的语言工具以及与语言相关的产品和服务。该网站收录有超过 300 种语言的 2500 种词典、词汇表和术语等，每月点击率超过 100 万人次。除了一般词典的查询功能外，网站还提供构词、语法学习、口语和书写练习等。此外，该网站还有提问、在线书店、讨论论坛、在线翻译、每日一词、邮件列表等功能，其主页如图 8－22 所示。

（三）Dictionary.com

Dictionary.com 是 Lexico Publishing Group，LLC 提供的多种语言的网上免费字典及多种语言互译的翻译器网站（http：//www.dictionary.com），有普通词典数据库 Dictionary.com 和同义词反义词数据库 Thesaurus.com，其收录的字典有 *The American Heritage ® Dictionary of the English Language*、*Webster's Revised Unabridged Dictionary*、*WordNet*、*The Free Online Dictionary of Computing*、*Jargon File*、*CIA World*

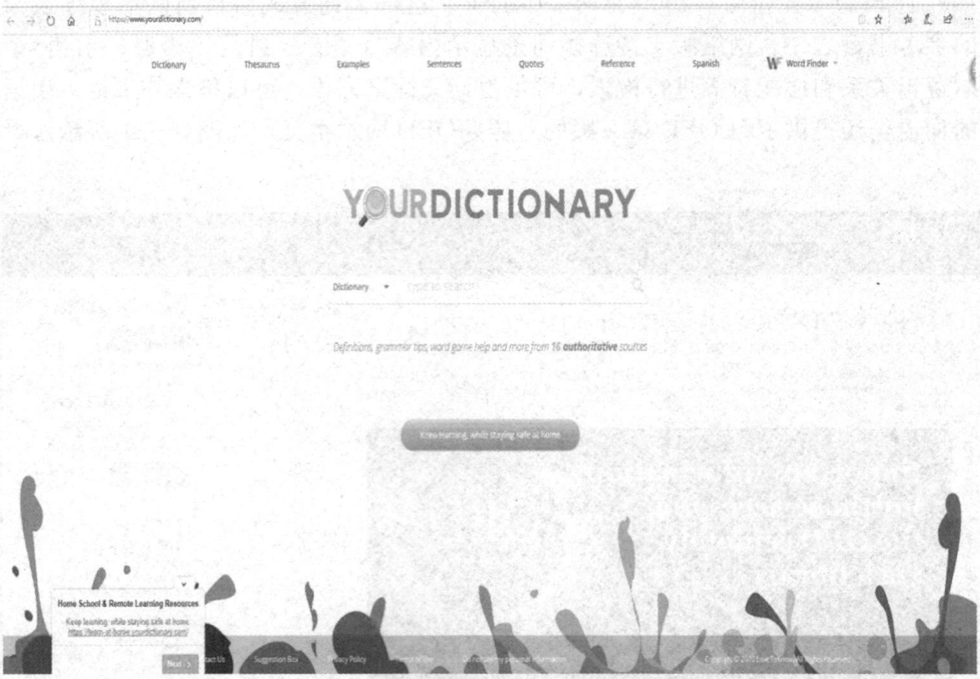

图 8 - 22　YourDictionary 网站主页图

Factbook、*Easton's* 1897 *Bible Dictionary*、*Hitchcock's Bible Names Dictionary*、*U. S. Gazetteer*、*Acronym Finder*、*Online Medical Dictionary* 等。主页如图 8 - 23 所示。

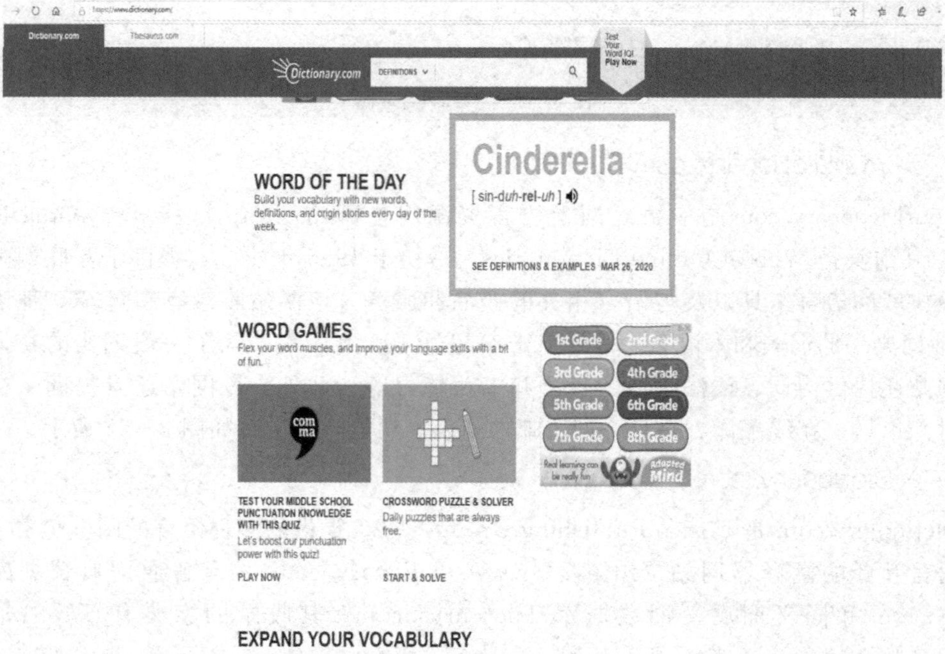

图 8 - 23　Dictionary 网站主页图

（四）One Look Dictionary Search

One Look Dictionary Search 是一个提供免费查询的线上字典搜索引擎（http：//www. onelook. com），目前它的资料库已经累积超过了 1000 种线上字典，词汇内容极其丰富。它提供两种检索方法：一是可支持检索词通配符扩检功能的直接检索方式；二是目录导航方式，提供可浏览的词典分类目录。该搜索引擎支持多个语种，包括汉语、英语、法语、德语、意大利语和西班牙语等。

（五）在线汉语字典

在线汉语字典（http：//xh. 5156edu. com/）现已收录 2 万多个汉字、52 万多个词语。网站提供和印刷版《新华字典》相似的检索途径，除输入检索词进行检索的功能外，还提供了部首索引和拼音索引。用户检索时在网站首页的搜索框内输入检索条件，点击检索，可得到检索结果。检索结果中除了对字进行解释外，还提供了该字的拼音、读音、笔画、部首、五笔输入法、注解、出处、相关词语、相关成语等详细内容（图 8－24）。网站所有功能均免费。

图 8－24　在线汉语字典检索结果页面图

（六）中华在线词典

中华在线词典（http：//www.ourdict.cn/）于 2005 年 5 月发布，深受大量网友的喜爱。目前共收录了 12 部词典中的汉字 15702 个，词语 36 万个（常用词语 28770 个），成语 31922 个，近义词 4322 个，反义词 7691 个，歇后语 14000 条，谜语 28071 条，名言警句 19424 条。检索方法除可直接输入关键词进行检索外，还可通过拼音索引、部首索引、笔画索引进行检索。中华在线词典所有功能均免费。

（七）金山词霸在线词典

金山词霸在线词典（即爱词霸）是我国金山公司推出的专业搜索网站（http：//www.iciba.com/），提供全方位的外语学习环境，致力于建成中国第一英语学习社区、中外交流社区和及时反馈英语相关问题社区。目前，爱词霸主要为广大用户提供在线翻译、在线词典、英语口语、英语学习资料及金山词霸下载等在线英语服务；并且金山公司推出的搜索，以各行业的知识库为基础，给出的搜索结果并非海量的网页链接，而是所查内容的相关解释或解答。目前，金山词霸的“查词”服务涵盖了《牛津英语词典》《柯林斯高阶词典》等 55 本词典的权威解释，用户可以根据自己的专业需要进行词典的选择和排序；“翻译”服务支持汉语、英语、法语、德语、西班牙语、日语、韩语等 7 种语言互译。金山词霸主页如图 8－25 所示。

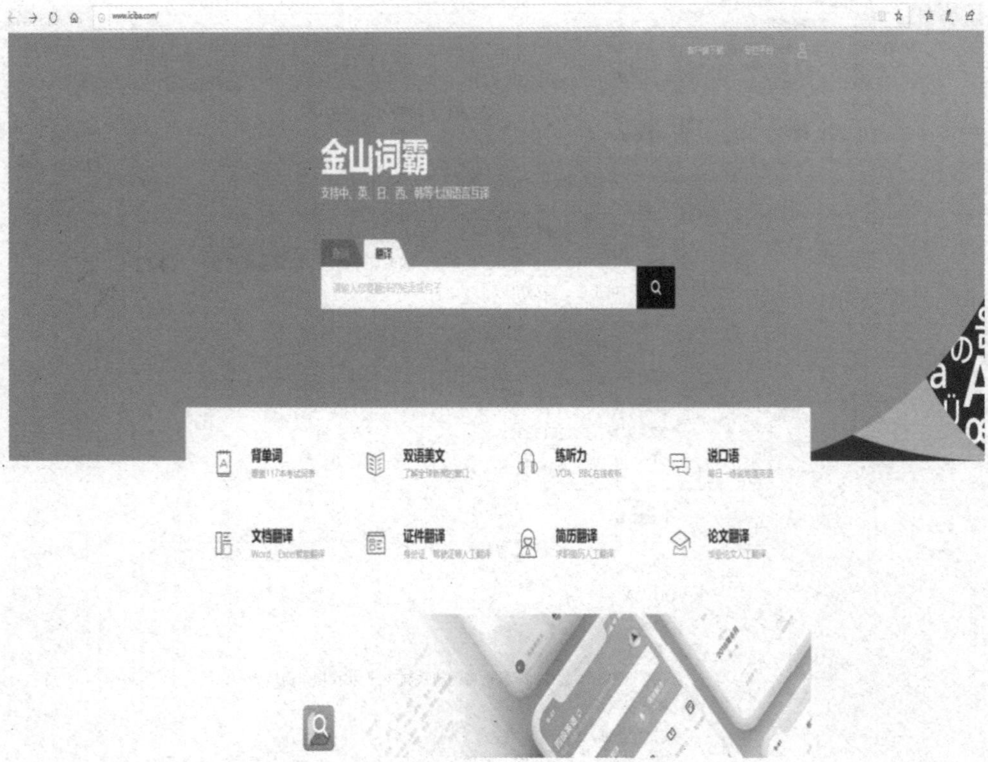

图 8－25　金山词霸在线词典主页图

（八）百度词典

百度词典（http：//dict. baidu. com/）支持英汉词典、汉英词典、汉语字典、汉语词典、汉语成语词典等搜索功能，以及中英文自动翻译功能。百度词典的使用很简单，无论是要查询英文的汉语解释，还是要查询汉语的英文解释，或是查询汉语单字、词语、成语解释，均只需在一个搜索框内直接输入检索词，按回车键或点“百度一下”按钮，即可得到想要查询的内容。若要进行在线翻译，只需在搜索框下方的翻译框中，输入需要翻译的中文或英文文本，并在翻译框下方的下拉列表中选择相应的翻译方式，再点击“百度翻译”按钮，即可获得与原文相对应的译文。

第九章　网络信息检索

随着信息技术的迅速发展，网络信息检索已经成为信息检索的发展方向和主流的检索方式。在前述几章的内容中已经对有关信息的网络检索有所涉及，本章主要介绍网络的基础知识，以及网络信息检索和多媒体信息检索。

第一节　网络信息基础知识

互联网（Internet）起源于美国国防部高级研究计划局 ARPA（Advanced Research Project Agency）于 1969 年开始的 ARPAnet 计划，目前是由多个商业公司负责运行的主干网互联组成，服务于繁忙的电子商务活动。互联网顺应了社会需求而得到迅猛发展，作为一种大众媒体，它的用户累积到 5000 万只用了短短 5 年时间，而报纸用了 200 多年、广播用了 40 年、电视用了 13 年、有线电视用了 10 年。互联网在中国的发展同样迅猛，由中国互联网络信息中心（CNNIC）发布的《第 45 次中国互联网络发展状况统计报告》显示，截至 2020 年 4 月，我国的互联网用户已达 9.04 亿。可以说，互联网的发展已从根本上改变了世界的面貌，推动了人类工作和生活方式的变革。

一、网络基础知识概述

互联网自 20 世纪 90 年代投入商用以来，已经成为推动当前世界经济发展和社会进步的重要信息基础设施。通过互联网，全世界的人们除了实现相互通信交流思想外，还可以进行资源共享，实现资源利用的最大化。

互联网本质上是计算机之间相互通信并交换信息的平台，这种通信过程的实现和人类之间的信息交流一样，必须具备一些条件。计算机之间的通信，首先需要使用一种双方都能接受的“语言”——通信协议；其次，计算机之间要知晓彼此的地址。通过通信协议和地址，计算机之间就能实现信息交流，从而形成计算机网络。

TCP/IP 通信协议将世界上不计其数的计算机及计算机网络连接起来，形成互联网。互联网是一个庞大的数据资源网，它集合了全世界各地区、各领域的信息资源，供全人类享用；互联网是一个全球性论坛，允许人们在其中进行信息交流、查询与获取，并上传和共享自己的资源。

互联网实现了计算机之间的数据通信、资料共享和协同工作，它是开放的，没有拥有者，世界上任何一台计算机都可以接入，并享有平等的地位，同时可拥有自己独立的操作系统；它没有专门的权力机构来管理，只有一个由互联网团体和个人自愿组成的协会

ISOC（Internet Society），该协会旨在从技术和应用等方面促进互联网的全球信息的共享和交换、合作及发展。个人和团体可以自由加入互联网，只要通过一个能提供联网服务的互联网服务供应商（Internet Service Provider，ISP），向它缴纳一定的服务管理费即可。

（一）WWW 的概念

WWW（World Wide Wed）也称 Web 或万维网，是一个基于超文本（Hypertext）方式的信息检索查询工具。WWW 由欧洲核子物理研究中心研制，为世界提供应用最广泛、功能最全、发展最快的服务。WWW 集互联网各种资源服务于一体，包括 Telnet、FTP、Email、News 等。

WWW 具有友好的人机交互界面，在网页上集成超文本和超媒体（Hypermedia）。超文本是包含有超链接的字符串，常用文字加下划线的形式表示。用户通过鼠标点击，可以实现超文本链接（Hyperlink），在不同文件、站点或服务器之间跳转，进行浏览和查询，访问整个网络。超媒体是多媒体信息文本和超文本链接的结合。

WWW 在互联网环境中实现分布式超文本检索体系，它制定了一套标准、易用的超文本标记语言 HTML（Hyper Text Markup Language）和超文本传输协议 HTTP（Hyper Text Transport Protocol）。其中，HTTP 就是用户浏览器和 WWW 服务器之间相互通信的协议。

（二）TCP/IP 协议

由于互联网由许多小网络构成，各个小网络内部使用不同的协议（正如不同的国家使用不同的语言），因此互联网的世界语——TCP/IP 协议（Transmission Control Protocol/Internet Protocol）应运而生。该协议既是一种网络体系结构，又是一种计算机公共语言和通信协议标准。

TCP/IP 协议为互联网的每种应用都定义了端口号码，如 HTTP 为 80、电子邮件 SMPT 为 25、Telnet 为 23、FTP 为 21。IP 协议建立了虚拟网络，定义了数据包分组格式，并分配给每台计算机唯一的数字地址。TCP 协议帮助 IP 协议实现可靠的数据传输。

互联网上所有数据传输均采用分组交换技术，TCP/IP 协议使信息报文和数据流以数据包（Datagram）的形式在网上传输，数据包将传输的信息拆分成一个个信息包，每个数据包都有目的地址，当各数据包通过不同的路径到达目的地时，再重新排序恢复成原来的信息报文。

TCP/IP 协议分为 4 层：（1）应用层（Application Layer），这是最高层，负责提供诸如 HTTP、FTP、Telnet 等应用服务。用户访问时调用网络的应用服务，并与传输层协议相配合，接收或发送数据。（2）传输层（Transport Layer），负责计算机端到端应用程序之间的通信，该层有发送确认和错误重发功能，由 TCP 来实现纠错检查和处理，以确保数据传输的准确和可靠。（3）互联网络层（Internet Layer），在相互独立的局域网上建立互联网络，负责处理计算机之间的通信。它按照路由选择法确定，将报文传递、转发给网络接口，或在本地处理。该功能是由 IP 协议来实现的。（4）网络接口层（Network Interface Layer），负责接收 IP 数据包，并将它们发送到指定网络地点。为了实现网络环境下计算机之间的可靠通信，网络中的任何一台计算机都必须有一个唯一地址。互联网定义了两种方式来标识网络上的计算机地址，它们分别是IP地址和域名系统（DNS）。

（三）IP地址

网际协议地址（即IP地址）是为标识互联网上主机位置而设置的。一般的IP地址（IPv4）由4组数字组成，每组数字介于0～255之间，字节间用点号分隔，如166.111.120.13，但不能为259.360.2.48。下一代IP协议IPv6在IPv4基础上扩大了2的96次方倍地址空间，地址长度为128位，但通常写作8组，每组为4个十六进制数的形式，例如，FE80：0000：0000：0000：AAAA：0000：00C2：0002就是一个合法的IPv6地址。

IP地址又分作高位和低位两部分：网络号（Netid）和主机号（Hostid）。前者标识网络地址，后者标识网络上的一台主机地址。对于大小不同的网络分别有A、B、C类地址。A类地址的第一个字段为网络编号，B类地址的第一、第二个字节为网络编号，C类地址的前三个字节为网络编号，地址的区分见表9-1。

表9-1 IP地址类型表

地址类型	网络类型	第一个字段的十进制数范围
A类	大型网络	1～127
B类	中型网络	128～191
C类	小型网络	192～233

另外，D类地址的第一个字节为224～239，是用于多点发送的群组地址，E类地址第一个字节为240～254，为扩充作备用。IP地址由网络信息中心（Network Information Center，NIC）分配，用户需要向它申请一个IP地址。局域网入网的主机一般都有IP地址，拨号入网的计算机没有固定的地址，只有在拨通时才被分配一个IP地址。

（四）域名系统

为了用户能方便地识别和记忆网络上成千上万台计算机的IP地址，互联网又采用域名系统（Domain Name System，DNS），它是使用分层的分布式数据库来处理互联网上的域名和IP地址之间的映射。域名系统有层次结构，按地理域或机构域进行分层，其树状结构如图9-1所示。

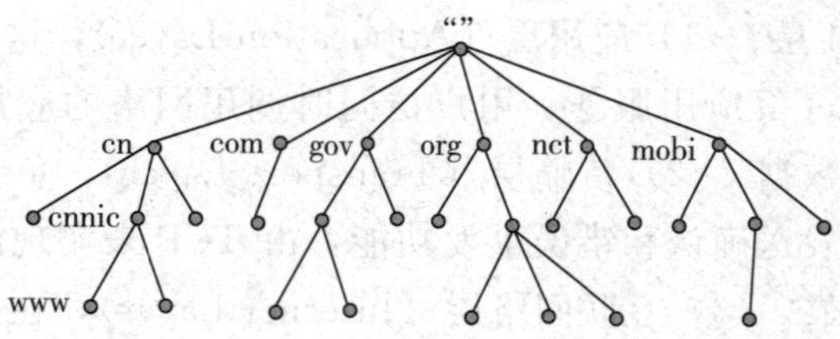

图9-1 DNS树状结构图

书写域名时每层之间由点号分开，从低到高分为若干段，其顺序为：计算机主机名，机构名，网络名，最高层域名。上例中IP地址166.111.120.13所对应的域名地址是：

opac. lib. tsinghua. edu. cn。

opac：计算机主机名，一般与该机器的用途相关，这里是检索联机公共书目。

lib：机构名，这里是图书馆。

tsinghua：网络名，这里是清华大学。

edu：最高层域名，代表教育和科研计算机网 CERNET。

cn：最高层域名，代表中国。

在互联网上，IP 地址的作用是标识网络接口，网上任一台机器都至少有一个网络接口，即一个 IP 地址。一个 IP 地址可以注册多个域名，访问某台计算机时用 IP 地址或域名都可以，而用 IP 地址更为快捷。

最高层（顶层）域名（Top-Level Domain Name，TLD），一般为国家或地区代码，如中国的最高级域名为 cn。互联网上主要国家和地区域名如表 9－2 所示。

表 9－2　互联网上主要国家和地区域名表

域名	国家和地区		域名	国家和地区	
JP	Japan	日本	BE	Belgium	比利时
DE	Germany	德国	PL	Poland	波兰
CA	Canada	加拿大	RU	Russian	俄罗斯
UK	United Kingdom	英国	CZ	Czech	捷克
US	United States	美国	IL	Israel	以色列
AU	Australia	澳大利亚	HU	Hungary	匈牙利
FI	Finland	芬兰	MX	Mexico	墨西哥
NL	Netherlands	荷兰	SG	Singapore	新加坡
FR	France	法国	IE	Ireland	爱尔兰
SE	Sweden	瑞典	PT	Portugal	葡萄牙
NO	Norway	挪威	MY	Malaysia	马来西亚
IT	Italy	意大利	CN	China	中国
CH	Switzerland	瑞士	GR	Greece	希腊
ES	Spain	西班牙	CL	Chile	智利
DK	Denmark	丹麦	SI	Slovenia	斯洛文尼亚
ZA	South Africa	南非	TR	Turkey	土耳其
AT	Austria	奥地利	AR	Argentina	阿根廷
NZ	New Zealand	新西兰	IS	Iceland	冰岛
BR	Brazil	巴西	HK	Hong Kong，China	中国香港
KR	Korea	韩国	TW	Taiwan，China	中国台湾

（五）统一资源定位器

统一资源定位器，又叫 URL（Uniform Resource Locator），是专为标识互联网上资源位置而设的一种编址方式。我们平时所说的网页地址指的即是 URL，它一般由 3 部分组成：传输协议、主机 IP 地址或域名地址、资源所在路径和文件名。例如，“今日上海联线”的 URL 为 http：//china-window. com/shanghai/news/wnw. html，这里“http”指超文本传输协议，“china-window. com”是其 Web 服务器域名地址，“shanghai/news”是网页所在路径，“wnw. html”才是相应的网页文件。

（六）客户机/服务器模式

互联网上所有的服务使用一个通用模式，即客户机/服务器（Client/Server）模式。客户机一般指网络用户的计算机，服务器是提供服务的主机。互联网的资源共享是通过两个独立运行在不同机器上的程序来完成的，所有参与通信的计算机的应用程序分为两类：客户程序和服务器程序。

客户机使用客户程序，是一个使用服务器的资源和服务程序。它根据用户输入的命令向服务器发出请求，负责将用户的请求翻译给服务器，并对服务器的回答做分析处理，送还给用户，通过用户接口交互地控制用户和服务器间的通信。

服务器使用服务器程序，服务器程序一般只运行在大中型计算机上，并可同时运行多个程序，它具有超级计算能力和巨大信息容量，拥有大量信息资源、文件系统和数据库，随时准备接收请求，可以为多个用户服务。

二、网络信息资源

（一）网络信息资源的含义

随着互联网发展进程的加快，信息资源网络化成为一大潮流。与传统的信息资源相比，网络信息资源在数量、结构、分布和传播范围、载体形态、内涵、传递手段等方面都显示出新的特点，这些新的特点赋予了网络信息资源新的内涵。作为知识经济时代的产物，网络信息资源也称虚拟信息资源，它是以数字化形式记录，以多媒体形式表达，存储在网络计算机磁介质、光介质以及各类通信介质上，并通过计算机网络通信方式进行传递的信息内容的集合。简言之，网络信息资源就是指通过计算机网络可以利用的各种信息资源的总和。需要指出的是，网络信息资源并非包含所有“投放”到互联网上的信息，而只是指其中能满足人们信息需求的那一部分。

（二）网络信息资源的特点

网络信息资源与传统信息资源不同，网络信息资源是通过计算机技术、通信技术及多媒体技术相互融合而形成、而进行的开发、查询与存取利用。作为文献信息在网络环境中的表现形式之一，它包括以下几个部分：一是传统印刷文献的网络版，这是已经存在的传统文献经过电子扫描或人工输入等方式进入网络的；二是出版发行的电子形式产品的网络版，如将内容用数字符号的形式存储于磁带、磁盘和 CD-ROM 光盘等载体上，然后放到网络上；三是依托于计算机网络环境，以电子形式在网络环境中自由传递与存取的各种信息和技术。总之，网络信息资源不再是传统出版物的电子化，而是在网络上出版、流通和传播的各种信息资源。

网络信息资源的出现，使人类信息资源的开发利用进入了新的时代。作为新的信息资源形式，除时效性和交互性外，网络信息资源还体现出诸多特点。

1. 数量繁多、内容丰富、形式复杂

互联网是个开放的信息传播平台，任何机构和个人都可以分享自己拥有的且愿意让他人共享的信息，这些文献几乎覆盖社会生产、生活以及其他的社会实践中产生的各种信息。网络信息资源以数字化的形式存储在全球范围的不同服务器上，将大数量、多类型、多媒体、非规范的信息融合在数字化形式上，并通过互联网广泛传播，文献形式包括电子文献、数据库、文本、声像、电子论坛等。这使得互联网上的信息繁多复杂，数量增长迅猛，形成一个无穷无尽的信息海洋。

2. 动态性和不稳定性

网络信息发布的自由性和随意性，使得任何机构、任何人都可能既是信息接收者，又是信息提供者。网络信息地址、信息链接、信息内容处于经常性变动之中，新的信息不断出现，旧的信息或消失，或失效，或更改，无法预测，因此使网络信息呈现出动态性和不稳定性的特点。

3. 存在状态的无序性

互联网通过 TCP/IP 协议联结起不同的网络，但对网络信息资源本身的组织管理并无统一的标准和规范。虽然每一具体的网页、网站上的信息资源呈现有序的组织形式，但对于庞大的互联网信息资源来说，则呈现出整体的分散和无序状态。

4. 信息的共享性和检索的便捷性

网络环境下，时间和空间范围得到最大限度的延伸和扩展，网络上的信息不再受时空限制，用户只要将自己的电脑连入网络，就可以在家里或办公室通过网络同时访问多个分布式信息源，对世界各地网络资源进行检索、查询和利用。以各类搜索引擎为代表的检索工具提供了多途径的检索方式，能够满足用户对网络上呈几何级数增长的信息进行快速检索的需要。

5. 信息资源结构的不均衡性

信息资源结构的不均衡性主要表现在地域的不均衡性和语言的不均衡性两方面。从全球范围来看，占世界人口 80%的发展中国家的信息资源，只占网络信息总量的 20%，可见信息资源结构的地域不均衡性非常突出。从信息资源的表述语言来看，英语占 90%，法语占 5%，位于第三的西班牙语占 2%，同样体现出不均衡性。

鉴于网络信息资源的特点，了解和认识网络信息资源的类型是科学管理、组织、评价、开发、利用网络信息资源的基础。

（三）网络信息资源类型

网络信息资源类型的划分目前还没有一致的标准，可以从不同角度进行划分。如果从人类信息交流方式的角度分析，网络信息资源可以分为正式出版信息、半正式出版信息和非正式出版信息。

正式出版信息是指受到一定的产权保护，信息质量可靠、利用率较高的知识性、分析性信息，如各种网络数据库、电子杂志、电子图书、电子报纸和图书馆目录等。

半正式出版信息又称“灰色”信息，是指受到一定的产权保护，但没有纳入正式出版系统中的信息。如各种学术团体和教育机构、企业和商业部门、国际组织和政府机构、行业协会等介绍、宣传自己或其产品的描述性信息。这其中的政府信息可谓是重要的网络信息资源，尤其是在人文社会科学领域。另外，各种学会协会、高等院校、研究机构、管理机构等，也是专业信息的重要集散地。

非正式出版信息是指流动性、随意性较强的，信息量大、信息质量难以保证和控制的动态性信息，如电子邮件、专题讨论小组和论坛、电子学术会议、电子布告板新闻等工具上的信息。

除此之外，按信息内容的范围，网络信息资源可被分为学术信息、教育信息、政府信息、文化信息、娱乐信息等；按信息的知识单元组织形式，网络信息资源可被分为结构化数据资源（如各类数据库）和非结构化数据资源（如各类自由文本式的文件）；按信息的开发主体，网络信息资源可被分为科研院所资源、学校站点资源、企业公司站点资源、政府机构站点资源、服务机构站点资源等。

三、网络信息检索

鉴于网络信息的以上特点，网络信息检索应具有大众化、社会化和个性化的特征。具体地说，应包括以下几个方面：第一，要有足够大的信息检索范围，能够提供多种信息源的检索，以适应网络环境下的大众需求和海量信息的增长；第二，能够提供类似集成搜索引擎功能的一站式检索，使用户不必登录多个站点获取类似信息，同时能够对微内容的重用和存储提供支持，以充分利用网络的技术优势；第三，能够对信息之间的语义关系进行分析，并根据这些关系为用户提供一定的信息评价、筛选和聚合服务，这样可以在一定程度上降低用户对信息进行判断和选择的难度；第四，用户能够通过搜索行为快速及时地获取自己感兴趣的信息，快速驱动知识的更新，检索工具能够记录并评估用户搜索行为，以保障知识更新的准确性以及检索结果的个性化；第五，以用户搜索行为为用户识别标志建立社区，能够根据用户的兴趣主动推送高质量的信息源。

利用这样的搜索，用户可以快速找到他们想要找的信息，可以完成他们工作或生活中的任务或目标，能够和朋友一起分享知识或者在分享中找到新的朋友，能够利用“草根智慧”来丰富全球信息知识库。

（一）网络信息检索概述

网络信息检索是通过自动索引程序 Robot，或通过人工来广泛搜集网络信息资源数据，经过一系列的判断、选择、标引、加工、分类、组织等处理后，形成供检索用的数据库并创建目录索引，且多以 Web 页面的形式向用户提供有关的资源导航、目录索引及检索界面。用户可根据自己的信息检索需求，按照该检索工具的句法要求，通过检索界面输入需要查找的检索项。系统检索软件在接受用户提交的检索提问后，按照本系统的句法规定，对用户输入的字符串、运算符、标识符、空格等进行识别和判定，随即代替用户在数据库中进行检索，并对检索结果进行评估比较，按检索结果相关度排序后提供给用户。

1. 网络检索工具的一般构成

（1）自动索引程序

互联网上的信息资源众多，且新信息不断加入，靠人工来收集、加工、处理信息是难以胜任的。大多数网络检索工具一般采用一种被称为Robot（又名Spider、Crawler、Worms、Wanders等）的网络自动跟踪索引程序。它实际上是一个在网络上检索文件且自动跟踪该文件的超文本结构的软件，穿行于网络信息空间，循环检索被参照的所有文件，访问网络中公共区域的各个站点，记录其网址，标引其内容，并组织建立索引文档，形成供检索的数据库；同时继续跟踪这个网页内链接的其他网页，确认链接的合法性；Robot还定期巡视、返回各个网站，采集服务器上新出现的信息。不同的自动索引软件采用的标引、搜索策略不同，自动索引软件搜寻、标引网页的方式直接影响网络信息检索的质量。

（2）数据库

自动索引程序将采集和标引的信息汇集成数据库，作为该网络检索工具提供检索服务的基础。使用不同网络检索工具的数据库收录范围也不一样，有的收录Web及Usenet新闻组资源；有的则不收录Usenet，而只收集Web、FTP和Gopher等资源类型。不同网络检索工具的标引方式也不同，有的索引软件标引主页全文，有些则只标引主页的地址、题目、特定的段落和关键词。因此，数据库的内容一般有网站的名称、标题、网址URL、网页的长度、相关的超文本链接点、内容简介或摘要等。不同数据库的规模差异也很大，数据库规模的大小影响到信息查询的全面程度。

（3）检索代理软件

当用户提出查询要求时，由检索软件负责代理用户在数据库中进行检索。不同网络检索工具所采用的检索机制、算法有所不同，布尔逻辑检索是较普遍采用的一种机制。检索代理软件按检索结果与检索要求的相关程度进行计算和评估比较，根据计算结果对文档排序，将最相关、最重要的信息排在较前面的位置，优先向用户提供。

2. 网络信息检索的特点

（1）信息检索空间的拓宽

网络信息检索比传统情报检索的检索空间大，它可以检索互联网上的各类资源（Web、FTP、Telnet、Usenet、Gopher等），而检索者不必预先知道某种资源的具体地址。其检索范围覆盖了整个互联网络，为访问和获取广泛分布在互联网各个角落的海量信息提供了可能。这一优势是任何其他信息检索方式所不具备的，例如原来的国际商用联机检索也只能是检索某一台、某几台主机或某一局部网络内的若干数据库。

（2）交互式作业方式

所有的网络信息检索工具都具有交互式作业的特点，能够从用户命令中获取指令，即时响应用户的要求，执行相应操作，并具有良好的信息反馈功能。用户可以在检索过程中及时地调整检索策略以获得良好的检索结果，并能就所遇到的问题获得联机帮助和指导。

（3）用户界面友好且操作方便

网络信息检索对用户屏蔽了各局部网络间的物理差异，包括各主机的硬件平台、操作系统等软件上的差异，客户程序和服务程序版本上的差异，信息的存储方式以及各种不同的网络通信协议之间的差异等。检索者使用自己所熟悉的检索界面和命令方式，输入查询信息就可实现对各种异构系统数据库的访问和检索，系统透明度较强。交互式作业、通用的 Windows 界面、符合大多数用户检索习惯的用户接口等，一起使网络信息检索变得简单、易行，用户一般不需要经过太多的培训就能上手操作。而使用商用联机检索，则要学习和记忆一系列复杂的检索指令与检索规则，一般用户只有在专业人员的帮助下才能使用。

（4）超文本、超媒体检索

网络信息检索完全采用基于全文的超文本技术，突破了以文献单位为文本、为对象的限制，从而深入文献内部的信息单元，以有关的信息单元为操作对象，使得检索结果是可以直接阅读和利用的 Web 页面文献全文。超文本与多媒体的结合产生了超媒体技术，进一步强化了超文本的功能，这使得检中的超文本中不但有文字、图片，还会有声音、动画和影视等形式的信息内容。

（二）网络信息检索存在的问题

1. 网络检索工具的功能不完善

由于网络文件的结构是超文本的，且不按传统分类方法分类，因而网络检索工具不能从多个方面进行检索，只能就某一关键词或概念进行比较笼统的检索。在处理查询时，多数中文搜索引擎没有考虑到地域性问题，并且有些搜索引擎不够稳定，容易出现一些低级的问题。

2. 缺乏对网络信息的质量控制

任何机构、个人都可以在网上发布信息，网络信息资源数量巨大、内容庞杂且每天都在增加。因此，网络信息资源在很大程度上处于混乱的状态，且这些信息经过各种检索工具的标引，就可供用户查询，中间没有任何形式的质量控制；而未经质量控制的信息，必然会影响检索的质量和效果

3. 缺少对检索词汇的控制

大部分网络检索工具都采用自然语言标引和检索，同义和近义词得不到控制，词间关系得不到揭示，从而影响检全率和检准率。

4. 用户检索信息的能力有待提高

信息用户在检索学术性信息时，往往从某专门学科入手，而在查询某专门学科网络信息时，由于一方面没有专门的网络检索工具，另一方面任何一个网络检索工具都可以利用，致使用户的检索结果常常不符合要求。

（三）网络信息检索技术

1. P2P 技术

P2P 即 Peer to Peer，称为对等连接或对等网络。P2P 技术是一种网络应用技术，是相对于客户机/服务器（C/S）模式来说的一种网络信息交换方式。参与 P2P 通信的每个节点既是客户机，又是服务器，节点间自组织地形成对等的逻辑网络，消除客户机和服务器二者之间的差别。随着网络技术的发展，PC 机能力不断提高，网络带宽得到极大的提升，边缘网络信息不断丰富。例如，对于信息检索服务，传统的 C/S 模式中服务器需要存储巨大数量的文件和索引，同时还要拥有强大的计算能力以处理大量并发请求，普通 PC 机显然无法承担服务器的角色。但如果把网络上数量巨大的个人计算机作为一个整体

联系起来，就可以提供任何集中式服务器无法比拟的计算资源。基于这样的思想，在互联网中开始出现了越来越多的P2P通信模式，各种P2P的网络应用迅速兴起，P2P作为当前最具潜力的网络技术之一已经引起越来越多人的关注。

P2P模式是一种不需要经过中继设备直接在PC用户之间交换数据或服务的技术，该技术使得用户的网上沟通变得更容易和直接。这些特点使得P2P在多种网络应用中体现出宽广的应用前景，目前有两大主要应用：P2P档案共享以及分布式运算。而在信息检索方面，P2P也显示出是一项较为成功的应用。P2P从根本上颠覆了传统网络应用的模式，传统的网络应用模式采用“服务器/客户端”的方式，用户只能被动地接受来自服务器的信息，而P2P带来的新模式淡化了服务提供者与使用者的界限，使每一个参与的使用者同时也成了提供者。因此，从“人”的角度上讲，P2P的发展并不单指P2P网络架构如何，而是P2P使人们在网络上连接起来，人们可以在这个更便捷的网络介质上处理需要沟通的问题。

P2P检索技术是近些年的研究热点。利用P2P技术，可以充分利用大规模分布形式存在的信息，解决传统集中式搜索技术无法胜任的实时海量动态信息检索的问题。同时P2P还能弥补传统搜索引擎无力深度挖掘网站信息的弱点。当然，P2P信息检索还是新课题，仍然面临许多挑战，比如安全性、资源搜索效率和准确定位等，这将是今后发展的重点。

2. 超文本检索技术

当用户指向某个节点时，系统就会按照链所指向的信息块进行检查，用户就可以用类似于沿航线航行的方法，根据链指针的指向进行检索，还可根据自己的需要任意选择链路进行检索。因此，用户既可根据不同的需要、按照不同的思维、采用不同的方式进行检索，又可使原有信息的线索不致丢失。

3. 智能检索技术

面对海量信息，信息的精确检索就像大海捞针一样困难。智能检索技术吸取多个学科的研究成果，力图通过对文本、图像和视频信息的智能处理，实现信息的精确检索。目前，智能检索技术主要包括机器学习技术、知识发现技术、自然语言理解技术、智能代理技术和爬虫软件技术等。

（1）机器学习技术

该技术主要是研究机器人如何模拟人类来进行学习、获取知识，并进行知识的积累、修改和扩充，其目的是将数据库和信息系统中的信息自动提炼与转换成知识库中的知识。

（2）知识发现技术

随着网上大规模数据库的应用，一些简单查询和检索不能使用户直接获得带有结论性的信息，由此造成资源上的浪费。基于此，20世纪90年代崛起的知识发现技术，可以从大量不完全的、模糊的、随机的数据中发现知识的高级处理过程；它建立在数据库基础之上的知识发现系统，综合了统计学、模糊逻辑、机器学习和专家系统等多种学习方法。知识发现技术的检索是以知识为单元，可以使检索结果深入知识单元中，从而提高信息检索的针对性。目前，知识发现技术的研究、开发以及应用已显示出较好的发展前景，成为网络信息检索技术的应用领域。

(3) 自然语言理解技术

自然语言是人工智能研究的核心之一，也是网络信息检索智能化的关键所在。以自然语言理解为基础的新一代搜索引擎被称为智能搜索引擎，它除了能提供传统的快速检索、相关度排序等功能外，还能提供用户角色登记、用户兴趣自动识别、内容的语义理解、智能信息化过滤和推送等功能。它的设计追求目标是根据用户的请求，从可以获得的网络资源中检索出对用户最有价值的信息。

自然语言检索拥有很好的用户接口，易懂易用，扫除了人机接口的障碍。但是，由于自然语言本身存在的缺点，如词义模糊、词间关系含混等，容易造成漏检和误检。因此，将人工语言的优点与自然语言的优点结合起来已成为自然语言理解技术研发的关键。

(4) 智能代理技术

智能代理技术又称智能体，是在用户没有明确具体要求的情况下，根据用户需要，代替用户进行各种复杂的工作，如信息查询、筛选及管理，推测用户的意图，自主制订、调整和执行工作计划等。

在服务器端吸收智能代理技术的思想，引入个性化和人性化服务思想以及用户反馈机制来完善检索机制，可以提高检索命中率，并可以提供面向个人的特殊检索服务。它的智能性、代理性、多动性和主动性等特点，充分体现了人机友好，同时也使人机双方的智能都能得到提高。智能代理技术已成为网络信息技术的最前沿代表。

(5) 爬虫软件技术

在整个搜索引擎系统中，网络爬虫起着重要的作用，它是互联网搜索引擎的数据来源，决定着整个系统的内容是否丰富、信息是否能够得到及时更新。爬虫软件技术可以对网页上文献的相关性及其所含链接的质量做出判断，筛掉不相关的网页。现在这方面的技术已经广泛运用于网络搜索引擎的后台收集工具。

(四) 网络信息检索发展趋势

近年来，网络信息检索的面貌大为改观，具体表现：检索行为大众化，检索行为日常化，检索趋于经济化（时间和费用)。总的来说，网络信息检索工具已开始注重开拓、发展检索以外的多样化的信息服务，以便能为用户提供快捷、准确、全面的服务。下面对其未来可能的发展方向稍做介绍。

1. 网络信息检索专业化

面对网上五花八门、包罗万象的信息，很难有一个完备的检索或分类体系将其高度序化，所以为了能为用户提供针对性更强、专指度更高、更经济、更快速的基于专业内容的信息服务，发展专业性的网络信息检索势在必行。

由于每一学科专业都有自己独特的词汇及用语，特定的专业信息检索工具应该使用与之相对应的标引和检索语言，而这一点正是包罗万象的综合性网络信息检索工具难以做到的。因此，网络信息检索工具不能盲目地追求大收录及大标引量，而应更加注重突出专业特色，提供对一些专业性、学术性或较深入的核心数据库的访问。例如，应大力开发与研制面向某个学科领域的专业性搜索引擎或垂直性门户网站等专业网络信息检索工具。

2. 受控语言的引入与使用

一般地说，自然语言检索由于其灵活性，有助于检全率的提高。与之相对应，受控语言检索由于其规范性和准确性，有利于检准率的提高。目前，除少数情形（如 OCLC 的 NetFirst）之外，其他主要的网络信息检索工具都采用自然语言标引和检索，其结果必然是同义词和近义词得不到控制，词与词之间的关系得不到揭示，最终导致检索结果过多、过杂。在利用互联网检索软件搜索信息时，用户往往以一个或几个检索词作为检索入口获得一定量的主页地址，再以这些主页作为入口开始在网上漫游。至于自己所用的检索词是否贴切，用户却毫无把握。因此，可考虑建立同义词典来解决这一问题，即用户在提出一个检索词后可获得一批候选词，然后选择其中一部分或全部作为检索用词，从而可以大大提高信息检索的检全率。

当然，绝大多数网络信息检索工具不采用受控语言有其原因，例如，网络信息数量大、变化快和涉及面广，现有的受控语言难以适应网络信息标引和检索需要等。另外，尽管人们没有对网络环境下检索语言类型问题展开全面系统的讨论，但网络上已经出现了使用受控语言检索的工具。如隶属于 OCLC 的 NetFirst，就采用了《美国国会图书馆主题词表》和《杜威十进分类法》来分类网络信息。由此可见，受控语言已开始应用于网络信息检索，从而提高了网络信息的检索效果。

3. 网络信息检索的智能化

以往，人们总是把改善检索效果的希望寄托于提高信息标引质量和改进检索机制，但收效并不显著。为此，一些研究者已陆续提出了改善网络信息检索效果的其他方法，其中包括智能检索软件（Intelligent Agent）和自动化数字“图书馆员”（Automatic Digital Librarians）。这些方法的共同点是把改善检索效果的着重点从网络信息检索工具转向某种“中间件”或“智能代理”。虽然这种“智能代理”带有理想色彩，但也并非空中楼阁，事实上，构成这种“智能代理”的部分要素已在一些现有的网络信息检索工具中实施。例如，Ask Jeeves 和 Inquizit 都能把用户的自然语言提问自动转换为检索提问，如用户可用“Why is the sky blue”作为检索提问，而不必再考虑检索词的选择问题。同时，智能化的自动索引软件可以对搜集网页的内容相关性及质量加以判断。智能化的检索软件还可以自动分析用户提问，并形成恰当的检索策略等。总之，随着网络用户对检索的精度、效率要求的不断提高，网络信息检索必须重视提高其在检索功能和服务上的智能化程度。

4. 记录检索路径和内容的提示信息

该方法的思路是：当用户以一个节点作为入口检索信息时，系统应采用特殊符号标记记录，保存用户浏览路径及其邻近节点，并根据用户要求保存节点信息概要和片段，帮助用户及时调整检索方向，避免偏离目标时用户需从起点开始重新浏览一遍。

具体做法：设置一个动态存储器，在检索过程中，其存储内容是动态变化的。开始检索时，动态存储器是空的，随着检索的进行，系统不断把检索问题的状态、推理路径及相关描述存入动态存储器。查询检索路径时可根据用户需要，限制其存储器的各项指标，如节点上下各几步，或以何种方式（检索地图、文本等）输出。目前，Notecard 系统提供了一个记录表来显示用户浏览路径及相关节点。

5. 使用语义-文献双层数据结构

目前，有一些基于超文本环境的联机检索系统，既实现了信息检索的灵活性和方便性，又保证了较高的检索质量。互联网检索工具可以借鉴这类机检系统的成功经验，模仿其数据结构，建立一种类似的符合自身特点的“语义-文献双层数据结构”。

语义信息和语义链集合构成了双层模型的第一层（语义描述网络），文献信息和结构链构成了另外一层（实体网络），连接链则贯穿于两层之间，在双层结构的层面切换时发挥作用。语义层由描述语义概念的词汇构成，当在语义层中加入新的描述词汇时，检索软件会自动建立新词汇和文献层中各单元的对应关系。同样，当文献层中加入新文献时，系统也会建立起信息单元和语义结构的联系。语义层的词汇集合由抽出词（以自动抽词算法从主页文本中抽出）、索引词（检索系统采用的系列索引词汇）和用户词（检索过程中所用的检索词）组成。

检索时，用户通过输入的检索词，利用语义链方便地看到相关用词，并沿着连接链进入文献层查找目标文献。当检索词不在索引词集合中时，可以先进入符合要求的文献层，然后顺着连接链到达索引词集合，继而利用语义链找到相关用词后再通过连接链进入文献层查找目标文献。总之，该工具能很好地实现语义描述网络与实体网络之间的互动。

6. 面向用户的人性化服务

新世纪科技创新强调“以人为本”，网络信息检索也不例外，先进的、人性化的可视化检索界面无疑会给用户带来检索效率和心理的愉悦，如有的检索系统以三维图来显示检索结果。而友好、先进的结果提供方式，会直接影响用户对信息的吸收和利用，如NorthernLight 和 Excite 可以将检索结果分组汇集，并在网页右上边显示不同组名。同时，网络信息检索工具对检索结果的筛选（过滤、屏蔽等），也是搜索引擎技术发展的重要方向。

第二节　搜索引擎

网络信息资源与传统信息资源不同，它是以电子形式存储于世界各地的由电脑所组成的网络中的资源。随着互联网的广泛使用，网络信息量急剧增长，海量信息在丰富人们信息来源的同时，也给人们从中查找自己所需的资源带来了困扰。在互联网发展初期，网站相对较少，信息查找还比较容易。然而伴随着互联网爆炸式的发展，普通网络用户想找到所需的资料简直如同大海捞针，这时为满足大众信息检索需求的专业搜索网站——搜索引擎便应运而生，运用也越来越频繁。例如，据中国互联网络信息中心（CNNIC）于 2020 年 4 月发布的《第 45 次中国互联网络发展状况统计报告》统计，截至 2020 年 3 月，搜索引擎在中国网民中的使用率达 83%，搜索引擎用户规模已达 7.50 亿人；手机搜索引擎用户规模达 7.45 亿人，使用率达 83.1%。

一、搜索引擎概述

（一）搜索引擎的概念

搜索引擎指的是一种在网络上应用的软件系统，它以一定的策略在网络上对大量信息进行搜索和发现，然后对这些信息进行提取、排序、质量分析并提供信息的存储、检索等服务。从用户角度来说，搜索引擎提供了一个链接网页页面的方式，即用户通过填写搜索条件（词或短语）、提交搜索请求，然后搜索引擎将返回一个与用户搜索条件相关的信息列表（列表中的每一个条目都代表了一个网页链接）。

搜索引擎需要对用户的搜索请求即时响应，因此搜索引擎不可能在用户提交搜索请求时才去网络搜索资源，而是预先保存了大量网页，并为所采集的每一个网页建立一条记录，记录包括对网页的简单描述、标题以及实际网页所在服务器的 URL 等信息，这些记录的集合就构成了索引数据库，此时的搜索只是在系统内部进行而已。另外，搜索引擎无法判断用户的背景，因此给出的搜索列表并不一定是满足用户所需的，因此现在大多数搜索引擎都提供了个性化搜索服务，即根据用户的历史搜索行为对结果进行排序，使得那些有可能是用户最关心的信息被放在列表的前列。

总之，搜索引擎是一个“网络导航工具”，与用于提供图书馆馆藏信息的目录系统相似，搜索引擎本身并不提供任何实际的 Web 文档，而仅提供关于网页的信息。搜索引擎是通过对自身索引数据库的采集与调用来实现网络导航功能。

（二）搜索引擎的常见类型

随着搜索引擎数量的急剧增加，其种类也越来越多。目前，主流的搜索引擎按照内容组织方式的不同，主要分为以下几类。

1. 目录型搜索引擎

目录型搜索引擎以人工或半自动方式将互联网网站按类别进行编排，形成一份目录，各类别之下排列着属于这一类别的网站的站名和网址链接，有些搜索引擎通过人工方式还提供了各网站的信息摘要。这类搜索引擎由于加入了人工维护，信息较为准确，导航质量高，用户只需遵循分类体系即可准确方便地找到所需的信息。用户通过浏览层次型的目录来寻找相关的信息资源，目录按一定的主题分类体系组织，并辅之年份、地区等分类信息；用户可以不依靠关键词进行查询，一般采取逐层浏览目录、逐步细化来寻找合适的类别，直至找到具体资源。但其缺点是需要人工介入、信息维护量大、用户对信息分类的判断和选择将直接影响检索结果，信息分类的交叉也导致许多内容的重复等。国外比较著名的目录搜索引擎有 Looksmart 等，国内比较著名的有搜狐、新浪等。

2. 全文检索型搜索引擎

全文检索型搜索引擎通过使用大规模数据库来收集、组织和存储互联网资源。搜索引擎通过将用户输入的关键词在数据库中进行匹配和关联，然后将匹配的结果以列表清单的形式返回给用户。这种方式更新较快、方便直接，可以使用逻辑关系组合关键词，通过添加各种语法规则，比如数据类型、范围、时间等来精确定位，因而可准确检索满足特定条件的网络资源。虽然这种方式返回的信息量较大，但是缺点也很明显，即用户从返回的结果中往往很难找到所需的内容，检索结果缺乏准确性，包含的可用信息少。另外，语法规则过于烦琐，一般用户难以熟练掌握。

国外具有代表性的全文检索型搜索引擎有 Google、Yahoo！等，国内的有百度、中搜等，它们都是通过从互联网上提取各网站信息（以文字为主）而建立数据库，检索与用户查询条件匹配的相关结果集，然后按一定排序方式将结果集返回给用户。

实际搜索时，用户首先在文字框中输入要查找的字、词或短语，再点击按钮，搜索引擎便会查找相关的站名、网址和内容提要，并及时将查到的结果返回用户。用户所输入的那个字、词一般称为关键词（Key Word），因此这种搜索有时也称关键词检索。

3. 元搜索引擎

元搜索引擎有一个昵称，叫作“妈妈”搜索引擎，因为这类搜索引擎自己并不收集网站或网页信息，通常也没有自己的数据库，而是将搜索请求同时发送到多个传统的搜索引擎（即目标搜索引擎）上，例如 InfoSeek、Excite、AltaVista、Yahoo!、HotBot 等，然后再将各个搜索引擎反馈的检索结果进行整理后返回给查询者。

元搜索引擎是一种很有用的搜索工具，它特别适合使用单个关键词或词组进行查询。通过元搜索引擎一次提交就可以获得来自多个引擎的综合结果，显然比单独访问各个搜索引擎方便得多，而且元搜索引擎还可以自动过滤掉大量的重复信息。但是，元搜索引擎也存在很大的局限性。首先，由于不同的搜索引擎所能支持的高级查询不同，处理方式的差别也很大，因此现在的元搜索引擎都只能进行简单的关键词查询，不支持复杂的高级条件查询。其次，由于搜索处理时间的限制，现在的元搜索引擎一般在某一个目标搜索引擎上花费的时间都不长，所以一般从每个目标搜索引擎中只获取了大约10%的信息。因此当用户需要完整的信息时，元搜索引擎就无能为力了。鉴于这种情况，现在出现了一些专门的搜索软件，通过这样的软件可以向上百个搜索引擎提交请求，然后再对结果进行处理。由于没有时间和带宽上的限制，所以可以长时间运行，从而得到更加丰富的综合结果。

（三）搜索引擎的工作原理

搜索引擎本质上是一个网络应用软件系统，其基本原理就是通过网络蜘蛛或网络机器人定期在互联网上查找，以发现新的网页，并将它们取回放到本地数据库中，用户的查询请求可以通过查询本地数据库获得。它大致由 4 个功能模块组成：网页收集器（信息提取），索引器，查询（检索）器，用户接口。其基本结构如图 9-2 所示。

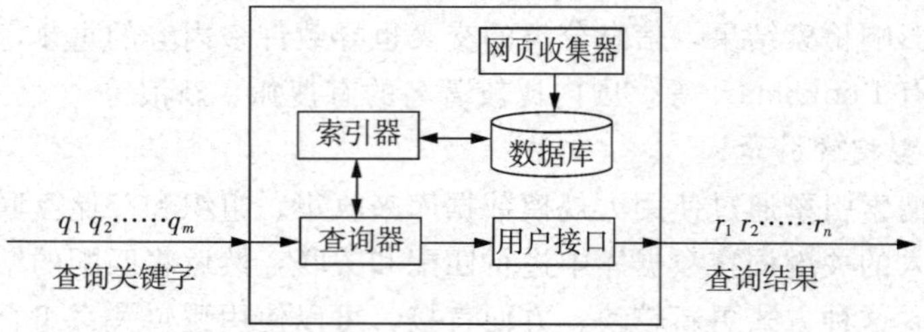

图 9-2　搜索引擎结构图

1. 网页收集器

用户利用搜索引擎检索信息实际上是在搜索引擎的数据库中进行检索，而不是实时的查询，因此如何保证搜索引擎数据库的信息量和新鲜度是网页收集模块要考虑的主要问题。网页收集需要在浩瀚的互联网中漫游，以发现和搜集网页资源。它通常是一个计算机应用程序（比如使用网络蜘蛛或网络机器人），会尽可能多、尽可能快地搜集各种新页面；由于互联网上的信息更新很快，因此还需定期更新已搜集过的旧信息，以避免死链和无效链接。比如 Google 是每隔 28 天更新一次。同时，网络中页面的生命周期也是有限的，据统计，50％页面的平均生命周期为50天。因此可以使用增量更新方式，即每次只收集新出现和上次收集后更新的页面，并将自上次收集后已经无效的链接去除，如此则可以极大地降低数据库的数据量，提高检索性能。

2. 索引器

索引器的优劣直接影响搜索引擎的质量。索引器从网页收集器获取的页面中抽取信息，并从中抽取索引项，用于表示页面以及生成页面数据库的索引表。海量网页组成的网络中存在大量转载和复制，这极大地增加了索引器的工作量，因为这些重复的网页只需做一个索引项，因此在工作前索引器首先要判断页面的相似度。另外，许多网页内容上较为随意，网页中有很多与内容无关的信息，比如广告、导航条、网站说明等，如何从源文件中提取有效内容？在这一步，自然语言处理扮演了重要角色。以中文为例，需要先去除无关的Html标记，然后进行中文分词（将中文序列分成若干个词，词是汉语的基本表达单元）、同义词处理、去除"停用词"（是指那些没有实际意义的词，比如"的""是""在"等）。经过上述步骤后，整个页面可以用若干个词的序列来表示。

索引器还有一点很重要的作用就是体现网页的重要程度，由于搜索引擎数据库中与搜索关键词相匹配的结果集相当的大，如何将用户最想要的结果列在返回结果列表的前端，这就涉及每个搜索引擎核心的排序算法。在判断这个网页与另一个网页相比谁更重要时，通常采用科技文献的做法，即"引用越多越重要"。比如根据此思想，如果一个网页URL被更多个网页引用，则表示这个网页比较重要，体现在Google排序中就会列在返回结果列表的前列。

3. 查询器

查询器是根据用户的查询在索引库中快速检索，进行相关度匹配，对检出的结果进行排序，返回相应的网页列表给用户。这包括：首先需要对用户查询进行理解，将其转换为服务器检索使用的信息，比如进行同义词和语义转换的处理。其次，根据用户查询，从索引库中检索出结果集。再次，进行相关度判断，根据特定的排序算法，对输出结果进行排序。其中相关度判断通常采用矢量空间模型，用户查询与页面文档表示为矢量，相似度则体现为用户查询与页面文档矢量间的夹角余弦，再将相关度大于阈值的页面集按照相关度逆序返回给用户。当然，搜索引擎的排序并不一定与用户的需求完全符合。

4. 用户接口

用户接口模块为用户提供可视化的查询输入和结果输出界面，方便用户输入查询关键词，显示查询结果，提供用户相关性反馈机制等，其目的是方便用户使用搜索引擎高效地、多方式地检索出有效的信息。同时，用户接口的设计和实现必须适应人类的思维习惯，比如用户接口提供了各种查询逻辑运算符（And、Or、＋、－）、出现位置（如标题、内容、网站）、域名范围（如 .edu、.org、.cn）等限制查询范围。在查询输出界面中，将查询器检出的结果集形成一个线性文档列表，其中包含页面的标题、标题简介和链接地址等信息，由页面生成系统将搜索结果的链接地址和页面内容摘要等内容组织起来返回给用户。

二、搜索引擎技术与方法

（一）搜索引擎技术

1. 网络爬虫

网络爬虫是一种能自动提取网页内容、进行网页分析的程序，它可以定期搜集某个或某些网站的内容，并跟踪网站的发展历程。第一个网络爬虫是由美国麻省理工学院的学生 Matthew Grey 于 1993 年写成，后来经过改进应用到搜索引擎中。由于整个互联网可以看作是一个相互关联的网络体系，因此理论上网络爬虫可以将整个互联网上所有的网页都给抓取下来，然后分析这些抓取下来的网页，并进行相应的处理和存储，从而为用户提供面向网页的全文检索服务。随着搜索引擎技术的进步，爬虫程序也不断升级，产生了通用爬虫、限定爬虫和主题爬虫等几种不同类型的爬虫。

通用爬虫的爬取顺序要求低，爬取范围较大，对爬取速度和存储空间要求较高。限定爬虫用于爬取用户感兴趣的某一类网页或某些特定的网页。主题爬虫先确定一个或多个主题，根据一定的分析算法过滤与主题无关的 URL，保留与主题相关的 URL 并将其放入等待的 URLs 队列中，然后使用某种搜索策略从等待队列中选择下一个要抓取的 URL，并重复上述过程，直到达到某种停止条件。主题爬虫在硬件和网络资源占用、爬取速度等方面较有优势，能满足人们对特定领域信息的需求。

2. 语义搜索

语义搜索引擎（Semantic Search Engine，SSE）通过对网络资源进行语义标注以及对用户查询请求进行语义处理，实现语义推理和精确、全面的检索，能智能地理解语境中查询请求的意思，返回相关度更高、更加精准的结果。表 9-3 列举了一些主流的语义搜索引擎的特征。

表 9-3　语义搜索引擎简表

创建时间	产品名称	检索内容
2000 年	Exalead	网页、Word 文档、PDF 文档、图像、视频、维基百科等
2003 年	Congnition	医学、法律和消费者信息等深度内容
2004 年	Hakia	网页、新闻、博客、Pubmed、维基词条等
2004 年	Swoogle	由 RDF/XML、N-Triples、N3（RDF）编写的语义网文档，或嵌入 RDF/XML 的片段、术语，约 1 万个本体
2005 年	Lexxe	网站和非结构化文本
2005 年	Factbites	权威的、信息量大的内容，以及百科全书式基于事实的描述、维基词条等，覆盖 80 万个主题
2005 年	Kosmix	应用程序、动态生成的多媒体百科
2007 年	Sense Bot	网页内容

（续表）

创建时间	产品名称	检索内容
2008 年	Deep Dyve	来自 Springer、Elsevier、Nature、IEEE、Wiley-Blackwel 等一流出版社的深度网络学术资源以及维基百科
2008 年	DuckDuck Go	Google、Bing、维基百科、亚马逊、You Tube 等 100 多个网站网页、地图、新闻、博客、图像、视频、维基词条等
2008 年	Sindice	以 RDF、RDFa、微格式、微数据、Schema. org、Opengraph 标记的网站内容，搜索大于 7 亿个文件
2008 年	Cluuz	Web 上大量非结构化数据、公司内部数据库等
2008 年	Powerset	维基百科
2010 年	Yummly	各类及各种级别的食品、烹饪与食谱
2012 年	Kngine	任何主题

3. 文本信息挖掘技术

如何准确获取用户输入搜索关键词的搜索意图，返回准确的搜索结果，是搜索引擎目前需要解决的一大难题。文本信息挖掘通过对文本的分类、索引、聚类、查询匹配等各项技术，引入人工智能处理方式和异构环境中自主运行并模拟人类行为的移动代理技术，可以提高用户查询匹配精度、文本分类的准确度以及文本索引对文本描述的全面性。

4. 搜索引擎优化与反作弊

搜索引擎是重要的互联网信息入口，搜索引擎优化（简称 SEO）主要通过调整自身网站的一些布局信息来使得检索系统在对网站解析时能够获得较高的权重，是对搜索引擎的一种逆向运用。它通过“网站内容”和“网站结构”这两个基本因素，使用正当合法手段优化网站，提升网站影响力。而一些非正当的手段，比如增加目标作弊词词频来影响排名、增加与主题无关内容或者热门查询吸引流量、在关键位置插入目标作弊词影响排名等手段，则被归为搜索引擎作弊行为。

反作弊手段大致划分为“信任传播模型”“不信任传播模型”“异常发现模型”。其中前两种技术模型可以进一步抽象归纳为“链接分析”中“子集传播模型”。这些方法都是基于这样一个判断：作弊网页必然存在某些特征有别于正常网页。于是，通过建立以白名单网页和黑名单网页为基础的识别机制，就可以进行搜索引擎反作弊。

（二）搜索引擎使用技巧与方法

1. 分类与搜索引擎结合使用

每一个搜索引擎根据其特色，将系统信息按主题进行分类，并建立了分类搜索引擎（垂直搜索引擎），如百度的分类搜索引擎分为旅游搜索、购物搜索、小说搜索、地图搜索等。检索时输入准确的关键词，选择正确分类进行搜索，能够获得更好的检索精度。

2. 布尔逻辑检索

常用的布尔逻辑运算符是 And、Or 和 Not，不同的搜索引擎对其支持度不同，采用的命令驱动方式也不一样。Infoseek、AltaVista 和 Excite 完全支持 3 种运算；HotBot、Lycos 只在其“高级检索”模式中完全支持，在“简单检索”模式中部分支持。

恰当地使用逻辑表达式及其规则可以提高检索效率：使用 And 时，一般把出现频率低的词放在 And 前；采用 Or 连接检索词时，将出现频次高的检索词放在 Or 前；另外，由于逻辑表达式存在优先级别，所以应避免 Not 与 And 同时使用。

3. 截词检索

截词检索是计算机检索中应用非常普遍的技术，尤其对于西文检索，合理地使用截词符，可以预防漏检，提高查全率。截词法主要包括截词检索、后截词检索、中间截词检索、屏蔽检索等 4 种方法。搜索引擎的截词符用“?”表示单个字符，用“*”表示匹配的字符数量不受限制。多数搜索引擎支持右截词法，采用截词检索时，截词的位置要适当，如输入 inform*，可检索到 informal、informant、informantion 等；输入 inf?rmal，则返回 informal。

4. 字段限制搜索

字段限制搜索是在关键词前加入字段限制前缀符，以表明检索内容的明确特征或在数据库中的定位，以便能更快地找到所需信息。常用的字段限制符包括 Intitle、Site、Inurl、Subject、Keywords、Summary、Image、Intext（针对 Google 有效）、Domain、Host、Link、Related（只适用于 Google）等。其中，Intitle 限定网页标题搜索；Site 限定特定网站搜索；Inurl 限定 url 链接搜索，如输入 inurl：mp3，则返回 url 中包含 mp3 的网页。目前，能提供较丰富的字段限制检索功能的有 AltaVista、HotBot 等。

5. 词组检索

几乎所有的搜索引擎都支持词组检索。用双引号把关键词组括起来，作为独立的运算单元，检索时进行严格匹配，可以得到更加准确的检索结果。如在搜索引擎中输入“信息可视化”进行检索，则返回含有“信息可视化”词组的所有网页。

6. 其他检索技巧

很多搜索引擎支持“＋”“－”限定搜索结果。在关键词前使用“＋”就是限定搜索结果必须包含这一关键词。如在百度输入“＋多媒体＋信息＋检索”，则返回的网页同时包含“多媒体”“信息”“检索”关键词。减号“－”一般用在英文网站，关键词前使用“－”，限定关键词不在检索结果中出现，使用这个指令时，减号“－”前面要加空格。

书名号“《 》”是百度独有的一个查询语法，表示书名号中的关键词不被拆分且书名号也作为关键词的一部分出现在检索结果中。如检索《网络信息检索》一书时不加书名号，则检索结果中会出现拆分的“网络”“信息”“检索”的相关内容，加上书名号则返回《网络信息检索》一书的网页。

三、代表性搜索引擎介绍

（一）Google

Google 是目前较受欢迎的搜索引擎之一，它基于网络爬虫技术，通过网页的链接地址自动地在网络中搜集和发现网页。

Google 还通过 PageRank 算法计算出网页的 PageRank 值（等级/重要性），从而决定网页在结果集中的出现位置：PageRank 值越高的网页，说明该网页越重要，在结果中出现的位置越靠前。

Google 支持布尔逻辑检索，使用“ ”（空格）、“－”（减号）、“Or”来表示最基本的语法“与”“非”和“或”。其中“ ”（空格）表示逻辑“与”，比如用户如果希望了解信息检索的历史，希望搜索出来的网页上有“信息检索”和“历史”两个关键词，就可以使用这种逻辑检索式。另外，Google 还提供了“网页快照”功能，该功能可以使用户快速浏览服务器的缓存页面，提高了检索速度，并能解决常见的死链问题。

Google 首页如图 9－3 所示，检索框右侧有“高级检索”和“语言工具”链接。

图 9－3 Google 首页图

点击进入 Google 高级搜索页面，如图 9－4 所示，可以根据用户要求过滤结果页面，以提高搜索的精度。在该页面中可以设置搜索的语言，指定搜索的网页属性（如标题、正文、网址、链接）、搜索文件的格式（比如 pdf、word、excel）、日期，以及限定搜索的范围（在指定的网站内）等。通过高级搜索页面，可以大大降低搜索的复杂度，从而能有效地提高用户搜索的满意度和准确率。

Google 还提供了多种搜索服务功能，在图 9－4 的页面上部有一行链接，默认情况下 Google 是搜索“网页”，除此之外还有“图片”“地图”“新闻”等，点击旁边的“更多”，可以查看其他的搜索服务，其中不少还是很有特色的。比如，Google 代码可以下载 API 应用程序编程接口及开放源代码；Google 实验室提供了 Google 正在做的各种创意，用户可以使用并提供反馈意见；Google 学术搜索提供可免费搜索学术文献的简便方法，它包括世界上绝大部分已出版的学术期刊和会议文献；Google Play 支持用户随时随地免费或付费访问音乐、电影、图书和 Android 应用。

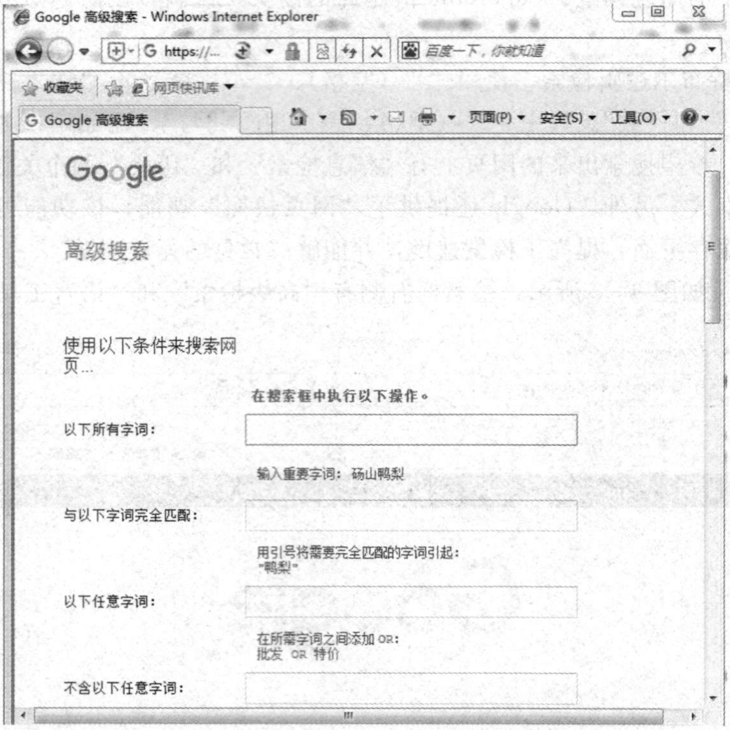

图 9-4　Google 高级搜索页面图

（二）百度

百度搜索主要以中文网页为主，其引擎具有响应速度快、实时性强、死链少、符合中文语言特点和中国人使用习惯等特征。百度搜索引擎采用了自主开发的智能网络蜘蛛，可自动地在网络中搜索信息。其采用的定制、高扩展性的调度算法，使得人们可以在极短时间内搜索到最大数量的中文网页信息，搜索范围覆盖了大部分华语地区和北美、欧洲的部分站点。在搜索结果输出排序方面，百度采用了基于内容和基于链接分析的算法进行相关度评价，能够较为客观地分析网页中所包含的信息，从而能最大限度地保证检索结果与用户查询字符串具有很高的相关性。

百度通过运用多线程技术、高效的搜索算法和稳定的 Unix 平台，以及本地化的服务器，使得每个检索的平均响应时间小于 1 秒。百度的首页如图 9-5 所示。百度同样支持简单搜索、高级搜索、二次搜索以及布尔逻辑检索，使用“ ”（空格）表示 And，使用“|”表示 Or，使用“-”表示 Not，使用圆括号提高优先级。如果关键词过长，百度会自动对其进行拆分；如果用户不希望关键词被拆分，则可以在关键词外加上双引号（为英文双引号）。

与 Google 类似，百度同样提供了百度快照（即网页快照）、拼音提示、错别字提示、英汉互译、专业文档搜索、图书搜索、股票查询等功能。除此以外，百度通过与相关公司、企业和部门的合作，为用户提供了更快、更专业、更深入的垂直搜索服务，它主要是

图 9-5　百度首页图

针对特定的行业、领域、主题的专门搜索。比如，百度与北大英华公司合作推出的针对法律方面的专业搜索，提供了我国从中央到地方的各项法律条文、法律词语解释等信息；与此类似的还有政府搜索、专利搜索、教育搜索、盲道、国学等。2009 年 12 月，百度将“百度知道文档分享”更名为“百度文库”，为网民提供了一个在线自由分享文档的开放平台。截至 2016 年 7 月，百度文库的文档数量达到 160929669 份。在这里，用户可以在线阅读和下载论文、专业资料、法律文件、公文模板等各类文档。该平台上的文档均由用户自己上传，百度会对上传文档的用户给予虚拟的积分奖励，并不会对用户上传的文档进行修改和编辑。用户通过积分可以下载自己所需的文档。百度提供了对多种文档类型的支持，比如主流的 .doc（.docx）、.xls（.xlsx）、.ppt（.pptx）、.pot、.vsd、.pdf、.txt 等文件格式。当然，这些分享的背后，还涉及版权保护的问题。

（三）常用学术搜索引擎举例

在学术科研领域，常用的专业或综合性学术搜索引擎较多，以下分别举例。

1. 综合性学术搜索引擎

（1）谷歌学术搜索（http：//scholar.google.com/）。

（2）亚马逊的 A9（http：//www.a9.com）。与 Google 同一水平的搜索引擎，其中 Web Result 部分是基于 Google 的，所以能保证和 Google 处于同一水平。另外，增加了亚马逊在书本内搜索的功能和个性化功能。

（3）百度学术搜索（http：//xueshu.baidu.com/）。收录国内外学术站点超过 70 万家，如中文学术站点知网、万方、维普，外文学术站点 ACM、IEEE、Springer 等，共计收录中文的学术资源总量超 1.5 亿，外文的超 1 亿，是国内首个拥有亿级别索引量的互联网学术平台。和谷歌一样，百度学术搜索只是结果呈现，大部分无法下载。

（4）Elsevier 的 Scirus（http：//www. scirus. com/）。Scirus 是目前互联网上较全面、综合性较强的科技文献搜索引擎之一，特别是对于期刊和专利搜索的效果很好。Scirus 覆盖的学科范围较广，包括大多数自然科学以及经济、金融与管理科学，语言学，法学，心理学，社会与行为科学等人文社会科学。

（5）Bielefeld 的 BASE（http：//www. base - search. net/）。BASE 是德国比勒费尔德（Bielefeld）大学图书馆开发的一个多学科的学术搜索引擎，提供对全球异构学术资源的集成检索服务。它整合了德国比勒费尔德大学图书馆的图书馆目录和大约 160 个开放资源（超过 200 万个文档）的数据。

（6）独秀学术搜索（http：//edu. duxiu. com/）。读秀学术搜索是一个面向全球的图书搜索引擎，上网用户可以通过读秀对图书的题录信息、目录、全文内容进行搜索，从而能方便快捷地找到想阅读的图书和内容，是一个真正意义上的知识性搜索引擎。读秀现收录 190 余万种中文图书题录信息，可搜索的信息量超过 6 亿页，且这一数字还以每天大概 50 万页的速度增长。读秀允许上网用户阅读部分无版权限制图书的全部内容，对于受版权保护的图书，可以在线阅读其详细题录信息、目录及少量内容预览。

2. 专业性学术搜索引擎

（1）数据库密码搜索 Ixquick（http：//www. ixquick. com）。严格意义上讲，其不是搜索引擎，而是连接搜索引擎和网络用户的“信息立交桥”，主要用于数据库密码搜索。

（2）CBSi 的 Findarticles（http：//www. findarticles. com）。Findarticles 是一个检索免费论文的工具，目前也提供一些收费论文及其支付渠道。

（3）化学品搜索引擎 Chmoogle（http：//www. chmoogle. com）。此搜索引擎提供超过千万种化学品信息或相应的供应商信息的检索，与 Chemblink（面向公众的化学品信息网站）相似；但与其不同的是，该搜索引擎可提供化学品结构式搜索。

（4）特定主题聚合学术搜索引擎 Vascoda（http：//www. vascoda. de）。Vascoda 是一个交叉学科门户网站的原型，注重特定主题的聚合，集成了图书馆的收藏、文献数据库和附加的学术内容。

（5）计算机和信息科学搜索引擎 Citeseer（http：//citeseer. ist. psu. edu）。它是一个关于计算机和信息科学的搜索引擎。

（6）专家个人主页探索引擎 Hpsearch（http：//hpsearch. uni-trier. de）。这是一个专家个人主页搜索引擎。

四、搜索引擎发展趋势

（一）搜索引擎行业发展趋势

搜索引擎作为最重要的互联网应用，其发展在国内外无论是 PC 端还是移动端都显示出不断创新和深度发展的趋势。图 9 - 6 所示为近年来搜索引擎在我国互联网用户中的使用情况，图 9 - 7 为手机搜索引擎在我国的用户规模和使用率。

作为互联网行业重要组成部分的搜索引擎行业，近几年的发展呈现以下几个趋势。

图 9-6 搜索引擎使用情况图

图 9-7 手机搜索引擎使用情况图

首先，人工智能技术成为发展重点，搜索精准度持续提升。人工智能技术与搜索算法深度融合，并应用于用户日常的产品搜索中。目前，主流搜索引擎的机器识别技术已经能够以较高的成功率探测或者识别语音、图像、视频等，从而进一步帮助用户实现所想即所搜、所搜即所得。

其次，移动端的垂直应用极大丰富，行业差异化竞争态势明显，信息搜索精准度、服务产品丰富度成为吸引用户、创新商业变现渠道的决定因素。例如，百度搜索加速连接“服务”，借助大数据精准定位用户搜索场景，提高从信息搜索到消费支付的转化率；搜狗搜索连接“社交沟通”“专业问答”等互联网应用，强化对专业优质内容的吸收力度；神马搜索借助手机浏览器用户规模优势和阿里巴巴大数据的支持，提升移动搜索体验。

另外，国家层面的监管政策开始强化对信息内容的规范。2016 年 6 月，国家互联网信息办公室发布《互联网信息搜索服务管理规定》，首次明确提出了“互联网信息搜索服务”的概念，明确了政府监管、企业社会责任与商业行为规范等方面内容，开始重视从监管层面改善信息搜索环境。

（二）搜索引擎技术发展趋势

搜索引擎技术发展的历史可以回溯到 1994 年 4 月世界上第一个搜索引擎 Web Crawler 的出现，迄今已发展到第三代。代表性产品详见表 9－4。

表 9－4 搜索引擎代表性产品表

代际	出现时间	产品名称	技术特点	局限性
第一代	1994 年 4 月	Web Crawler	第一个全文搜索引擎	以反馈结果的多少来衡量搜索结果，搜索结果相关性差且排序不好
	1995 年 3 月	Yahoo!	全文搜索引擎	
	1995 年 12 月	AltaVista	第一个支持自然语言和高级搜索语法	
	1995 年	Metacrawler	第一个元搜索引擎	只能调用有限的几个主要搜索引擎，限制使用高级搜索语法，无法对搜索结果进行很好的排序等
第二代	1998 年 9 月	Google	使用了数据挖掘技术和网站评级技术	查全率低，查准率低
第三代	2005 年 9—10 月（美国政府和微软构想）	Google	技术驱动型	
	2007 年 4 月	Jwm guagua	服务驱动型	

2003 年 8 月，中国搜索的 CEO 陈沛首次提出了第三代搜索引擎的概念；2005 年 9 月，美国政府提出要研制第三代搜索引擎；2005 年 10 月，微软也公布了第三代搜索引擎的构想。第三代搜索引擎有 5 个发展趋势。

（1）智能化。第三代搜索引擎将在目前搜索引擎具备的智能词组联想和编辑、整合搜索、引导查询等功能基础上进一步深化发展，探索更高级的人工智能方向。例如，施乐、Powerset、Lexxe 等公司正试图在智能词组方面做出进一步突破。

（2）个性化。个性化是指在搜索同一信息时，搜索引擎会根据不同用户而呈现不同页面。它运用网络信息挖掘、Agent、信息推送等技术，根据用户的喜好判断不同页面的权重，进而选择检索结果排序。目前已有很多搜索引擎在进行个性化搜索的探索。

（3）社区化。社区化趋势指体现互联网开放精神的公众参与。例如，维基百科就是由世界各国的网民一起参与编纂而形成的一个开放的百科全书网络项目。

（4）专业化。专业化也是搜索引擎发展的一大趋势，主要为解决普通搜索引擎返回结果多而杂的缺点。它采用聚焦、实时和可管理的网页采集技术，具有从非结构化内容到结构化数据的网页解析技术，并进行联合检索和精、准、全的全文索引，以及高度智能化的文本挖掘。目前虽然该技术还不太成熟，但未来会具有很好的应用效果。

（5）集成化、多媒体化。集成化就是元搜索引擎的深化发展，是搜索引擎的一个重要的发展方向；多媒体化是指强化对多媒体信息检索的支持。

第三节　多媒体信息检索

多媒体信息检索是指根据用户的要求，对文本、图形、图像、音频、视频等多媒体信息进行识别和获取的过程。但多媒体信息检索系统并不是简单地对多种媒体进行检索，它必须既能对以文本信息为代表的连续媒体的内容进行检索，也能对以图像、声音为代表的连续媒体的内容进行检索。从涉及的信息角度看，其可分为基于文本和基于内容的两种多媒体信息检索方式。大多数视频、音频的多媒体信息检索是基于文本的检索，例如Google、百度、搜搜等主流搜索引擎都提供基于文本的图片、视频和音频搜索，且应用比较成熟。本节主要介绍国内外基于内容的多媒体信息检索的现状。

一、多媒体信息检索概述

（一）多媒体信息检索原理

多媒体信息检索是对媒体对象的内容及上下文语义环境进行检索，如图像中的颜色、纹理、形状，视频中的镜头、场景、镜头的运动，声音中的音调、响度、音色等。多媒体信息检索突破了传统的基于文本检索技术的局限，直接对图像、视频、音频内容进行分析，抽取特征和语义，利用这些内容特征建立索引并进行检索。在这一检索过程中，它主要以图像处理、模式识别、计算机视觉、图像理解等学科中的一些方法为基础技术，是多种技术的合成。与传统的基于关键词的数据库检索相比，多媒体信息检索有如下特点。

1. 直接从内容中提取信息线索

多媒体信息检索是直接对文本、图像、视频、音频进行分析，从中抽取内容特征，然后利用这些内容特征建立索引并进行检索。

2. 是一种相似度检索

传统的数据库检索是精确检索，即检索的结果是完全满足检索条件的。而多媒体信息检索通过采用一种近似匹配（或局部匹配）的方法和技术，逐步来获得查询和检索结果。它是一种相似度的检索，即存在一个反映信息库中的对象与检索要求相似程度的量，检索的结果是按照相似程度的大小顺序，返回相似度最大的一组对象。它摒弃了传统的精确匹配技术，避免了因采用传统检索方法而带来的不确定性。

3. 是一种近似检索

多媒体信息检索是面向媒体信息库进行查询的，但由于媒体对象内容的丰富性而且一般检索表达并不能充分反映检索要求，所以在应用查询结果中会有遗漏，是一种近似检索，其目的是换取其他性能的改进（比如检索速度）。

4. 能满足用户多层次的检索要求

多媒体信息检索系统通常由媒体库、特征库和知识库组成。媒体库包含多媒体数据，如文本、图像、音频、视频等；特征库包含用户输入的特征和预处理自动提取的内容特征；知识库包含领域知识和通用知识，其中的知识表达可以更换，以适应各种不同领域的应用要求。综合而论，多媒体信息检索能满足用户多层次的检索要求。

(二) 多媒体信息检索服务及其构成

多媒体与超媒体信息检索系统是一种人机交互系统，也是多媒体通信系统中一个十分重要的分支。

1. 多媒体信息检索服务的系统结构

信息提供者：信息提供者是多媒体信息检索服务的重要组成部分，它是多媒体和超媒体检索系统中的全部信息的产生者。信息提供者将多媒体信息产生出来，并以一定规则传送出去，该角色要符合几个最基本要求：(1) 有编辑多媒体与超媒体信息的能力；(2) 可向数据库上载它产生的多媒体和超媒体信息，并有能力修改数据库；(3) 可向下加载检索途径 (Trace)。

信息库：在多媒体信息检索服务系统中，全部信息是存放于信息库中的。由于多媒体与超媒体信息的特殊性，其数据库结构也是特殊的，特别是在从硬盘中大量读取信息的场合。因此，需要特殊算法来满足需要。信息库要满足：(1) 可存储多媒体与超媒体信息；(2) 能通过交互检索已存储的多媒体与超媒体信息；(3) 能接收信息提供者的上载数据。

信息系统管理者：多媒体信息检索服务系统是很复杂的系统，它不是一个简单的点对点通信，因而在系统中将有一个信息管理者存在。信息管理者要做到：(1) 管理多媒体和超媒体信息；(2) 管理多媒体和超媒体信息目录；(3) 管理系统用户；(4) 上载已处理的检索过程；(5) 下载未处理的检索过程；(6) 计费；(7) 接入控制；(8) 保护；(9) 系统监测。

信息系统用户：多媒体和超媒体信息检索系统的用户是系统信息的实际消费者，它受信息管理者管理并接入系统，通过多种途径来检索所需信息。信息消费者的角色要求包括：(1) 查阅多媒体和超媒体信息目录，查看系统的有效信息；(2) 根据有效的信息目录来检索多媒体与超媒体信息；(3) 下载和修改多媒体与超媒体信息；(4) 多媒体与超媒体信息的远程查询；(5) 上载未处理的检索过程。

2. 多媒体信息检索服务的网络拓扑结构

多媒体信息检索服务有三种典型的网络拓扑结构。

点对点：这是一种常用的拓扑结构，用户终端与数据库是点对点连接。这种结构中也包含多个用户对一个数据库主机的星形连接。由于在这种网络拓扑结构中，一个用户只能查一个数据库，因而这种拓扑结构适用于专网信息系统。

一点对多点：在这种拓扑结构中，一个用户可访问多个数据库主机，因而也可查找多个数据库的信息资源，这是一种适用于公共网信息系统的网络拓扑结构。需要强调的是，这里对不同数据库的路由选择是由终端来实现的 (或由终端用户来实现)，因而系统中数据库的增减需及时通知全部用户，否则将产生系统对多点的网络拓扑结构差错。

一点对多点 (通过接入点设备)：在这种网络拓扑结构中，一个用户可访问多个数据库主机，因而也可查找多个数据库的信息资源，这也是一种适用于公共网信息系统的网络拓扑结构。与前一种不同之处在于，它增加了一个接入点设备（Access Point，AP），因而从性能上大大优于前一种方式。由于在网络中增加了接入点设备，它将负责对系统中数据库的管理，这样对不同数据库的路由选择已不是终端（或终端用户）的事，而是由接入点设备来自动完成。系统中数据库的增减只需在接入点处进行登记，而无须通知所有用户；另外，接入点设备还可实现对用户终端的控制和管理。因而与前一个网络拓扑结构相比，这一种结构更为实用。

3. 多媒体信息检索服务系统处理的信息

第一类，内容数据信息。这是用单一媒体的编码标准来表示的信息，它包括文本、二维和三维图形、静止图像、二值图像、声音和活动图像。

第二类，多媒体和超媒体信息。多媒体和超媒体对象可用它们在实时交换环境下的适当标准来进行表示和编码，它用到单媒体的一些表示标准。多媒体和超媒体表示信息的标准，至少必须具有下列特点：(1) 在表示对象之间可有不同的时间同步算法；(2) 具有表示对象间的空间复合的能力和机制；(3) 可以用 Hyperlink 去引用外部的表示信息；(4) 可以定义用户的不同输入请求；(5) 定义对象间的链接，例如事件（Event）和作用（Action）的链接；(6) 描述与对象相联系的题目信息，详细说明它是如何在用户面前显现的；(7) 提供一种可引用内容或将这些内容包含在多媒体与超媒体对象之中的机制。

第三类，脚本信息。脚本信息选用一些合用的标准来编码和表示，它采用单媒体信息的编码标准和多媒体与超媒体信息的编码标准。脚本信息是一组特定的用语义关系联系起来的结构化的多媒体和超媒体信息，它需要提供这一组多媒体信息的运作过程及与外部处理模块间的关系。脚本信息至少需具备如下特点：(1) 能控制对结构的操作；(2) 宣布全局控制事件；(3) 复杂的定时操作；(4) 多媒体与超媒体信息对象的表示；(5) 外部处理机的调用；(6) 库函数的调用；(7) 定义校核点及从校核点的恢复功能。

第四类，特定的应用信息。上面所述的信息是三类低层的信息，可以由标准来定义和表示。第四类信息是高层信息，它是与应用密切相关的，随应用场合的不同而有很大的不同。它不像前三类信息那样有一般性的表示方法，而是采用基于前三类的表示方法。

二、多媒体信息检索类型

(一) 图像信息检索

图像信息具有丰富的内涵，给人以直观、形象、生动的感受，在多媒体信息中是一种重要的信息形态。基于内容的图像信息检索是指通过分析图像的内容，取其颜色、形状、纹理等可视特征，建立特征索引，存储于特征库中；在检索时，用户只需把自己对图像的模糊印象描述出来，就可以通过多次的近似匹配，在大容量图像库中查询到所需图像。常用的检索方法有：基于颜色特征的检索、基于纹理特征的检索和基于轮廓特征的检索。

由 IBM Almaden 研究中心研究开发的 QBIC（Query By Image Content，基于图像内容的查询）系统允许用户使用例子图像、用户构建的草图和简图、用户选择的颜色和纹理模式、镜头和目标的运动以及其他的图形信息等，在大型图像和视频数据库中进行查询，如图 9-8 所示。

自从 1995 年投入使用以来，QBIC 系统已经被许多数字图书馆和数字物品收藏机构使用。例如，俄罗斯冬宫博物馆采用该系统提供基于网络的数字图像信息检索，用户可以

图 9-8　QBIC 图像检索页面图

通过从调色板中选择颜色或在画布上绘制草图的方式检索图片信息；此外，用户还可以提交具有相似视觉特征的所有图片信息的检索请求来优化检索结果。

自动语义识别和标引是基于内容的图像信息检索领域一个新的发展方向。在理想状态下，自动语义识别和标引能够发现一幅图像中包含的语义特征并给它分配一组元数据，因此允许用户通过文本的方式检索图像信息。然而，如何从图像的物理特征中自动提取语义特征是个难题，需要人机交互、机器学习、神经网络等方面的知识。

此外，计算机处理器和人脑之间的语义差距是开发一个性能良好的自动语义识别和标引系统的主要障碍。Wang 的 ALIPR（Automatic Linguistic Indexing of Pictures - Real Time，实时自动图像标注系统）项目，是此领域的一项研究成果。通过网络界面，用户可通过几种不同的方式检索图像信息：可进行基于文本的检索和向系统提供反馈信息检索类似图像；也可上传一幅图像，系统通过对该图像进行语义分析，自动产生一系列的标引或标签，然后在数据库中检索与所上传图像具有相似视觉特征的图像。在自动标引过程中，如果用户感觉系统自动给出的标签不太合适，也可为该图像输入其他合适的标签来描述该图像。

基于内容的图像信息检索技术未来的发展趋势是：人机结合，在高层语义与低层视觉特征之间建立某种联系，利用诸如神经网络、遗传算法及聚类算法等学习机制；面向 Web，建立成熟的图像搜索引擎和高维数据的索引，并向图像内容的主观感知、图像特征映射与图像基寻找、交叉领域和多媒体的融合等方向发展。

美国哥伦比亚大学图像和高级电视实验室开发的 Visual Seek 系统是一个基于内容的图像视频检索系统，它提供了一套供用户在 Web 上搜索和检索图像视频的工具，同时支持基于视觉特征的查询和基于空间关系的查询。它的主要特点是利用了图像区域间的空间关系和从压缩域中提取的视觉特征，而视觉特征则利用了颜色集和基于小波变换的纹理特征，如图 9-9 所示。

图 9-9 Visual Seek 系统界面图

美国麻省理工学院多媒体实验室开发的 Photobook 检索系统由 3 个子系统组成，分别负责提取形状、纹理、面部特征（图 9-10）。因此，用户可以在这 3 个子系统中分别进行基于形状、基于纹理和基于面部特征的图像检索。

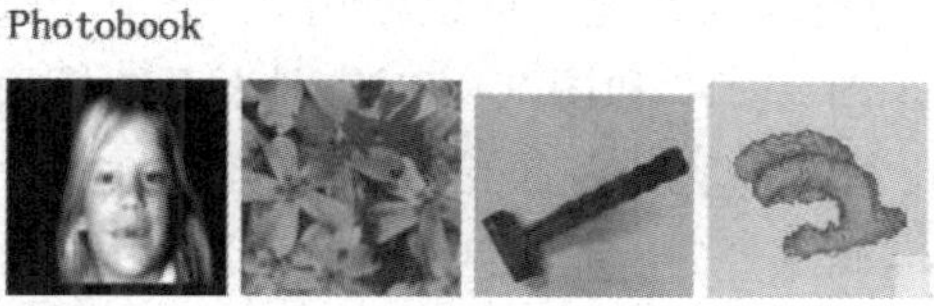

图 9-10 Photobook 检索系统页面图

加利福尼亚大学 ADL（亚历山大数字图书馆）开发的 Netra 是一个 CBIR（Content-Based Image Retrieval，基于内容的图像检索）原型系统。它着重从已分割的图像中查找相似区域进行匹配，使用了一些特殊的特征表述，便于快速完成用户的一些特殊查询，如可以检索出包含 A 的颜色、B 的形状、C 的纹理的图像，并将它们分类列出。在新版本中，Netra 为用户提供了一个基于区域和颜色特征的图像检索系统，主要采用了研究小组在彩色图像分割算法和局部颜色特征描述方面所做出的一些成果（如色彩量化、特征的距离化度量等），使得图像分割更加快速（图 9-11）。

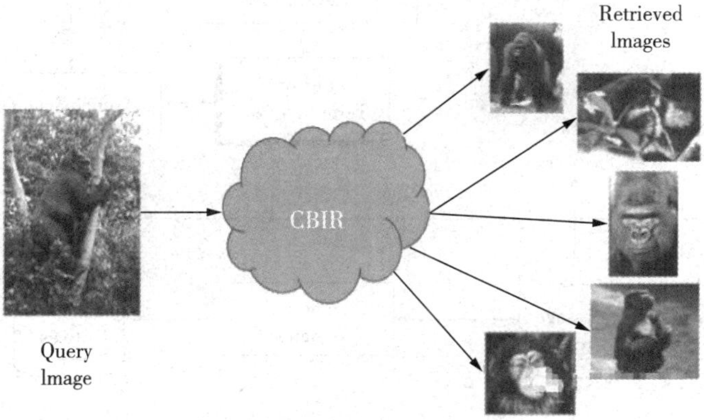

图 9-11 Netra 页面图

（二）音频信息检索

基于内容的音频信息检索指通过音频特征分析，赋予不同的音频数据以不同的语义，使具有相同语义的音频在听觉上保持相似，从而可以通过语义检索来达到音频检索的效果。音频检索首先是建立音频和特征数据库，对音频数据进行特征提取，将相同类型的音频数据装入数据库的原始音频库部分，把特征装入特征库部分，然后进行音频分割、识别和检索。相应地，基于内容的音频检索技术就包括音频信号特征提取、音频分割、识别和检索等。

基于内容的音频信息检索技术面临的挑战，主要集中在直接压缩域音频检索、基于高层听觉感知模型的音频信息检索、音频类别的确定和基于情感的语音分类等方面。国外研究机构对音频检索进行了多方面的研究，例如，Guohui Li 等提出了使用小波方法进行音频检索的方法；IBM Almaden 研究中心的 Malcolm Slaney 提出了音频例子和语句可互相转换的 MPESAR 系统；Cheng Yang、George Tzanetakis 等用不同的算法实现了具有音乐检索功能的系统；Eloi Batlle 等提出了基于 HMM（Hidden Markov Model，隐马尔科夫模型）的音频检索系统；John H. L. Hansen 提出了用于 NGSW 的快速检索算法等。

VMR（Video Mail Retrieval，视频邮件检索）系统是由英国剑桥大学工程系开发研制的基于 HMM 关键词识别技术的系统，可以使用 35 个预先选定的关键词做检索，具有较为出色的音频处理效果。图 9－12 和图 9－13 分别为系统模块图和用户界面信息图。

美国 Muscle Fish 公司基于内容的音频检索系统是目前较为完整的原型系统，对音频的检索和分类有着较高的准确率。

国内早期在音频检索方面的研究并不多，最早的研究成果是一套基于内容的音频信息检索与分类系统 ARS。但近几年来发展迅速，例如我国台湾地区的台湾清华大学开发的

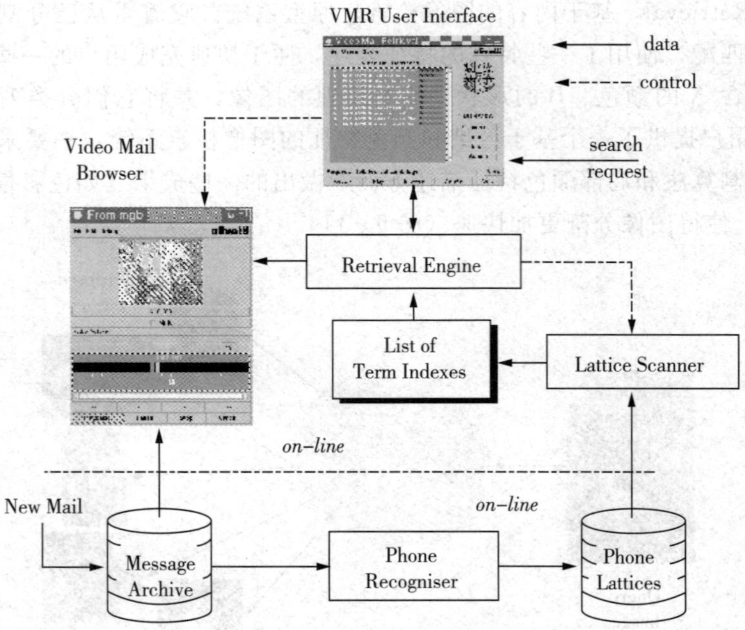

图 9－12　VMR 系统模块图

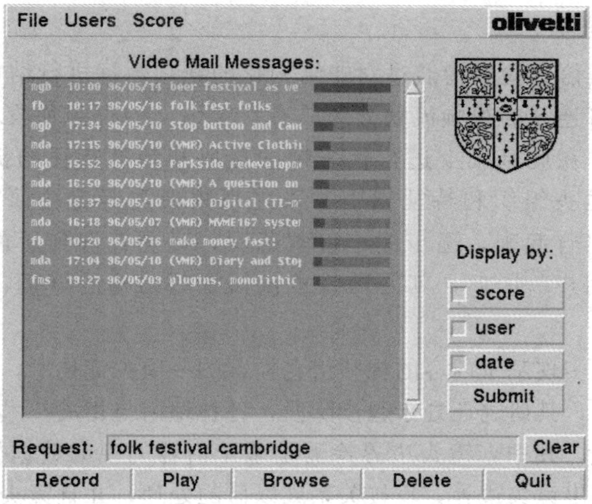

图 9－13　VMR 系统用户界面信息图

基于语音识别的语音检索系统 Sovide，上海交通大学开发的基于内容的音乐检索系统，罗骏等人提出的基于拼音图的语音关键词检索系统等。国家“863 计划”智能计算机专家组为语音识别技术研究专门立项，在一定程度上推动了语音方面研究的进展。近年来，我国语音识别技术的研究水平已经基本上与国外同步，由此也推动了音频检索的迅速发展。中科院自动化研究所开发成功了面向海量内容处理的语音检索系统（Pattek SIR v. 1. 5），将先进的语音综合处理技术应用于广播电视音视频节目的检索与管理，设计目标是让用户可以像使用 Google、百度来检索文本那样方便地对语音内容进行检索（图 9－14）。

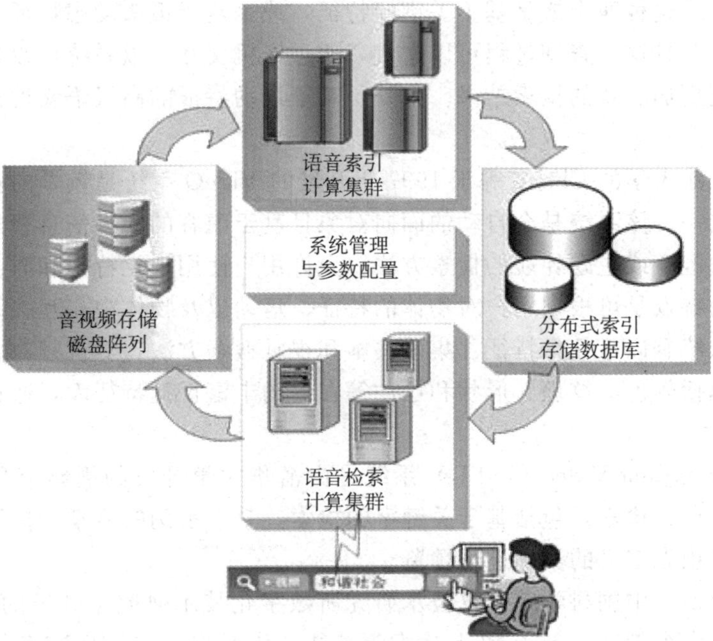

图 9－14　Pattek SIR v. 1. 5 系统功能框架图

（三）视频信息检索

基于内容的视频信息检索指通过对非结构化的视频数据进行结构化分析和处理，采用视频分割技术，将连续的视频流划分为具有特定语义的视频片段——镜头，并将其作为检索的基本单元，在此基础上进行代表帧的提取和动态特征的提取，形成描述镜头的特征索引；依据镜头组织和特征索引，采用视频聚类等方法研究镜头之间的关系，把内容相近的镜头组合起来，逐步缩小检索范围，直至查询到所需的视频数据，并按照用户要求返回给用户。因此，其处理技术包括视频结构的分析、视频数据的自动索引和视频聚类等。

视频数据处理是实现基于内容的视频信息检索的一项关键技术，它直接影响到视频特征匹配和检索的精度，其研究还处于起步阶段，各种理论与相关技术都不尽完善，需要继续做大量的研究探讨。其中，镜头边界检测是基于内容的视频数据处理必不可少的第一步，能否准确地检测出镜头边界，直接关系到以后的处理，并且镜头边界检测所用到的颜色、纹理和运动特征都可用于镜头的索引，所以有必要对此进行重点研究；视频数据的特点在于时变性和动态性，因而如何更好地描述摄像头的各种运动和对象的运动也是一个研究重点；此外，视频的数据量很大，寻找快速算法也是基于内容检索的视频处理必须解决的一个问题。

提取视频图像特征后，还要建立基于视频特征的索引。索引是对特征库的快速访问，对于特征库中每个数据项，索引项都要包含关键属性值及可能直接访问该数据项的指针。通过索引，用户就可以进行基于内容的视频检索和浏览了。基于内容的检索是一个近似匹配、逐步求精的循环过程，主要包括初始查询说明、相似性匹配、返回结果特征调整等步骤，直至获得用户满意的查询结果。在基于内容的视频检索中，一般采用相似性度量对视频进行近似匹配，这种匹配或是基于关键帧特征，或是基于镜头动态特征，或是将二者相结合进行查询；并且这一查询过程可以迭代，通过人机交互，以系统可以接受的反馈重新搜索，从而得到更加满意的检索结果。另外，基于运动特征的高级语义检索也有很好的发展前景。

美国哥伦比亚大学的 Chang 等于 1997 年开发的 VideQ 系统是较早的基于内容的视频信息检索系统之一。该系统是全自动的面向对象且基于内容的视频信息检索系统，它扩充了传统的基于关键字或主题导航的检索方法，允许用户使用视觉特征和时空关系来检索视频。其最突出的特点是可根据用户对物体的特征、运动以及物体中相互关系的描述来查找相关镜头。该系统有以下几个特征：集成文本和视觉搜索方法，对视频对象进行自动分割和追踪，提供包括颜色、纹理、形状和运动等在内的丰富视觉特征库，通过互联网交互查询和浏览。

TV-FI（Tsinighua Video Find It）系统是由清华大学开发的视频节目管理系统，提供基于内容的浏览、检索，包括基于关键字的检索、基于示例的检索、按视频结构进行浏览及按用户自己预先定义的类别进行预览。

iVideo 系统是由中国科学院计算技术研究所数字化技术研究室开发的视频检索系统，具有视频分析、内容管理、基于 Web 检索等功能。该系统参照 MPEG-7 标准描述视频数据，采取高层语义特征与底层视觉特征相结合以及相关反馈等手段，有效提高了检索结果的准确度，并根据不同终端设备自适应地显示查询结果。

总之，基于内容的多媒体检索技术的日益成熟将使人们可以更加有效地实现海量多媒体数据的存储、管理和检索，这样人们就可以通过网络更加方便、有效地实现全球多媒体信息的共享；而且随着电子出版物和网络化信息资源的普及利用，基于内容检索技术的应用范围将更加广泛，可以应用于数字图书馆、网络多媒体搜索引擎、交互电视、远程教育、远程医疗、远程购物等，这将对人类的生活产生深远的影响。

第十章　学术规范与论文写作

学术规范是促进学术发展和繁荣的重要保障。近年来高等教育界和学术界不断爆出的一些学术丑闻，尤其是不少国际刊物上频频出现中国研究人员的学术失范现象，给我国学术研究、大学声誉乃至中国的国际形象带来了很大的负面影响。为了规范学术行为，教育部于 2004 年 8 月发布了《高等学校哲学社会科学研究学术规范（试行）》（以下简称《规范》）。该《规范》对高校哲学社会科学研究的基本规范、学术引文规范、学术成果规范、学术评价规范、学术批评规范都做了明确的规定，通过营造一个良好的学术大环境，为约束和打击学术不端行为提供了一个很好的依据。

2009 年，教育部联合科技部、中国科学院、中国工程院等 10 个部门，联合发布了《关于加强我国科研诚信建设的意见》，从“科研诚信法制和规范建设”“完善科研诚信相关的管理制度”“完善监督和惩戒机制，遏制科研不端行为”等 7 个方面提出了推动科研诚信建设的举措。

为了使学术规范要求更具有操作性和针对性，教育部社会科学委员会学风建设委员会组织编写的《高校人文社会科学学术规范指南》和教育部科学技术委员会学风建设委员会组织编写的《高等学校科学技术学术规范指南》，分别于 2009 年 6 月和 2010 年 6 月由高等教育出版社和中国人民大学出版社出版。

2012 年，教育部为维护高校科学研究秩序，营造良好科研氛围，增强高校科研能力，促进教育科技事业科学发展、健康发展，就规范高校科研行为制定了《教育部关于进一步规范高校科研行为的意见》。除了教育部之外，各高校如北京大学、清华大学、南京大学、复旦大学、武汉大学等也都制定了符合各自学校校情的学术规范条例、学术道德与学风建设的规章制度等。

2016 年 7 月，教育部为健全完善高校学术不端行为预防与处理机制，依法规范处理学术不端行为，优化高等学校学术环境，颁布了《高等学校预防与处理学术不端行为办法》，明确了“剽窃、抄袭、侵占他人学术成果，篡改他人研究成果，伪造数据或捏造事实，不当署名，提供虚假学术信息，买卖或代写论文”6 类学术不端情形，同时对学术不端案件的受理、调查、认定、处理、复核与监督等内容做了全面规定，提出了许多重要的制度举措。

2018 年 5 月，中办、国办印发《关于进一步加强科研诚信建设的若干意见》，由科技部和中国社科院分别负责自然科学领域和哲学社会科学领域科研诚信工作的统筹协调和宏观指导工作，建立学术期刊预警机制，将科研诚信状况作为各类评价的重要指标。

学术论文写作是学术规范的重要体现，从论文写作选题确定到论文写作完成，从论文发表到论文评价，学术规范贯穿论文写作的全过程。学术论文写作也是大学生和研究生顺利毕业的一个重要环节，良好的学术规范是论文写作顺利进行的保障。

第一节　学术规范

一、学术规范概述

20 世纪 90 年代以来，我国学术界开始重视学术规范问题，并曾就学术规范的含义进行过一些探讨。学术规范，顾名思义是与学术活动有关的一种规范。不过伴随着学术研究活动的发展，学术规范的内涵、外延也都发生了相应的改变，20 世纪 90 年代一些学者提出的学术规范定义已经不能很好地反映当下学术研究活动。目前，学术界对“学术规范”一词定义得比较完整的是南京大学叶继元教授。他认为：“学术规范是指学术共同体根据学术发展规律参与制定的有关各方共同遵守的有利于学术积累和创新的各种准则和要求，是整个学术共同体在长期学术活动中的经验总结和概括。”“规范不是哪个人、哪个机构单独‘制定’的，而是源于和发展于学术共同体。……规范既不同于法律，也不同于道德，但又与它们有些许交叉。没有规范是万万不行的，但一切依赖于规范也是不明智的，规范再细，也不能杜绝失范、不端等现象，必须要有‘法’和‘道德’的补充。”学术规范的“内容大体包括基本规范、研究程序规范、研究方法规范、学术成果呈现规范、引文规范、署名及著作方式标注规范、学术评价和批评规范等。这里既包含研究形式的技术规范，又包括内容的技术规范，也包括科研的基本价值观或科学精神，……应贯穿学术活动的全过程。”随着时代的发展，学术规范不断被赋予新的内涵和外延，例如，2018 年国务院办公厅印发的《科学数据管理办法》明确要求加强和规范科学数据管理，这就表明学术规范已逐渐从科研过程中的“应知应会”，不断拓展到对学术创新基石的规范化管理。

二、学术规范的作用

目前，部分研究人员认为“学术规范”所规定的一些原则、方法（如引文格式、注释标注等），大大限制了学术自由。事实上，学术规范是随着学术研究活动（或某一具体学科）的发展而不断完善的，它只是一个手段，其根本目的是促进学术创新，增进某一学科被证实的知识。学术规范在功能定位上至少包括微观层次的具体规则与文本规范的适用功能，中观层次的学科发展与学术标准的约束功能，以及宏观层次的逻辑思维与意识形态的引导功能。具体而言，学术规范的作用包括以下几方面。

（一）更有效地促进实质性学术交流

学术的进步依赖于学术共同体之间广泛、深入的交流，交流越有效，进步越快，因为实质性的学术交流可以使各研究主体能够共享各自研究的经验、成果，互补其局限，启迪新的思想火花。要有实质性的学术交流，则必须要有真实的内容、可靠的信息，而这些又取决于遵守学术规范的程度。例如，一篇论文，选题有意义、综述他人研究全面、研究方法得当、论证清晰、参考文献或文献注释著录准确，即符合学术规范，那么同行阅读后就能有收获，至少能受启发，也能根据参考文献的信息进一步查找文献、检验研究结论等，这样才能有效地促进实质性的学术交流。如果一项成果不遵守有关规范，没有提供有价值的内容或信息，读者不能核查和验证，那么即使从形式上看，好像是在学术交流，其实是没有实际意义的。当下不少学科都在提倡“走出去”，提倡加强与国际接轨，国际同行对于学术规范的强调远胜于中国，因此在与国际同行交流的过程中，更要严格遵循学术规范，因为这是“走出去”的基础。

（二）更扎实地促进基础性学术积累

任何一个学科的健康发展都离不开扎实的学术积累，学术积累越扎实，学术基础就越充分。按照库恩的“范式（Paradigm）”理论，学科在大多数情况下均处于“常规阶段”，在大的学术框架下，遵守一定的范式，取得一系列成果。当出现较少“例外”情况时，该范式会被修正。只有当“例外”很多时，即“危机阶段”到来时，“革命”才会出现，于是又进入新的“常规阶段”，新的循环又开始。任何一个学科，要想有重大突破、原始创新，或曰“革命”，必须先对学科的每个概念、术语、原理或定律等进行细致分析和概括，积少成多，“量变引起质变”，而在此阶段，学术规范扮演着重要的角色。因为学术规范强调，任何一项真正的研究，必须为整个学科“大厦”添砖加瓦，不能进行伪问题研究或无意义的重复研究。

（三）更明确地促进多样性学术创新

学术创新是学术研究的根本目的。学术创新按照不同的划分标准可以有不同的类型，诸如理论创新与应用创新；原始创新，集成创新，引进、吸收再创新，移植创新；研究观点创新、研究方法创新、数据创新、资料创新等。创新有大有小，层次有高有低，但是，不论是何种创新，都是在前人、今人研究基础上所取得的，都需要直接或间接地借鉴他人的研究经验和教训。诚然，创新有多种多样，在学科发展的“常规阶段”，各种小创新较多，而在“危机与革命阶段”，往往会出现重大原始创新。我们既要有各种各样的小创新，更要有重大的原始创新，而这首先要认清规范、遵守规范，不排斥各种各样的小创新；在各种小创新的基础上，才有可能突破不合时宜的旧规范，实现重大原始创新，建立新的规范。

（四）促进学术新人的学术训练

学术研究需要有传承，需要一代代学人的不断努力。目前，不少学科都存在一些学术失范与不端行为，除了极少数人是明知故犯外，大多数人尤其是青年学人是由于不了解何为学术规范，不明确什么是抄袭、拼凑，不清楚如何做注释、引用等造成的。因此，迫切需要将学术研究，特别是某一具体学科的历史、经验、规范等明晰化、条文化，以便研究人员知会、遵守。学习和遵守学术规范，特别是某一具体学科的学科规范，有助于提升研究人员尤其是青年研究人员对学术研究的认同感，培养其基本的学术素养，夯实其学术基础。

三、学术规范的内容

根据 2004 年教育部颁布的《高等学校哲学社会科学研究学术规范（试行）》中的规定，学术规范的内容主要包括：基本规范、学术引文规范、学术成果规范、学术评价规范、学术批评规范。

（一）基本规范

学术研究的基本规范包括：

（1）高校哲学社会科学研究应以马克思列宁主义、毛泽东思想、邓小平理论、“三个代表”重要思想、科学发展观和习近平新时代中国特色社会主义思想为指导，遵循解放思想、实事求是、与时俱进的思想路线，贯彻“百花齐放、百家争鸣”的方针，不断推动学术进步；

（2）高校哲学社会科学研究工作者应以推动社会主义物质文明、政治文明和精神文明建设为己任，具有强烈的历史使命感和社会责任感，敢于学术创新，努力创造先进文化，积极弘扬科学精神、人文精神与民族精神；

（3）高校哲学社会科学研究工作者应遵守《中华人民共和国著作权法》《中华人民共和国专利法》《中华人民共和国国家通用语言文字法》等相关法律、法规；

（4）高校哲学社会科学研究工作者应模范遵守学术道德。

具体到某一学科的基本规范，除了上述内容外，还包括该学科的基本概念、基本命题与定律、基本与核心内容（含学科性质、学科体系、学科边界等）、学科基本建制（含学术史、主要学派、代表学者、院系、期刊、学会协会等）和学科基本价值与研究操守等。

（二）学术引文规范

引文（Citations）通常有两个含义：一是指引用资料，即在一个著作中引用其他作品的片段内容或他人所发明的定义、定理；二是指参考文献（Bibliographic References），是指为撰写或编辑论著而引用或参考的有关文献资料，通常附在论文、图书或每章节之后，有时也以注释（附注、文内注或脚注）的形式出现在正文中。

容易与引文混淆的一个概念是注释（Note）。注释也称注解、注文，是用简明的文字解释和说明文献中特定的部分。它可以是与正文某一特殊问题密切相关的简短的交代，也可以是需要另外补充的有关题旨的小段评论，一般包括题名注、作者注、文献注、术语注、论据注等，常排印在该页地脚（脚注）或文末（尾注）。

注释与引文是两个概念，但有交叉关系。注释中的资料出处与引文（参考文献）标注极为相似，可以说是名称不同而含义相当，因为它们都能提供相同的书目信息。如上所述，引文有时也以注释（附注、文内注或脚注）的形式出现在正文中。引文以注释形式出现有以下几种基本形式：（1）文末引文。文末引文对于读者了解作者参考引用的文献有总体把握，也便于对引文进行统计分析，但缺点是不便于反映引用频次，且对应式的引文需翻页对照。（2）页末引文。在文中标注引文号，在页下注明文献出处，优点是便于读者直接对照，而且随引随注，对于分析引文引用频率、分量及内容、动机都是很好的一手资料，但不易反映对文献主题、方法、结构等有参考作用的非实质引用文献。（3）文中引文。在文中的直接引文后用括号注明文献出处，此种形式便于直接对照查找出处，但读者阅读时常被括号打断，使原文不太连贯，对引文分析也不是很方便。严格意义上，文献注释与引文（参考文献）还是有细微的差别。如在出处项，文献注释通常都要标注出处和所引内容具体的页码，而参考文献中有的注出具体页码，有的则没有；二者的格式、标点符号等也有轻微的不同。

引文是科学对话的一种方式，既是定性的，又是定量的，它是作者的“主观”判断，但其引文的“数据”则是“客观”的。引文是作者（同行）的主观判断，也就是所谓的“同行评议”，是能够读懂被引文献的本领域同行或相关领域同行对其研究是否“有用”或“有帮助”的判断。从表面上看，引文是作者群体一种无规则的行为，但实际上它是作者群体在学术共同体认同的学术理念和规则影响下产生的、可以考察分析的一种学术交流现象。从引文性质上看，引文有正面、中性和负面之分；从引文层次上看，有深度、中度和浅度之分。从科学社会学的观点看，表面上不同含义的引文，在数量足够大的情况下能反映作者群体对科学文献的主流看法，具有一定的评价功能，否认或夸大其评价功能都是片面的。一般来说，学术理念、学术规范遵守得越好，引文所表现出的规则性就相对越强，这可从中外的引文行为、成熟学科与发展中学科的不同引文质量的分析中得到证明。

学术引文规范主要包括以下几方面的内容：

(1) 引文应以原始文献和第一手资料为原则。这是针对引用文献来源的规范。有些文献，特别是一些著名文献，往往有汇编本、改编本、简本、摘要等形式，作为原则，引用时应尽可能使用原始形态的文本。比如原本和汇编本并存，则尽量使用原本；原文和摘要并存，则尽量使用原文。这是为了最大限度地忠实于原作，防止由于汇编、改编等编辑工作使文献的本来面目失真。人文社科领域的有些文献，原始形态的文本不通行，或已亡佚，在这种情况下，当然可以使用非原始形态的文本。典型的例子如中国古代的类书。按照一般的规范，使用类书中的资料必须和原书核对，但类书中辑录的许多资料，原书今已亡佚，对这类资料，允许直接引自类书。另外，凡引用他人观点、方案、资料、数据等，无论曾否发表，无论是纸质或电子版，均应详加注释。

(2) 原则上不采用间接引用方式。所谓间接引用，就是所谓的“转引”——引用第三者作品中所引用的内容。凡转引的文献资料，应如实说明。在学术研究中，转引原则上是被禁止的，因为转引不能确保所引内容的准确无误。行文过程中，作者虽然可以把转引的内容一字不错地加以复制，但无法保证其所转的文字与原始资料相比一字不错；作者虽然可以表明其对转引资料的意思有了准确的理解，但无法保证在原作的语境当中，转引的内容是否符合原文意旨。从学术研究的角度看，错误的资料、数据会导致错误的结论，因此要求作为依据的资料一定是原始的、准确的。所以，辗转稗贩式的“转引”自然被归入禁止之列。间接引用一般都可以转化为直接引用，因为只要按照第三者作品中提供的资料线索去查找并核对原书，就可以看到资料的原始面貌，也就可以把间接引用转化为直接引用了。就人文社科研究而言，有时候间接引用难以避免。比如某些国外资料、某些珍贵古籍资料等，虽然通过第三者的作品获知了资料线索，但一般人往往无法获得原作；若要引用，只有转引，别无他法。这种情况下的间接引用是允许的。这也就是把不采用间接引用的方法界定为“原则上”的含义所在。不过，如果是这种情况下的转引，必须明确注明“转引自”，否则被认为是对出处的不实标注，学术界对此惯称“伪引”。不实标注，同样是一种学术上的弄虚作假，同样为学术伦理规范所不容。

(3) 引用以必要、适当为限。因为过度的引用，必然会带来两个后果：一是使人怀疑作者是否具有原创能力；二是涉嫌侵权。没有原创能力，把研究作品变成资料长编，让引用的内容成为研究成果的主要部分或实质部分，即便是注明了出处，研究成果也从根本上失去了存在的价值。从另一方面说，现代著作权保护中的“合理使用”，界限是在作品中“适当”地引用他人已经发表的作品。如果超越了“适当”的界限，势必涉嫌侵权。

（4）引用不得改变或歪曲被引内容的原貌、原义。这是对原作者拥有的作品不受歪曲、篡改权利的尊重，也是如实使用资料、论据的科学态度的体现。改变或歪曲被引内容的原貌、原义，被认为是不实引用。不实引用，被视为学术上的弄虚作假。

（5）引用标注应完整、准确地显示被引作品的相关信息。这是对引用标注技术方法的规范。所谓相关信息，包括作者、题名、出版地、出版时间、卷期、页次等。完整、准确地显示相关信息，一方面体现了引文的确切性，体现了学术研究严谨的科学态度；另一方面也为读者以此为线索的进一步查找提供了方便。

（6）引用网络资源必须注意其“动态性”。随着时代的发展，网络文献信息资源以其内容的丰富性、更新的及时性、传播和获取的迅捷性等优势，越来越成为学术研究中重要的文献信息源。在学术研究中，严肃的网络资源和印刷版文献具有同等效力，使用的基本规范也相同（参考文献的载体可以不统一，只要来源经过考证、信息被证明准确，都可以成为参考文献）。唯一的重要区别是，适应网络资源“动态”、开源、可编辑的特点，网络资源的引用出处一般由网址和时间信息构成。时间信息是指网络资源的发布、更新时间或获取时间。

（7）当引用文献有多个版本时，应注意引用恰当的版本，这一点在人文学科领域尤其重要。因为很多论著有多个版本，其内容大同小异，但从事研究工作要注意这些细节部分，应根据研究的需要来确定是引用修订本、最新本，还是引用最初本。同时，还要注意引用文献的出版社，就古籍文献而言，通常应优先选择中华书局、商务印书馆、上海古籍出版社等单位出版的古籍文献。

（三）学术成果规范

学术成果的主要形式包括：学术图书（专著、教材、资料整理汇编等）、学术论文（期刊论文、会议论文、学位论文等）、研究报告、专利、软件/系统等。学术成果是体现学术劳动的重要标志。不过，当下不少学术成果都存在一些失范的现象，如剽窃、抄袭他人学术观点等。因此，如何规范学术成果，也是学术规范研究的重要内容。关于学术成果规范的基本内容，包括以下几方面：

（1）不得以任何方式抄袭、剽窃或侵吞他人学术成果。

（2）应注重学术质量，反对粗制滥造和低水平重复，避免片面追求数量的倾向。

（3）应充分尊重和借鉴已有的学术成果，注重调查研究，在全面掌握相关研究资料和学术信息的基础上，精心设计研究方案，讲究科学方法，力求论证缜密、表达准确。

（4）学术成果文本应规范使用中国语言文字、标点符号、数字及外国语言文字。

（5）学术成果不应重复发表。另有约定再次发表时，应注明出处。

（6）学术成果的署名应实事求是。署名者应对该项成果承担相应的学术责任、道义责任和法律责任。

（7）凡接受合法资助的研究项目，其最终成果应与资助申请和立项通知相一致；若需修改，应事先与资助方协商，并征得其同意。

（8）研究成果发表时，应以适当方式向提供过指导、建议、帮助或资助的个人或机构致谢。

(四) 学术评价规范

学术评价是指根据一定的目的和标准，采用一定的理论和方法，对学术成果、人员、机构、学术媒体展开的价值判断活动，以衡量学术活动及其相关事项的有无、多少、作用和价值。学术评价的内涵包含广义和狭义两个方面。狭义的学术评价是指根据评价对象要求，依据一定标准，达到一定目的的有组织的行为；广义的学术评价还包含个人的评价，诸如学术批评等。

一个合理的学术评价体系应该由评价主体、评价客体、评价目的、评价方法、评价标准及指标和评价制度等 6 大要素构成。评价主体是指评价的实施者，如对评价对象发表评价意见的个人、团体、社会及媒体等。评价客体是指被评价的对象，包括研究人员和学者、学术机构、研究项目和计划、学术成果、学术媒体等。评价目的是指评价要达到的预期希望和总的原则要求，即评价的理由——为什么要评价。评价目的可有多种分类方法，比如从时段上可分为长远目的、中期目的和近期目的。不同的评价目的决定着不同的评价标准和指标、不同的评价方法和评价专家的选择以及评价程序的确定，它是评价的龙头。评价方法是指评价中使用的工具或手段。评价标准是指人们在评价活动中应用于对象的价值尺度和界限。评价制度是有关部门制定的保证评价活动进行、要求有关人员共同遵守的规程，包括评价专家遴选制度、监督制度、评价对象申诉制度、评价结果公示制度、反馈制度、评价结果共享制度、第三方独立评价制度等。

具体而言，学术评价规范包括以下几方面：

(1) 学术评价应坚持客观、公正、公开的原则。

(2) 学术评价应坚持分类评价，以创新、质量为导向的原则。

(3) 学术评价应以学术价值或社会效益为基本标准。对基础研究成果的评价，应以学术积累和学术创新为主要尺度；对应用研究成果的评价，应注重其社会效益或经济效益。

(4) 学术评价机构应坚持程序公正、标准合理，采用同行专家评审制，实行回避制度、民主表决制度，建立结果公示和意见反馈机制。评审意见应措辞严谨、准确，慎用"原创""首创""首次""国内领先""国际领先""世界水平""填补重大空白""重大突破"等词语。评价机构和评审专家应对其评价意见负责，并对评议过程保密，对不当评价、虚假评价、泄密、披露不实信息或恶意中伤等造成的后果承担相应责任。

(5) 被评价者不得干扰评价过程。否则，应对其不当行为引发的一切后果负责。

(五) 学术批评规范

学术批评是指在遵循学术研究规范的前提下，分析、探讨学术成果的优点与不足。需要强调的是，学术批评一定针对的是学术问题本身。学术批评的规范包括以下几方面：

(1) 应大力倡导学术批评，积极推进不同学术观点之间的自由讨论、相互交流与学术争鸣。

(2) 学术批评应该以学术为中心，以文本为依据，以理服人。批评者应正当行使学术批评的权利，并承担相应的责任。被批评者有反批评的权利，但不得对批评者压制或报复。

第二节　论文写作

一、学术论文概述

（一）学术论文的含义

学术论文是某一学术课题在实验性、理论性或预测性上具有的新的科学研究成果或创新见解和知识的科学记录，或是某种已知原理应用于实际而取得新进展的科学总结，并用于学术会议上宣读、交流、讨论，或在学术刊物上发表，或用作其他用途的书面文件。

（二）学术论文的特点

1. 科学性

科学性特点是由学术论文本身性质决定的。科学研究的任务是正确认识客观世界，揭示客观事物的发展规律，探求客观真理，推动人类社会向更文明的阶段发展。因此，学术论文是以科学性为前提的，这一精神贯穿于论文写作的始终。

学术论文的科学性，包括研究态度的科学性、研究方法的科学性和研究内容的科学性3个方面。学术论文的科学性，要求写作者要从探求科学真理的目标出发，以科学的世界观和方法论为指导，坚持实事求是的精神，以认真、严谨的治学态度来发现问题、研究问题、解决问题，并将揭示出来的客观规律形诸文字，加以科学的表述。

2. 理论性

学术论文的理论性特点，指论文作者思维的理论性、论文结论的理论性和论文表达的论证性。很多作者的论文水平不高，其重要原因就在于论文缺乏理论性。没有理论支持的论文，只能囿于事实材料的堆积，不能从一般的现象中看出问题的本质，不能由表及里、由此及彼，从而达到对研究对象的客观规律性的认识。论文的理论性是作者的学识水平、理论素养和实践经验的综合反映。

3. 创新性

学术论文是否具有创新思想，即与前人相比，作者是否具备创新意识，这是学术论文写作的主旨和灵魂。学术论文与非学术论文的本质区别就在于学术论文是在前人研究基础上的知识创新。换言之，一篇学术论文，其质量高低最重要的评价标准在于是否具有创新。一篇论文如果创新越多，则论文的学术价值就越大；如果没有创新之处，它也就毫无价值可言。

4. 学术性

学术性是指学术论文研究、探讨的内容具有专门性和系统性，是以科学领域里某一专业性问题作为研究对象。学术论文从选题上、内容上、语言表达上而言，都与学科发展密切相关，都有很强的专业性，要研究和阐述的就是诸多专业知识中的某一个问题。因此，只有在掌握专业知识的基础上，对本学科的研究领域、研究方法、理论体系等基本问题有充分的了解，才能提出有价值的学术问题，进而进行学术研究。撰写学术论文需要有足够的学术积累，但当下不少人或为评职称，或为项目结项，在没有足够积累的基础上就急于求成，这种情况下写出来的论文大多缺乏学术价值。

5. 规范性

规范性不仅指学术论文的形式、内容要符合相关规范要求，而且指论文作者要具备规范意识，这是其从事学术研究、成功撰写学术论文的基础和前提。

为便于交流和应用，学术论文必须运用规范的语言文字系统和符号系统进行表述，这是其不同于其他文体的特征之一。目前，学术论文写作规范所依据的主要国家标准有《科学技术报告、学位论文和学术论文的编写格式》（GB/T 7713—1987）、《文摘编写规则》（GB/T 6447—1986）、《文献叙词标引规则》（GB/T 3860—1995）及《信息与文献 参考文献著录规则》（GB/T 7714—2015）。

（三）学术论文的基本要求

对社会科学、自然科学、技术开发研究、综合科学进行论述说理的文章，要通过运用概念、判断、推理、证明或反驳等逻辑思维手段来分析、表达科学研究中的成果。就学术论文而言，它或是论述创新性研究工作成果的书面文件，或是某些实验性、理论性、观测性的新知识的科学、客观记录，或是应用已知的科学原理在技术研究开发中取得新进展的理论总结。

学术论文的基本要求包括创新性、理论性、真实性、规范性等。论文作者要学会对科研文献的归纳、综合和利用，并在此基础上再进行创造性的劳动；要在感性认识的基础上进行理性的演化，运用科学的逻辑思维方法予以归纳处理，或形成理论的概念和系统，或得到事物发生、发展和变化的规律性。学术论文所表达的内容要有真实性，科学即求实；论文写作格式要符合规范，语言明确简洁，条理层次分明，图解形象，论述严谨、客观、通顺、准确。

二、学术论文的写作程序

（一）论文的选题

选题是论文写作过程的首要环节和核心要素之一，至关重要。它不仅决定着论文写作的主要方向和目标，而且在一定程度上规定了论文写作的方法和途径。衡量一名科研人员的科研能力和论文撰写能力，首先得看他是否能选择有价值的课题。“题好文一半”，即选准、选好了研究课题，等于论文写作成功了一半。决定学术论文质量高低和价值大小的因素是多方面的，但其中选题的好坏无疑是起着决定作用的因素。只有选准了课题，随之而来的聚材、识材、具体观念的提炼、研究成果的书面化等才是有价值和有意义的。反之，即使花费了巨大的精力，到头来往往也是劳而无功，因为选题本身无价值可言。

论文的选题要注意以下原则：

1. 注意研究课题的需要性

需要性原则，也称价值性原则。所谓需要，包括社会的需要和科学本身发展的需要两个方面。所谓价值，主要表现在研究课题的实际应用价值与科学理论价值两个方面。需要性原则是课题选择的重要依据和出发点，体现了科学研究的目的性，即一切科学研究都是为了提高科学技术的发展水平，为了满足国家物质文明和精神文明建设的需要，也是为了提高人民的物质文化生活水平。

2. 注意研究课题的学术性

选择课题不仅要考虑社会需要，还要考虑课题本身的学术或理论价值。只有选择有较高学术或理论价值的课题进行研究，才可望写出质量较高的学术论文。课题的学术性主要表现在以下几个方面：

首先，该课题应该是在学科中占有比较重要的地位，为大家所关心和迫切需要解决的问题，也是作者在对专门性的知识进行积累并加以深入探讨和系统研究的基础上的劳动结晶，具有一定的理论高度和普遍意义。

其次，该课题应该是最有可能或最有希望“创新”的问题。创新的内容和形式十分丰富，具体可以从如下几个方面判断：（1）把研究主题推向新的研究领域，开展了前人尚未做过的研究工作；（2）首次对某一问题进行综合性研究，总结了先前的研究成果，增加了新的研究内容，并进行具有创新意义的解释和阐述；（3）在研究的范围、方法、实验设计等方面，对已有的材料做出新的解释，或提出创新性观点；（4）紧跟科研发展的国际前沿，积极引入新理论、新方法或新的研究方向；（5）把某一其他学科领域的特定研究方法应用于本学科的研究领域；（6）为一些老问题提供新的论据；（7）运用不同的研究方法进行跨学科研究；（8）评论本学科中他人未曾涉及的论题或者洞察被忽视的领域。

3. 注意研究课题的可行性

论文写作者在进行研究课题的策划时，既要考虑客观需要、社会价值，考虑课题研究的必要性，又要考虑开展研究、进行论文写作的主观条件、客观条件，考虑完成课题研究和论文写作的可行性。倘若课题有价值，而作者力不从心，无法完成，或无法圆满完成，也是不合适的。因此，要根据自己的主观条件去进行研究课题的策划。

首先，要考虑自己的专业特长与优势，专业特长是一项很重要的主观条件。课题策划应该是自己经过认真学习与钻研之后的必然结果，是建立在自己对所从事的学科、钻研的重点有了较多积累的基础之上，只有不但对前人取得的成果、达到的水平较为熟悉，而且对遗留的问题、争论的问题也较为清楚，才能更好地从事课题研究。不仅如此，即使是同一学科领域中的研究者，也有个专业对口的问题。只有从自己专业特长方面选题，才能发挥对相关信息掌握的优势，研究也才容易深入下去并获得成功。

其次，要有浓厚的兴趣。兴趣是个人的喜好情绪。兴趣可以充分地调动起研究者心理活动的积极性并为灵感的出现打下心理基础。

再次，要考虑自己的能力与水平，选择大小、难易适中的课题。对于初学者而言，论文课题宜小不宜大。

研究课题的策划除了要考虑上述主观条件外，还要考虑客观条件，诸如资料、时间、使用设备、器材、科研经费等客观条件的影响和制约，应灵活根据实际情况进行调整。

（二）材料的搜集与阅读

搜集材料通常在确定研究课题前就已经开始了。搜集材料也称文献调研，只有查阅相关领域的文献资料、了解学术动态，才能定准题目。选好题目后还要继续搜集材料。材料是科学研究的基础，谁占有的材料多，谁就有充分的发言权。搜集材料的工具包括传统的信息检索工具（如目录、索引、文摘等）和网络信息检索工具（各类型数据库、网络搜索引擎等）。写作者只有具备一定的信息素养，才能节省因查阅资料而耗费的大量时间和精力（即节约“努力成本”），加快写作速度。搜集材料要掌握：(1) 研究课题涉及的原始材料；(2) 其他研究者的相关论述；(3) 围绕研究中心的重点材料。

搜集好材料之后，就要对所搜集到的材料进行阅读、整理。一般文献的阅读可分为浏览、粗读和精读等几个环节。

浏览是第一个环节，在这个环节中不需要对文献进行全文阅读，只需要了解一些关键性信息，如著作或文章的正副题名、各章节段落的标题、文章的摘要、专著的内容提要和前序后跋等。通过浏览，写作者可以掌握著作或文章概貌，初步筛选出有阅读价值的文献，舍弃一些重复模仿、无价值的内容。

在粗读环节要进一步去粗取精、由表及里地通读选取的文献全文，了解研究的具体内容和过程，找到与自己的研究范围相关联的部分。

精读环节则要求对浏览和粗读过程中确定的重要文献进行认真反复的阅读，牢固掌握好这些基础的、经典的材料，掌握好文献的精髓要义，并能够对其加以复述和总结。从文献来源上看，重要的、有价值的文献主要分布在该学科的核心期刊和核心著作上，而在某一学科领域中具有学术影响力的较权威作者撰写的文章和著作，往往体现出该领域重要的研究成果。但期刊和作者来源仅作为评判文献作用的参考之一，决定文献价值的还是其本身研究质量的高低。评价文献质量，要从研究选题、学术观点、研究方法、论证水平、资料使用、社会效益等方面进行，常用于辅助文献质量评价的工具有引文分析法、同行评议、文献被检索工具收录的情况等。

（三）论文的撰写

首先，根据收集的材料整理思路，拟定提纲。论文提纲是论文的框架和总体安排，能够反映写作者的思路和运用资料的大致情况。对高校学生而言，撰写论文前更应先拟好提纲，一方面便于导师指导、修改、调整和补充；另一方面可避免初稿写好后再修改所造成的时间和精力的浪费。提纲仅仅是写作的指导，并非一成不变，若在写作过程中发现提纲不妥，可及时修订。

其次，依据提纲撰写初稿。撰写初稿是作者思维和语言运用最活跃的时期，也是脑力劳动最艰苦的时期。这期间，观点和材料纷纷而来，互相“纠缠”，许多写作者往往不知从何起笔，怎样行文，有时甚至怀疑论文的立论是否可靠，能否经得起推敲，从而导致心烦意乱，对自己完成论文的信心产生动摇。应该说，这些写作反应都是正常的，只要作者知难而进、不怕困难、百折不挠，最终是可以写好论文的。

（四）论文的修改

论文写作本质上是一个认识过程。多一次修改就多一次认识，多一次修改就前进一步，至少可以减少失误和弥补不足。修改从形式上看是写作的最后一道工序，是文章的完善阶段，但是从总体来看，修改是贯穿整个写作过程的。修改论文的重点在逻辑和语言两个方面，论文内容要有逻辑性，论文语言要准确，句子要合乎语法规则。一篇好的论文能够发表或顺利通过论文答辩，必须认真修改。通过修改论文，可以进一步提高写作者遣词造句、结构文章和逻辑推理的能力，也是培养写作者严谨的治学态度和良好学风的需要。

（五）论文的答辩或发表

论文答辩或发表是论文写作的最后一道程序。论文答辩是高校学生培养的重要环节，是其阶段学习的总结，因此，高校学生一定要认真对待论文答辩，做好答辩的各项准备。

学术论文发表不仅代表学术研究的成果要接受同行检验，更意味着责任。对高校学生而言，在论文投稿过程中要禁止一稿多投或重复发表。一篇论文只能投给一家期刊，只有在确知被退稿后，才能改投其他期刊。如果一稿多投，会浪费编辑和审稿人的时间，而重复发表则占用了期刊宝贵的版面，并且有可能出现知识产权的纠纷，因此一定要引起高度重视，这也是学术规范的要求之一。

三、学术论文的组成及撰写

按照国家标准，科学技术报告、学术论文和学位论文由前置部分、主体部分、附录部分、结尾部分 4 大部分组成。除选择性内容外，实际上只包含下列 8 个必要的组成部分：

前置部分：题名、作者、摘要、关键词。

主体部分：引言、正文、结论、参考文献。

（一）题名

题名又称标题或题目。题名是以最恰当、最简明的词语反映论文中最重要的特定内容的逻辑组合。题名是一篇论文中最先被编辑和评审者看到的部分，也是在论文发表后，第一项被读者浏览的内容。而在数据库中检索某一主题的研究成果，题名也是首先出现在检索结果中的。读者对一篇论文的第一印象主要是在阅读题名时产生的，如果题名无法吸引读者的注意，其正文内容便不太可能被阅读。根据国家标准《科学技术报告、学位论文和学术论文的编写格式》（GB/T 7713—1987）规定，中文题名不宜超过 20 个汉字。如果使用简短题名而语意未尽或系列研究分篇时，可借助副题名以补充论文的下层次内容。因此，作者在为论文起题名时要考虑如下要素：（1）题名能准确地表达论文的特定内容；（2）能与其他主题相似的论文做区别；（3）能吸引读者的注意和兴趣；（4）符合常用的检索关键词，使其他研究者能够找到这篇文章并引用它。具体而言，题名确定应考虑以下几方面因素。

1. 题名应简明扼要

题名应该以最少的字数精确地道出文章概要，因为一般读者难以解读过长的题名，甚至可能因此“被吓跑”。作者应该在题名中清楚地指出文章的主题，但也要避免加入多余的细节，如加入研究目的、方法或结果等。此外，应避免加入意思不明确或不具意义的字，这些赘字不仅增加了题名长度，还可能会误导索引服务。不过可以通过在题名中借助“:”或“——”引入副题名，以增加更多的信息，如“公共图书馆政府信息服务现状及措施研究——基于江苏公共图书馆政府信息服务的调研”。

2. 题名应该是能被理解的

题名不应太过笼统，也不要过于具体，作者期望读者在浏览目录时便能掌握文章的主要信息，故在确定题名时应考虑到目标读者群，并为他们“量身定做”一个题名。如果作者想投稿到一本专业期刊，他预期读者十分熟悉某些专有名词，那么便可在确定题名时省略这些名词。相反地，对非专业期刊的读者而言，这些名词可能需要被放在题名中方能清楚地传达文章的内容。同样，涉及领域较广的文章通常题名较短，而专业文章则需要较长的题名来描述其中的主题内容。例如，图书馆学领域“基于用户的××××××研究”的文章题名非常多，题名中的“用户”对于图书馆学领域的研究人员而言，大多数情况下是指“图书馆用户”，因此不需要特别说明；与图书馆学相关的情报学也会经常研究用户，但是很多题名都会清楚地说明“微博用户”“微信用户”“企业用户”等，以区别常用的“图书馆用户”。

学术期刊编辑喜欢正式的题名胜过可爱或是有趣的题名，因为后者容易引起误解。带有讽刺、双关语和幽默感的题名也许能吸引更多读者，但这样的题名，可能只有以该文章语言为母语的读者能理解，而且这类文字通常是有文化特定性的，在学术论文写作时应尽量避免。还需要注意的是，不要在题名中使用缩写，读者可能会因为不了解缩写的意思而直接跳过该篇文章，即使其内容确实与他们想找的资料相关。如“CSSCI 来源期刊”，现在通常都习惯以“C 刊”称呼，但是在相关题名中最好不要用“C 刊”，应该使用全称“CSSCI 来源期刊”。

3. 题名中应包含关键词

含有关键词的题名有利于读者通过网络搜索引擎或者在数据库中检索到论文。目前，文献引用已成为衡量一篇文章影响力的重要指标。以搜索引擎为考虑来修订文章，能够增加文章被阅读及引用的机会，因此作者必须尽可能地提升题名的“搜索引擎优化（Web-friendliness）”，因为搜索引擎会假设题名中包含了所有定义文章主题的重要检索字词。

在网络兴起以后，读者通常是在没有参考特定期刊的情况下直接搜寻关键词，若是题名不含任何关键词，读者便没有机会找到这篇文章。另外，读者通常会检索一个有特定意义的词组，而非单个字或比较泛的词，如读者想检索“人力资源管理”的相关论文，他肯定不会只用“管理”搜索。此外，作者应以描述性的方式来撰写题名，并使用意思明确、不含糊的词汇；要应避免使用缩写，因为同样的缩写在不同领域中可能代表不同意思；还要避免使用罗马数字，以防止搜索引擎不必要的解读。

4. 题名撰写的时间

撰写学术论文通常是个冗长的过程，在写作期间，作者可能会改变文章的方向或加入以前没想过的新点子，因此题名撰写较好的方式是在写作一开始先草拟个初名，接着专注于正文写作。在此期间如果对题名有了新的想法，可先将其记下来并继续撰写文章，等完成所有的内容后，再回过头来决定题名的最终版本。

（二）作者署名和工作单位

署名是作者对学术论文拥有著作权的郑重声明和文责自负的庄严承诺，体现著作权人应享有的权利和应承担的责任，是作者责、权、利的明确标志。由一个人完成的论文由这个人署名，此人即为论文的著作权人和责任人；由多人共同完成的论文联合署名，其顺序按对该文的贡献大小排列，第一作者是主要贡献者和直接创作者，既享有第一权利，也承担第一责任。个人署名应使用真实姓名，一般署于文章题名下方，团体作者的执笔人也可注于首页页脚或文末。作者单位及通信地址应尽可能翔实，工作单位不得用简称，省会以下城市名前应列省名，邮政编码要写准确。

当下不少学术论文都存在署名不规范现象，如很多研究生为了使自己的论文“增加分量”，会把导师的名字也署上。如果导师真的参与了这篇论文的写作或指导，那么根据导师实际的贡献进行署名是可以的，但如果这篇论文的写作过程导师根本没有参与，这种情况下署导师姓名是不规范的。现实中还有一些导师强制要求学生撰写的论文一定要署其为第一作者，这种情况也属于学术失范。此外，在署其他作者名字之前，一定要告知这些作者并得到他们的同意，未经同意不能胡乱署名，署名一定要遵循实事求是的原则。

通常情况下学术论文中不需要标注责任方式，但有些情况例外，如当下不少学术期刊都会刊登一些译文，对于这些文章，在署名时应将该文原作者放在第一，翻译者紧随其后，并注明责任方式“译”或“编译”。除了翻译、编译之外，还包括“整理”“校对”“校订”等，这些主要是针对后辈学者整理发表已经去世的前辈学者论著的署名情况。

至于署名的具体格式，不同的期刊有不同的要求，作者应以所要投稿的学术期刊的标准为依据。

（三）摘要

论文摘要的写作应符合国家标准《文摘编写规则》（GB 6447—1986）的规定。摘要的内容包括研究的目的、方法、结果和结论等，其中研究的结果和作者的结论为摘要的核心部分。摘要应简明扼要地提供全文重点信息，具有独立性和自明性，且应是一篇完整的短文。摘要一般不分段，不用图表、公式和非公知公用的符号，还要避免使用第一人称（如本文、本研究、笔者等）。撰写好中文摘要后，还需翻译成对应的英文摘要，英文摘要冠以“Abstracts”作为标识。

（四）关键词

关键词是论文的信息检索标志，是表达文献主题概念的自然语言词汇，是反映论文主题概念的词或词组。国家标准《科学技术期刊编排格式》（GB/T 3179—1992）规定，一般每篇文章可选出3～8个关键词。选取关键词时，一定要考虑专指性，应尽量从题名和摘要中选取能够准确、完整地表达主题内容的本学科规范的语词，忌用简称、词组、短句、俗语。在选取关键词时还必须考虑检索效果，应选择具有检索意义的实词，避免使用过于宽泛的词，如“研究”“比较研究”“建议”等。有英文关键词时，中英文关键词要一一对应，中文关键词前冠以“关键词”，英文则冠以“Keywords”作为标识。

（五）中图分类号

现在不少期刊都要求论文作者提供文章的中图分类号，这个可根据所写论文的主题查阅《中国图书馆分类法》。对于一些涉及交叉主题的如“政府信息资源管理”的论文，既涉及图书馆学情报学的“G”类，又涉及政治学“D”类，因此可以使用两个分类号，中间用“/”隔开。有时也需要注明对应的英文，在中图分类号前冠以“Class Number”即可。

（六）前言

前言又称引言、绪论，是学术论文的开端，主要介绍论文的研究背景、主要目的、研究对象和必要性、论文的主要创新之处、论文的不足和今后进一步加强研究的方向等，以及和已有的相关研究的关系，以引出论文的主题。

前言中尤其重要的就是对已有研究情况的交代，即文献综述（Literature Review），亦称研究述评（Research Review）、综合性研究述评（Integrative Research Review）、研究综述（Research Synthesis）等。文献综述是对与论文题目相关的已有研究进行回顾，包括研究方法、研究机构与人员、主要观点等内容。文献综述在学位论文中是必不可少的，通常需要专辟一节进行系统的论述。而在普通的单篇论文中，因篇幅所限，只需要提炼一些重要的内容叙述一下便可，但是其价值却不容小觑，因为“考虑到科学知识积淀的特性，以往大量真实可信的研究是构建有序知识体系的必要条件。随着社会科学内部日益增长的专业化水平的逐步提高，研究者对已有的、大量真实可信的研究综述的需求也日渐增多”。此外，通过综述，可以为人们评价研究课题的价值提供基本的资料或线索，同时也体现了对前人创造成果的尊重。

当下不少研究综述的撰写出现了如下两个值得注意的问题：(1) 述而不评。很多写作者在撰写综述时，只是简单地把已有的相关文献罗列在文章之中，不对其内容进行分析，而综述的重点应是“评”。(2) 重视期刊文献，忽略学术著作。很多写作者只是简单地把从若干数据库中查到的文献罗列一下，而忽略了相关著作中的研究成果。这两点在撰写学位论文的综述时尤其需要注意避免。

（七）正文

正文是学术论文的核心部分，占全文的主要篇幅。正文主要表述如何研究问题、解决问题的方法和具体达到预期目标的整个过程，阐明论文的观点以及原理；同时正文也是作者研究成果的学术性和创造性的集中体现，决定着论文水平的高低。所以，正文部分应充分阐明论文的观点、原理、方法及具体达到预期目标的整个过程，并且突出一个“新”字，以反映论文具有的首创性。一般而言，正文由几个段落组成，每个段落是否列题名，列什么样的题名，没有固定的格式。不同研究方式、不同学科，学术论文的正文写法也不同。正文部分写作的总要求包括：逻辑清晰，中心准确，材料完备，论述深入，内容具体，文句简明流畅，避免口语化，切忌教科书式的文体。

撰写正文，特别需要强调的是逻辑性问题，高校学生及年轻研究人员尤其需要注意这个问题。写论文的基本模式就是提出一个论点，然后通过各种资料（论据）去验证（论证），最后得出结论。总的来说，论文的论点要有新意，论据方面不能过于单一，要提出多项证据。如果是前人论证过的问题，那么前人已经用过的材料在论文中可以提示，但不能再用，除非有新的解释；论据要在下笔之前做仔细的排列，先举什么，再举什么，这中间要有符合逻辑的次序。对于那些对论文论点不利的反证，也需要加以解释，不能故意避而不谈。

结论是整篇论文正文的结尾，应当体现作者更深层的认识，是全篇论文新的学术总观念、总见解。有些学科论文，例如医学论文，“结论”部分不单独列出，而将其内容隐含于最后的“讨论”部分中。

不少正文的最后，还会有“致谢”。“致谢”是对写作这篇文章有过帮助的但又未署名的人的感谢。

（八）参考文献

参考文献是学术论文必不可少的组成部分，是论文中提到的参考意义大的文献和书目，通常位于文末。这部分反映了文稿的科学依据和作者尊重他人研究成果而向读者提供文中引用资料的出处，或为了节约篇幅和叙述方便，在论文中提及而没有展开的有关内容的文本。参考文献是作者的科学态度、研究基础、创新程度的重要体现。参考文献著录的主要项目有：作者（责任人），文献名，期刊（刊名、年、卷、期），专著（专著名、出版地、出版者、版次、出版年），引文页码（引用日期）。应当指出，引用他人资料却不列出文献，就有抄袭之嫌，是不可取的。

如果撰写的是英文论文，那么参考文献必须按照国际标准进行著录。当前，国际上比较通行的著录标准有以下几种：

（1）美国心理学会（American Psychological Association，APA）制定的格式，简称 APA 格式，主要运用于社会科学、教育学和工商学；

（2）美国现代语言协会（Modern Language Association，MLA）制定的格式，通常称为 MLA 格式，主要运用于人文学科；

（3）芝加哥格式（The Chicago Manual of Style），运用领域最广。

这三种格式是目前应用最为广泛的，每种具体的格式都有对应的中译本，如《APA 出版手册》《APA 格式：国际社会科学学术写作规范手册》《MLA 文体手册和学术出版指南》《芝加哥手册：写作、编辑和出版指南》等，读者可根据需要参考。这些中译本都有详细的解释，且根据英文修订情况不断修订。作者如需节省时间，也可直接参考如《正确引用：引用格式快速指南——MLA、APA、芝加哥、科技、学术即其他》等综合性的工具书，这些工具书没有《APA 格式：国际社会科学学术写作规范手册》等讲得详细，但是核心的内容都有说明，足够满足普通作者撰写英文论文的需求。

中文参考文献著录目前主要有两种格式：

（1）部分社科院系统主办的刊物（如中国社会科学院主办的《中国社会科学》《历史研究》等），以及部分高校主办的文科学报［如《北京大学学报》（哲学社会科学版）、《南京大学学报》（哲学、人文科学、社会科学）等］上采用的参考文献著录格式，这种格式主要用于文学、历史、哲学等人文学科。

（2）国家标准《信息与文献 参考文献著录规则》（GB/T 7714—2015）规定的参考文献著录格式，目前采用国家标准的参考文献著录格式的刊物越来越多。

参考文献

一、图书

1. 朱天俊，李国新．中文工具书教程［M］．北京：北京大学出版社，1991.
2. 张涵，等．主题法导论［M］．北京：北京大学出版社，1991.
3. 叶继元．核心期刊概论［M］．南京：南京大学出版社，1995.
4. （美）托马斯·库恩．科学革命的结构［M］．金吾伦，胡新和，译．北京：北京大学出版社，2003.
5. 李国新．中国文献信息资源与检索利用［M］．北京：北京大学出版社，2004.
6. 严大香．社会科学信息检索［M］. 南京：东南大学出版社，2006.
7. 张厚生．信息检索［M］．南京：东南大学出版社，2006.
8. 张厚生，袁曦临．信息素养［M］．南京：东南大学出版社，2007.
9. 王立清．信息检索教程［M］．北京：中国人民大学出版社，2008.
10. 吴平，胡程立．图书学［M］．长沙：湖南大学出版社，2008.
11. 崔文印．古籍常识丛谈［M］．北京：中华书局，2009.
12. 王迎胜．图书学通论［M］．哈尔滨：黑龙江人民出版社，2009.
13. 叶继元．信息检索导论［M］．北京：电子工业出版社，2009.
14. 潘燕桃．信息检索通用教程［M］．北京：高等教育出版社，2009.
15. 张志强．文献学引论［M］．南京：江苏教育出版社，2010.
16. （美）哈里斯·库珀．如何做综述性研究［M］．刘洋，译．重庆：重庆大学出版社，2010.
17. 高俊宽．信息检索［M］．合肥：合肥工业大学出版社，2011.
18. 曾湘琼．开放获取理论与实践［M］．湘潭：湘潭大学出版社，2011，
19. 李武．开放存取的两种实现途径研究：OA 期刊和 OA 知识库［M］．上海：上海交通大学出版社，2012.
20. 李晓明，闫宏飞，王继民．搜索引擎：原理、技术与系统［M］．2 版．北京：科学出版社，2012.
21. 来新夏．书之传承：时间里的图书史［M］．天津：天津教育出版社，2013.
22. 祁延莉，赵丹群．信息检索概论［M］．2 版．北京：北京大学出版社，2013.
23. 胡德华，彭曼华，黄开颜，等．开放存取期刊研究［M］．长沙：中南大学出版社，2013.
24. 叶继元，等．图书馆学学术规范与方法论研究［M］．北京：科学出版社，2014.

25. 王晓光．期刊编辑与制作［M］．武汉：武汉大学出版社，2014.
26. 肖东发．中国图书［M］．北京：中国书籍出版社，2014.
27. 曹之．中国古代图书史［M］．武汉：武汉大学出版社，2015.
28. 俞君立，陈树年．文献分类学［M］．2版．武汉：武汉大学出版社，2015.
29. 高俊宽．网络信息检索［M］．合肥：合肥工业大学出版社，2015.
30. （美）利普森．正确引用：引用格式快速指南——MLA、APA、芝加哥、科技、学术及其他［M］．岳云强，译．北京：高等教育出版社，2015.
31. 于良芝．图书馆情报学概论［M］．北京：国家图书馆出版社，2016.
32. （英）罗德里克·凯夫，萨拉·阿亚德．极简图书史［M］．戚昕，潘肖蔷，译．北京：电子工业出版社，2016.
33. Wil van der Aalst. Process Mining: Data Science in Action［M］. Springer Publishing Company, Incorporated, 2016.
34. 彭斐章．目录学教程［M］．2版．北京：高等教育出版社，2017.
35. 周宁．信息组织［M］．4版．武汉：武汉大学出版社，2017.
36. 王子舟．图书馆学研究法：学术论文写作摭要［M］．北京：北京大学出版社，2017.
37. 叶继元，等．学术规范通论［M］．2版．上海：华东师范大学出版社，2017.
38. 高俊宽．信息检索［M］．上海：上海世界图书出版公司，2017.
39. 黄如花．数字信息资源开放存取［M］．武汉：武汉大学出版社，2017.
40. 李明杰．简明古籍整理教程［M］．武汉：武汉大学出版社，2018
41. 荣新江．学理与学谊：荣新江序跋集［M］．北京：中华书局，2018.
42. 黄如花．信息检索［M］．3版．武汉：武汉大学出版社，2019.
43. 徐有富．学术论文写作十讲［M］．北京：北京大学出版社，2019.
44. 周传虎．学术论文写作与发表指南［M］．北京：中国人民大学出版社，2019.
45. 中国图书馆学会，国家图书馆．中国图书馆年鉴2018［M］．北京：国家图书馆出版社，2019.

二、期刊论文

1. 徐建华．一种新型的多媒体检索技术——基于内容的检索［J］．情报学报，2000（04）：411-416.
2. 徐庆，杨维维，陈生潭．基于内容的图像检索技术［J］．计算机技术与发展，2008（01）：126-128，131.
3. 钱文静，邓仲华．云计算与信息资源共享管理［J］．图书与情报，2009（04）：47-52，60.
4. 叶继元．引文的本质及其学术评价功能辨析［J］．中国图书馆学报，2010（01）：35-39.
5. 叶继元．人文社会科学评价体系探讨［J］．南京大学学报（哲学、人文科学、社会科学），2010（01）：97-110.

6. 刘炜．关联数据：概念、技术及应用展望［J］．大学图书馆学报，2011（02）：5－12.
7. 岳根霞，白凤凤．基于内容的多媒体信息检索技术研究［J］．吕梁学院学报，2012（02）：47－49.
8. 孙广维．多媒体信息检索技术的研究［J］．吉林建筑工程学院学报，2012（03）：79－81.
9. 马海群．发达国家图书档案事业结盟与合作战略规划综述［J］．中国图书馆学报，2012（04）：21－28.
10. 孙波．网络信息检索技术发展与管理应用探析［J］．信息通信，2012（04）：159－160.
11. 陈志兴．基于语义网的信息检索技术研究定量分析（2002—2011）［J］．图书馆学研究，2012（06）：19－23，18.
12. 刘冬冬，牛磊，王秀友．搜索引擎中信息检索技术的应用研究［J］．宿州学院学报，2012（11）：40－42.
13. 张旭，罗诗妍，金京培，等．移动互联网跨媒体信息检索技术［J］．数字通信，2013（01）：1－5.
14. 王国顺，孙四明，张峰．基于本体的个性化信息检索技术研究［J］．计算机仿真，2013（07）：421－423，428.
15. 王素芳．基于内容的多媒体信息检索技术研究［J］．金卡工程，2013（09）：13－16.
16. Mattmann C A. Computing：A Vision for Data Science［J］.Nature，2013（7433）：473－475.
17. 李海秋．网络环境下信息检索技术研究［J］．计算机光盘软件与应用，2014（05）：93－94.
18. 李向伟，康毓秀．基于内容的视频检索与挖掘关键技术研究［J］．软件，2014（08）：26－31.
19. 高俊宽，戴炜轶．从DOAJ收录的LIS期刊看海峡两岸同类期刊的发展［J］．新世纪图书馆，2015（01）：85－90.
20. 单祥森．多媒体互联网信息搜索技术探析［J］．信息系统工程，2015（04）：17.
21. 宁家骏．“互联网＋”行动计划的实施背景、内涵及主要内容［J］．电子政务，2015（06）：32－38.
22. 孟祥保，常娥，叶兰．数据素养研究：源起、现状与展望［J］．中国图书馆学报，2016（02）：109－126.
23. 王丹，杨晓蓉，马健．基于自动标引的自然语言检索方法研究［J］．图书馆杂志，2016，35（06）：66－72.
24. 臧劲松．人工智能在跨语言信息检索中的应用［J］．计算机时代，2016（10）：29－31，35.

25. 叶继元，陈铭，谢欢，等．数据与信息之间逻辑关系的探讨——兼及 DIKW 概念链模式［J］．中国图书馆学报，2017，43（03）：34－43.
26. 章涵，张志昌．自然语言处理在信息检索中的应用分析［J］．电脑迷，2018（02）：199.
27. 石蕾．布尔逻辑检索和自然语言检索对比研究［J］．现代情报，2018，38（09）：70－73，86.
28. 任雪婷．大数据时代人工智能在网络信息检索中的应用［J］．信息技术与信息化，2019（01）：95－97.
29. 龚向和，魏文松．学术规范的功能定位、合理限度及其法律制度体系建构［J］．中国高教研究，2019（11）：69－76.
30. 殷楠楠．大数据时代人工智能在网络信息检索中的应用分析［J］．现代信息科技，2019（17）：15－16，19.

三、网络文献和数据库

1. 中国互联网络信息中心．第 45 次中国互联网络发展状况统计报告［OL］．［2020－05－01］．http：//www. cnnic. net. cn/hlwfzyj/hlwxzbg/hlwtjbg/202004/t20200428_70974. htm.
2. 2018 年全国新闻出版业基本情况［OL］．［2020－05－01］．https：//www. chinaxwcb. com/info/556005.
3. Web of Science. Web of Science：Science Citation Index Expanded［EB/OL］．［2020－04－13］．https：//clarivate. com/webofsciencegroup/solutions/webofscience－scie/.
4. OCLC. FirstSearch databases［EB/OL］．［2020－04－13］．https：//help. oclc. org/Discovery_and_Reference/FirstSearch/FirstSearch_databases?_ga＝2. 214851223. 1632365881. 1587712235－733226609. 1585808222.
5. Scopus. Scopus：Expertly curated abstract & citation database［EB/OL］．［2020－04－13］．https：//www. elsevier. com/solutions/scopus.
6. Springer［EB/OL］．［2020－04－14］．https：//rd. springer. com/.
7. Wiley Online Library［EB/OL］．［2020－04－14］．https：//onlinelibrary. wiley. com/.
8. Academic Search Premier［EB/OL］．［2020－04－14］．https：//www. ebsco. com/products/research－databases/academic－search－premier.
9. Academic Search Complete［EB/OL］．［2020－04－14］．https：//www. ebsco. com/products/research－databases/academic－search－complete.
10. EBSCO［EB/OL］．［2020－04－15］．http：//www. lib. tsinghua. edu. cn/database/EBSCO. htm.
11. ProQuest［EB/OL］．［2020－04－15］．https：//www. proquest. com/APAC－CN/cn－products－services/.

12. Engineering Village [EB/OL]. [2020-04-15]. https://www.engineeringvillage.com/home.url.

13. Inspec: Engineering Research Database [EB/OL]. [2020-04-16]. https://www.elsevier.com/solutions/engineering-village/content/inspec.

14. Product Training and Support [EB/OL]. [2020-04-16]. https://www.cas.org/support.

15. About IEEE Xplore [EB/OL]. [2020-04-16]. https://ieeexplore.ieee.org/Xplorehelp/#/overview-of-ieee-xplore/about-ieee-xplore.

16. About ACS [EB/OL]. [2020-04-16]. https://www.acs.org/content/acs/en/about.html? sc=180808_GlobalFooter_od.

17. ASCE [EB/OL]. [2020-04-17]. https://www.asce.org/.

18. About SIAM [EB/OL]. [2020-04-17]. https://www.siam.org/about-siam.

19. The ACM Digital Library [EB/OL]. [2020-04-17]. http://www.lib.tsinghua.edu.cn/database/ACM.htm.

20. ACM Proceedings [EB/OL]. [2020-04-17]. https://dl.acm.org/proceedings.

21. MEDLINE [EB/OL]. [2020-04-29]. https://www.nlm.nih.gov/pubs/factsheets/medline.html.

22. Pubmed [EB/OL]. [2020-04-29]. https://www.ncbi.nlm.nih.gov/pubmed/?term=library.

23. Wolters Kluwer [EB/OL]. [2020-04-29]. https://www.ovid.com/search-result.html? q=*&classification_s=Journal.

24. Premium Journals from Lippincott [EB/OL]. [2020-04-29]. https://www.ovid.com/platforms/point-of-reference/journals.html.

25. BMJ [EB/OL]. [2020-04-29]. https://www.bmj.com/company/the-story-of-bmj-2/.

26. JBI Resource Center [EB/OL]. [2020-04-29]. https://www.ovid.com/support-training/additional-resources/joanna-briggs-institute.html.

27. EMBASE [EB/OL]. [2020-04-29]. https://www.elsevier.com/solutions/embase-biomedical-research.

28. International Pharmaceutical Abstracts [EB/OL]. [2020-04-29]. https://health.ebsco.com/products/international-pharmaceutical-abstracts.

29. ProQuest 产品 & 服务 [EB/OL]. [2020-04-29]. https://www.proquest.com/APAC-CN/cn-products-services/.

30. HighWire [EB/OL]. [2020-04-29]. https://www.highwirepress.com/solutions/highwire-hosting/.

31. Journals [EB/OL]. [2020-04-29]. https://about.jstor.org/whats-in-jstor/journals/.
32. Journals [EB/OL]. [2020-04-29]. https://www.emeraldgrouppublishing.com/products/journals/index.htm.
33. Support & Training [EB/OL]. [2020-04-29]. http://www.westlawinternational.com/support-training/user-guides/.
34. ERIC Product Guide [EB/OL]. [2020-04-29]. https://eric.ed.gov/pdf/ERIC_Product_Guide.pdf.
35. PsycINFO [EB/OL]. [2020-04-29]. https://www.apa.org/pubs/databases/psycinfo/index? tab=3.
36. 教育部. 高校查处学术不端行为有章可依——《高等学校预防与处理学术不端行为办法》颁布实施 [EB/OL]. [2020-07-01]. http://www.moe.gov.cn/jyb_xwfb/gzdt_gzdt/s5987/201607/t20160719_272241.html.